KB017745

존엄성 수업

존엄성 수업

존중받으려면 존중해야 하는 것들

차병직 지음

바다출판사

일러두기

1. 인명, 지명을 비롯한 외래어는 국립국어원의 외래어표기법을 따랐으나 몇몇 경우 일상적으로 널리 쓰이는 용례가 있으면 이를 참고하였습니다.
2. 단행본과 정기간행물 등은 겹화살괄호(《 》)로 표기했으며, 단편·시·논문·기사·장절 등의 제목은 홑화살괄호(〈 〉)로 표기했습니다.

심재우 선생께 바침

머리말

불만과 행복의 지상에서

"지상의 낙원이야."

한겨울에 남반구로 여행을 떠난 친구가 편지를 보냈다. 그렇다면 여기는 지옥이란 말인가? 그럴 수도 있을 것이다. 막 이 책의 머리말을 쓰려던 참이어서 즉석의 비유가 가능했다. 무언가 만족스러운 상태를 강조할 때는 항상 대비의 대상이 있게 마련이다. 유난히 인권을 내세운다면, 반인권적 현실이 눈에 띄어 불편하다는 말이다.

심신을 위무하기 위하여 떠난 여행은 돌아오는 것을 전제로 한다. 아무리 천국이라도 한시적이다. 낙원이라는 환호가 진정이라면, 그곳에 영원히 살면 행복할까? 거기 상주하는 사람이라고 불만이 없을 리 없다. 지옥이라는 비교의 짝이 없으면 낙원은 존재하지 않거나 별 의미를 갖지 못한다.

인권의 영역에서도 사정은 비슷하다. 반인권적 상황이 벌어지지 않으면 인권 사회는 상상하기 어렵다. 그럼에도 불구하고 인권에 절대적 가치를 부여하려는 노력은 언제나 사라지지 않는다. 인간이 태어나면서 갖는 양도 불가능한 권리로 전제하면 불가침의 절대적 목적이 되어버린다. 물론 인권이 절대적 개념이라면 누구에게나 편리할 것이다. 그 자체가 명확한 기준이 되므로 옳고 그름이 분명해져 정책 입안자의 세속적 고뇌와 노고도 덜어줄 것이다.

그러나 현실에서는 불가능하다. 확신하는 가치와 기준에 따라 제도를 마련한다고 언제까지나 만족의 상태가 지속되지 않는다. 일상에 지친 직장인이 휴가를 떠나 행복을 얻더라도 다시 복귀해야 하는 사정과 비슷하다. 격정의 날을 경험해야 또 낙원이 창조되듯 떠오른다. 반인권적 사례가 등장하지 않으면 무엇이 인권인지 알지 못한다. 우리의 인권 감각을 훈련시키려는 듯 반인권의 징표는 끊임없이 나타난다. 상황에 따라 인권과 반인권의 경계가 요동친다. 그렇기에 인권운동가는 언제나 싸울 수밖에 없고, 하나가 실현된다 하더라도 다른 하나를 요구하여 마치 반인권적 요소가 티끌도 없이 말끔히 제거되어야 목표에 도달할 것처럼 정치적 태도를 보인다.

현상이 너무 복잡하면 세상이 흔들리는 것처럼 느껴진다. 현기증은 균형을 잃게 만든다. 인간을 중심으로 인간의 가치만 굳게 지키면 누구나 잘 살 수 있을 것 같지만, 순진한 착각에 지나지 않는다.

인공지능의 개입만 하더라도 인간의 처지를 정확히 판단할 수 없게 만들었다. 인간은 인공지능 앞에서 도덕성이나 자율성이 인간 고유의 덕목이나 우월성의 지표라고 내세울 수 없는 지경에 도달하고 말았다. 첨단의 기술은 상상하지 못했던 수준으로 인간을 중강시켜 황홀경에 빠지게 하는가 하면, 눈에 보이지 않는 신종 바이러스만 출현해도 신세계의 그 웅장한 체계는 사정없이 삐걱거린다. 종잡을 수 없는 개인적이고 정치적인 나날의 삶은 너울 위의 서퍼 같은 불안한 균형을 익힐 것을 모두에게 요구한다.

인간적인 것이 결코 현대적 삶의 질문에 결정적 도움이 되지 못한다는 자각을 하면서 인권을 생각하는 것, 그것은 혼자 조용히 개별 상황을 분리하여 사고실험의 대상으로 삼고 본질의 언저리를 더듬는 듯한 분위기에 잠기는 일이다. 참선이나 기도와는 다른 그런 행위의 효용이 무엇이냐고 묻는다면, 흔들리는 환경 속에서 기우뚱한 균형이라도 찾는 괜찮은 방법이라고 대답한다. 각자의 생각은 생각하는 자기 자신에게 고유의 무게를 부여한다. 체중계의 눈금으로는 나타나지 않는 개성의 중량은 대기의 압력 차이가 빚어내는 강약의 바람 속에서 중심을 잡게 만들고, 개별 마음의 풍경을 형성하는 시각의 편차에서 비롯하는 여론의 동요 가운데서 넘어지지 않게 돕는다.

고유의 무게를 확보하는 방식의 하나가 자기만의 생각인데, 이 책은 그 예시의 하나에 불과한 보잘것없는 흔적이다. 인간의 자유와 권리에 대한 생각은 보통 눈을 감고 해도 좋지만, 저잣거리를 기웃거리면서도 가능하다. 바깥으로 뛰쳐나가기도 귀찮고 눈을 감기도 싫으면, 책을 펼쳐도 같은 효과를 얻는다. 모든 문학 작품은 구상이든 추상이든 삶의 풍경화다. 글로 묘파한 삽화를 곁들여 불분명한 몽상의 그림을 문자로 번역한 것이 《존엄성 수업》이라는 이름표를 단 두터운 메모장이다. 다른 멋진 필자들의 글에서 오려낸 장면을 삽화로 이용한 방식은 모든 것이 교과서가 될 수 있다는 은유의 표현이므로 여기서도 차용하였다.

내 생각의 바탕에는 무엇과도 비교할 수 없는 강렬한 자극이 깔려 있다. 인간과 자유와 권리에 대하여 처음으로 생각의 계기를 던져 준 스승은 법철학자 심재우였다. 40년도 더 전에 만나 강의를 들었고, 선생의 열정으로부터 벗어나 혼자 남았을 때 잠깐씩 생각에 잠겼다. 졸업한 뒤에는 선생의 사상과 내 생각은 점점 거리가 멀어졌다. 스승의 가르침은 제자가 다른 길을 발견하는 데 길잡이가 되었던 것이다. 그렇게 저마다 겪은 행로의 궤적을 되새기듯 심심찮게 저쪽 길의 윤재왕과 함께 선생을 모시고 냉면을 먹었고, 가끔 또 다른 길의 배종대 교수도 합석했다. 인간에 대한 선생의 가르침은 가슴 깊이 새겨져 있어, 필요할 때마다 흘러나와 생각과 펜 사이에 스며들었다.

예전에는 배운 것을 다른 생각과 싸워 물리칠 무기로 여겼는데, 시간이 지나면서 다른 생각의 이해가 내 생각을 펼칠 수 있는 조건이라는 사실을 깨달았다. 기고만장했던 젊은 시절, 어쩌다 존경하는 사람이 누구냐는 질문을 받곤 했는데 “좋아하는 사람은 있어도 존경하는 사람은 없다. 그래도 굳이 꼽으라면 죽은 사람 중에는 노자, 산 사람 중에는 심재우”라고 대답했다. 그 건방진 태도를 유지한다면, 2019년 9월을 보내면서 이제 생존 인물 중 존경하는 사람은 아무도 없게 되었다.

사람을 대하는 선생의 인품을 엿볼 수 있는 장면 하나가 소중한 추억으로 떠오른다. 학교를 졸업하고 제법 세월이 흐른 뒤 은퇴한 선생을 역시 냉면집에서 만났을 때였다. 내게 무슨 일을 제안하면서 덧붙인 말씀은 이랬다. “자네가 한번 해보겠는가? 나하고 생각은 많이 다르겠지만.” 선생은 천상의 낙원으로 떠나셨고, 남겨진 그 한마디

덕분에 나는 이 원고를 완성해 지상의 천국에서 돌아오는 친구를 기다린다. 그의 생각으로 읽어 주기를 기대하면서.

2020년 5월

차병직

차례

1

서로의 가슴에 달아주는 훈장

인간의 존엄성

세상의 모든 것은 잠시도 쉬지 않고 바뀐다. 움직이고 변화한다. 가만히 상태를 유지하며 멈추어 있는 존재는 없다. 파도만 춤추듯이 달려와 거품으로 부서지는 것이 아니다. 단단한 바위도 비와 바람에 조금씩 부스러져 모래가 되고 흙으로 변한다.

자연 현상만 그런 것이 아니다. 생명체도 마찬가지다. 징그럽게 보이는 쐐기는 고치를 만든 뒤 어느 날 예쁜 나비가 된다. 산란을 한 연어가 수척해진 몸으로 물살을 따라 내려가며 껍질이 점점 말라 들어갈 때, 이슬방울만한 알에서는 새 연어가 탄생한다. 생명체는 일정한 목표를 향해 점점 조직화되어 활발한 힘을 보여주는 듯하다가, 어느 순간 반환점을 돌아 죽음이라는 곳에 다다르기 위한 노화의 여정을 시작한다. 이 세상의 모든 것은 왜 그렇게 될 수밖에 없을까? 세상의 만물은 무엇으로 이루어졌기에 그럴까?

만약 지구에 기존의 과학 지식을 송두리째 소멸시키는 대재앙이 일어나서 다음 세대에 단 하나의 문장만 남겨줄 수밖에 없게 된다면, 최소한의 어휘로 최대한의 내용을 담을 수 있는 문장은 어떤 것일까? 나는 그것이 원자 가설이라고 생각한다. "이 세상의 모든 물질은 원자라는 작은 입자로 이루어져 있는데, 그것들은 멀리 떨어져 있을 때는 서로 잡아당기고 가까워지면 밀쳐내면서 끊임없이 움직인다."

– 리처드 파인만, 《파인만의 물리학 강의 1》

리처드 파인만이 1961년부터 1963년까지 칼텍California Institute of Technology에서 강의한 내용을 책으로 엮은 물리학 교과서의 첫 부분이다. '물리학 교과서도 이렇게 멋지게 시작할 수 있구나'라는 감탄을 자아내게 하는데, 그야말로 삼라만상에 얽힌 사연을 한 문장으로 표현해 주고 있다.

존재의 정체성

원자는 영어로 atom이다. 어원을 따지면 '자르다'라는 뜻의 라틴어 tomus, 그리스어 tomas에 부정 접두사 a가 붙어 '더 쪼갤 수 없다'는 의미다. 하지만 물리학자들은 그것을 또 쪼개고 부쉈다. 쿼크도 모자라 미립자, 소립자, 중성미자 등 무수한 용어가 쏟아졌다. 서울올림픽이 열린 1988년 노벨물리학상을 받은 미국의 물리학자 리언 레더먼은 보이지 않는 그 작은 입자를 "겨우 존재하는 것들"이라고 묘사했다. 또 누군가는 "존재하려는 경향"이라며 보이지 않는 것을 더 희미하게 만들어 버렸다. 심지어 그러한 존재는 1초를 1,000억 번 나눈 뒤 다시 1조 번 나눈 만큼의 짧은 순간에 소멸하고 거듭 생성한다. 만물은 보이지 않는 곳에서부터 역동 그 자체인 셈이다.

생명체로 돌아가 범위를 인간 쪽으로 좁혀 보자. 모든 것은 단 한 개의 세포에서 시작한다. 생명체는 수많은 세포로 구성된다. 사람도 그 다양한 생명체 중의 하나다. 사람의 세포 수는 60조 개 정도라는 견해가 있는가 하면, 무려 1경 개라는 주장도 꽤 유력하다. 그 사이에 또 100조, 400조 등 여러 학설이 과학도 민주주의라는 식으로 난무하고 있다. 그런가 하면 덩치가 큰 사람과 왜소한 사람의 세포 수는 큰 차이가 나는가 비슷한가에 대해서도 의견이 분분하다.

세포도 결국 쪼개어 들어가면 찰나에 사라졌다가 새로 나타나는 미립자로 수렴하겠지만, 세포 자체도 살아 있다가 죽는다. 피부에서 부스러져 떨어지는 가루가 당연히 죽은 세포라는 것은 누구나 알지만, 사람의 피부는 실제로 거의 전부가 죽은 세포라고 하면 놀랄 것이다. 보통 성인 기준으로 대략 2킬로그램에 해당하는 피부 세포가 세포의 시체다. 그 안쪽의 각종 생체 세포는 종류에 따라 며칠에서 몇 년의 수명을 가지고 있다. 뇌세포처럼 평생 유지되는 것도 그 구성 부분은 바뀐다. 어쨌든 몇 년이 지나면 한 인간의 세포 중 종전의 것은 하나도 없다. 게다가 사람의 마음은 왜 그렇게 자주 변하는가? 바람에 날리는 갈대가 흉내조차 내기 힘들다.

그렇다면 한 인간의 정체성은 도대체 어떻게 유지되는가? 나는 나라는 생각, 즉 의식 때문인가? 그 의식은 어떻게 작용하는가? 마음의 작용인가, 뇌의 작용인가? 뇌세포도 마음도 바뀌는데, 그 작용인 의식은 바뀌지 않을 수 있는가? 도대체 나는 누구인가? 나는 무엇인가? 변하지 않는 진정한 나 말이다.

"넌 누구야?"

"전, 전 …… 글쎄요, 선생님. 지금은 저도 모르겠군요. 오늘 아침 일어났을 때만 해도 제가 누구였는지 알고 있었는데, 그 뒤로 워낙 여러 번 변했기 때문에 지금은 제가 누군지 도대체 모르겠어요."

"아니, 지금 무슨 소리를 하고 있는 거니? 어떻게 된 건지 털어놔 봐라."

쐐기가 짜증스러운 말투로 말했다.

"선생님, 그러나 정말이지 저도 제 자신을 설명할 수 없는 걸요. 왜냐하면 보다시피 지금의 나는 본래의 나 자신이 아니기 때문이에요."

"무슨 말인지 모르겠다."

"안 됐지만 저도 더 이상은 분명하게 표현할 수 없어요."

앨리스는 아주 정중하게 말했다.

"하루새에 몇 번이나 커졌다 작아졌다 하다 보니 정신이 쏙 빠져서, 저도 제 자신이 제대로 납득되지 않거든요."

"그렇지 않아."

"아직 무슨 뜻인지 모르시는 모양이군요. 그러니깐 그게 …… 만약 선생님이 갑자기 번데기로 변했다가 나방이 되었다면 기분이 어떻겠어요? 틀림없이 어리벙벙하실 거예요. 그렇죠?"

"아니, 전혀!"

쐐기는 덤덤하게 대답했다.

"그래요? 선생님의 신경은 저와는 다른 모양이네요."

쐐기는 경멸하는 투로 거듭 물었다.

"이 봐! 도대체 넌 누구냐니까?"

– 루이스 캐럴, 《이상한 나라의 앨리스》

앨리스는 둑 위에서 책만 읽는 언니 곁에 앉아 있는 것이 지겨웠다. 그런 참에 나타난 빨간 눈의 토끼를 따라 나선 것은 너무나 당연했다. 한참 달려가다 보니 어느 순간 토끼굴 속으로 빨려 들어가고 말았다. 깊은 굴 속 바닥에 떨어진 앨리스가 정신을 차렸을 때는 자신의 몸이 버섯 크기만큼 줄어들어 있었다. 놀란 앨리스는 어떻게 하면 원래의 크기로 돌아갈 수 있을까 고민하면서 숲속을 걷다가, 버섯 위에서 기다란 물담배를 빨아 대는 쐐기를 만났다. 쐐기가 앨리스에게 대뜸 "넌 누구야?"라고 묻지만, 앨리스는 제대로 대답하지 못한다. 하루에도 몇 번씩 커졌다 작아졌다 하는 통에, 앨리스 자신도 자기가 누구인지 모를 만하다.

그런데 곰곰이 따져보면 누구나 몸뚱이가 커졌다 작아졌다 하는 것 아니겠는가? 어제보다 많이 빠진 듯한 머리카락을 보거나, 갑자기 부풀어 오른 느낌을 주는 아랫배를 만질 때가 아니더라도 말이다. 누구든 자신의 신체와 생각이 서서히 또는 급격히 바뀐다는 사실을 안다. 세월이 지나면 확연히 그 다름을 구별할 수 있다. 그것은 하루하루 달라지는 것을 전제로 한다. 매일의 변화는 순간의 변화가 쌓인 것에 불과하다.

우리가 사는 세상, 주변 환경도 크게 다르지 않다. 오히려 변화라는 관념을 가장 선명하고 빠르게 그리고 드라마틱한 현실의 한 부분으로 구체화하여 보여주는 것이 주변 환경 아니겠는가. 지진이 일어나고 홍수가 몰려오며 전쟁이 벌어져 나라가 없어졌다 생겼다 한다. 우리와 앨리스 사이에, 우리 환경과 토끼굴 사이에 무슨 큰 차이가 있겠는가? 그렇다면 '넌 도대체 누구냐'며 건방진 질문을 던지는 쐐기에게 정색하고 되묻는 앨리스의 대답에 꽤 무게가 실린다.

"당신이 누군지 먼저 밝히는 것이 도리라고 생각하는데요."

'나는 누구인가?'라는 물음은 '인간은 무엇인가?'라는 질문과 마찬가지다. 인간은 누구이며 자기 자신은 무엇인가에 대한 질문을 끄집어내는 까닭은 그것이 인간이 할 수 있는 일과 해야 할 일에 관한 생각의 출발점이기 때문이다. 할 수 있는 일이나 해야 할 일을 흔히 자유와 권리 그리고 의무 등으로 표현한다.

고대의 철학자는 "너 자신을 알라"고 했다. 앨리스와 쐐기의 대답 없는 질문과 같다. 소크라테스가 말한 의미는 "너의 무지함을 깨달으라"는 것으로 이해한다. 공부하는 인간이 어찌 아는 것이 적으랴마는, 아무리 안다고 해도 모르는 것이 더 많다. 아는 것이 많아질수록 실제로는 모르는 것이 점점 더 많아진다는 사실을 확인한다. 그러니 잘 모르면서 아는 척하지 말라는 경고도 그 한마디에 포함되어 있다. 인간은 왜 모르는 것이 많은가? 아니면 고대 철학자의 명령에 충실하게 범위를 좁혀, 인간은 왜 무지한 자기 자신을 잘 모르는가? 어리석기 때문이다. 그렇다면 금언의 속뜻은 지혜로워지라는 충고이자 격려다. 철학의 목표 중 하나가 지혜의 획득이다.

프로메테우스가 준 선물

'지혜로운 인간'은 어떤가? 지혜를 갖춘 인간을 지혜롭지 못한 인간과 비교하는 사고실험을 해보자. 여러 모습이 떠오르고 교차하겠지만, 우선 지혜로운 인간은 어리석은 인간에 비해 가치가 있다는 느낌을 받는 것이 보통이다. 물론 그때의 가치는 금전으로 평가 가능한 교환가치를 의미하지 않는다. '인간으로서의 가치' 외에 달리 표현할 만한 방법이 없다. 그러한 가치가 존엄성을 말하는 것일 터이다. 그렇다면 지혜가 많은 사람은 지혜가 모자라는 사람보다 더 존엄한가라는 문제가 등장하는데, 그 해결은 뒤로 미루자.

앞에서 '나는 누구인가?'와 '인간은 무엇인가?'라는 물음은 마찬가지라고 했다. '나는 무엇?'이며 '인간은 누구?'도 마찬가지다. '마찬가지'라는 명사는 같거나 매한가지라는 의미다. 그런데 우리말이 품고 있는 뉘앙스로는 반드시 동일하다, 일치하다, 똑같다는 뜻은 아니다. 거의 유사하지만, 어딘가 다른 양상도 포함되어 있다는 의미다.

'나는 누구인가?'에 대한 결론은 사회공동체로부터 고립된 단독자가 아니라는 데 이를 수밖에 없다. 반면 '인간은 무엇인가?'에 대한 답변은 결국 공동체의 부속품이나 국가권력의 객체로 전락할 수 없다는 것일 터이다. 사람은 스스로의 판단으로 고유의 삶을 영위하는 주체이면서, 동시에 사회공동체의 일원으로서 다른 구성원과 더불어 살아가는 자율적 존재라는 것이다. 그러한 요건을 고루 갖추었을 때 하나의 인간은 존엄한 가치를 지니게 된다.

존귀하고 엄숙한 가치는 최고의 가치, 특별한 가치를 말한다. 인간의 존엄성이란 그 자체가 자유나 권리가 아니라 인간이 누려야 할 모든 자유와 권리의 근원이다. 인간에게 마땅히 허용되어야 할 자유와 권리가 있다면 그것은 모두 인간의 존엄성에 근거하는 것이다. 존엄하기 때문에 자유와 권리를 누릴 수 있다.

그렇다 하더라도, 더 근본적인 의문이 앞을 가로막는다. 사람은 왜 존엄한가? 단독자로서 다른 단독자들과 사회를 이루어 살아갈 자격이나 요건을 갖추었다고 저절로 존엄해진다는 근거는 무엇인가? 실제로 요건이라는 구실은 우리가 만들어 내는 것으로, 그 요건의 근거도 불분명하다. 그 요건은 존엄성을 설명하기 위해서 들고 나온 것으로 조건의 일부에 해당될지언정 존엄한 가치의 근거가 될 수도 없다. 실마리를 풀기 위하여《이솝 우화》한 토막에 기대어 보자.

> 전설에 따르면 인간보다 다른 동물들이 먼저 창조되었다고 한다. 제우스 신은 여러 동물들에게 차례대로 갖가지 능력을 주었다. 어떤 동물들에게는 사나운 이빨이나 강한 힘을, 어떤 동물들에게는 하늘을 날 수 있는 날개나 빠른 발을 선물했다. 그런데 인간만 벌거숭이로 남은 채 아무런 재능을 받지 못했다고 불평을 늘어놓았다. 그때 제우스 신은 이렇게 말했다.
>
> "너희들은 무엇을 받았는지 제대로 모르고 있다. 이성이란 능력 말이다. 이성이란 하늘에서도 땅에서도 전능한 것이고, 강자보다 센 것이며, 빠른 자보다 더 앞서가는 것이다."
>
> – 이솝, 《이솝 우화》

이솝이 어떤 인물이었는지 정확히 아는 사람은 없다. 헤로도토스가 기술한 바에 따르면 기원전 6세기경 사모스 섬에서 노예로 살았다. 안짱다리에 피부는 거무튀튀했고 배가 불룩 나왔다는 악의적 용모평이 뒤따르는데, 그 뱃속에 지혜로운 이야기가 잔뜩 들어 있었던 모양이다. 그가 입을 열면 이야기가 한 토막씩 튀어나왔고, 입에서 입으로, 다시 입에서 글로 수백 년 · 수천 년 동안 전해졌다.

이솝의 이야기 하나가 들려주는 정보에 따르면, 인간의 고유한 능력은 이성에서 비롯한다. 그것은 바로 인간만의 가치를 의미하기도 한다. 이성이 맹수의 이빨이나 조류의 날개보다 더 가치 있는 능력의 원천이라면, 그것을 인간 존엄성의 근거로 삼을 만하다. 이솝이 그럴 듯한 이야기를 만들어낸 것도 이성을 발휘한 덕분이고, 헤로도토스든 누구든 이솝을 만들어낸 결과 또한 이성의 능력 때문이다.

그러하기에 어떤 이야기를 누가 만들었으며, 만든 사람은 누가 창조했는지, 또 그 선후는 어떻게 되는지 모조리 불분명하다. 지난 이야기는 모두 구름을 벗어난 별빛을 보며 아스라한 과거의 시간을 계산하는 것처럼 모호하다. 하지만 의미가 있다.

인간에게 이성과 함께 여러 재능을 선물한 신은 제우스일 수도 있지만, 아닐 가능성은 더 크다. 이솝의 이름과 입을 빌린 사람들이 막연히 최고의 신 제우스를 가져다 붙였을 가능성이 높다. 제우스는 시기와 질투는 물론 복수심이 강하기 때문에, 신을 두려워하는 인간으로서는 조금이라도 불분명할 때면 제우스에게 살 보이는 편을 택하는 것이 유리하다고 판단할 수밖에 없지 않겠는가.

프로메테우스는 거인족인 티탄족이었다. 이 프로메테우스와 그의 아우 에피메테우스는 인간을 창조하고, 인간을 비롯한 다른 동물들에게 살아가는 데 필요한 모든 능력을 부여하는 임무를 맡고 있었다. 에피메테우스가 이 일을 해내면 프로메테우스가 그 일의 결과를 점검, 감독하게 되어 있었던 것이다. 에피메테우스는 갖가지 동물에게 용기, 힘, 속도, 지혜 같은 것들을 선물로 주기 시작했다. 어떤 동물에게는 날개를, 어떤 동물에게는 발톱을, 또 어떤 동물에게는 딱딱한 껍질을 주는 식이었다. 드디어 인간에게 무엇인가를 주어야 할 차례가 왔다. 그러나 가히 만물의 으뜸 자리를 차지한다고 해도 좋을 인간에게 무엇인가를 주긴 주어야 할 텐데, 에피메테우스의 수중에는 아무것도 남아 있지 않았다. 말하자면 선물을 다 써 버린 것이었다. 몹시 당황한 그는 형 프로메테우스를 찾아가 자초지종을 말했다. 아우의 하소연을 듣고 난 프로메테우스는 여신 아테나가 타는 이륜차의 불을 자기 횃대에 옮겨 붙여 가지고 내려와 이를 인간에게 주었다. 이 선물 덕택에 인간은 다른 동물이 감히 넘보지 못할 존재가 될 수 있었다.

– 토머스 불핀치, 《그리스 로마 신화》

프로메테우스가 인간에게 준 선물은 불에 그치는 것이 아니다. 불을 이용해 무기를 만들어 다른 동물들을 누를 수 있게 만들었다. 연장으로는 땅을 갈아 농장물을 재배했고, 추운 겨울에도 따뜻하게 지낼 수 있었다. 쇠를 녹여 화폐를 만들고 마차를 달리게 된 것도 불의 힘 덕분이었다. 프로메테우스는 인간의 모든 능력을 선물한 것이나 다름없었다.

현재 인간이 이루어 놓은 모든 결과와 인류의 청사진에 들어 있는 미래는 인간 재능의 열매다. 인간 재능의 원천은 신이 인간에 부여한 이성이다. 인간과 세상이 논리적인 설명대로 설계되어 있고 계획대로 진행된다면 우주와 삶의 질서는 정말 정연할 것이라는 믿음 역시 이성이 심어 주었다. 목표의 달성으로 쾌락과 환희를 누리고, 고통과 슬픔은 원인의 파악으로 교정하고, 면밀한 계산으로 앞날을 예측할 것이다.

이성의 불안

그러나 그런 세계는 한 번도 온 적이 없다. 우리가 만들어 본 적도 없다. 이성과 이성이 맞닿는 곳의 문제는 이성이 해결할 수 없다는 사실을 알게 되었을 뿐이다. 이성과 이성이 겹치는 부분도 마찬가지다. 인간의 정신과 세계를 모조리 이성으로 채운다 하더라도 이상향은 완성되지 않는다는 사실을 인간 또는 인류의 경험이라고 규정해도 무방하다. 어제까지의 사유 방식이 새로운 경험을 다루는 데 부적절하기 때문이다. 자기 자신을 찾아 나서는 소설 속의 주인공도 같은 생각을 한다.

> 하지만 실제로 어떤 일이 일어나고 있지요? 인습적 이성이라고 하는 우리의 낡고 평면적인 세계의 이해 방식은 우리가 겪는 경험들을 다루는 데 점점 더 부적절한 것이 되어가고 있을 뿐입니다. 이 때문에 만사가 뒤

죽박죽이라는 느낌이 널리 퍼져 나가고 있는 거지요. 결과적으로 비이성적인 사유의 영역으로 사람들이 점점 더 몰려들게 되지요. 예컨대 비술, 신비주의, 마약 등등에 빠져든다는 말입니다. 고전적 이성이 그들 자신이 알고 있는 실제 체험을 다루는 데 부적절한 것이라고 느끼기 때문이지요.…… 고전적 이성이라는 말이 무얼 뜻하는 건지 잘 모르겠네요. …… 분석적 이성 또는 변증법적 이성을 그렇게 부른 겁니다. 말하자면, 대학에서 종종 모든 지적 활동의 기본으로 여기는 이성을 말합니다. 정말이지, 추상화가라면 이에 대해 알 필요가 없어요. 추상 예술과의 관계에서 이성은 항상 완벽하게 파탄 상태에 빠져 있으니까요. 비구상 예술은 내가 말하는 뿌리에 대한 체험 영역의 하나입니다. 아직까지 비구상 예술을 비난하는 사람들이 있는데, '이치'에 닿지 않는다는 이유에서지요. 하지만 진짜 잘못은 예술에 있는 것이 아니라, 예술이 말하는 바를 파악할 능력이 없는 이 '이치'—말하자면 고전적 이성—에 있는 겁니다. 사람들은 계속 이성의 가지를 확장함으로써 예술의 최근 동향에 대한 이해를 얻고자 하지요. 하지만 답은 가지 안에 있는 것이 아니라 뿌리에 있는 것입니다.

- 로버트 메이너드 피어시그, 《선과 모터사이클 관리술》

이성에 의존하는 경향은 이성을 최고의 가치이자 무기로 여겼다. 인간의 그러한 태도는 이성을 자만의 근거로 삼는 인간 중심주의로 흘렀다. 그렇다면 인간은 존엄하다고 자부할 수밖에 없지 않겠는가. 세상의 중심이 인간이며, 신과 대립하는 존재가 인간 아닌가. 인간의 존엄성에 의문을 제기하거나 부정하는 태도는 소수를 자처함으로써 눈길을 끌고자 하는 반인간적 겸손에 불과할 뿐이다. 그러한 완전한 의미와 형태의 존엄성을 전제해야만 탄생과 동시에 인간 모두가 평등하고 동등한 가치를 부여 받았노라고 외칠 수 있다.

그러나 이성이 설명하지도 해결하지도 못하는 현실은 항상 존재한다. 그 불치의 현실이 우리의 경험이다. 어쩌면 현재의 인간 이성이란 무엇이든 결론에 도달하는 순간, 그것이 영원불멸의 진리라 믿었던 중세 이전의 세계관처럼 불완전하고 어리석은 것일지 모른다. 현명한 인간은 이성을 사용하되 맹신하지 않는다. 이성을 잃지 않으려 노력하되 의존하지 않는다. 이성이 그처럼 완벽한 만능의 힘을 지닌 것이라면 세상이 이렇게 불안할 정도로 역동적이지 않을 것이다. 이성에 사로잡힌 사람은 세상의 천변만화千變萬化가 이성의 조화라고 착각하지만, 다른 생각을 가진 사람은 세계의 변화에 따라 이성이 성찰하며 움직인다고 믿는다.

인간까지 포함한 만물을 기계적 운동으로 환원해 설명하는 방식이나, 조물주 신의 목적에 따라 창조되는 것이 인간이므로 인간 이외의 모든 사물은 인간을 위해서 존재한다는 사고 방식은 동전의 양면이다. 사용에 익숙한 동전은 어느 한쪽 면만 보고도 얼마짜리인지 금방 안다. 그뿐만이 아니다. 인간에게만 이성이 있다는 것도 가설에 지나지 않는다. 동물에게 이성이 있다고 확신하는 사람도 있고, 인간이 아닌 존재의 이성에 관해서 인간은 알 수 없다는 주장도 있다. 모든 만물에는 영혼이 있고, 그 정신의 힘이 인간에게 영향을 미친다는 주장도 함부로 물리치지 못한다. 어쨌든 이성이 인간 존엄성의 유력한 근거라는 설명은 설득력이 약하다. 차라리 실존적 해명이 더 나을지 모른다.

> 코린토스 왕 시시포스는 가장 교활한 인물이었다. 아우톨리코스가 시시포스의 소를 모두 훔쳐갔을 때였다. 아우톨리코스는 헤르메스로부터 전수 받은 기술을 발휘해 소들의 색깔을 전부 바꿔버리고 시치미를 뗐다. 시시포스는 조금도 당황하지 않고 소 발굽마다 새겨 놓은 자기 이름을 보여주며 장물을 찾아왔다.
> 꾀가 많은 만큼 경솔했다. 제우스가 아소포스의 딸 아이기나를 납치해 달아날 때 코린토스를 지났는데, 시시포스가 목격했다. 딸을 찾아 헤매던 아소포스가 나타나자 시시포스는 대가를 약속 받고 범인이 제우스라고 일러주었다. 격노한 제우스는 벼락을 내려 시시포스를 하계로 떨어지게 했다. 시시포스가 받은 형벌은 계곡 아래의 바위를 밀어올리는 것이었다. 산꼭대기에 다다르자마자 바위는 다시 아래로 굴러 떨어졌다.
>
> – 피에르 그리말, 《그리스 로마 신화 사전》

시시포스의 신분이나 정체에 관해서 설이 분분하지만, 그의 형벌에 대한 이야기도 한두 가지가 더 있다. 가장 많이 알려진 것 중 하나는 다음과 같다.

> 아소포스에게 고자질한 시시포스를 죽이려고 제우스는 죽음의 정령 타나토스를 보냈다. 재빠른 시시포스는 기지를 발휘해 오히려 타나토스를 꼼짝 못하게 묶어버렸다. 그러자 한동안 지상에서는 사람이 죽지 않게 되어 혼란이 일었다. 하는 수 없이 제우스가 직접 나서서 타나토스

를 풀어주었다. 타나토스는 다시 본연의 임무를 수행하게 되었고, 첫 번째 희생자는 시시포스였다. 그럴 경우에 대비해 이미 시시포스는 아내에게 장례식을 치르지 말라고 부탁해 놓았다. 제대로 절차를 밟지 않고 저승에 도착하자 저승의 신 하데스가 당황해했다. 시시포스는 다시 살려 보내주면 아내를 꾸짖어 장례식을 거친 다음 돌아오겠다고 하데스를 설득했다. 속아 넘어간 하데스 덕분에 시시포스는 속세로 환생했는데, 약속을 어기고 오래오래 즐겁게 살았다. 천수를 다하고 다시 죽은 시시포스가 하계로 돌아갔을 때 그를 기다리고 있었던 것은 신을 속인 행위에 대한 형벌이었다. 하데스는 시시포스가 다시는 장난을 쳐 도망가는 사태가 일어나지 않도록 끝없이 굴러 떨어지는 바위를 정상에 올려 놓는 일을 시켰다.

– 피에르 그리말, 《그리스 로마 신화 사전》

시시포스에게 부과된 대가는 그야말로 무거운 형벌이었다. 바위가 몇 톤이나 되었는지 모르지만, 형벌의 의미가 그만큼 비중을 지니고 있지는 않았을 것이다. 시시포스의 형벌이 가혹했던 것은 바로 그것 때문이다. 끊임없이 되풀이되는 고통 자체보다 의미나 가치라고는 찾아볼 수 없는 노동을 끝없이 반복해야 한다는 사실이 견딜 수 없었다. 아무것도 성취할 수 없는 일에 전력을 다해야 하는 형벌보다 더 끔찍한 저주는 없다. 행위가 공허할 뿐만 아니라 인간을 무가치하게 만든다. 거기서 인간의 존엄성 따위는 찾아볼 수가 없다.

실존이 본질보다 앞서는 인간

정녕 그러한가? 인간이나 인간 행위의 의미 또는 가치는 무엇인가? 알베르 카뮈는 시시포스의 행위를 전혀 다르게 평가한다.

무엇이든 목적이나 목표가 존재하면 가치지향적이라 말할 수 있다. 목적이나 목표가 뚜렷하면 가치는 더 높게 평가될 가능성을 가진다. 지금 이 글을 쓸 때 사용하고 있는 펜이나 자판이 딸린 노트북의 경우 그 제작 목적은 분명하다. 책상이나 의자도 마찬가지다. 애당초 필요에 의하여, 설계자의 구상에 따라 만들어진 물건들이다. 물건들은 제작이 완성되어 이 세상에 선을 보이는 순간부터 그 자체의 실용적 목적성이 확실하다. 물건의 생애가 무엇에 봉사해야 할지 의문의 여지가 없다.

반면 인간은 전혀 그렇지 못하다. 인간은 계획에 따라 세상에 나오는 것이 아니다. 출산 자체야 계획된 일이겠지만, 그 결과인 구체적 인간의 탄생은 계획이나 사전 설계와 무관하다. 그 인간이 어떠한 인물이 되었으면 하는 부모의 희망은 있을지 모르나 왜, 무엇을 위해서 태어났는가에 대한 대답은 애당초 존재하지 않는다. 말하자면 한 인간의 출현은 그냥 존재의 개체수를 하나 더하는 실존의 의미만 가질 뿐이고, 그 존재의 구체적 내용에 해당하는 본질은 없다. 그런 의미에서 보자면 노트북이나 펜보다 못하다. 다른 사물은 본질이 실존에 앞서지만, 인간은 실존이 본질에 앞선다. 인간의 본질에 해당하는 내용은 각자가 살아가면서 평생에 걸쳐 스스로 채워 넣어야 한다. 그것이 인간의 삶이다. 그렇지 않으면 맹목적 존재에서 벗어나지 못한다. "인간은 자기 행위의 총화"라는 장 폴 사르트르의 말도 같은 의미다.

인간의 가치는 자신의 실질을 스스로 채워 만들어 가는 과정에 있다. 그러므로 인간은 존엄하다. 스스로 존엄할 뿐만 아니라, 서로 존엄함을 존중한다. 그런데 어떻게 스스로 본질을 만들어 갈 수 있는가? 뚜렷한 목적 없이 세상에 던져진 존재이므로 인간은 무엇이든 할 수 있다. 자유가 전제되어 있다. 자유는 나뿐만 아니라 모두에게 주어진 조건이다.

그러다 보니 행동은 다른 자유와 충돌한다. 하나의 인간은 자기 위주의 합리성을 열망하며 행동하는데, 세계의 만물은 방해만 된다. 그 관계가 바로 부조리다. 인간의 꿈은 부조리 때문에 멈칫하거나 좌절한다. 그때의 해결책은 세 가지다. 자기 자신을 포기하는 자살, 방해가 되는 현실을 부정하고 다른 곳에서 희망을 찾는 종교, 현실과 부딪쳐 나아가는 반항이다.

반항한다는 의미에서 보면 시시포스의 행위는 완전히 달라진다. 올려 놓는 순간 다시 굴러떨어지는 바위는 부조리 그 자체다. 하지만 시시포스는 부조리에 대한 대책으로 반항을 선택했다. 운명이 자신의 것이듯, 바위는 그의 것이라는 인식을 놓치지 않았다. 정상을 향해 안간힘을 쓰며 오르는 행위 자체가 자신의 실질을 채우는 것이다. 정상에 섰을 때는 비록 숨 한 번 돌릴 정도의 순간일지라도 성취의 희열을 느꼈을 것이고, 도중에 오르페우스의 노래가 들릴 때면 휴식의 쾌감도 깨달았을 것이다. 끝없이 반복되는 정상을 향한 투쟁이야말로 길고 고단할지라도, 정상에 도착하는 순간은 시시포스의 목적이었고 가치였다.

"형님."

수저를 놓고 균이 말했다.

"저더러도 공부해서 과거를 보아 벼슬하란 말입니까?"

"결국 그렇게 해야만 되지 않겠느냐."

"작은형처럼 귀양 가게요?"

"벼슬한다고 모두 귀양을 가느냐?

"평신저두平身低頭 전전긍긍戰戰兢兢하고 있으면 귀양가지 않아도 되겠지요. 저는 그렇게 하긴 싫습니다."

"세상 따라 살아야지 별 수가 있겠냐."

"전 과거 볼 생각 없습니다."

"그럼 뭣을 할 거야?"

"무엇을 할지 아직은 생각하지 못했습니다."

"왜 과거가 싫으냐?"

"벼슬이 하기 싫으니까요."

"왜 벼슬이 싫으냐?"

"아까 말씀드리지 않았습니까?"

"평신저두 전전긍긍하지 않아도 벼슬은 할 수 있다. 보통의 마음으로 보통으로만 행동하면 되느니라. 우리 양반은 벼슬하지 못하곤 살지 못한다."

"벼슬한다는 건 임금에게 충성을 다해야 한다는 뜻 아닙니까? 그런데 나는 죽어도 임금에게 충성하긴 싫은 걸요."

- 이병주, 《허균》

소설 속 허균이 그의 형 허성과 대화하면서 보이는 태도 역시 불합리한 현실에 대한 반항이다. 실제로 허균은 과거에 응시해 급제했지만, 자유분방한 행동 때문에 무려 네 번이나 파직을 당했다. 그럼에도 불구하고 그는 타협하려 들지 않았다. 39세에 삼척부사로 부임했다가 13일 만에 사헌부의 탄핵으로 쫓겨났을 때의 사유는 이단으로 몰린 불교를 숭상한 혐의였다. 파직 소식을 듣고 허균이 쓴 시가 그의 태도를 드러낸다. 내 삶의 이정표는 내가 놓는다는 자세다.

예교禮敎가 어찌 자유를 구속하겠는가
인생의 부침을 다만 정에 맡기노라
그대는 그대의 법을 따르라
나는 나의 삶을 살겠다

– 허균, 〈문파관작(聞罷官作)〉

인간은 자기 자신이 먼저다. 긍정적 의미든 부정적 의미든 표현하지 않더라도 자기 자신이 먼저다. 인간이 태어나 자라면서 수행해야 할 첫 번째 과제는 자기 자신을 인간으로 만드는 일이다. 탄생하는 순간의 존재는 이름만 인간일 뿐이지 내용은 없다. 그 본질을 고유한 방식으로 채워 가는 과정이 인생이다. 그러므로 삶의 과정이 의미와 가치를 지닌다. 그리고 죽음이 기다리고 있는 종착역에 도착할 때면 누구나 각자의 결과를 남긴다. 양이나 질의 차이에 관계없이 결과 역시 가치와 의미를 가진다. 그로써 인간은 존엄성의 주체가 된다.

중심과 주변의 존재

자기가 중심인 인간은 수많은 다른 중심과 어울려야 한다. 저마다 중심이지만, 애당초 주변이 없는 중심은 없다. 하나의 중심은 동시에 수많은 다른 중심의 주변이다. 주변이 두터워지면 중심성은 더욱 깊어진다.

하지만 자기의 시점에서만 중심이고 타인의 시점에서는 주변이므로, 주변의 두터움으로 자기 중심성이 깊어질수록 동시에 타인 중심의 주변성도 강화된다. 단순하게 비유하면 이렇다. 주변이 99일 때 자기 중심성의 가치는 100이지만, 중심이 될 확률은 1퍼센트에 그친다. 타인 중심의 주변이 될 확률은 99퍼센트다. 확률이 낮을수록 중심성의 비중이나 가치는 높아진다. 중심은 순간이고 주변은 길고 지루하다. 시시포스가 오를 수 있는 맨 꼭대기는 중심이고, 기어오르는 여정은 주변이다.

주변 없이는 중심이 존재할 수 없으므로, 나는 나와 나의 환경이다. 나의 환경도 나의 한 부분이라는 말이다. 환경에는 나를 제외한 모든 타인에 산천초목까지 모조리 포함된다. 그 넓은 의미의 환경 중에서 사람으로만 범위를 좁히면 인간 세계가 되고, 공간이나 다른 규범에 따라 다시 구분하면 공동체가 된다. 중심이면서 동시에 주변인 존재들이 이룬 공동체의 운영을 위해서 고안한 제도 중 하나가 민주주의다. 자유민주주의와 사회민주주의를 아우르는 민주주의다.

민주주의의 이념은 유일한 중심을 배제하고 일방적인 중심을 거부한다. 그로써 구성원 누구든 가치를 유지할 수 있게 한다. 이것은 관념일까, 실재일까? 논리에 불과한 것일까, 손에 쥐거나 누릴 수 있는 실체일까? 어쩌면 인간의 이성에 의한 작품으로, 역시 프로메테우스의 덕택인지 모른다.

유럽 최고봉인 엘브루스가 속한 코카서스 산맥의 한쪽 황폐하고 험준한 바위산이 무대로 등장한다. 주위는 인적이 닿지 않는 황무지다. 소포클레스보다 먼저 태어나 비극을 쓰기 시작한 아이스킬로스는 신의 명령을 어기고 인간에게 불을 가져다 준 프로메테우스를 그곳으로 보냈다. 힘과 폭력을 상징하는 제우스의 집행관들은 프로메테우스를 그 무엇으로도 끊을 수 없는 청동 쇠사슬로 바위 벽면에 결박해버렸다.

합창단장 : 하지만 제우스를 굴복시킬 자가 과연 어디에 있을까요?

프로메테우스 : 제우스는 굴복당할 뿐만 아니라 지금의 나보다 더한 고통을 겪게 될 것이오.

합창단장 : 그런 말씀을 하시는 게 두렵지 않은가요?

프로메테우스 : 두려워한다고? 그럴 필요가 어디 있겠소. 어차피 나는 죽을 운명이 아닌데.

합창단장 : 이보다 더한 고통을 가할지 모르는 일 아닙니까?

프로메테우스 : 더 할 테면 하라지요. 모든 것을 받아들일 준비가 되어 있으니까요.

합창단장 : 그러나 현자는 네메시스에게 굴복하지 않았습니까.

프로메테우스 : 그렇다면 굴복하시오. 아첨까지 하시오. 오늘의 통치자를 섬기시오. 그러나 나는 제우스 같은 존재는 안중에도 없소. 제멋대

로 해 보라고 하시오.

– 아이스킬로스, 〈결박된 프로메테우스〉

결박된 프로메테우스의 태도는 정의와 법을 파괴한 폭군 제우스에 굴복하지 않는 반항자의 모습이다. 그의 고뇌는 인간의 정신을 대변한다. 인간의 가치가 인정된다면 그러한 사상에서 비롯할 것이며, 그 가치가 존엄성의 근거다.

인간이 존엄성을 유지하려면 적극적으로 가치지향적 행동을 실천해야 한다. 하지만 추구하는 가치는 세상의 중심인 인간의 개체수만큼 다양하다. 당장의 평가는 어렵고, 시기에 따라 평가가 달라지기도 한다. 존엄성을 점증적으로 갖추어가는 방식은 각자에 맡기고, 존엄성을 해치는 행위를 엄격히 금지하는 소극적 방법으로 존엄성을 유지하는 편이 나을 수 있다.

생각해보라, 이것이 인간인지.

진흙탕 속에서 고되게 노동하며

평화를 알지 못하고

빵 반쪽을 놓고 싸우고

예, 아니오 때문에 죽어가는 존재가.

– 프리모 레비, 《이것이 인간인가》

인간은 무엇인가? 만물의 근원이 무엇인지 파고들던 철학자들의 숙제를 승계한 물리학자들은 원자까지 쪼갰지만, 너무 잘게 부순 나머지 존재가 불분명한 지경에 이르고 말았다. 인간도 그런 방식으로 분해해 보자면 결국 탄소, 수소, 산소, 질소, 약간의 칼슘과 황 등으로 구성되어 있다. 동네 약국에 가면 구할 수 있는 것들이다. 거기서 무슨 존엄한 가치를 발견할 수 있겠는가. 인간 존재 자체도 물질적인 면에서는 다른 사물들과 아무런 차이가 없다.

인간을 인간 이외의 동물이나 사물들과 특별히 구분해주는 절대적 가치는 없다. 인간이 우주 또는 지구의 보석은 아니다. 인간은 교환가치도 없다. 인간 세계 이외의 존재와 거래조차 불가능하다. 그럼에도 불구하고 왜 인간은 존엄하다고 우기는가? 존엄하지 않다면 그 이유는 또 무엇인가? 결국 이야기는 돌고 돌아 인간 자신에게로 복귀한다. 인간이 존엄하다고 말할 수 있다면, 그렇게 끊임없이 질문하고 고민하기 때문이라고 할 수도 있지 않겠는가. 인간은 바로 해답을 얻을 수 없는 온갖 질문들을 정신의 선반에 쌓아 놓는다. 거대한 그 선반이 존엄성의 근거가 아니면 무엇이겠는가.

인간이 태어나면서 고유한 가치를 가진다면, 그 생래적 권리는 프로메테우스가 준 것인가? 그렇지 않고 사후에 얻은 것이라면, 인간이 이성의 작용으로 기획해 스스로 부여한 것인가? 프로메테우스나 제우스의 이야기도 결국 인간이 만들어 낸 것 아닌가?

인간의 존엄성이란 그런 것이다. 자기 자신의 주인이 되기 위한 노력과 무수한 다른 주인의 배경이 되어 협력해야 하는 두 가지 위대한 과업을 짊어진 존재로서 서로가 서로를 격려하는 가운데 각자 자기가 아닌 맞은편 사람의 가슴에 달아주는 존재 증명의 훈장이 인간의 존엄성이다. 그러한 의미와 가치를 깨달은 지혜로운 자나 좌

충우돌하는 무지한 자나 애당초 존엄성의 차이는 없다. 다만 어리석음으로 인하여 자신의 존엄성을 유지하지 못하고 훼손하는 경우가 있을 뿐이다. 거기서부터 모든 이야기가 시작된다. 이야기의 중심을 인간으로 삼자는 진지한 제안, 그것이 인간의 존엄성이다. 인간의 존엄성을 각자 그리고 서로 지켜주기 위한 목적적 가치이자 도구가 인권이다.

미래의 인간의 존엄성

미래 세계를 전망하거나 추측할 때 왜 대부분 과학 발전을 전제하는가? 인간의 존엄성은 과학적 양상의 진전이 펼쳐지는 복잡하고 현란하며 투명하다 못해 모호한 첨단 무대의 반대쪽에 존재하는 것이 아닌가라는 미심쩍은 습관적 사고를 지닌 사람이라면 더욱 그런 의문이 들게 마련이다.

과학은 무엇이며, 과학의 발전은 무엇인가? 과학은 사색에서 출발하고, 필요에 의해서 추진력을 얻고, 순수한 욕망의 힘으로 지속된다. 하나의 과학적 숙제가 완성되었다고 생각하는 순간, 해답을 얻는 것이 아니라 새로운 과제와 맞닥뜨리고 만다. 인간이 인식하는 세계와 그 세계를 둘러싼 우주가 서로 뒤얽히며 만들어 내는 순환의 고리가 과학이다. 어떠한 과학이든 그 자체로 완결은 없다. 과학은 차라리 미궁의 바다라고 표현하는 것이 더 나을지 모른다.

그렇기 때문에 우리가 인간의 존엄성이라고 상상하며 말하는 것이 과학을 만들어 가는 힘이다. 과학은 인간의 존엄성에서 탄생한 것이다. 과학이 때로는 인간 또는 인간의 존엄성을 위협하고 파괴하는 것처럼 보이나, 실상 인간 존엄성과 과학 사이에 벌어지는 일상사는 존엄과 존재를 위한 불가피한 밀고 당기기다. 인간의 존엄성에서 비롯한 과학은 비록 불완전할지라도 이루어지는 순간 이미 하나의 존재가 되어 버린다. 존재에 대한 비평은 물론 사전 예방이나 경고까지는 가능하지만, 존재를 부정하고 무효화할 수는 없다. 과학과 인간 존엄성은 서로 존재와 본질에 대한 의문을 제기한다. 인간이 스스로 이룬 과학을 거부한다고 과학의 문제가 해결되지 않는다. 첨단 과학이 도발적으로 드러내는 의문에 끊임없이 대답하고 불안을 해소하기 위한 대책을 강구하는 가운데 변화하는 인간 자신의 새로운 존엄성을 발견하기도 한다.

인간의 존엄성은 인간이 만든 것이다. 그렇게 단정하는 것이 실증적이다. 자연법이나 인간의 권리가 인류 이전에 애당초 존재하던 당위가 아니라 인간이 필요에 따라 만든 것과 마찬가지다. 인간의 존엄성이라는 기발한 관념의 창작물에 천부의 생래적 의미를 새긴 과감한 행위는 종교적 영역을 떠나 인류 스스로 자신의 가치를 드높이는 데 기여했다. 인간의 존엄성은 인간이 자신이 속한 품종에 스스로 매긴 기상천외하면서도 더할 나위 없는 최고의 가격이다.

그렇다고 그 존엄성이 붙박이로 고정된 불변의 가치는 아니다. 이견이 있겠지만, 만물과 마찬가지로 변화한다. 가격표에 찍힌 숫자가 바뀐다기보다 그 불변의 최고 가격에 해당하는 실체와 의미가 바뀐다. 과거의 인간이 지금과 다르듯이, 현재의 존엄성은 미래의 존엄성과 분명히 다르다. 인간의 존엄성이란 암벽에 새긴 표어가 아니라 천공에 그린 꿈과 같아서, 그 자체가 세계의 일부를 만들어 내는 힘이면서 동시에 세계에 의하여 만들어지는 힘의 근원이다.

인간 세계에 국한하여 볼 때 인간과 우주 사이에서 거의 대부분의 변화를 매개하는 역할을 맡은 것이 과학이다. 인간 세계의 미래를 과학이 다 차지할 수는 없지만, 과학을 떠나서는 상상할 수 없다.

그런 의미에서 미래의 과학에 인간이 기대해 볼 만한 것 하나는 이것이다. 인간의 존엄성을 추상적 관념에서 끌어내려 구체적으로 보여 달라는 요구에 대한 반응이다. 모든 사람이 그러한 호기심에 동의하는 것 같지는 않지만, 언젠가는 과학이 만든 지성이 인간 존엄성의 가격표를 진짜 숫자로 표기할 가능성은 농후하다. 그것이 글자 그대로 디지털의 속성 아니겠는가. 미래에 속한 그러한 결과가 결코 인류를 충격의 도가니 속에 빠뜨리지는 않을 것이다. 오히려 인간 존엄성을 새롭게 단장하고 지속시키는 데 기여할 것이라 확신한다.

2

생명이 나를 만들고,
나는 생명의 가치를 매긴다

생명권

존재의 가치를 따지고, 거기에 존엄성이라는 훈장을 붙여 주는 일은 형이상학적 판단 행위다. 형이상학이라고 해서 대단한 것이 아니다. 형체가 없어 눈에 보이지 않고 감각기관으로 느낄 수 없는 것을 '형이상'이라고 할 뿐이다. 가치나 본질을 따지는 근사해 보이는 그런 고민도 인간의 경우에는 실재하는 존재를 전제할 수밖에 없다. 가치고 존엄성이고 현실에 존재하는 인간을 두고 따져야 한다. 형이하학 없이 형이상학은 불가능하고 무의미하다.

생명은 후자에 속하나, 실존하는 생명체는 전자에 속한다. 신생아가 탄생함으로써 사람은 관념적으로가 아니라 물리적으로 존재하게 된다. 그러나 모태로부터 분리된 신생아가 물리적으로 존재하는 것만으로 한 인간의 탄생이라고 단정하기는 어렵다. 물리적 존재는 요건의 일부에 불과하다. 생물적 존재의 요건이 요구된다. 생명이 필요한 것이다.

생명의 상상력

생명은 생물학적 존재를 증명하는 힘이다. 생명이 있으면 생물학적으로 존재하고, 생명이 끝나면 생물학적으로 존재하지 않는다. 물론 생물학적 존재를 살아 있는 존재로 한정할 때 그렇다. 죽은 존재는 화장하여 뿌리기 전까지는 물리적으로만 존재한다.

존재의 증명이 생명이라면, 생명의 증명은 무엇인가? 호흡일까? 호흡은 심장의 박동으로 확인이 가능하다. 박동은 호흡의 증거인가? 숨을 들이쉬면 폐 안은 공기로 가득찬다. 모두 펼치면 꽤 커다란 방 하나를 만들 만한 표면적을 자랑하는 쭈글쭈글한 폐의 한 쪽 면이 공기를 맞으면, 농도 차이에 따른 확산 작용으로 공기 중의 산소가 빨려 들어 폐의 반대쪽 면에 연결된 혈관으로 넘어간다. 산소를 보면 달려가 손을 붙들어 잡는 헤모글로빈 덕분에 산소는 혈액에 실려 최장 15만 킬로미터에 이르는 도로를 따라 인체의 구석구석을 찾아간다. 세포마다 들러 산소를 전해주면 근육이든 뇌세포든 그 에너지로 일을 한다. 임무를 마친 산소 원자는 탄소 원자 양손에 하나씩 의지해 원래의 출입구였던 폐를 통해 밖으로 나온다.

이런 공장의 공정 같은 작업의 반복이 생명 활동인가? 생명 활동인 것은 분명하다. 그런데 그 작업이 중단되면, 생명은 끝나는가? 호흡이 정지된 상태인데도 뇌가 작동하면 어떻게 되는가? 뇌가 작동한다고 해서 내 심장이 왜 움직이지 않을까 고민한다는 것이 아니라, 뇌파가 계속 흘러 모든 것이 멈추지 않았다는 신호를 보낸다는 의미다.

생명의 시작도 그렇지만 생명의 마지막 순간을 확인하거나 정의하는 일도 쉽지 않다. 출생의 순간은 언제며, 박동이 멈추거나 뇌파가 정지하는 찰나는 어떻게 측정하냐는 말이다. 쇼트트랙 결승선에서 비디오로 판독하듯이 세슘 원자의 진동을 응용한 전자시계가 가리키는 바에 따라 자정 부근에서 어제 태어나고 오늘 사망한다고 단언할 수 있는가 말이다. 법률가들은 소심하게도 그런 문제를 규범으로 만들고, 의학자나 생물학자들은 노심초사 돕는다.

그럼에도 불구하고 예술가들은 인위적 기준에 구애받지 않고 상상력을 펼친다. 벨기에에서 태어나 프랑스어를 사용한 모리스 마테를링크가 가업인 변호사를 포기하고 작가가 된 사정도, 생명을 분초로 따져 의미를 부여하기보다는 총체로 이해하고 싶었기 때문일지 모른다.

푸른 하늘과 같은 파란색으로 가득 찬 넓은 방이 있다. 이곳은 이제부터 태어날 어린이들의 나라다. 파란 반원형 천장을 받치고 있는 사파이어의 둥근 기둥이 한없이 멀리 계속되어 있다. 여기에 있는 것은 모두, 아주 작은 것까지 이 세상 것이 아닌 것 같다. 온통 동화에나 나올 법한 파란색이다. 바닥에 깔린 돌까지 한결같이 파랗게 빛나고, 아치 모양의 천장은 저 멀리 끝나는 부분에 맞닿아 있는 하늘의 색과 같다. 다만, 둥근 기둥의 받침돌과 기둥머리로 장식된 돌, 그리고 두세 개의 둥근 의자만이 흰 대리석이나 석고로 되어 있다.

오른쪽의 기둥 사이에는 오팔색의 문이 몇 개 있다. 이 문을 열면 현실의 세상과 통한다. 넓은 방 안에는 사방에 하늘색 긴 옷을 입은 아이들이 옹기종기 모여 있다. 뛰노는 아이들도 있고, 이야기를 나누거나 걷는 아이들, 꿈꾸듯 멍하니 서 있는 아이들도 있다. 그 아이들 사이에서 때때로 키가 큰 사람이 오가고 있다. 천사와 같은 느낌을 주면서도 어딘가 위엄이 있어 보인다.

틸틸은 빛의 요정에게 물었다.

"여기는 어디지요?"

"미래의 나라예요. 세상에 태어날 아이들은 누구나 이곳에 살지요. 그러니까 여기 아이들은 모두 태어날 날을 기다리고 있는 거지요. 아빠랑 엄마들이 아기를 갖고 싶을 때까지 저기 오른쪽에 있는 커다란 문 앞에 와서 기다리다가 아기가 나오면 받아 오는 거랍니다."

- 모리스 마테를링크, 《파랑새》

시인이자 소설가였던 마테를링크는 어린이를 위한 희곡도 썼는데, 바로 《파랑새》다. 희곡은 1908년 완성과 함께 모스크바 예술극장에서 처음 무대에 올랐다. 나무꾼의 오두막에 사는 남매 틸틸과 미틸이 꿈속에서 요술쟁이 할머니를 따라 파랑새를 찾아 떠나는 이야기다. 여러 곳을 여행하며 무엇이 행복이며 어떤 것이 착한 일이며 어디서 고귀함을 발견할 수 있는지 경험한다.

남매가 여정에서 본 것 중 가장 아름다운 장면이 바로 파란 방이다. 생명이 탄생하는 순간을 보여주는 방이다. 방을 가득 채운 파란색의 빛은 생명을 상징하는데, 동시에 아름답다는 느낌이 절로 들게 만든다. 생명의 탄생을 아름답게 느낀다는 것은 축복과 기쁨의 감정을 대변한다.

진정 생명의 탄생은 기쁨이요 축복인가? 이탈리아에서 영화감독을 하던 수산나 타마로가 쓴 동화 한 장면을 보면, 생명의 탄생은 기쁨도 슬픔도 축복도 저주도 아닌 실존의 문제를 제기한다는 사실을 다시 확인하게 된다.

> "나는 왜 태어났죠?"
>
> "잠깐, 불성실한 질문이구나!"
>
> "왜요?"
>
> "백과사전에 안 나와 있으니까."
>
> "왜 안 나와 있어요?"
>
> "왜냐하면 그것은 각자 스스로 대답해야 할 질문이기 때문이야. 나에게는 나만의 대답이 있고, 너에게는 너만의 대답이 있단다."
>
> – 수산나 타마로, 《천사의 간지럼》

생명의 현상 자체는 심장 박동으로든 뇌파의 작동으로든 설명할 수 있다. 하지만 그러한 생명체가 왜 생겼는지에 대해서는 아무도 대답할 수 없다. 답해야 한다면 각자가 스스로 하는 수밖에 없다.

그런데 굳이 그러한 질문에 대답해야 하는가? 이유를 모른 채 생긴 생명은 그대로 두어도 존재한다. 그렇지만 그 생명체를 어떻게 이해하고 어떻게 다루어야 할 것인가라는 문제로 나아가게 되면, 이유를 알 필요가 있다. 우선 정체가 무엇이며 어느 정도 가치를 지닌 존재인지 알아야 어떻게 대우할지 수준을 정할 수 있기 때문이다.

인간은 수단이 아니라 목적

자기가 누구인지, 왜 태어났는지는 자기 자신만이 대답할 수 있다. 그 대답은 단 한 번에 이루어지는 것이 아니라 일생에 걸쳐서 하게 된다. 선택과 행동을 통해 자신의 삶을 채워가는 행위가 그에 대한 대답이다. 왜 태어났는가는 살아가면서 증명할 수밖에 없다.

분명한 목표나 뚜렷한 계획 없이 탄생한 인간이, 즉 본질에 앞선 실존의 주체로서 인간이 자기의 본질을 채우기 위해서는 무엇이든 할 수 있다. 그 조건은 무한한 자유다. 그러나 자신의 자유는 즉시 타인의 자유와 충돌한다. 게다가 인간의 삶은 유한하여 죽음이 저 앞쪽 어디선가 기다리고 있다. 무언가 모순투성이다. 자기와 세계의 관계가 부조리하다는 점을 인식한다. 인간의 의식과 있는 그대로의 세계 사이에 갈등이 일어난다.

앞의 장에서 보았듯이, 카뮈가 말한 세 가지 해결책이 떠오른다. 인간의 의식을 삭제해 버리는 자살이 하나다. 자살은 과감한 행위이기는 하나 해결이 아니라 포기다. 다른 하나는 있는 그대로의 세계를 부정하는 것이다. 현실이 아닌 피안의 세계를 꿈꾼다. 희망을 부여하는 제도는 바로 종교다. 그렇지만 종교 역시 해결이라기보다는 회피다. 마지막 하나는 맞서는 것이다. 불합리한 것으로 가득찬 세계의 모순을 살아 있는 존재의 의식으로 바라보며 정면으로 부딪치는 행위, 바로 반항이다. 그것이 살아 있다는 증명이다.

자신의 존재 이유에 대한 대답은 스스로 해야 하고, 대답을 하기 위해서는 자신의 본질을 채워 나가야 하고, 본질을 채우는 행위는 불합리한 세계에 맞섬으로써 이루어 간다. 그렇게 하기 위해서는 살아야 한다. 생명이 유지되어야 한다.

생명을 소중히 여겨야 할 이유를 거기서 발견한다. 생명의 가치를 소중히 여기는 일은 생명을 함부로 훼손해서는 안 된다는 인식에서 출발한다. 그리고 생명의 소멸을 안타깝게 여긴다.

> 베스의 표정은 침울했고 눈은 빨개졌으며 손에는 캠퍼 병을 들고 있었다.
>
> "언니, 아기가 죽었어!"
>
> "누구의 아기?"
>
> "훔멜스 아주머니의 아기. 아주머니가 돌아오시기 전에 내 무릎 위에서 죽고 말았어."
>
> "어머나, 무서웠겠구나! 내가 있어야 했는데."
>
> 조는 후회하며 동생을 껴안았다.
>
> "무섭진 않았어. 하지만 무척 괴로웠어."
>
> – 루이자 메이 올콧, 《작은 아씨들》

루이자 메이 올콧은 1832년 미국 동부의 가난한 가정에서 네 자매 중 둘째로 태어났다. 부모와 함께 보스턴 부근의 소도시 콩코드에 들어간 네 자매는 아버지로부터 배우고, 달빛 아래서 춤추고, 월든 호수로 소풍을 다녔다. 호숫가에 오두막을 짓고 살았던 헨리 데이비드 소로우에게서 교육을 받기도 했다. 훗날 그 아름다운 시절의 기억을 떠올려 루이자가 쓴 책이 《작은 아씨들》이다. 소설의 주인공

메그, 조, 베스, 그리고 에이미는 루이자 자신을 포함한 네 자매였고, 아버지가 네 딸을 부를 때 사용했던 호칭을 제목으로 삼았다. 얼마나 열심히 썼던지 오른손에 통증이 왔다. 그러자 루이자는 왼손으로 계속 써 내려갔다. 어쩌면 그 즈음에 베스가 죽어가는 훔멜스 아주머니의 아기를 안고 두려움에 떠는 부분을 쓰고 있었는지 모른다. 그것은 베스 자신이 죽는 장면의 복선이기도 하다. 실제로 루이자의 동생 엘리자베스는 어려서 성홍열로 죽었다.

가난해도 빛나게 뛰어놀던 시절에는 어려움을 몰랐다. 주변의 자연이 자매들의 쾌활함과 함께 생명 자체였다는 인식이 굳이 불필요했다. 가난과 마찬가지로 생명도 그들이 계획한 것이 아니었다. 생명을 뚜렷이 실감하게 된 것은 구체적 죽음을 목격하면서였다. 그림자가 빛을 증명하듯이, 세상의 허물을 통해서 진리의 편린이 드러나듯이, 생명 현상은 죽음을 배경으로 뚜렷해진다. 죽음을 두려워하는 감정이 생명을 소중하게 여기도록 만든다.

생명을 소중하게 여기는 태도는 두 갈래로 나뉜다. 자기 자신의 생명을 소중하게 여기는 태도와 타인의 생명을 소중하게 여기는 태도다. 두 노선의 목표를 동시적으로 또는 교호적으로 달성하기 위해서는 생명의 가치가 동등하다고 전제하는 편이 전략적으로 옳다. 나의 생명이 타인의 생명보다 더 소중하다고 여기는 것은 자기 자신의 특수한 상황에서 선택하고 주장하는 이해타산적 태도일 뿐이다. 일반적 관념이나 보통의 구호로는 나의 생명이든 타인의 생명이든 모든 생명은 동등한 가치를 지닌다고 해야 나에게도 유리하다. 나의 생명을 타인의 생명과 동등하게 평가하면, 타인도 나의 생명을 자신의 생명과 동등하게 여긴다. 가치의 우열은 없고 상황에 따른 우선순위만 생긴다.

> "넌 그 애가 죽고 싶어한다고 생각해?"
>
> "아뇨. 하지만 도련님은 자기가 태어나지 않았으면 좋았을 거라고 생각하죠. 우리 어머니께선 그런 생각이야말로 어떤 아이한테든 이 세상에서 제일 나쁜 것이라고 하시죠. 세상에서 필요하다고 여겨지지 않으면 뭐든 좀처럼 무성하게 자랄 수 없다고 했어요. 주인님께서는 불쌍한 자식에게 돈으로 살 수 있는 건 뭐든 사다 주지만, 어쨌든 그 아이가 이 세상에 살고 있다는 건 잊어버리고 싶어하죠. 무엇보다도 언젠가 곱사등이가 된 아들을 보게 될까봐 걱정이 되어 그러시는 거죠."
>
> – 프랜시스 호지슨 버넷, 《비밀의 화원》

생명의 가치는 출발점부터 마지막 순간까지 존중되어야 한다. 시작은 탄생이고, 끝은 죽음이다. 생명은 현실적으로 최우선의 가치다. 생명이 인간 활동의 모든 조건이기 때문이다. 인간이 물리적으로 존재하기 위한 조건이기에, 생명은 첫 번째 조건일 수밖에 없다. 관념적으로도 생명은 더할 나위 없이 중요한 가치다. 모든 생명이 동등한 가치를 지닐 때 태어나면서 인간은 동등한 권리와 자유를 가진다거나 가져야 한다고 말할 수 있다.

어떤 집안에서 누구의 자식으로 태어나든 생명의 가치에 차이가 없다. 신체에 장애를 가지고 태어난 사람도 그렇지 않은 사람과 같은 생명의 주체다. 이제 막 태어난 신생아의 생명이나 죽음이 언제 찾아올지 모르는 노인의 생명도 우열을 가릴 수 없다. 정말 그럴까? 그래야 할지 모르지만, 실제로 현실에서 그러한 인간의 태도를 기대할 수 있을까? 그 문제는 조금 뒤로 미루더라도, 모든 생명의 가치가 같다는 데에서 인간의 목적성이 등장한다. 목숨은 단지 인간이 태어났으니까 살아가기 위해서 유지해야 하는 것이 아니라, 그 자체가 목적이라는 것이다.

> 당테스에게 갑자기 용기가 솟았다. 문득 생각이 떠오른 것이다.
> "파리아 신부님, 제게 좋은 생각이 있어요. 신부님께서 판 굴 한가운데서부터 티자 모양으로 옆으로 굴을 파는 것입니다. 그래서 밖의 복도로 나가 보초를 죽이고 함께 도망칩시다."
> 파리아 신부는 손을 들어 당테스의 말을 가로막았다.
> "난 몇 년 걸려서 참을성 있게 벽에 구멍을 뚫었어. 하지만 사람의 가슴에 구멍을 뚫고 생명을 빼앗는 일은 반대하네."
>
> – 알렉상드르 뒤마, 《몬테크리스토 백작》

인간은 수단이 아니라 목적이라는 주장은 모든 인간의 생명이 동등한 가치를 지닌다는 전제가 성립할 때 가능하다. 동등하기 때문에 인간은 다른 인간의 도구나 수단이 되어서는 안 된다. 마찬가지로 인간의 생명을 다른 목적을 위한 도구나 수단으로 이용해서도 안 된다. 목적이라는 말의 의미는 인간 존재든 인간의 생명이든 그 자체로 존중되어야 한다는 의미다. 그렇게 되면 그것이 인간 존엄성의 근거가 될 수도 있을 것이다.

생명 가치의 절대성과 상대성

인간의 생명은 그 자체가 목적으로서 가치를 지니며, 모든 인간의 생명 가치는 동등하다는 것은 관념이나 구호에 그치는 것은 아닌가? 실제로 그렇다. 그러나 인간 사회의 모든 근본 개념이나 주요 덕목이 현실을 반영하는 것이 아니라 현실이 지향해야 할 목표로 설정된 것이라면, 생명의 가치에 관한 구호에 대해서도 그리 실망할 일은 아니다. 그것이 실현 불가능한 목표라 할지라도 말이다.

그러한 현실의 한계를 충분히 인식하고 고려하는 경우에도, 생명의 가치가 절대적으로 보장될 수는 없다. "생명은 신성불가침의 가치이므로 어떠한 경우에도 침해될 수 없다"고 선언하면, 그 순간에는 가슴이 뛰는 듯한 희열을 느낀다. 우선 자기 자신부터 얼마나 대단한 존재로 여겨지겠는가. 그렇지만 생명의 가치 역시 상대적이다. 명목상으로는 절대적이어야 하지만, 현실에서는 상대적이다. 인간의 필요에 의해서 제한될 수 있으나, 그 필요성은 엄격히 해석해야 한다는 것으로 체면을 유지한다.

사형제도가 대표적 예의 하나다. 국가권력이 개인의 생명을 강제로 제거해 버리는 행위가 사형 집행이다. 사형은 형벌권이라는 이름으로 정당화된다. 형벌로서 사형의 목적은 교정이 불가능한 범죄자를 사회로부터 영구히 격리하는 것이다. 사회로부터 영원히 격리하는 방법은 제거다. 그것은 태어나면서 모든 인간이 지니는 생명의 동등한 가치를 무시하는 행위다. 가치의 동등성이 조물주나 신의 권위에서 비롯하는 것이라면 절대 의지에 반하는 행위다. 그럼에도 불구하고 사형제도를 고집하는 국가의 항변은, 애당초 동등한 가치의 생명체로 탄생한 인간일지라도 이후에 범죄 행위를 저질렀기 때문에 그 동등성의 조건이 깨어졌다는 것이다. 사형 선고를 받을 정도의 범죄 행위를 저지른 범죄자는 스스로 자기 가치를 훼손한 것이라는 의미다. 스스로 자기 생명의 가치를 훼손하는 행위는 타인의 생명을 침해하는 형태로 이루어진다.

평범한 개인이 타인의 생명을 제거하는 정도로 심각한 침해 행위를 할 수 있다는 자체가 이미 생명의 가치나 권리가 절대적인 것이 아니라는 점을 말해준다. 인간의 생명이 하늘이 내려준 은혜라면, 어찌 한날 인간이 그 생명을 앗아버릴 수 있다는 말인가. 그러므로 그렇게 무도한 또는 어처구니없는 행위에 대응하는 조치로 사형은 가능하다는 것이다. 무조건 동해보복同害報復식의 대응이 아니라, 향후에도 그 반사회적이고 반생명적인 행위의 교정 가능성을 기대할 수 없다는 판단을 전제 조건으로 한다. 그리하여 범죄자를 제거함으로써 동일한 범죄를 다시 저지를 위험성을 봉쇄하고, 그 본보기를 통해서 잠재적인 다른 범죄도 사전에 예방한다. 이러한 주장이 대체적인 사형 존치론의 논거다.

중대한 범죄자를 사회에서 완전히 추방한다고 그 범죄자가 야기한 문제가 해결되는가? 우선 그 범죄자가 동일한 또는 다른 범죄를 다시 저지를 위험성이 있는가는 어떻게 판단 가능한가? 선고 당시의 판단으로 충분한가? 세월이 흐르면 달라질 가능성은 얼마든지 있지 않은가? 범죄자를 격리시키고 싶으면 무기징역형을 활용하면 된다. 수형 생활을 하는 가운데 뜻밖에도 재사회화의 가능성이 보이면 충분한 교육을 한 뒤 석방도 가능하다. 격리와 교화의 두 가지 목적을 동시에 노릴 수 있으면서 사형의 돌이킬 수 없는 단점을 보완하는 수단이 무기징역형이다.

그 범죄자를 사형시킨다고 해서 다른 잠재적 범죄자를 잠재울 수 있는가? 사형제도를 유지하고 사형을 거침없이 집행하는 국가의 범죄율이 낮아졌다는 통계는 없다. 오히려 사형제도가 없는 국가의 강력 범죄율이 더 낮은 사례는 꽤 흔하다. 사형은 집행하고 난 뒤 번복이 불가능하다. 진범이 나타나거나 오판임이 드러나는 경우는 잦지 않더라도 가끔 발생한다.

> "저 놈의 목을 베어라."
>
> 여왕이 명령했다.
>
> 그러나 망나니는 고양이가 몸은 없고 머리만 있으니 자기로서는 목을 벨 수 없다고 했다. 이런 경우는 듣도 보도 못했다는 것이 망나니의 주장이었다.
>
> 그런가 하면 왕의 생각은 달랐다. 세상에 머리가 있는 생물은 어느 것이나 그 목을 벨 수 있는 법인데, 무슨 억지소리를 하느냐는 얘기였다. 여왕은 당장 무슨 수를 쓰든지 고양이의 목을 베지 못하면, 이곳에 있는 모든 사람의 목을 베어 버리고 말겠다고 소리쳤다.
>
> – 루이스 캐럴, 《이상한 나라의 앨리스》

사형제도를 두고 벌이지는 존치론과 폐지론의 논쟁이 이론상으로 더 필요한가는 의문이다. 그만큼 찬반양론의 근거는 오랜 세월 동안 충분히 제시되었고, 서로 상대방 주장에 의해서 논박되었다. 이미 모두 다 아는 것이고, 새로운 것은 없다. 근거나 이론이 불충분하여 이기거나 질 가능성은 전무하다. 여전히 세계는 사형을 폐지한 나라와 폐지하지 않은 나라로 구분될 뿐이다. 후자는 사형 집행을 하는 나라와 집행을 하지 않는 나라로 다시 나뉜다. 집행하지 않는 나라는 차라리 사형제도를 폐지해 버리지 왜 그런 상태를 유지하는가라는 의문이 꼬리를 문다. 국제앰네스티에서는 그러한 국가의 정부를 설득해 사형을 폐지할 의도로, 10년 이상 집행한 일이 없으면 사실상 사형폐지국이라는 칭호를 부여한다. 사실상 폐지국에서 실제 폐지국으로 넘어오라는 애타는 손짓이다. 물론 사형을 집행하지 않는 것은 정부의 정책으로 즉각 실현할 수 있지만, 제도 자체를 폐지하는 일은 국회를 거쳐야 하므로 쉽지 않다.

사형을 없앤 나라나 사형을 집행하는 나라나, 사형제도나 사형 집행 때문에 큰 차이가 드러나는 현상은 발견하기 힘들다. 사형을 선고하고 공개 처형을 한다고 야만국이라 단정할 수 없다. 사형을 폐지했다고 문명국이 되는 것도 아니다. 가치관의 문제다. 생명에 대한 가치관의 차이다. 그 차이는 관념적이고 추상적이고 상징적이지만, 국가 구성원 개개인의 마음에 영향을 끼친다. 끼친다는 표현이 단정적이라면, 끼칠 가능성이 충분하다는 정도로 표현할 수 있다. 사형을 허용하지 않는다는 태도는 누구나 힘만 사용하면 끊을 수 있는 가냘픈 사람의 생명을 거의 절대적 가치로 삼겠다는 의지의 표지다. 지향하는 목표를 보다 높은 곳에 두겠다는 고양된 정신의 발로다.

앨리스가 여행한 나라는 상징과 비유로 가득한 세상이다. 머리는 생명의 가치이고, 목은 생명의 생물학적 조건이다. 머리는 생명권이고 목은 생명이라고 해도 좋다. 목이 없고 머리만 존재하는 경우 그 머리는 생명의 절대적 가치성을 상실한다. 현실의 인간은 굳이 목을 베지 않고 머리만 타격해도 목숨을 빼앗을 수 있다. 우리가 일상에서 합법적으로 사람의 생명을 단절시키는 사형 집행을 '목을 벤다'고 표현한다. 목은 없고 머리만 있어 결코 목을 벨 수 없다는 말은 궤변이 아니라 생명의 가치를 권력의 힘으로 함부로 훼손해서는 안 된다는 경고의 비유로 읽으면 흥미롭다.

가치의 설정을 어떻게 하느냐, 그 가치를 절대시하느냐 상대화하느냐는 모두 인간의 의지에 따른 제도적 선택으로 귀결된다. 그런데 한 번 정하고 나면 바꾸는 일이 쉽지 않다. 제도나 관행이나 모두 마찬가지다. 생명이라는 현상에 부착되어 있는 사고 작용의 방향이 저마다 다르기 때문이다. 머리는 많고, 그 속에 든 생각은 더 많다.

전쟁은 제도는 아니지만 한시도 쉬지 않고 벌어지는 인간의 관행이다. 전쟁은 살해를 전제로 한다. 의도된 살인을 정당화한다. 전장의 군인은 자기가 겨누는 총구의 표적이 적국 어느 작은 마을의 사랑하는 사람에게 돌아갈 날을 손꼽아 기다리는 선량한 청년이라는 사실을 알지 못한다. 살인 중에서도 가장 위험하고 죄질이 나쁜 불특정다수를 향한 살인이 허용되는 싸움터를 무대로 한 인간 희극이 전쟁이다. 어리석은 희극이 낳는 무수한 비극을 막기 위해서 전쟁 자체를 없애야 하는가, 아니면 빨리 전쟁을 끝내야 하는가? 전쟁을 빨리 끝내는 방법은 신속하게 승리하는 길밖에 없고, 그러려면 희생은 늘어난다. 전쟁이 끝나고 난 뒤에도 적국은 물론 적국이 될 가능성이 있는 어느 국가도 감히 넘보지 못할 정도로 군비를 갖추는 것이 전쟁을 예방하고, 예방이 철저할수록 전쟁은 사실상 없어질 것이라는 생각은 꽤 그럴 듯하다. 그렇다면 상대도 똑같은 생각으로 군비를 확충한다면 어떻게 되는가? 어느 쪽 전력이 우세한지 가늠하기 어려운 정도라면 무력에 의한 평화가 가능한가, 아니면 더 심각한 파국이 예상되는가? 전쟁을 없애는 것만이 진정 생명을 존중하는 길이라면, 나부터 먼저 무기를 불살라 버려야 윤리적으로나 논리적으로 옳은 태도가 아닌가? 이러한 평화론은 현실적인가? 조금 비현실적이라 하더라도, 사형 폐지론이 갖는 상징성을 획득할 수 있지 않겠는가?

생명의 지속과 한계

결론에 이르기가 쉽지 않다면, 다른 문제로 옮겨가 보자. 낙태나 안락사는 절대 허용해서는 안 되는가? 부분적 허용은 불가피한가? 완전한 허용은 왜 안 되는가? 우생학적 이유가 태아의 신체완전성을 사전에 검사할 수 있는 현대의학의 힘에 의존해 일반적으로 금지된 낙태를 허용한다면, 그것은 앞에서 제기한 생명 가치의 동등성 문제와 공존할 수 없다. 생명 존중의 태도는 출생한 사람뿐만 아니라 태아도 보호한다. 태아의 생명을 출생한 사람의 생명과 같은 수준으로 가치를 인정하고 보장할 수 있는가 하는 문제는 차치하고, 태아의 생명만 놓고 보자. 모든 태아의 생명은 동등한 가치를 지녀야 한다는 데 이의를 제기할 수는 없을 것이다. 그렇다면 신체가 불완전한 상태로 출생할 것이라는 점을 확인하는 경우에 예외적으로 낙태를 허용하는 것은 분명한 차별이다. 살아 있는 사람들 중에서 장애가 있는 사람을 차별하는 것과 달리 평가하기가 쉽지 않다. 그럼에도 불구하고 그러한 제도를 운용하는 것은 현실의 필요 또는 요구 때문이다. 생명의 절대성은 여기서도 무너진다. 안락사나 존엄사의 문제로 넘어가면 더 복잡해진다.

> 이반 일리치는 자신이 죽어가고 있다는 걸 깨달았다. 그래서 한없이 절망했다. 그는 자신이 죽어가고 있다는 걸 마음속 깊이 알고 있었다. 그러나 이를 사실로 받아들이지도 이해하지도 못했고 또 이해할 수도 없었다. …… 그는 서재로 가서 몸을 뉘었다. 그는 다시 죽음과 단둘이 되었다. 죽음이 눈앞에 있었지만 할 수 있는 건 아무것도 없었다. 할 수 있는 건 오직 죽음을 응시하며 두려움에 떠는 것뿐이었다.
>
> – 레프 톨스토이, 《이반 일리치의 죽음》

생명의 존중은 인간 개개인이 이미 생존과 동시에 생명을 유지하려는 본능으로 이루어진다. 그것은 죽음을 두려워하고 기피하는 현상으로 나타난다. 생명에 대한 사상이나 이론과 무관한 실존적 본능이다. 자기가 만든 영화에 출연한 우디 앨런은 죽음에 대한 의견을 피력하는 장면에서 이렇게 익살을 떨었다. "나는 죽음에 절대 반대한다." 항소 법원 판사 이반 일리치 골로빈은 죽음의 선고 앞에서 공포에 질린 피고인에 불과했다.

생명을 계속, 가능한 한 오래 유지하는 것이 생명권을 존중하고 보장하는 길인가? 그것은 일차적 조건일 수는 있다. 생명의 유지는 생명의 침해가 없는 상태를 의미하기 때문이다. 침해의 위험까지 배제한다면, 생명의 안전한 유지가 필요하다. 하지만 무조건 또는 가능한 오랫동안 유지해야 하는가라는 문제는 다르다. 생명의 안전한 유지는 존엄한 인간을 가능하게 하고, 존엄성으로부터 모든 인간의 권리가 흘러나온다. 따라서 생명의 유지가 존엄성의 형성과 확립에 기여하지 못한다면, 그 생명의 평가는 달라질 수밖에 없다. 인간이 반드시 세속적 인격을 갖추고 품위 있는 자세를 취해야 존엄성을 인정받는 것은 아니다. 평범한 보통 사람이나 흔히 무지렁이로 표현되는 선남선녀도 태어남과 동시에 존엄성의 주체다. 단지 품성과 행위에 따라 존엄성을 얼마나 덜 상실하거나 훼손하느냐가 평가의 기준이 될 뿐이다. 마찬가지로 생명 유지의 방식이 인간의 존엄성을 깎아내리는 경우라면, 당연히 달리 생각해야 한다.

평범한 인간이 일상에서 항상 존엄성 유지를 머리끝에 매달고 살 수는 없다. 존엄성은 개개인이 목표로 삼는 구체적인 현실의 과제가 아니다. 한 개인은 스스로의 삶에 충실하면 되고, 존엄성은 그 개별적 삶과 인류 전체의 삶에 역사적으로 부여되는 보이지 않는 가치의 훈장이다.

개인은 충실한 생활인이 되어야 한다는 것이야말로 현실의 구체적 과제다. 존엄성 따위는 생각할 겨를도 없이, 우선 건강하게 생명을 유지해야 한다. 그러다 보니 생명은 세속적 욕망으로 연결된다. 산다는 것은 오래 사는 것으로 자연스럽게 바뀐다. 한 번의 기회로 다가온 생명을 놓치지 않겠다는 것이 인간과 인류의 욕망이 되었다.

"하지만 마법에도 두 가지가 있습니다. 하나는 악마의 마법인데, 그것은 말로 표현하기 어려울 정도로 아주 교묘하게 인간을 타락으로 이끕니다. 반면 하느님의 마법도 있습니다. 그 마법은 하느님의 지혜가 인간의 지식을 통해 드러나도록 합니다. 그리하여 자연을 변형시키는 일을 하는데, 그 목적 중의 하나는 인간의 생명 자체를 연장시키는 것입니다. 그러한 것은 신성한 마법이라고 불러야 마땅하지 않은가요."

– 움베르트 에코, 《장미의 이름》

14세기 서양의 수도원을 무대로 한 소설에서, 바스커빌 출신의 프란체스코회 수도사 윌리엄이 오스트리아 다뉴브 강가에 위치한 베네딕트회 소속 멜크 수도원에서 유리 세공 수도사 니콜라에게 말하는 장면이다. 윌리엄이 신성한 마법이라고 표현한 생명연장술은 거의 모든 인간의 욕망을 대변한다. 인간의 생명을 연장하는 기술은 마법이 맞을 텐데, 과연 그것이 왜 신성한가? 아마도 그러한 욕망은 아무리 세속적 인간의 것이라 하더라도 추하고 탐욕스럽지 않다는 점을 강조하기 위해서일 것이다. 과연 그러할까?

2016년 10월, 영국에서 발행하는 과학 전문 주간지 《네이처》에 실린 한 편의 논문이 논쟁을 불러일으켰다. 미국 알버트아인슈타인 의과대학 연구팀이 게재한 논문의 제목은 〈인간 수명의 한계에 대한 증거〉였는데, 인간 수명의 한계는 대략 115세 정도라는 게 요점이었다. 그러자 인간 수명에 한계가 있다는 주장과 없다는 반박이 이어졌다.

한계론의 근거는 인간의 유전적 프로그램이 수명의 연장을 방해한다는 것이다. 수정된 난자에 심어져 있는 프로그램은 탄생에 이어 성장과 발달, 성숙 그리고 번식의 순서로 진행되도록 37억 년 동안 서서히 진화해 온 것이기 때문에, 번식 이후의 죽음이라는 소멸도 불가피하다는 설명이다. 아무리 길어도 150세라고 단언한다.

반면 무한계론은 기계가 뇌와 연결되는 시대에 수명을 어떻게 한정지을 수 있느냐고 고개를 갸웃한다. 늙은 세포를 젊은 세포로 되돌려 인류 노화의 생체시계를 거꾸로 돌릴 수 있다고 목소리를 높이며, 체세포 배아줄기세포의 복제나 역분화줄기세포의 발견 등이 전환점이 될 것이라고 구체적 희망을 제시한다.

2015년 당시 일본에서 최고령이었던 노인은 100살이 넘도록 흡연을 즐겼는데, 이렇게 말했다. "그동안 나에게 담배 끊으라고 한 의사들은 이미 모두 죽었어." 117세 생일이 지나 사망한 할머니 오카와 미사오의 모습을 보고 경이로운 생각은 들지언정 존경스럽고 아름답다고 느낀 사람은 얼마나 될까?

> 그러나 스트럴드 블럭에 대해 상세한 설명을 듣자 사정은 달라졌다. 그들은 서른한 살까지는 보통 사람들과 다름없으나, 그 이후 점점 쇠퇴하여 예순이 넘으면 더욱 침울해진다고 한다. 스트럴드 블럭은 늙기는 하지만 죽지는 않는다. 치매에 걸려 노망을 부리면서도 죽지 않아 무서운 절망감에 빠진다. 젊은이들의 행동을 바라보면서 그들은 모두 즐거움으로부터 제외되어 있다는 것을 깨닫는다. 장례식을 볼 때마다 자신들은 그 영원한 안식처로 갈 수 없다는 것을 한탄한다.
>
> 아흔이 넘으면 이빨과 머리털이 죄다 빠진다. 식욕도 없고 음식도 맛볼

수 없다. 항상 병을 앓고 있으나 낫지도 않는다. 기억력은 쇠퇴하여 다음 줄을 읽으면 앞의 줄을 잊어버려 책을 읽을 수도 없다. 이백 살이 되면 말도 잊어버려 다른 사람들과 대화도 나눌 수 없다.

– 조너선 스위프트, 《걸리버 여행기》

수명 연장의 극한은 불사조가 되는 것이다. 죽지 않는 것, 그것이 생명에 대한 인간 욕망의 극한이다. 그렇게 수명이 완벽하게 자기 자신의 것처럼 무한으로 주어지면, 죽음을 맞아들이려는 사람은 드물 것이다. 죽지 않는 것이 욕망의 대상이 될 정도로 매혹적인 선물인가에 대한 대답은 일찌감치 여러 형태로 나와 있다. 조너선 스위프트의 경고도 그중 하나다.

걸리버가 여행한 나라 중 스트럴드 블럭은 불사의 세계다. 그 나라 사람들은 죽지 않는다. 그야말로 죽지 않을 뿐이다. 죽지 않으면 어떻게 되는가를 소설 속에서 보여준다. 죽지 않게 되면, 죽음이 인간의 희망은 된다.

생명의 이기심

생명 연장에 애착이 강한 사람들은 즉각 반발한다. 단지 죽지 않는 것을 바라는 것이 아니라, 건강하게 오래 사는 것을 원한다고. 건강하게 죽지 않아야 한다는 것이다. 거기에 대해서도 이미 까마득한 옛날에 고민을 모두 해 놓았다. 《그리스 신화》에 등장하는 여신 에오스가 적절한 예시라고 할 수 있다.

건강하게 오래 산다는 것이 정확히 무엇을 말하는지 불분명하다. 나이에 맞게 늙되, 항상 건강한 상태를 말하는 것일 테다. 그러면서도 나이보다 젊게 보인다면 좋아한다. 실제로 더 젊어진다면 더 좋아할 것이다. 젊음과 장수라는 양립 불가능한 욕망의 허무함을 새벽의 여신 에오스의 탓으로 돌릴 수만은 없는 노릇이다. 자연에 순응해야 한다는 경고가 기도문처럼 들린다. 자연에 순응한다는 것은 질서를 받아들인다는 것이다. 하지만 인간의 힘으로 저항할 수 있다면 왜 가만히 순응하겠는가. 에오스는 제우스에게 간청해 인간 소년 티토노스를 불멸의 존재로 만들었다. 하지만 멍청하게도 영원한 젊음까지 달라는 말을 잊고 말았다. 훗날 에오스는 자기가 새벽의 여신이지 황혼의 여신이 아니기 때문에 늙은 티토노스는 사랑할 수 없다고 변명했다. 이른 아침처럼 싱싱하고 젊은 존재만 상대해야 한다는 것이었다. 그래서 노망이 든 티토노스를 창고에 감금한 뒤, 늙은이가 내는 소리조차 끔찍해 매미로 만들어버렸다. 에오스의 애욕과 취향은 인간 욕망의 은유다.

"참 곱기도 하지."

아마란스가 장미에게 말했다.

"신이 보기에도, 또 사람이 보기에도 얼마나 탐날까! 아름다움과 향기를 축하해요."

"그러나 내 목숨은 짧아요."

장미가 대답하였다.

"아무도 나를 자르지 않아도 나는 시들고 말지요. 그런데 당신은 계속 꽃을 피우고 또 항상 지금처럼 싱싱하지요."

- 이솝, 《이솝 우화》

안데스 산맥을 원산지로 하는 비름과의 식물을 지칭하기도 하지만, 아마란스라는 이름은 영원히 시들지 않는 꽃의 의미를 지닌 고대 그리스어에서 유래했다. 우화에서 장미가 인간이라면 아마란스는 신이다. 어차피 신은 인간을 질투하니까, 불멸의 힘을 가졌으면서도 아마란스는 장미의 자랑인 한철의 아름다움에 시새움을 낸다. 피었다 지는 장미의 영원한 생을 향한 부러움의 눈길은 애처롭다. 그러나 섣불리 장미를 동정하지는 말자. 아마란스가 신의 대역이라면, 역시 통찰력이 있다는 사실을 보여 주는 장면이 아닐까? 장미는 한정된 기간에만 꽃을 피우기 때문에 시한부 특유의 아름다움을 발산하는 것이다. 그 비길 데 없는 매력이 신의 눈에는 더 잘 보이기 때문에 질투하는 것이다. 다시 계곡으로 추락하더라도, 잠시 정상에 섰을 때 시시포스의 쾌감을 떠올려도 좋다.

생명의 순환과 고리

순간은 순환으로 이어져 영원성을 획득한다. 하나의 개체가 영원하면 순환의 고리는 끊긴다. 개체 하나가 의미의 종료를 선언할 때, 순환은 이어져 전체의 의미가 유지된다.

아빠,

기쁜 소식을 알려드리겠습니다. 어금니 한 개가 또 났습니다. 아직 어금니가 날 나이가 아닌데, 이것은 분명 조숙한 사랑니입니다. 저는 한 개만 나는 것으로 그치지 않았으면 좋겠습니다.

홍당무 올림

홍당무야,

네 잇몸에 새 이가 돋아나기 시작할 그 무렵, 내 이가 하나 흔들리기 시작했단다. 그리고 결국 어제 아침에 빠지고 말았다. 이렇게 너의 이가 한 개 새로 나면, 나의 이가 한 개 빠진단다. 그래서 우리 가족 이의 합계는 언제나 변함없이 똑같은 셈이다.

너를 사랑하는 아버지로부터

- 쥘 르나르, 《홍당무》

주근깨 얼굴에 빨간 머리털의 홍당무는 말썽꾸러기였는데, 형과 누나 심지어 엄마로부터 온갖 구박을 받고 마음의 상처를 입기도 했다. 그래서 가출을 시도하고 방황도 하지만, 점점 가족은 물론 세상을 이해해가며 성장한다. 집을 떠나 기숙사에서 생활할 때 홍당무는 아버지에게 편지를 썼다. 무뚝뚝한 르픽도 어린 홍당무에게 답장을 보냈다. 아버지와 아들은 자연의 질서를 몸으로 알고 있었다.

자연의 질서라고 반드시 지켜야 하는 것은 아니다. 자연법이 그러하듯이 분명하게 존재하면 복종할 수밖에 없겠지만, 언제나 모호하다. 그렇지만 자연의 질서를 이해하는 것은 우리에게 도움이 된다.

자연법에 대한 감정과 이성의 힘으로 실정법을 만들고 고치고 하는 것과 마찬가지다.

질서에 대한 이해의 힘은, 우리가 가진 생명의 고귀함이 아마란스가 아니라 장미의 아름다움에 있다는 사실을 알게 한다. 지지 않는 꽃 아마란스가 어떤 색과 향기를 지녔는지 아무도 모른다. 저마다 상상 속의 아마란스에 향기와 색을 입힐 뿐이다. 현실의 아름다움은 피고 지는 장미에 있다. 피는 것은 순간에 불과할 정도로 짧지만, 순간을 기억에 남긴 채 기다리면 또 순간은 찾아온다. 스쳐 지나가는 장미의 순간이 반복 순환하면 영원한 아름다움에 저항처럼 맞서게 된다. 인간의 생명도 개인의 생애라는 순간에 바쳐야 한다. 그래야 인류의 생명에 기여할 수 있다.

구글이 만든 자회사 칼리코의 목적은 노화의 비밀을 캐는 것이다. 그리하여 인류의 수명을 500세 이상 획기적으로 늘릴 수 있다는 기대를 신흥 종교처럼 퍼뜨린다. 노화가 거의 진행되지 않는 아프리카 벌거숭이두더지쥐의 단백질과 DNA 연구에 박차를 가하고 있다. 하지만 벌거숭이두더지쥐도 다른 쥐들보다 10배나 오래 살기는 하지만 결국 죽는다. 수명이 다하는 순간 벌어지는 일은 여전히 미스터리다.

> 제우스 신이 사람 모습으로 변장하여 프리기아를 방문한 적이 있었다. 아들 헤르메스도 날개를 떼어 놓고 동행했다. 둘은 고단한 나그네들처럼 쉴 곳을 찾아 이 집 저 집 기웃거렸지만 아무도 재워 주려고 하지 않았다. 밤이 깊었기 때문이다.
>
> 바우키스라는 노파와 남편 필레몬은 달랐다. 노부부는 오막살이집에 둘

을 정성껏 맞아들였다. 제우스는 그 부부의 모습에 감동했다. 그러나 불친절한 다른 사람들에 대해서는 분노했다.

신의 모습으로 돌아간 제우스는 야박하고 불경스러운 마을을 물속에 잠기게 하고, 바우키스와 필레몬만 살려 주었다. 그리고 두 사람에게 소원을 물었다. 바우키스와 의논한 끝에 필레몬이 이렇게 대답했다.

"저희는 지금까지 이 세상에서 의좋게 살아온 만큼 이 세상을 떠날 때도 함께 가고 싶습니다. 바라옵건대 제가 살아남아 할미의 무덤을 보는 슬픈 일이 없게 하시고, 할미가 살아서 제 무덤을 파는 슬픈 일도 당하지 않게 하소서."

제우스는 소원을 들어주기로 약속했다.

두 사람이 늙고 늙어 더할 나위 없이 쇠약해진 어느 날, 신전 계단에 서 있던 바우키스는 필레몬의 몸에서 나뭇잎이 돋아나고 있는 걸 보았다. 필레몬도 바우키스의 몸이 자기처럼 변하는 것을 보았다. 두 사람은 서로 작별 인사를 나누었다.

"잘 가요, 할멈."

"잘 가요, 영감."

– 토머스 불핀치, 《그리스 로마 신화》

프리기아 땅을 걷다가 언덕 위에 두 그루의 나무가 나란히 서 있는 모습을 발견하면, 가까이 가서 무슨 나무인지 확인해 보아야 한다. 그것이 보리수와 참나무라면, 틀림없는 필레몬과 바우키스다. 노부부는 죽음을 예정하고 시기까지 함께 결정함으로써 마지막 행복을 누렸다.

생명과학의 최대 관심은 노화를 방지하거나 더디게 진행시키고 수명을 엄청날 정도로 연장하는 것이다. 단순한 수명 연장이 아니라 젊은 또는 건강한 생명의 지속이 목표다. 아마란스를 현실의 꽃으로, 티토노스를 불멸의 청년으로 만들겠다는 청사진이 걸려 있다.

불가능한 일은 아닐지 모른다. 하지만 바람직한 목표일까라는 점에서는 견해가 날카롭게 대립할 수 있다. 인간의 생명을 존엄성에 연계하자면, 경이로울 정도로 오래 사는 것이 좋은지, 평화롭고 행복하게 빨리 죽는 것이 나은지 단정하기 어렵다. 그래도 후자가 낫지 않을까? 그렇다면 인류를 위한 연구는 생명과 젊음의 획기적 연장보다 두려움과 공포 없이 안락하게 죽을 수 있는 방안을 주제로 삼아야 옳다. 안락사와 존엄사 따위를 말하려는 것이 아니다. 그것은 이미 삶의 가치가 희박한 지경에 이른 생명의 시기를 약간 당기는 가진 자들의 고민일 뿐이다. 아주 완화된 요건 아래서 진정 스스로 원할 때 편안하게 눈을 감는 것을 말한다. 혹자는 그것을 자살의 문제일 뿐이라고 단정하지만, 그렇지 않다. 죽음이 불행한 일이 아니며, 두려운 그림자가 아니라는 사실을 받아들일 수 있게 하는 수단이 필요하다. 태어날 때는 순서가 있지만 죽을 때는 순서가 없다는 옛말이 있다. 죽음을 우연에 맡겨 불안에 떠느니 스스로 맞을 수 있게 하는 방안을 고려해 볼 필요가 절실하다. 입영 전야에 모이듯이, 정해진 날짜에 불멸의 고향으로 가는 친구를 위해서 함께 작별 인사를 나눌 수 있다면 괜찮은 세상 아니겠는가. 그렇게 되면 누구나 바우키스와 필레몬 부부처럼 될 것이다.

그런데 의학적으로 평온하게 영원의 잠으로 빠져들게 하는 기술은 이미 완성되어 있다. 실제 문제는 사회적 제도다. 그 제도는 역시 우리 스스로 만든다. 언제 어떻게 만드느냐는 것은 생명이나 죽음에 대한 일반의 인식과 판단을 바탕으로 한다.

사나운 폭력이나 포악한 권력의 비이성적 횡포로부터 모든 생명권을 보호해야 마땅하지만, 그 안전판 안쪽에서는 생명의 주체가 자기 자신이라는 사실을 잊어서는 안 된다. 인간으로서 품격을 유지하는 수단으로 동시에 기능할 때 생명은 비로소 그 가치를 잃지 않는다. 생명이 절대적 조건이기는 하지만, 유지 그 자체만으로는 가치를 지키지 못한다. 생명의 주체가 결정권을 행사하여 자기 생명의 품위를 지킬 수 있는 환경에서 존엄성이 살아난다. 생명으로부터 비롯하는 인간의 모든 자유와 권리가 다시 되돌아가 자신의 생명을 생명답게 만들기 때문에 기본권이 된다.

미래의 생명권

미래의 생명권은 극단적으로 상반된 두 갈래의 방향으로 치달을 것이다. 한쪽에서는 생명을 무한에 가깝도록 늘이려고 노력한다. 150세가 1차 목표 정도일 테고, 그 다음은 어디쯤이 될지 모르겠다. 반면 100세를 넘기는 것도 삶의 질적인 측면에서 보면 무한에 이른 수준이나 다름없다는 시각에서, 생명의 종기終期를 스스로 결정할 권리를 생명권에 포섭시키려는 노력이 맞선다.

이러한 양방향의 경향은 쉽게 예상할 수 있다. 합성생물학과 유전자 가위 기술은 게놈이라고 부르는 인간 유전체의 염기 서열을 읽고 해독하는 단계를 넘어 계획하고 쓰는 차원으로 접어들었다. 모든 기술은 단순해 보이는 알고리즘 형태로 정렬시킬 수 있고, 그 계산은 무한한 시간을 필요로 하는 것 같지만, 무한이나 다름없는 세월을 한두 해나 하루이틀로 압축하는 기술 역시 알고리즘에 기반한 컴퓨터의 능력이 성취해낸다. 무한해 보이는 것을 현실화하는 일이 혁명이 아니고 무엇이겠는가. 과학 기술에서 혁명은 특이점이나 마찬가지다. 혁명적인 특이점을 만드는 데 어느 정도의 시간이 필요할지 계산하기 어렵지만, 우리가 모르는 사이 특이점에 도달하는 경우도 있다. 현재 편향성을 가진 인간은 언제나 현재를 기준으로 세상을 보고 현재를 중요하게 여기므로, 삶의 곡선에서 현재만 살아가다 보면 특이점을 충격적으로 맞닥뜨리는 것이 아니라 눈을 뜨면 맞는 아침 햇살처럼 자연스럽게 받아들인다.

부모 없는 아이가 탄생하는 순간 우리는 또 새로운 특이점을 어제의 일로 뒤돌아볼지 모른다. 어머니나 아버지가 누구인지 불분명하다는 것이 아니라 아예 존재하지 않는 새로운 인간 생명체를 만들어 내게 된다. 그 생명은 로봇과 다르지만, 따지고 보면 로봇이나 똑같다. 미래의 로봇은 모든 면에서 인간과 차이가 없을 것이기 때문이다. 의학이 고도로 발달하면, 손상된 인간의 장기는 인공물로 대체가 가능하다. 인공 장기나 신체의 부분은 기계나 다름없다. 생명을 연장하기 위해서 자신의 상당 부분을 인공물로 바꾼 인간은 인간인가 로봇인가? 인간과 로봇 사이의 경계가 불분명해질 것은 분명하다.

부모 없는 아이나 인간과 구별할 수 없는 로봇은 우리가 원해서 만드는 것이다. 현재를 살아가는 우리가, 우리의 사후에도 삶이 계속되어야 한다고 믿는 인류애와 유사한 감정은 결혼과 가족이라는 제도로 이어져 왔다. 그러나 그 제도와 관념은 사라질 것이다. 내가 죽고 난 뒤에 나와 같은 생각을 하는 존재가 자식의 형태로 이어지는 것이 삶의 유일한 지속 방식이 아니다. 부모 없는 아이나 너무도 사랑스러운 로봇이 똑같은 역할을 한다면 거부할 이유가 없다. 입양한 자식이 친자식과 조금도 다를 바 없는 경우와 동일하다.

새로운 생명체, 새로운 인간의 탄생은 지금과는 다른 생명권의 관념을 형성해 낼 것이다. 그것이 분명하기는 한데, 구체적으로 그려 보기가 쉽지 않다. 새로운 존재와 새로운 생명권도 무한한 생명과 죽음의 결정권 사이에서 태어나고 살아갈 것이다.

3

평등한 세상은 불공평하지 않을까

평등권

세상은 왜 이렇게 불공평할까? 한 번쯤 이런 생각을 해보지 않은 사람은 없을 것이다. 그런 생각을 한 번도 해보지 않은 사람보다는 한 번이라도 해본 사람이 훨씬 많을 것이다. 자기 자신을 되돌아본 결과가 아니라 다른 사람들의 모습을 보고 그러한 생각을 해본 것까지 포함한다면, 거의 모든 사람들이 한두 번 이상은 그런 현실의 의문에 빠진 경험이 있을 터이다.

그렇다면 세상은 불공평하다. 불공평하다는 것은 무언가 공정하지 않다는 의미다. 공정하지 않다는 것은 분배가 정의롭게 이루어지지 않는다는 측면을 지적하는 비판의 소리다.

그렇게 논리적으로 따지지 않고 그저 세상이 불평등하다는 보통 사람들의 한탄은, 어떠한 처지나 상태, 그러니까 결과를 탓하는 것이다. 세상일이 공정하게 돌아가지 않기 때문에 불평등한 결과가 생길 수밖에 없다고 생각한다. 사회의 기능에 문제가 있다는 말이다.

평등한 인간의 불평등

나는 떳떳한가? 이런 생각을 해보기도 한다. 인간 존재로서 자존감을 느끼는가라는 점에서는 대부분 긍정적일 것이다. 다른 누구와 비교해서도 결코 뒤질 것 없다는 자존심은, 인간은 누구나 동등하다는 사상 덕분일 수 있다. 인간 존재로서의 자긍심은 충만하나, 자신이 처한 현실에 대해서는 불만이 생길 수 있다. 현실은 당시의 결과를 반영한다. 원인은 개인에게 있을 수도 있고 사회 구조에 있을 수도 있지만, 불만의 결과에 대해서는 분노하거나 좌절할 수밖에 없다. 평등한 인간이 불평등하게 느끼는 순간이다. 평등하게 태어난 인간이 왜 불평등하게 되는가?

> "모든 인간은 태어나면서부터 자유롭고 독립한 천부의 권리를 가진다."

1776년 6월 12일에 선포한 버지니아 권리선언 제1조는 모든 인간이 동등하다는 확인에서 출발한다. 그로부터 한 달도 채 지나지 않아 공포한 미국독립선언문에서도 같은 표현을 하였다. 흑인 노예를 당연히 소유물처럼 부리는 가운데, 앞에 한마디를 더 넣어 인간의 평등 의식을 감정으로 받아들이게 하였다.

> "우리는 다음의 사실을 자명한 진리로 확인한다. 즉 모든 인간은 평등하게 창조되었으며 ……."

그 뒤로는 1789년의 프랑스 인권선언부터 모든 권리장전이 인간의 생래적 평등을 당연한 것으로 받아들였다. 1948년 12월 유엔 총회에서 채택한 세계인권선언 제1조 역시 마찬가지였다.

"모든 사람은 태어날 때부터 자유롭고, 저마다 평등한 존엄성과 권리를 가진다."

태어나면서부터 모든 인간은 동등하다는 점에 대하여 일단 수긍하는 것은 자라면서 받는 교육의 영향이기도 하지만, 한 인간을 둘러싼 종합적인 환경에서 스스로 형성한 자긍심과 자존심 때문이기도 하다. 실제로 현실이 그러하냐는 문제는 뒤에 따지기로 하고, 우선 그 점에 한정하여 생각하면 그렇다. 누구도 함부로 부인할 수 없는 인간 존재에 관한 현대 사회의 대원칙처럼 각자의 마음속에 각인되어 있는 가치다. 그런데 헌법의 규정은 좀 다르다. 기본권 보장을 궁극의 목적으로 삼고 있다는 헌법, 그중의 하나인 대한민국 헌법 제11조 제1항의 첫 부분은 이렇다.

"모든 국민은 법 앞에 평등하다."

세상이 법이란 말인가? 비록 명목상으로나마 세계, 아니 우주에서 인간은 평등한 줄 알았는데 법 앞에서 평등하다니. 그런데 우리 헌법만 그런 것이 아니다. 미국의 경우도 독립선언문에서는 생래적 평등을 선언했지만, 헌법에는 아무런 언급이 없다. 프랑스도 마찬가지다. 혁명 직후 선포한 인권선언과 몇 년 뒤에 제정한 헌법의 규정은 같지 않다. 유엔의 세계인권선언문에도 천부적 권리로 평등권을 못박았지만, 유엔 헌장의 규정은 다르다. 세계 만민은 평등하지만, 국가라는 개인이 속한 공동체 내에서 받는 실제의 대우는 법 앞의 평등이다. 그나마 법 앞의 평등은 국가가 있기 때문에 보장 받는다. 세계 만민으로서의 평등권은 보장해 줄 주체나 체제가 없다. 자기 스스로 해결해야 한다. 인간으로서의 자존감이 손상되지 않도록.

> 첫 번째 별에는 왕이 살고 있었다. 그 왕은 자줏빛 천과 흰 담비 모피로 된 옷을 입고 매우 검소하면서도 위엄 있는 옥좌에 앉아 있었다.
>
> "아! 신하가 한 명 왔구나!"
>
> 어린 왕자가 오는 것을 보자 왕이 큰 소리로 외쳤다.
>
> 어린 왕자는 이상한 생각이 들었다.
>
> '한 번도 본 적이 없는데 어떻게 나를 알아볼까?'
>
> 왕에게는 세상이 아주 간단하다는 것을 그는 알지 못했던 것이다. 왕에게는 모든 사람이 다 신하인 것이다.
>
> – 앙투안 드 생텍쥐페리, 《어린 왕자》

법 앞의 평등이라고 할 때 법은 헌법을 비롯한 모든 법을 말한다. 법보다 아래에 있는 명령이나 규칙에 이르기까지 모든 규범을 망라한다. 전통의 관습법이나 규범화한 관행도 포함한다.

그러면 내가 평등한 대우를 받고 있는지 불평등하게 차별받고 있는지 확인하려면 항상 법이 어떤지 살펴보아야 한다는 말인가? 물론 그렇지는 않다. 살아가면서 국가기관이나 그와 유사한 단체 또는 세력으로부터 차별 받는다는 느낌만 받지 않으면 된다. 법 앞의 평등이라고 할 때 법을 제도라고 이해해도 상관없다. 대부분의 제도는 법으로 만드는 것이기도 하다.

평등하다는 것은 단순히 평등하게 태어났다는 사실을 말하는데 그치지 않는다. 평등하게 태어났으니 평등한 대우를 받아야 한다는 의미로 확장된다. 함부로 차별받지 않을 권리가 있다는 뜻이다. 여기서 중요한 한 가지는 무조건 차별받지 않을 권리가 아니라, 함부로 차별받지 않을 권리라는 점이다. 적당한 이유가 있으면 차별할 수 있다는 것이다. 보통 합리적 차별이라고 부른다.

> "여왕님이시다! 여왕님이시다!"
>
> 큰 소리가 들리자 세 정원사는 모두 얼굴을 땅바닥에 대고 납작 엎드렸다. 여러 사람들이 저벅거리며 다가오는 발자국 소리가 들렸다. 앨리스는 여왕을 보기 위해 돌아다보았다.
>
> 긴 행렬의 마지막에 하트 나라의 여왕과 왕이 모습을 나타냈다. 이때 앨리스는 잠시 갈팡질팡하지 않을 수 없었다. 정원사들처럼 땅바닥에 넙죽 엎드려야 할지 어쩔지 몰라서였다. 그러나 여왕의 행렬을 만났을 때 반드시 엎드려야 한다는 법이 있다는 소리를 들은 기억은 없었다. '모두 다 엎드려 버린다면 아무도 행렬을 볼 수 없잖아? 아무도 볼 수 없다면 행차를 할 필요도 없잖아!'
>
> – 루이스 캐럴, 《이상한 나라의 앨리스》

법 앞의 평등이란 절대적 평등이 아니라 상대적 평등이다. 뒤집어 반복하면, 합리적 차별은 차별이 아니라는 의미다. 그런 점에서 인간 평등의 역사는 차별의 합리성에 대한 해석의 역사라고 해도 무방하다. 예나 지금이나 태어나는 인간의 형상이나 생물학적 의미는 같은데, 탄생과 함께 지닌다는 평등권의 내용은 다르다는 것이다. 무엇이 합리적이고 무엇이 불합리하냐에 따라 항상 달라질 수 있는 것이 평등의 가치다. 그렇게 단정적으로 말하면 왠지 조금 서글프고 불안하기도 하지만, 왕이 군림하던 시절과 대통령을 탄핵하는 시절의 평등사상이 같을 수는 없지 않겠는가.

법 앞의 평등에 담긴 함의

법이나 제도가 함부로 차별하지 않는다는 것은 공평한 기회를 부여한다는 결론으로 요약할 수 있다. 출발선의 공정성을 보장한다는 말이다. 100미터 달리기 경주를 할 때 출발선을 그어 누구에게도 유리하거나 불리한 상황이 발생하지 않도록 한다는 것이다. 200미터 이상의 곡선 트랙을 달리는 경우에는 바깥쪽을 달리는 사람의 거리가 길어지므로 그에 맞추어 출발선을 당기는 조치도 같은 취지다. 출발할 때 조건만 동일하게 배려하면 법과 제도의 의무는 일단 종료된다. 그 다음은 각자의 능력에 맡긴다. 각자의 능력에 따라 달리는 과정이 경쟁이다. 경쟁은 승패의 결과를 낳는다. 순위에 따라 자신의 몫을 가져간다. 이것이 제도화된 법 앞의 평등이다.

공정한 출발 조건만 보장하면 평등은 실현되는가? 경쟁 사회의 대원칙이기 때문에 누구나 수긍할 수밖에 없다. 하지만 아무리 출발 조건이 공평하게 보장된다 하더라도, 경쟁에서 진 사람은 아무런 불만이 없을까? 패배 또는 실패의 결과를 자신의 무능이나 노력 부족으로 돌리며 결과를 받아들일까?

법 앞의 평등이란 결국 두 가지로 요약할 수 있다. 하나는 기회의 균등한 보장이고, 다른 하나는 상대적 평등의 보장이다. 경우에 따라 균등한 기회는 상대적 평등에 포함될 수도 있다. 즉 인간이 평등하다는 것은 현실에서 상대적 평등권을 주장할 수 있다는 의미다. 절대적 평등은 요구할 수 없을 뿐만 아니라 존재하지도 않는다는 것이나 다름없다. 절대적 평등이 가능하다면, 인간의 평등 문제는 한결 해결하기 쉬울 것이다.

상대적 평등이란 흔히 말하듯 차이를 인정한다는 말이다. 차이는 인정하되 차별하지는 않는다. 차별은 안 되지만 차이는 어쩔 수 없거나 당연하다. 왜 그런가?

인간은 애당초 다르게 태어난다. 외모부터 심성까지 저마다 다르다. 성장하면서 각자의 다름은 점점 다양하게 변화를 거친다. 성격, 자질, 품성뿐 아니라 능력의 차이는 교양, 지식, 관점의 차이로 확산 또는 변천된다. 그것을 개인의 개성이라고 한다.

모든 인간을 절대적으로 평등하게 만들려면 똑같은 상태에 놓이게 해야 하고, 그렇게 하려면 똑같은 행동을 하게 해야 하고, 또 그렇게 하기 위해서는 똑같은 생각을 하게 해야 한다. 몰개성의 군상은 로봇의 세계에서나 가능하지 않을까 싶다.

아무리 출발선에 똑같이 세워 놓더라도, 한 걸음 내딛는 순간부터 차이는 생긴다. 인간 존재뿐만 아니라 만물이 그러하다. 인정하고 말고를 떠나 차이는 당연한 현상이다. 현상의 다름에 대응하는 방식으로 나타나는 것의 하나가 차별이다. 차별은 현상의 차이에 따라 다르게 대응하는 방식이다. 다른 현상을 다르게 조치하는 것은 당연해 보이지만, 그 차별적 조치가 자의적으로 이루어져서는 안 된다. 다름에 대한 대응 방식이 무조건 달라서는 안 되며, 합리적이어야 한다. 그 합리성의 요구가 평등사상, 특히 법 앞의 평등의 실현 방식이다. 합리적 차별은 가능하다는 결론이다.

> 샐리 아주머니가 말했다.
>
> "도망친 검둥이 말이냐? 그 놈은 도망치지 못했어. 사람들이 다시 잡아와 오두막에 처넣고 쇠사슬로 칭칭 감아 놓았어. 주인이 와서 데리고 가거나 팔아 치울 때까진 그렇게 하고 있어야 돼!"
>
> 톰이 고함을 질렀다.
>
> "그 사람들은 짐을 가둘 권리가 없어! 어서 가! 일 분이라도 지체하면 안 돼. 가서 짐을 풀어 줘! 짐은 노예가 아냐. 짐은 이 땅 위에 걸어 다니는 다른 사람들과 마찬가지로 자유로운 사람이야!"
>
> – 해리엇 비처 스토, 《톰 아저씨의 오두막》

합리적 차별은 가능하나, 불합리한 차별은 평등권 침해다. 그런 의미에서 합리적 차별은 꽤 기대되는 일반적 기준의 하나다. 그러나 합리적 차별은 추상적 잣대다. 표현 자체는 어떨지 모르나, 실제 내용은 엄격한 규범적 척도가 아니라 역사적인 경험의 합의점이다. 시공을 초월한 절대적 기준이 아니라 시대의 상황과 요구에 따라 바뀌며 끊임없이 요동친다. 실체를 형성하는 힘은 흔들리지 않는 이성이 아니라 정치적 지형에 따른 세력이다. 이성은 정치적 세력의 방향 조정에 약간 기여할 뿐이다.

인간 자체를 분류해 차별하던 시절이 있었다. 가장 대표적인 것이 인종 차별이다. 인종 차별의 사례는 다양하지만, 누구나 금방 떠올릴 수 있는 것은 백인의 흑인에 대한 차별이다. 흑인에 대한 차별은 노예제도 때문에 심화되었다. 뿐만 아니라 제국주의 국가의 점령지 원주민에 대한 차별도 그 이상이었다.

차별과 저항의 역사

스페인 출신의 라스 카사스는 16세기 초반 일확천금을 노리고 신대륙으로 향하는 배를 탔다. 남미에 도착한 그는 노예가 딸린 영지를 경영하였고, 나중에는 전도사 역할까지 겸했다. 살아가면서 점점 원주민 인디오들의 참상에 눈을 뜨기 시작했다. 이후 사제가 되었는데, 그때부터 라스 카사스는 유럽인의 잔혹한 행위에 죄책감을 느끼기 시작했다.

스페인의 남미 식민지 정책은 순탄하지 않았다. 무자비한 착취 행위로 원주민의 수가 급감하기 시작했는데, 그럴수록 저항도 심했다. 본국에서는 대책을 마련해야 했다. 마침내 1550년 스페인 서북부

바야돌리드에서 식민지 정책과 관련한 토론이 벌어졌다. 핵심 주제는 "남미의 인디오들도 우리와 같은 인간인가?"였다. 스페인의 인문주의자 후안 세풀베다는 남미의 원주민들을 야만적이고 저급한 인간으로 취급했다. 그들은 태어날 때부터 노예의 본성을 타고났기 때문에, 군사력에 의한 정복을 통해 해결해야 한다고 주장했다. 그에 맞서 라스 카사스는 원주민 인디오들도 이성적 존재라고 항변했다. 따라서 무력보다 지도와 설득이 필요하다고 호소했다.

바야돌리드의 논쟁으로 라스 카사스 신부는 남미 원주민의 권리를 옹호한 인권주의자로 이름을 남기게 되었다. 그가 원주민의 인권을 위해 헌신한 인물로 평가되는 데 대하여 특별한 이견을 제기할 이유는 없을지 모른다. 어차피 역사적 인물에 대한 평가는 진실보다 상징성에 더 비중을 두기 때문이다. 더군다나 좁혀진 주제를 두고 세풀베다와 비교할 때 라스 카사스의 의견은 인권적 가치가 높다. 라스 카사스는 남미 원주민의 인권 옹호를 주창했던 사람이라는 점을 부인할 수는 없다. 그런데 과연 그는 인종에 대한 차별 의식이 없는 사람이었을까?

> 어느 맑게 갠 가을날 오후, 학교에서 돌아온 마틴 루터 킹 주니어는 길 건너편 톰의 집으로 달려갔다. 그러나 톰의 어머니는 마틴의 등을 떠밀며 이렇게 말했다.
> "마틴, 잘 들어라. 너희들이 어렸을 때는 같이 놀 수 있었지. 그러나 이제는 학교에 들어갔으니까 같이 놀 수 없단다. 너는 너대로 다른 친구를 사귀어야 해."

마틴은 깜짝 놀라서, 왜 놀 수가 없느냐고 물었다.

"너는 흑인이고 우리는 백인이니까"라고 말하며, 톰의 어머니는 문을 닫았다.

- 권태선, 《마틴 루터 킹》

라스 카사스가 남미 원주민을 괴롭혀서는 안 된다고 나선 것은 사실이다. 그들은 유럽인들이 도착하기 이전 그곳의 원래 주인이었기 때문이다. 남미 원주민들은 유럽인과 같은 인간으로 형제나 다름없기에 노예로 부려서는 안 된다고 했다. 대신 부족한 노동력을 아프리카 흑인으로 충당하면 된다는 대안을 제시했다. 아프리카 흑인은 인간이 아니라 동물에 가까운 존재로 여겼기 때문이다. 그것이 라스 카사스의 인식이었다.

실제로 아프리카 흑인을 노예선에 실어 나르는 노예무역은 이미 그 이전부터 시작되었다. 스페인 국왕으로서 나중에 신성로마제국 황제까지 겸했던 카를 5세는 1518년 노예무역 독점권인 아시엔토를 공식 승인했다. 남미 원주민의 인권 침해 행위에 대한 우려는 이미 라스 카사스 이전에도 프란시스코 데 비토리아와 안토니오 데 몬테시노스와 같은 도미니크 수도회 소속 신부들이 표명한 바 있었다.

노예무역은 몇 세기 동안 성행했는데, 흑인은 어디서든 정상적 인간으로 대우 받지 못했다. 그 대표적인 것이 1857년 드레드 스콧 사건이다. 드레드 스콧은 1795년 미국 버지니아주에서 출생했다. 버지니아 권리선언과 미국 헌법이 공포된 지 한참 후였다. 아프리카에서 팔려온 흑인 노예의 후손이었던 스콧 역시 매도되어 미 육군 군의

관 존 에머슨의 소유가 되었다. 에머슨이 근무지 변경으로 몇 개 주를 옮겨 다닐 때마다 스콧도 따라다녔다. 그중 일리노이주는 노예제도를 인정하지 않는 자유주였다. 일리노이에서 스콧은 자유인이 되었다. 다시 노예주 미주리로 가서도, 스콧은 한 번 자유인이 되었기 때문에 여전히 자유인 신분이라고 생각했다. 1843년 에머슨이 사망하자 스콧은 당시 에머슨의 부인이었던 엘리자 이렌 샌퍼드를 상대로 소송을 제기해, 미주리 하급 법원에서 자유인 신분을 인정받았다. 하지만 에머슨 부인이 재혼하자, 상속인이 된 남동생 존 샌퍼드가 스콧에 대한 소유권을 주장했다. 하는 수 없이 스콧은 샌퍼드를 상대로 다시 소송을 제기했다.

그 최종 결과가 바로 1857년 3월 6일 미국 연방대법원에서 선고한 드레드 스콧 대 샌드퍼드 사건의 판결이다. 연방대법원은 스콧의 주장을 받아들이지 않았다. 아프리카 흑인은 신분이 노예든 아니든 미국 헌법의 보호 대상이 아니며, 자유주에 살았다고 자유인이 되는 것도 아닐 뿐더러, 스콧은 미국 시민이 아니기 때문에 소송을 제기할 자격조차 없으며, 스콧을 자유인으로 인정하는 것은 곧 샌퍼드의 재산권을 침해하는 결과를 초래한다고 했다. 미국 연방대법원은 샌퍼드의 이름을 잘못 기재해 공식 사건명이 '드레드 스콧 대 샌퍼드'가 아니라 '드레드 스콧 대 샌드퍼드'가 되고 말았는데, 그 오기마저 치욕적 재판의 역사를 상징하고 있다.

"나에게는 꿈이 있습니다.

내 아이들이 피부색을 기준으로 사람을 평가하지 않고 인격을 기준으로 사람을 평가하는 나라에서 사는 꿈입니다.

나에게는 꿈이 있습니다!

나에게는 꿈이 있습니다. 흑인 어린이들이 백인 어린이들과 형제자매처럼 손을 마주잡을 수 있는 날이 올 것이라는 꿈입니다.

지금 나에게는 꿈이 있습니다!

골짜기마다 돋우어지고 산마다, 작은 산마다 낮아지고 고르지 않은 곳이 평탄케 되며 험한 곳이 평지가 될 것이요, 주님의 영광이 나타나고 모든 육체가 그것을 함께 보게 될 날이 있을 것이라는 꿈입니다.

이것은 우리 모두의 희망입니다. 이런 희망이 있다면 우리는 절망의 산을 토막 내어 희망의 이정표를 만들 수 있습니다."

흑인에 대한 인종 차별은 지구 전역에서 벌어진 일이지만, 신대륙 미국에서 상징적으로 전개되었다. 미국이라는 국가가 채 성립하기 이전부터 존재하던 노예제도에서 시작된 흑백 차별의 양상과 그에 대한 저항은 1950년대 미국의 민권운동에서 치열하게 펼쳐졌다. 미국의 흑백 차별은 소위 짐 크로법 체제로 정형화되었다. 1876년에 시행된 짐 크로법의 골자는 공공장소에서 흑인을 백인으로부터 분리한다는 것이었다. 짐 크로는 1930년대 미국 코미디 뮤지컬에서 백인 배우가 연기한 우스꽝스러운 흑인 캐릭터의 이름으로, 흑인을 경멸할 때 사용되었다.

노예제도가 폐지되면서 흑인들은 자유를 얻었다고 생각했다. 하지만 그 자유는 차별이라는 딱지가 붙은 기이한 것이었다. 흑인은 집 밖으로만 나가면 '백인 전용'이라는 간판을 피해서 다녀야 했다.

학교, 식당, 수영장은 물론 화장실도 따로 사용했다. 흑인은 백화점에서 옷을 살 때 미리 입어 볼 수 없었다. 시내버스도 앞문에서 요금을 내고 뒷문으로 돌아가서 타야 했다. 뒷문으로 걸어가는 사이에 버스가 떠나버리는 경우도 있었다. 흑인은 투표권이 없었고, 판사나 배심원도 될 수 없었다. 법정에서 선서할 때 손을 얹는 성경도 백인용과 흑인용이 달랐다.

1955년 12월 1일, 미국 앨라배마주 몽고메리시를 다니는 시내버스에 로자 파크스라는 흑인 여자가 앉아 있었다. 다음 정류장에서 백인 승객들이 타자 운전사는 흑인들에게 자리에서 일어나라고 했다. 버스에 탄 흑인 대부분이 일어나 자리를 비워 주었지만 파크스 부인만은 끝까지 거부했다. 화가 난 운전사는 버스를 경찰서 앞으로 몰고가 신고했고, 파크스 부인은 체포되었다. 당시 그곳의 법이 그랬기 때문이다. 버스 앞쪽 네 줄은 백인 전용 좌석이고, 그 뒤쪽에만 흑인이 앉을 수 있었다. 그러나 백인 전용 좌석이 모자랄 때에는 뒤쪽 좌석의 흑인도 자리를 양보해야 한다는 것이 앨라배마주의 법이었다.

이 사실을 안 목사 마틴 루터 킹은 당장 회의를 열었다. 모든 흑인들을 규합해 버스 안 타기 운동을 벌이기로 했다. 흑인 택시회사에서는 버스 요금만 받고 흑인들을 태워 주기로 했다. 승용차를 가진 흑인들이 나서서 출근하는 사람들을 도왔다. 버스는 백인 두세 명만 태운 채 덜컹거리며 달릴 수밖에 없었다. 경찰에서는 버스 영업을 방해했다며 킹 목사를 체포했다. 더욱 단결한 흑인들의 버스 안 타기 운동은 무려 382일간 계속되었고, 마침내 연방대법원은 버스에서 인종차별을 한 앨라배마주 법이 잘못됐다고 판결했다. 그 뒤로는 어떤 백인도 흑인에게 뒤로 가서 앉으라고 명령할 수 없게 되었다.

다른 곳에서도 조직적인 흑인들의 저항이 계속되었다. 흑인들은 아무 말도 않고 백인 전용 식당에 들어가 앉았고, 경찰이 와서 체포해 가면 줄을 서서 기다리고 있던 다른 흑인들이 가서 앉았다. 1963년 8월 28일, 미국의 수도 워싱턴 D. C. 링컨기념관 광장 앞에 30만 명 가까운 군중이 모였다. 그 자리에서 흑인 지도자 킹 목사는 "나에게는 꿈이 있습니다"라는 역사에 남을 연설을 했다. 그리고 대행진을 시작했다. 그로부터 2년 뒤, 100년 가까이 유지해 오던 짐 크로 체제가 막을 내렸다.

같은 양상의 평등이란 없다

지금 생각하면 당시의 흑백 차별은 이해할 수 없을 정도로 터무니없다. 하지만 당시에도 사회적 양심과 이성은 존재했다. 그 모든 상황을 종합한 결과 흑백 분리 정책은 정당하다는 것이 당시 미국 사회의 최종 판단이자 평등 의식을 가늠하는 기준이었다. 예를 들면 1896년 연방대법원의 "분리하되 동등하게"라는 판결이 그것이다. 흑인을 백인으로부터 분리하되, 그 내용만 동등하게 하면 평등권을 침해하는 차별이 아니라는 논리였다.

논리라기보다는 수사다. 그럴듯한 표현으로 논리를 대신한 역사적 편견은 수없이 많다. 30년 전쟁은 독일에서 벌어진 종교전쟁이었지만 유럽의 여러 나라가 관련되었다. 우여곡절 끝에 전쟁을 끝내고 1648년 베스트팔렌 조약의 체결로 새로운 질서가 창조되었다. 그동안 정신적으로는 교황이 주도하고 세속적으로는 황제가 권한을 행사하던 신성로마제국이 사실상 붕괴되고, 종교의 영향에서 벗어난 정치를 기치로 근대적 국가가 탄생하는 계기가 마련되었다. 비로소 국가는 크든 작든 주권을 가진 동등한 체제이며, 서로 내정에 간섭해서는 안 된다는 국제 질서가 형성되기 시작했다. 그것은 어떤 의미에서 평화였다.

하지만 국가의 주권이나 독립성, 내정불간섭은 물론 거기서 비롯하는 평화도 오직 유럽 국가들만의 것이었다. 유럽 이외의 국가는 국가가 아니었다. 유럽의 기준에 미치지 못하는 미개한 국가로 여겼기 때문이다. 유럽인의 눈에 유럽 국가는 정상적인 국가였고, 다른 국가는 비정상적인 국가였다. 그리하여 정상적 국가인 유럽의 제국은 비정상 국가를 하나씩 점령하기 시작했다. 미개한 국가를 식민지로 삼아 개화시키는 것이 자신들의 의무라고 생각할 지경이었다. 제국주의의 팽창으로 유럽 국가치고 아프리카나 아시아에 한두 곳 이상의 식민지를 갖지 않은 나라가 없었다. 그 영향으로 훗날 미국도 멕시코와 영토 확장을 위한 전쟁을 벌였다. 평등의 균형 감각을 상실한 차별 의식의 발로가 그렇게 세계사의 한 국면을 결정짓기도 했다.

피부 색깔이 다르다고 차별한다면 분명히 잘못된 일이다. 지금 우리 기준에서는 그러하다. 하지만 우리가 직접 경험하지 않았던 몇백 년 또는 몇천 년 전에도 지금의 기준을 그대로 가져가서 잣대로 삼을 수 있을까? 지난날은 현재의 상황과 달랐다. 주변의 모든 환경과 조건이 다르고, 거기에 따라 평등에 대한 인식이나 생활 습관도 달랐다. 다른 것은, 미래에도 마찬가지겠지만, 과거의 삶은 지금에 비하면 많이 불편하였을 것이라고 단정한다. 대다수 사람들의 삶은 불결하고, 서로가 서로에 대하여 야만적이고, 수명도 짧았다. 여성들에게 출산은 거의 목숨이 걸린 일이었다. 역시 지금의 척도로 삼는다면, 특별한 계급의 몇 사람 외에는 불편하고 힘들고 위험한 일상이었다. 사회 구조나 사람과 사람 사이의 관계에 대한 인식이 지금과 같을 수가 없었다.

그렇다면 지난날 인류의 삶에서 부조리하고 불평등한 모습을 추정해 보는 것은 어떤 의미가 있다는 말인가? 우리가 이야기의 대상으로 삼는 사건이 어느 시공간에 속하건, 그 사건이 처한 상황에서 평등이 문제되었을 것이다. 당시의 환경과 조건을 배경으로 하더라도, 그 시기에 이미 문제를 제기하는 인식이 존재했다. 그러한 문제 제기가 바로 지금과 다른 당시의 환경과 조건을 전제하였기에 소수 의견으로 관행에 저항할 수밖에 없었다. 그리고 시간이 지나면서 그 소수 의견은 일반화되기에 이르렀고, 그 과정을 역사적 의미의 해석이라는 관점에서 지금의 기준을 아울러 끄집어내어 보는 것이다.

평등권은 인권의 중심 개념 중의 하나지만, 모든 인권 가치가 그러하듯 이론상의 상징적 의미가 더 크다. 언제 어디서나 같은 양상의 평등이란 없다. 평등의 가치는 그때그때 처한 상황에서 형성되는 것이다. 그러므로 과거 평등의 역사를 그때의 기준과 지금의 기준을 비교하거나 성찰적으로 번갈아 적용해 보면서 해석하고 이해하는 행위는 오늘과 내일 우리에게 필요한 평등의 가치를 만들어 내는 데 큰 도움이 된다.

한국 사람들은 인종 차별 문제와 관련하여 직접 경험이 없다. 미국 등 서양의 사건들을 역사 드라마 감상하듯 영화나 책을 통해 알고 있다. 시대착오적 차별이 그렇게 횡행했다니, 탄식한다. 그러면서 우리의 차별 의식은 잠시 잊는다.

2018년 여름 제주도에 도착한 예멘 난민들에 대한 우리의 태도는 차별 의식에서 완전히 벗어났을까? 그 이전에 주변의 수많은 동남아 노동자들에 대한 한국인의 시선이나 대우는 어떠했는가? 우리의 상황을 다른 나라에서 볼 때, 우리가 다른 나라의 사정을 평가할 때 가졌던 판단 기준으로 스스로 되돌아 볼 때, 미래의 후손들이 고개를 되돌려 현재의 사태를 역사화하여 해석할 때, 우리의 일반적 논란과 태도는 당당할 수 있을까 의심스럽다. 옳고 그름을 따라, 누구도 쉽게 판단하고 단정할 수 없다는 결론에 도달한다면, 우리도 과거의 역사를 함부로 말할 수 없게 되고 만다.

노예제도는 15세기에 생겼다가 18세기 후반 노예무역 제도가 폐지되면서 사라졌는가? 미국 대통령의 노예 해방 선언으로 노예와 노예선은 역사의 유물로 박물관에만 남았는가? 조금만 정신 차리고 살펴보면 우리가 살아가는 곳이 얼마나 끔찍한 세상인가 알 수 있다. 변형된 모습의 현대판 노예가 우리 주변에 얼마나 많은지 모르는 사람은 없다. 노예제도는 아프리카에서 흑인을 노예선에 실어 오기 훨씬 이전부터 있었듯이, 오늘날에도 여전히 존재한다. 현대의 버려진 노동자나 실업자들은 주인 없는 노예다. 그들의 처지는 오히려 제도에 의해 생계를 보장받던 과거의 노예보다 못할 수 있다. 고대 그리스 도시국가나 로마제국은 점령한 식민지 시민을 노예로 삼았으며,

오늘날 자본가는 저임금으로 노동자를 사고판다. 이처럼 차별 의식, 평등 감각, 불평등 감수성 따위는 인간의 이기심과 얽힌 정체불명의 기묘한 것이다.

정상인이라고 우쭐대는 비장애인

> 왕이 에멜리안의 집 앞을 지날 때, 에멜리안의 아내는 임금을 뵈려고 밖으로 나왔습니다. 그녀의 아름다운 모습에 넋을 잃은 왕은 세상에 저런 미녀가 어디서 나왔을까 하고 놀라움을 감추지 못했습니다.
> 왕은 마차를 멈추게 하고 에멜리안의 아내를 불러 물었습니다.
> "너는 누구냐?"
> "농부 에멜리안의 아내입니다."
> "너는 이렇게 예쁜데 어떻게 농부의 아내가 되었느냐? 왕비가 될 수도 있었을 텐데."
> "친절하신 말씀은 고맙습니다만, 저는 농부의 아내로 만족하고 있답니다."
>
> – 레프 톨스토이, 〈머슴 에멜리안과 북〉

조금만 살펴보면 인권의 수많은 세부 문제가 실제로는 평등권과 관련되어 있음을 발견한다. 아동의 권리는 아이들을 단순히 다르게 보기 때문이 아니라 어른과 차별해서 바라보기 때문에 빚어지는 문제다. 아동권은 별개의 장에서 생각해 보겠지만, 여성에 대한 차별 역시 마찬가지다.

여성에 대한 차별의 역사는 그 자체로 인류 역사의 한 부분을 차지할 정도다. 인격이나 능력 인정에서부터 사회 참여의 기회까지 인간사의 모든 영역에서 불평등을 극복하기 위한 노력과 투쟁이 이어져 왔다. 그럼에도 불구하고 근년까지 해소되기는커녕 여전히 착오적 모순과 남성적 편견에서 벗어나지 못하는 관념이 성적 문제다. 인용한 톨스토이의 단편은 더 이상 지난날의 교훈적 동화로서 가치를 유지할 수 없다. 역설의 교재로 활용할 여지는 남아 있다. 상세히 다루는 것은 생략하기로 하되, 한 가지만 언급하자면 이렇다.

존 크라카우어가 쓴 《미줄라》라는 책이 있다. 우리나라에는 2017년 말에 번역·소개되었는데, 미국 몬태나대학에서 벌어진 성폭행 사건과 사법 시스템에 관한 르포르타주다. 저널리스트 출신인 저자는 몇 개의 대표적인 강간 사건을 중심으로 논의를 전개하는데, 핵심은 그 대표적 사건을 우리나라 독자들이 읽을 경우 고개를 갸우뚱할 남성이 많을 것이라는 데 있다. "이것이 어떻게 강간이 된다는 거지?"라며 이해하지 못할 것이다. 아니면 충격을 받을 것이다. "아니, 이런 것이 강간이란 말인가!"

그 정도로 생물학적 의미의 성이든 사회적 의미의 성이든 성과 성적 행동에 관한 공간적 인식 차이는 크다. 일각에서는 우리 사회도 이제는 남녀평등에서도 선진국 수준일 뿐만 아니라 부분적으로는 여성 우위가 아니냐는 과장된 목소리가 터져 나오기도 하지만, 근본적으로는 여전히 구태적 습성에서 벗어나지 못하고 있다는 지적이 옳다. 이와 관련해서는 워낙 날카로운 쟁점이 많아서 여기서는 정리조차 힘들다. 우연한 시기에 발간된 책의 사례라도 훑어보면 우리의 심각성을 깨달을 수 있다는 훈수 정도만 두기로 한다.

> 웬디는 피터에게 여러 가지를 물었습니다.
>
> "피터, 지금은 누구랑 함께 살고 있지?"
>
> "대개는 집 잃은 아이들이지. 우리는 꿈의 섬에 살고 있어. 난 그들의 대장이야."
>
> "참 재미있고 유쾌한 곳이겠네."
>
> "맞아, 아주 재미있어. 하지만 조금은 쓸쓸해. 우리 패에는 여자아이가 없거든."
>
> "왜 여자아이가 없어?"
>
> "여자아이는 똑똑해서 집을 잘 잃어버리지 않거든."
>
> – 제임스 매튜 배리, 《피터 팬》

장애인의 인권도 근본적으로 평등의 문제다. 장애인의 인권을 장애인이라고 부르는 특정한 범주에 속하는 사람들의 권리로 파악하는 것은 편협한 사고의 발상이며, 그 자체가 신체나 정신에 결함을 가진 정상적이지 않은 부류의 사람이라는 차별 의식을 암암리에 깔고 있다.

장애인을 장애를 가진 불행한 처지에 놓인 사람으로 전제하여, 불우한 그들을 도와주는 의미로 장애인의 인권을 이해하는 사고방식이 엄연하게 존재한다. 보통은 배려한다는 작위로 장애인의 인권을 실현한다고 생각한다. 그러한 사고방식은 인간 유형을 정상과 비정상으로 나누고, 정상 인간을 모든 제도의 기준이 되는 평균인으로 삼는다. 따라서 장애인에 대한 배려라는 행위는 마치 비정상인을 위해서 정상인이 무언가 희생을 감수하는 듯한 뉘앙스를 띤다. 정상인을 기준으로 정상인만을 위한 사회 시스템을 구축하고 운영하면 얼마나 효율적이겠는가. 그렇기 때문에 장애인에 대한 배려는 특별한 배려이며, 인권의 부분적 실현이라는 명분이 그나마 정상 사회의 희생을 기꺼이 감수하게 하는 효과가 있다고까지 생각한다.

비록 정치적 고려, 흔히 말하는 정치적 올바름 때문에 겉으로 표출하지 못하지만, 실제로 장애인의 문제를 그렇게 이해하는 사람은 꽤 많다. 그런 유형의 심각한 착각 때문에 장애인의 인권 문제는 근본적으로 잘 해결되지 않는다. 착각에서 헤어나오지 못하는 사람들이 존재하고 정책에 관여하는 한 그렇다. 장애인의 권리 실현에 조금이라도 배려나 특혜의 의미를 싣게 되면, 장애인의 인권은 언제나 그 범위만 문제가 될 뿐이다. 아무리 최소한이라도 장애인에 대한 배려는 그 자체가 마치 의미와 가치를 지니는 것으로 비친다. 얼마나 더 배려의 폭을 넓힐 것인가는 장애인 권리의 본질이 아니라 예산의 범위 내에서 정책의 문제인 것처럼 간주된다. 따라서 더 얻어내기 위해서 싸우고 적절한 선에서 제한하기 위해서 방어한다. 이것이 오늘날 우리 사회에서 목격하는 장애인이 권리, 권익 또는 인권의 현실이다.

그것은 장애인에 대한 배려가 아니라 차별이다. 차별을 당연한 전제로 하여, 그 차별을 얼마나 줄이려고 노력하느냐를 장애인에 대한 현실적 인권 정책으로 삼는 태도다. 그런 태도는 '장애인과 정상인'이 아니라 '장애인과 비장애인'이라는 용어를 사용한다고 달라지지 않는다. 타인을 장애인으로 보는 시선은 내가 비장애인이라는 생각을 전제로 하는데, 그 비장애인이란 바로 정상인을 의미한다. 용어를 바꾼다고 습성이나 본능적 인식처럼 달라붙어 있는 편견을 쉽사리 일소하지 못한다. 결국 장애를 가진 사람은 외형으로든 능력으로든 비정상이라고 슬쩍 분류하게 된다. 내가 불편하지 않으면, 나를 불편하게 하는 것도 결국 비정상이라 생각하게 된다. 그리하여 정상인을 위한 세상을 원칙으로 삼는 관행이 알게 모르게 자리잡는다. 정상인 외에는 모두 비정상이며, 따라서 자신의 결함은 가급적 숨기고 정상인에 대한 배려는 당연히 비정상성에 대한 특별한 조치, 정상인의 자비심의 발로인 것처럼 생각한다. 이러한 태도가 조금이라도 남아 있는 한 장애인에 대한 평등의 실현은 불가능하다.

장애를 가진 사람이나 장애를 가지지 않은 사람이나 동일한 인간으로 보아야 한다. 너무나 당연한 것 같지만, 그렇지 않은 현실은 바로 앞에서 본 대로이다. 모두 똑같은 인간으로 전제한다면, 장애인도 비장애인과 다름없이 불편함을 느끼지 않게 생활할 수 있도록 해야 한다. 그렇게 하려면 장애인을 위한 여러 가지 제도적이고 현실적인 장치를 마련해야 한다. 거기에는 많은 노력은 물론 상당한 비용이 필요하다. 정상인이라고 우쭐대는 비장애인의 생각으로는 쉽게 납득할 수 없다. 하지만 그것이 역차별이 아니라 바로 장애인의 평등권의 실현이자 모든 인간의 평등권 실현이다. 눈앞에 보이는 타인의 장애가 내 것의 일부라고 여겨야 한다. 적어도 인권 세계의 구성원이라면 그러한 사고방식과 생활 내도를 의무로 인식하고 받아들여야 한다. 불편한 것이 아니라 장애인을 위해 마련한 더 넓은 공간에서 여유를 가지고 느리게 살아가는 것을 효율의 상실로 보아서는 안 된다. 나보다 신체적으로나 정신적으로 결함을 가진 사람들과 함께 어울릴 때, 그 총화가 바로 우리의 능력이다.

차이는 개성의 당연한 현상

계급은 차별에서 오고, 차별은 차이에서 생긴다. 계급은 형식적이나마 제도로 없앨 수 있지만, 차이를 없애는 일은 불가능하다. 차이는 인간의 본성과 환경에서 비롯한다. 차이는 개성의 당연한 현상이기도 하다. 차이가 고착화하면 차별이 되는 것은 분명하지만, 차별을 철폐하려는 의도로 차이를 소멸시키려는 시도는 모든 인간을 로봇처럼 획일화하려는 무모한 짓이다. 차별은 차이의 결과이기 때문에 계급처럼 완전히 부정할 수는 없지만, 차이처럼 당연한 것으로 취급할 수도 없다. 차별에 대해서는 적당한 선에서 인정하고 적당한 선에서 금지하는 수밖에 없다. 금지의 그 적당한 선에 해당하는 차별을 보통 합리적 차별이라고 한다.

어느 정도의 차별이 합리적인가는 아무도 모른다. 아니, 아무도 모른다기보다 누구도 쉽게 말할 수 없다. 결국 합리적 차별에 해당하는지 않는지 우리 스스로 합의하여 해결해야 한다. 아무도 모른다고 내팽개쳐서는 안 되고, 모두 살아가면서 필요할 때마다 머리를 맞대고 궁리해야만 한다. 합리적이라는 그 선이 생각할 때마다 달라질 수도 있기 때문이다.

2002년 대구가톨릭대학교 의예과에 응시하였다가 낙방한 정모 씨는 국가인권위원회에 호소했다. 불합격 이유를 알아보니 합격선에 모두 3명의 동점자가 있었는데, 연소자 순으로 우선순위를 부여한다는 동점자 처리 기준 때문이었다. 규정의 취지는 나이가 어린 사람일수록 공부할 수 있는 기간이 짧은 데도 나이가 많은 사람과 같은 점수를 받았으니 상대적으로 더 우수하다는 것이다. 나이 먹은 것도 서러운데 그런 불합리한 해석이 어디 있느냐는 정 씨의 불만에 인권위는 평등권 침해에 해당한다는 결정을 내렸다. 대학은 인권위의 권고를 받아들여 정 씨를 비롯한 동점자를 모두 합격시켰다.

운동선수의 계체량은 어떠한가. 역도 경기에서 두 선수 이상이 동일한 기회에 동일한 무게를 들어 올렸을 경우 체중을 재어 가장 가벼운 사람 순으로 높은 순위를 정한다. 몸무게가 많이 나갈수록 더 유리하다는 전제가 깔려 있는데, 같은 체급 내에서 불과 몇 그램의 차이가 힘을 쓰는 능력과 얼마나 직접적 인과관계가 있을지 의문이다.

대학의 성적 평가 항목에 출석 점수가 있다. 결석을 적게 하고 출석을 많이 할수록 높은 점수를 주는 것은 너무나 당연해 보인다. 하지만 이렇게 생각을 바꿔보면 사정이 달라진다. 한 번도 빠지지 않고 수업에 참석한 학생과 강의를 듣는 둥 마는 둥 결석을 밥먹듯한 학생이 시험에서 같은 점수를 받았을 경우, 어느 학생이 더 우수한가. 평가의 목적이 일정한 학문적 성취의 정도인가, 학생의 개인적 능력의 비교인가, 성실성인가, 강인한 체력인가에 따라 달라져야 합리적이지 않을까?

시대와 사람들의 감수성에 따라 차별의 의미가 달라지기도 한다. 한국산업규격에는 크레파스나 수채 물감의 색상을 51가지로 분류해 이름을 붙였다. 그중 하나가 살색이었다. 그런데 한국에 체류하던 가나, 스리랑카, 미국, 독일 노동자 몇몇이 문제를 제기했다. 한국에서 말하는 살색은 황인종의 피부색하고만 부합하므로, 자신들과 같은 다른 피부색을 가진 사람들을 배제하는 평등권 침해의 제도라 주장했다. 인권위는 외국인 노동자들의 의견을 받아들였고, 대체한 색명은 연주황색이었다. 그러자 다음에는 초등학교 학생 몇 명이 색 이름이 너무 어려워 불편하다고 진정했다. 그리하여 2005년에 확정된 이름은 살구색이다. 익지 않은 살구와 잘 익은 살구의 색 중 어느 것을 일컫는가는 각자가 경험에 따라 해결할 일이다.

합리성의 판단 기준은 단순하지 않고 여러 사정과 요소가 복합적으로 얽혀 있다. 어느 기준이 더 옳다고 결정하더라도 그 옳음은 한시적이고 상대적이다. 그렇게 결정되었기 때문에 옳은 것으로 간주될 뿐이지, 배제된 다른 기준이 옳지 않기 때문은 아닌 경우가 많다. 분명히 합리적 요소가 포함된 기준이라 하더라도, 불운하게 배제될 수도 있다. 평등권의 침해를 어느 정도 수인할 수도 있는 법이다.

쉽게 말하자면, 차이는 인정하되 차별해서는 안 된다. 그것으로 평등의 중심 문제는 해결될 듯한 착각을 불러일으킨다. 차이는 개인에 따라 생기는 것이고, 차별은 제도적으로 발생한다. 차이에서 차별이 나타나는 것이지만, 합리적 차별은 어쩔 수 없는 것이고 불합리한 차별은 허용될 수 없다. 모든 불평등의 문제가 이런 구분법에 따라 해결될 것인가? 아무리 차별의 원인이 된다 하더라도 차이를 인정하지 않을 수는 없다. 차이는 개인의 선호나 취향에 관련된 것에서 비롯하여 우선권이 자기의 결정에 따른다. 개인의 결정에 의해서 발생한 차별의 결과에 대해서는 자발적 배려나 제도적 지원으로 수정이 가해질 수밖에 없다. 동성애자를 비롯한 성적 소수자 문제 역시 개인적 본성이나 취향의 차이를 차별하고 적대시하여 제도적 불이익을 강요하면서 발생한다.

사회적 측면에서 불합리한 차별을 제거하고 예방하는 방식이라고 생각하는 것은 무엇인가. 경쟁의 출발선에서 균등한 기회를 보장하고, 경쟁의 과정에서 공정성을 확보하고, 결과에 대해서는 거의 무조건적으로 수용해야 한다는 것이 가장 흔한 정의론이다. 언뜻 보면 그 이상은 없을 것 같다. 균등한 조건에서 시작하고 공정한 규칙에 따라 진행되는 경쟁이라면 받아들여야 하는 그 결과는 당연히 차별적이다. 경쟁의 승자와 패자가 동일한 보상을 받을 수 없으니 차이는 커서 차별에 해당하나, 기회 균등과 규칙 준수에 의해서 합리적 차별로 정당화된다. 그것이 사유재산제도를 중심으로 삼는 자본주의의 원칙이자 맹신이면서 동시에 최대의 약점이기도 하다.

대부분의 불만은 결과에서 비롯한다. 차별일 수밖에 없는 결과에 대한 수정은 각종 사회 보장 정책으로 이루어진다. 그렇다면 현실의 불평등 문제는 경쟁 결과를 무난히 처리하면 되는가? 결국 사회권 실현의 문제로 연결되며, 재정 문제로 귀결되는가? 반드시 그렇지는 않다. 출발선을 육상 경기장처럼 일직선으로 긋는다고 균등한 기회가 보장되는 것이 아니다. 출발선에 서기 전까지 개개인의 출생 환경과 성장, 교육 과정에서 이미 조정하기 힘든 불균형과 불공평이 이루어진 상태다. 국회에서 적법 절차에 따라 만든 법률과 그에 근거한 규칙이라 해도 언제나 기우뚱한 정치적 이해관계가 개재되어 있다.

> 비는 부자에게도, 가난한 사람에게도 내린다. 의로운 이에게도 의롭지 못한 이에게도 내린다. 그러나 사실 비는 공평하지 않다. 본래 공평하지 않은 세상에 내리기 때문이다.
>
> – 라오서, 《낙타샹즈》

그래도 척 보면 알 수 있는 차별은 어디에나 존재한다. 그런 명백하게 불합리한 차별이라도 없애는 것이 국가 공동체의 인권 정책일 수밖에 없는가? 그것이라도 요구하는 행위가 최소한의 인권 운동인가? 예를 들면 노예제도는 명백한 차별이다. 그 문제로 잠시 되돌아가 보자.

불평등에서 평등으로 가는 여정

로마제국은 다른 나라를 점령하여 식민지로 삼으면서 식민지인을 끌고 와 노동력을 착취했다. 그들은 그 시대의 노예였다. 노예는 최하층 계급으로 노동력을 제공하는 기계나 다름없었고, 이성을 가진 시민으로 인정받지 못하였기에 출산도 금지 당했다. 노동력이 필요하면 더 데려오면 그만이었다. 정복의 시대가 저물면서 부족한 노동력을 메우기 위하여 노예들의 출산을 허용했다. 노예의 출생률만으로는 노동력의 수요를 충당하지 못했다. 농업과 경제 구조가 바뀌었고, 노예의 생산량보다 노예 가족들을 먹여 살리는 비용이 더 들었다. 정치와 경제의 중심이 시골의 대농장과 그 소유주에게 옮겨가면서, 도시와 함께 노예제도는 저절로 무너져 내렸다. 그 뒤에 나타난 것이 영주의 땅에 묶인 농업 생산자로, 자식을 마음대로 낳는 농노였다. 영주와 농노의 관계는 훗날 중세 봉건 체제의 기초가 되었다.

고대 로마제국에서 노예제도가 사라진 것은 인권 의식이나 평등사상의 영향 때문이라고 할 수 없다. 생겼을 때와 마찬가지로 없어질 때도 경제적 이유가 결정적 역할을 했다. 다만 현실의 필요성에 따라 노예제도를 서서히 소멸시키는 과정에서 휴머니즘 정서가 응원군처럼 기여하였을 터이다. 미국에서 흑인 노예가 해방된 것도 노예제도에 대한 지역적 반감과 경제적 불필요성 그리고 인간적 동정심과 같은 사회적 분위기가 크게 도움이 되었지만, 링컨을 결단에 이르게 한 결정적 요인은 정치적 이유였다. 특정 사회에서 노예제도가 사라졌다는 것은 일정한 형태의 제도가 소멸했다는 의미일 뿐이다. 노예의 기능을 하는 농노는 실질적으로 변형된 형태의 노예나 다름없었다.

오늘날 우리가 평등의 가치를 부르짖고 실천을 위하여 애쓰지만, 정작 제도적 실현은 정치적 타결에 의해서 이루어질 때가 많다. 또한 개선된 제도가 종전의 드러난 불평등 해소에는 단기적 효과를 내지만, 시간이 지나면 다른 형태의 불평등이 부수적으로 발생하는 것을 경험한다. 노예제도는 물론 계급제도 자체가 부정된 지 오래지만, 고대의 노예보다 나을 것이라고는 하나도 없는 현대판 노예나 경제력에 따른 사회적 계급이 엄연히 존재하는 현실만 보아도 잘 알 수 있다.

못에서 나와 둑으로 올라온 새와 짐승들은 모두 흠뻑 젖어 깃과 털에서 물이 뚝뚝 떨어지고 있었다. 도우도우 새가 말했다.

"난 코커스 경주를 하면 몸을 빨리 말릴 수 있다고 생각해."

"코커스 경주? 그게 뭔데?"

먼저 도우도우 새는 동그랗게 경주선을 그렸다. 선의 모양은 아무래도 상관없단다. 경주선을 따라 모두들 늘어서라고 했다. 경기는 출발 신호도 없이 제멋대로 달리다가 자기가 멈추고 싶을 때 언제라도 그만둘 수 있다는 것이었다. 경기가 언제 끝날지는 아무도 알 수 없었다. 그저 다들 열심히 뒤죽박죽으로 달렸고, 30분 정도 지나자 젖은 몸은 상당히 말라 있었다. 도우도우 새가 소리쳤다.

"경기 끝!"

모두 가쁜 숨을 몰아쉬며 앞다투어 물었다.

"누가 이긴 거야?"

질문을 받은 도우도우 새는 난처한 듯 한 손가락을 이마에 댄 채 오랫동안 생각에 잠기더니 입을 열었다.

"모두 이긴 거야. 그러니 모두 상을 받아야지."

모두들 앨리스 주의로 몰려들어 상을 달라고 아우성을 쳤다. 앨리스는 주머니에서 컴핏 과자를 꺼내 나누어 주었다. 신기하게도 과자 수와 동물의 수가 딱 맞아 떨어져 골고루 한 개씩 나누어 줄 수 있었다.

– 루이스 캐럴, 《이상한 나라의 앨리스》

눈앞의 명백한 불평등에 대처하는 작업은 끊임없이 수행하고 있지만, 대증요법에 불과하다. 온갖 노력에도 불구하고 현실의 불평등은 줄어들지 않는다. 불평등 하나를 벌레 잡듯이 없애면, 변형된 형태로 다른 불평등이 나타난다. 평등의 실현을 위해서 우리가 할 수 있는, 또는 해야 할 일은 무엇이란 말인가.

평등이라는 이념과 가치의 현실적 목표가 무엇인지 생각해 볼 필요가 있다. 이상적 모델의 평등 사회가 목표점이라면, 그것은 최종의 목표다. 실현과 동시에 할 일이 없어진다. 궁극에 도달한 팽팽한 긴장 상태를 계속 유지한다는 것도 비현실적으로 이론적이고 이상적이다. 완전한 평등은 인류 역사상 한 번도 이루어본 적도 없고, 현재도 이루어지지 않고 있으며, 미래에 이루어지리라는 전망도 불투명하다. 그렇다고 포기할 수도 없다. 바람직한 세상은 하나의 대상이지 반드시 현실의 시공간에 존재하는 것일 필요는 없다. 차이와 차별에 대한 세세한 구별 작업이라도 끊임없이 반복하며 평등의 실현이라는 목표를 계속 미래로 더 밀고 나아가는 행위가 사회적 인간의 운명이자 의무다.

차이를 당연한 것으로 여기는 가운데 차별로 받아들일 수밖에 없는 결과를 필연적으로 낳게 마련인 경쟁을 부추기는 것이 현대 사회와 국가다. 경쟁은 개인의 욕망이라는 본성에 호응한다. 누구나 이기고 싶다는 욕망이 있기 때문이다. 그러나 결과는 어김없이 불평등을 초래한다. 경쟁에서 진 사람에게는 결과가 불평등하게 느껴진다. 애당초 차이 속에는 차별의 씨앗이 배태되어 있기 때문이다. 그때 국가나 공동체의 지도자는 합법적인 경쟁의 결과는 차별이 아니라고 선전하면서, 한편으로는 공동선이라는 명분으로 불평등한 결과를 조정하려 시도한다. 불평등의 조정은 언제나 개별적 욕망의 뒤를 따라다닐 뿐이다. 불평등이라 여길 만한 결과를 완전히 없앨 정도의 정책적 조정은 개인의 욕망 또는 개성을 압도하거나 말살한다.

앨리스가 목격한 코커스 경주는 아주 상징적이며 의미심장하다. 출발선도 분명하지 않고, 결승선도 정해져 있지 않다. 그렇다고 시작과 끝이 없는 것도 아니다. 다만 순위가 없을 뿐이다. 달리기 경주라는 하나의 놀이가 있을 뿐이다. 승자도 패자도 없이 참가자들은 모두 똑같이 상을 받았다. 현실에서는 존재하지 않거나 불가능한 경주처럼 생각된다. 옷과 몸에 묻은 물은 말려 해결해야 할 과제다. 가장 빨리 해결할 수 있는 방법이 코커스 경주다. 젖은 몸과 옷은 불평등과 마찬가지로 현실의 당면 과제를 상징한다.

그런데 실제로 그런 경주가 있기도 하다. 2003년 남한의 텔레비전 프로그램인 〈전국노래자랑〉이 북한의 평양에서 열렸다. 북한의 참가자들이 나와 노래를 했는데, 마치고 난 뒤 남한의 평소 방식대로 몇 명의 입상자를 뽑아 순위를 매기려 하자 북한측 진행자는 거부했다. 함께 즐긴 잔치에서는 모두 입상자라며 참가자 전원을 무대 위로 올라오게 하여 꽃다발을 주고 합창으로 마무리했다.

경쟁에 익숙하다 못해 과민한 사람들은 의아스럽게 생각하면서도 훈훈한 감동을 느꼈다. 하지만 모든 경우의 경쟁에서 그렇게 진행할 수 있을까? 아무도 그렇다고 장담하지 못한다. 그렇다고 그렇지 않다고 단언하는 것도 이상하다.

미래의 평등권

우리는 어디서 시작해서 어디로 가는가? 지구가 포함된 우주의 역사라는 관점에서 본다면, 빅뱅이라는 점에서 출발해 블랙홀이라는 점으로 돌아가는가?

현실과 모순되는 문제를 해결하기 위하여 스티븐 호킹은 허시간이라는 개념을 떠올렸다. 실수에 대응하는 허수라는 것이 수학자들에게는 익숙하듯이, 물리학자들만 이해할 수 있는 것이 실시간에 대응하는 허시간이다. 실시간이 문장을 쓰듯 왼쪽에서 오른쪽으로 흘러간다면, 허시간은 위에서 아래로 가는 식이다.

호킹에 따르면 우주의 역사는 실시간의 합계가 아니라 실시간과 허시간의 총화다. 그러면 지구든 우주든 시작이나 끝을 가지지 않는 역사로 여기며 측정하고 이해할 수 있다는 것이다. 평등이라는 딜레마를 코커스 경주나 평양의 노래자랑 같은 우화 속에서 허시간의 아이디어를 찾아 해결할 수 있을까? 새로운 인권 이론과 인권 운동의 미래는 그런 곳에 있지 않으면 어디 있겠는가.

4

저마다 반짝일 수 있다면

행복추구권

불행을 원하는 사람은 없다. 아주 없는 것은 아니겠지만, 거의 없는 것은 분명하다. 스스로 불행해지기를 원하는 사람은 살고 싶지 않은 사람이다. 불행의 궁극은 자연스럽지 않은 죽음이다. 죽음이 결코 불행은 아니지만, 불의에 당하는 죽음은 불행에 가깝다. 원하지 않는 죽음도 타인의 입장에서 보면 불행이 아닌 경우가 많다. 자발적으로 죽음을 결행하는 행위는 죽음으로 불행을 중단시키려는 의도의 표시다. 그러므로 삶의 목표는 행복이다.

삶 자체도 하나의 목표가 될 수 있다. 그러나 삶은 한 인간의 일생이 진행되는 과정이므로 커다란 가치의 체계로 보아야 옳다. 그렇기 때문에 단순히 삶 자체가 목표라는 말은 자칫 맹목적 삶을 의미하는 듯한 오해를 불러일으킨다. 삶의 마지막에는 죽음이 있으므로, 삶 자체가 목표라는 것은 죽음이 목표라는 말과 다르지 않다. 물론 어떻게 죽느냐가 목표라는 표현은 보다 더 적절하고 유효하다. 어떻게 죽느냐는 것은 죽음에 도달할 때까지 어떻게 사느냐라는 문제와 동일하다.

살아가면서 그때그때 목표를 설정한다. 그 목표는 삶의 시작에서 마지막에 이르는 전 과정을 이어주는 징검다리 같은 것이다. 따라서 그때그때의 목표를 어떻게 설정하고 달성을 위해서 어떻게 행동하느냐가 바로 어떻게 사느냐는 문제다. 다르게 표현한다면, 무엇을 위해 사느냐 또는 왜 사느냐다.

행복할 때 발톱이 자라고 불행할 때 손톱이 자란다

윤리적인 관점에서 "사람이 어떻게 살아야 하느냐"라는 질문에 대답한다면 "선을 목표로 살아야 한다" 정도일 것이다. 가능하면 무언가 좋은 것, 가능하기만 하다면 최고선을 목표로 하는 삶이 윤리적인 삶처럼 생각되는 것은 당연하다. 그렇다면 최고의 선은 무엇일까? 그 물음에 "행복"이라고 답변한 사람은 아리스토텔레스다. 아리스토텔레스의 원고 중에 후세의 편집자가 아리스토텔레스와 시종 헤르필리스 사이에 태어난 사생아 니코마코스의 이름을 붙인 《니코마코스 윤리학》의 내용은 행복의 문제를 다루면서 그렇게 말했다.

행복은 모호하지만 누구나 친숙한 개념이다. 너무 일상적인 말이고 의미여서 철학이나 법학 또는 인권의 개념어로 인식하기가 쉽지 않다. 그렇기 때문에 삶의 목적이나 인간의 최고선이 행복이라고 한다면 조금 당혹감을 느낄 수도 있다. 삶이 추구하는 최고의 가치가 고작 행복이란 말인가? 그러한 즉각적인 의문이나 반문은 행복이라는 어휘와 의미가 너무 일상적인 나머지 소시민적인 소박한 꿈을 상징하는 것으로 여기기 때문인지 모른다. 하지만 누구든 붙잡고 "어떻게 살고 싶어요?"라고 물어 보자. 아마도 대부분 "행복하게 살고 싶어요"라고 대답할 것이다. 누구나 아리스토텔레스다.

"행복은 내일이 어제보다 나을 것이라는 믿음으로 나아가는 능력이다."

가브리엘 무치노가 연출한 〈행복을 찾아서〉라는 영화 대사도 그렇다. 굳이 고대 철학자의 논리를 더듬지 않더라도 누구든지 안다. 사소한 것 같으면서도 사소하지 않은 것이 행복이다. 사소한 것과 궁극적인 것 모두를 포함하기 때문에 행복의 크기는 가늠하기 힘들다.

요술쟁이 할머니 : 이 집에는 노래하는 풀이나 파랑새는 없느냐?

틸틸 : 풀은 있지만 노래는 못 해요.

미틸 : 우리 오빠는 새를 가지고 있어요.

틸틸 : 하지만 저건 드릴 수 없어요.

요술쟁이 할머니 : 음, 저 새는 필요 없다. 저 새는 완전히 파랗지 않으니까. 너희들은 이제부터 내가 필요로 하는 파랑새를 찾으러 가 줘야겠다.

틸틸 : 그렇지만 저희는 그게 어디 있는지 모르는걸요.

요술쟁이 할머니 : 나도 모른단다. 그러니까 찾아야 해. 노래하는 풀은 없어도 되지만, 파랑새는 무슨 일이 있어도 찾아야 한단다. 내 딸아이가 몹시 앓고 있어. 그 아이를 위해 꼭 필요하단 말이야.

틸틸 : 따님이 어떻게 됐는데요?

요술쟁이 할머니 : 그 애는 행복해지고 싶은 거란다.

– 모리스 마테를링크, 《파랑새》

프랑스어로 글을 써서 노벨문학상까지 받은 벨기에의 모리스 마테를링크는 어린이를 위한 희곡도 썼는데, 바로 1908년 모스크바 예술극장에서 초연한 《파랑새》다. 틸틸과 미틸이 문 앞에서 망설이며 서 있을 때, 커다란 빗장이 저절로 삐걱거리며 올라가더니 문이 반쯤 열렸다. 그 틈 사이로 초록 옷에 빨간 두건을 쓴 몸집이 작은 할머니가 들어왔다. 등은 굽었고 한쪽 다리는 절었으며, 심한 근시의 눈에 코끝은 얼마나 휘어졌던지 턱에 닿을 듯한 생김새였다. 지팡이를 짚은 채 쳐다보는 그 모습으로 첫 눈에 요술쟁이 할머니라는 사실을 알 수 있었다. 요술쟁이 할머니의 부탁으로 틸틸과 미틸은 파랑새를 찾아 떠났다. 파랑새는 바로 행복을 상징한다. 그것이 《파랑새》의 내용이다.

틸틸과 미틸 남매의 여행은 사람의 일생을 비유한 것이나 다름없다. 우리는 살아가면서 행복을 추구한다. 행복을 찾아 떠나는 길면 길고 짧으면 짧은 여행이 개인의 삶이다. 그 여정에서 파랑새를 만나기도 하고 놓치기도 한다. 파랑새를 발견했다 하더라도 움켜쥘 수 있는 것도 아니다. 손아귀에 들어온 듯 하다가도 금방 날아가 버린다.

행복이 파랑새처럼 눈에 보이고 잡을 수 있는 구체적인 것이라면 그나마 다행이다. 찾아 헤매어 발견하기만 하면 절반 이상은 성취한 것이나 다름없다. 눈앞에 나타난 행복을 어떻게 움켜쥐느냐 하는 것은 그 다음의 문제다. 파랑새는 파랑샛과의 청록색 날개를 가진 여름새가 아니다. 서식지로 알려진 일본이나 인도네시아의 침엽수림을 샅샅이 뒤지면 파랑새를 찾을 수 있겠지만, 거기에 행복은 없다. 행복의 상징으로 내세운 파랑새는 차라리 불사조라고 하는 편이 낫겠다. 소멸하지 않지만 만나기는 힘든 존재, 스스로 제단의 불길 속에 뛰어들지만 잿더미 속에서 다시 부활하는 희망.

> 행복은 약하고 불행은 강했다. 힘센 불행의 괴롭힘을 견디지 못하고 피해 다니던 행복은 하늘로 올라가 버렸다. 하늘의 제우스 신은 이렇게 말했다.
>
> "행복이 모두 이 곳에 있으면 나쁜 불행한테 고생을 당하지 않게 되어 좋겠지만, 세상 사람들은 행복을 기다리고 있다. 그 사람들을 생각하면 너희들이 여기서 살 수만은 없다. 그러니 한꺼번에 내려가지 말고, 잘 살펴본 뒤 행복을 얻을 수 있는 사람에게로 바로 뛰어가도록 해라. 그러면 머뭇거리다가 불행에게 붙잡히는 일은 없게 될 거야."
>
> - 이솝, 《이솝 우화》

행복이 무엇이라고 정확히 표현할 수는 없어도, 행복이 어디에 있다고 가리킬 수는 없어도, 사람들은 살아가면서 저마다 행복을 경험한다. 느끼는 순간, 그것이 행복이라는 것을 안다. 어떤 경우에는 불행을 극복함으로써 행복을 맛보기도 한다. 행복보다는 불행을 더 잘 알기 때문이다. 행복을 느끼는 순간보다 불행을 겪는 시간이 더 길다고 여기기 때문이다. 행복할 때에는 발톱이 자라고 불행할 때에는 손톱이 자란다는 말도 그래서 생겼는지 모른다.

아마도 그것은 이 지상의 세계에 행복보다 불행이 훨씬 많기 때문일 것이다. 불행은 어디서나 맞닥뜨리고 부딪히지만, 행복은 구름 저 너머에 숨어 있기 때문에 발견조차 힘들기 때문이다. 아니면 우리가 그렇다고 믿기 때문이다. 살아가는 일 자체가 힘들고, 힘든 것은 행복보다 불행에 가까운 것이라고 생각하기 때문이다.

어쨌든 사람은 힘들다고 푸념하면서도 한 고비 넘어서면 편안함을 얻는다고 기대한다. 기대는 바로 희망이며, 희망의 결실이 행복이라고 확신한다. 불행은 단지 고통에 그치는 것이 아니라 행복에 이르는 길을 찾는 계기가 되어 준다. 그렇기에 세상에 널린 그 많은 불행을 만나도 좌절하지 않는다.

> "선물이 없는 크리스마스란 생각할 수도 없어."
>
> 조는 난로 가에 앉아 투덜거렸다.
>
> "가난은 정말 질색이야."
>
> 메그는 자신의 초라하고 해진 옷을 보며 한숨을 내쉬었다.
>
> "좋은 것을 많이 가진 사람이 있는가 하면 아무것도 가질 수 없는 사람도 있고……. 이건 너무 불공평해."
>
> 어린 에이미까지 씩씩거렸다.
>
> "하지만 우리에겐 엄마와 아빠, 그리고 이렇게 좋은 형제가 있잖아?"
>
> 여느 때와 같이 베스가 차분하게 말했다.
>
> 난로의 불빛을 받은 네 사람의 얼굴이 그 말을 듣는 순간 환하게 밝아졌다. 그러나 이내 다시 어두워졌다.
>
> – 루이자 메이 올콧, 《작은 아씨들》

가진 것이 적을 때 불행하다고 느낀다. 대체로 그러하다. 부족한 것이 충족되면 행복한가? 대체로 그러할 터이다. 남들이 부러워할 정도로 돈과 재화를 많이 가지면 더 행복한가? 이 물음에는 대체로 고개를 갸웃할 것이다.

19세기 중반 미국의 보스턴, 브론슨 올콧은 애비게일 메이와 결혼하여 네 딸을 두었다. 1844년에는 보스턴 근교 콩코드의 힐사이드로 이사해 여섯 식구사 즐겁게 살았다. 그러나 행복은 가난 때문에 오래 가지 못했다. 아버지의 철학과 열정이 생활에 필요한 모든 것을 대체할 수 없었다. 서로 말하지 않아도 불행하다고 느꼈다. 겉으로 표시를 내지 않아도 감추고 있는 것은 불편과 고통이라는 사실은 분명했다. 둘째 딸 루이자가 글을 쓰기 시작했다. 가난하지만 희망을 잃지 않는 아름다운 가족의 이야기, 《작은 아씨들》이었다. 책은 인기를 얻어 순식간에 팔려나갔다. 그 돈으로 카페트를 깔고, 어머니 아버지의 선물을 사고, 네 자매가 함께 앉아 즐길 식탁을 차렸다. 그 순간 가족은 잃었던 행복을 되찾은 느낌이었을 것이다.

행복의 궁전과 불행의 동굴 사이에 선 인간

부 자체가 행복의 조건이라고 말하기는 힘들다. 그러나 가난이 불행의 원인이 될 가능성은 높다. 그렇다면 적당한 부는 행복의 조건임이 틀림없다. 충분조건은 아닐지라도, 필요조건이나. 이러한 요소는 헤아릴 수 없이 많고 다양한 행복의 조건 중 한 조각에 불과할 뿐이다. 구체적 조건이나 요소 몇 가지로 행복의 실체를 더듬기에는 너무 불충분하다.

어느 구두 수선공이 아침부터 저녁까지 노래를 부르고 있었다. 그런 모습을 보는 것은 기분 좋은 일이었고, 그 노래를 듣는 것 또한 그랬다. 그는 조화로운 화음을 냈다. 그리스 현인들도 그보다 더 만족스러울 수는 없었다.

그와는 반대로 이웃에 사는 이는 굉장히 부자였지만, 노래라고는 거의 부르지 않았으며, 잠은 더더욱 부족했다. 그는 은행가였다.

때때로 새벽 무렵 설핏 잠이 들라치면 구두 수선공의 노랫소리가 그의 잠을 깨우곤 했다. 그러면 이 은행가는 '하느님이 어째서 먹을 것이나 마실 것처럼 시장에서 잠을 팔도록 해 놓지 않았을까' 하며 불평을 했다.

가난한 구두 수선공은 자신의 일에 만족하며 느긋하게 노래를 부를 줄 알았다. 그러나 은행가는 엄청난 돈을 가졌지만 항상 불만에 차 있었다. 노래를 부를 여유라고는 전혀 없었다. 그에게는 잠을 돈으로 살 수 없다는 사실조차 불평이었다. 이처럼 행복은 결코 돈으로 살 수 없는 것이다.

때로는 돈이 행복은커녕 불행을 가져다 주기도 한다. 앞서 본 구두 수선공이 그랬다. 은행가는 세상물정 모르는 구두 수선공에게 돈을 주었다. 그 돈을 받은 구두 수선공은 어떻게 됐을까?

그는 집으로 돌아왔다. 그리고 지하 저장고 안에 그 돈과 더불어 자신의 즐거움도 묻어 버렸다. 더 이상 노래도 부르지 않았다. 우리에게 고통을 주는 돈이란 것을 얻는 순간 목소리가 나오지 않게 된 것이다.

집에서는 잠도 오지 않았고, 근심과 의심, 쓸데없는 경계심만 찾아왔다.

하루 종일 감시의 눈길을 늦추지 않았고, 밤에는 고양이 소리만 들려도 누군가 돈을 훔치러 온 것은 아닐까 걱정스러웠다.

결국 이 가련한 남자는 더 이상 자기 노랫소리에 잠이 깨지 않는 그 은행가에게 달려가서 이렇게 말했다.

"제게 노래와 잠을 돌려 주세요. 그리고 준 돈은 도로 가져가십시오."

- 라 퐁텐, 《구두 수선공과 은행가》

행복의 조건인 것처럼 보이는 요소도 절대적인 것은 결코 아니다. 아무리 조건의 일부를 충족시키는 요소도 언제 어디서나 동일한 가치와 힘을 발휘하지는 못한다. 겉으로 보기에 특정한 요소 때문에 행복한 것으로 보이는 사람도 그 자신은 불행하다고 느낄 때가 많다. 하나의 요소, 동일한 조건이 시기와 상황과 주체에 따라 행복의 결과를 빚어내는가 하면, 불행의 원인이 되기도 한다. 이러한 기묘하고도 이해할 수 없는 현상은 굳이 오래된 우화를 들먹이지 않더라도 어느 정도 살아 본 사람이라면 경험으로 안다.

틸틸 : 그럼 우리집에도 행복이 많다는 거야?

행복 : 어느 구석에도 행복은 가득 차 있는 거예요. 우리는 웃고, 노래하고, 지붕과 벽이 날아갈 정도로 요동치고 있어요. 그런데도 사람들은 눈치를 못 채지요. 이제부터는 좀 더 주의를 해 보세요. 그러면 우리를 전부 알아보게 될 테니까. 건강의 행복, 맑은 공기의 행복, 부모님을 사랑하는 행복, 푸른 하늘의 행복, 양지의 행복, 숲의 행복.

틸틸 : 그래, 너희들은 언제나 이렇게 아름답니?

행복 : 물론 지금 그대로지요. 사람들이 행복을 찾는 데 게을러서 우리를 못 볼 뿐이지요. 우리와 친해지면 많은 행복을 볼 수 있어요. 봄의 행복, 해 지는 행복, 별 보는 행복, 비의 행복, 겨울 난롯불의 행복, 천진한 생각을 하는 행복, 이슬 위를 맨발로 달리는 행복 …….

– 모리스 마테를링크, 《파랑새》

행복의 조건이나 요소는 객관적인 것과 주관적인 것으로 나뉜다. 객관적인 조건이나 요소가 분명하다면, 사람들은 행복을 쟁취하여 누리기에 한결 편할 것이다. 땅을 파고 축대를 세워 집을 짓듯 열심히 노력해서 행복을 얻고야 말 것이다. 지식으로 도달할 수 있다면, 머리를 싸매고 밤새워 공부해서 행복의 문으로 들어서는 자격증을 따고야 말 것이다. 그러나 앞에서 잠깐 살펴보았듯, 객관적 조건이란 그다지 신뢰할 만한 것이 못 된다. 사정에 따라 가변적이다. 항상적 조건이라 할지라도 범위가 아주 좁은 필요조건에 불과하다.

행복은 주관적 조건이나 요소에 더 큰 영향을 받는다고 볼 수밖에 없다. 감각의 주체가 어떻게 느끼느냐에 따라 행복감과 불행감의 지수가 오르내린다. 개인의 정신적인 면과 육체적인 면 모두가 주관적 조건이나 요소에 중요한 작용을 한다. 한 인간의 사상, 감정, 세계관, 성격, 적성은 물론 처한 상황까지 관련되지 않는 것이라고는 없다. 행복은 다양하고 다기하다. 행복에 종류가 있다 하더라도, 이해할 수는 있으나 열거할 수는 없다. 행복의 양상이나 종류는 무궁무진하다 못해 무한대에 이를지 모른다. 새로운 행복을 만들어 내기까지 하는 존재가 인간이다.

빛 : 이번에야말로 파랑새가 손에 들어올 것 같아요. 우리는 지금 인간의 모든 행복을 모아 놓은 마술의 꽃동산 입구에 와 있어요. 여기에는 인간의 모든 행복과 즐거움이 깃들어 있어요.

틸틸 : 행복이 많이 있나요?

빛 : 작은 것도 있고, 큰 것도 있고, 비천한 것이 있는가 하면 고귀한 것도 있고, 아름다운 것, 보기 흉한 것도 있지요. 하지만 제일 보기 흉한 것은 얼마 전 이 궁전에서 내쫓겨 '불행의 동굴'로 갔어요. 행복의 궁전과 불행이 살고 있는 동굴은 서로 이웃해 있는데, 그 사이에는 정의의 언덕과 영원의 골짜기에서 부는 바람이 항상 마주치고 있어요.

– 모리스 마테를링크, 《파랑새》

어떠한 행복이든, 저마다 목표로 삼은 행복을 어떻게 얻을 수 있는가? 어떻게 하면 행복한 순간에 도달할 수 있는가? 행복은 한순간 느끼는 감각의 작용에 불과한가? 아니면 한 번 얻은 행복의 기쁨, 기어이 도달한 행복의 경지는 어느 정도 지속되는가? 쉽게 대답할 수 없는 의문들이 꼬리를 무는데, 행복의 다양성 때문일 테다.

진정한 행복은 쉽게 얻을 수 없다

18세기에 활동했던 영국 성공회 주교 조셉 버틀러는 아리스토텔레스 때부터 이어져 내려오던 행복론에 관하여 자기의 주장과 논리를 덧붙였다. 행복은 행복 그 자체가 아닌 다른 것에 대한 욕망의 충족에서 오는 부산물의 일종이다. 따라서 행복을 직접 찾으려 하면 실패한다. 목표를 행복이 아닌 다른 데 둘 때 더 쉽게 행복을 성취할 수 있다. 그러나 삶의 궁극의 목적이 행복 또는 행복의 추구라는 사실을 부정할 수는 없다.

버틀러의 말은 금방 이해되고 수긍이 간다. 그의 행복론이 탁월해서가 아니라, 누구나 아는 사실이기 때문이다. 삶을 경험해 본 사람이면 그 정도는 안다. 인간은 행복에 관해서 끊임없이 고민하고 논쟁한다.

행복이 삶의 목적이라는 사실을 부정할 수 없기에, 일찌감치 논객들은 행복을 인간 윤리의 목표이자 덕목으로 삼았다. 플라톤은 개인의 행복을 정의와 별개의 것으로 보지 않았다. 정의롭게 행동하는 데서 행복을 찾을 수 있다. 인간은 불완전한 존재이므로 완전한 신에 가까워지도록 노력하는 것이 당연한 의무다. 각자 정의롭게 행동함으로써 그 의무를 수행한다. 정의롭게 행동해야 한다는 것은 각자의 이상과 행복을 추구하고 거기에 도달해야 한다는 의무를 말한다. 행복은 삶의 목적이자 인간 윤리의 의무라는 것이다.

인간의 모든 사고와 행동이 목표로 하는 것은 선이다. 그중에서도 최고의 선이 행복이다. 플라톤의 제자 아리스토텔레스도 행복을 인간의 최고 덕목으로 꼽았을 뿐만 아니라, 행복을 윤리적 의무로 삼았다. 어떤 것이 좋은 삶인가? 행복한 삶이 좋은 삶이다. 즐거움도 행복하게 만들어 주지만, 그것은 통속적 행복이다. 행복 중에서도 최선의 행복이 최고의 선이다. 자신의 탁월성에 따르는 활동에서 나오는 행복이 더 나은 행복이다. 최고의 탁월성에 따라 살아야 최상의 행복을 누릴 수 있다. 그리스어로 '아레테'를 번역한 것이 탁월성인데, 도덕적 미덕 또는 간략히 덕이라는 의미로 이해하면 된다. 자기가 가진 고유한 탁월성, 지성에 따르면 최상급의 행복을 느낄 수 있다. 다른 종류의 탁월성에 따르면 이차적 의미의 행복한 삶을 맛본다. 윤리에 따라 살아야, 윤리적 의무에 충실해야 행복하게 살 수 있다는 말이다. 아리스토텔레스가 파악한 인간이란 탁월성에 따르는 이성적 영혼의 활동으로 지극한 행복의 상태에 도달할 수 있는 존재였다.

삶의 목적이기도 하고, 최고의 선이자 궁극의 덕목인 것으로 여겨지며, 한편으로 인간 윤리의 의무로 다가서기도 하는 행복이 어떻게 권리가 될 수 있는가? 행복의 권리, 행복추구권은 어떻게 권리로 형성되었으며, 그 내용은 무엇이며, 권리에 대응하는 보장의 의무는 누구에게 있는가? 현대 세계에서 개인 마음의 형상만큼이나 다양한 행복을 각자의 권리로 주장하는 것이 가능한가?

혁명에 성공한 프랑스 국민의회는 인민의 이름으로 〈1789년 인간과 시민의 권리선언〉을 발표했다. 시민혁명의 취지를 만방에 알리는 것이 목표였는데, 그 전문에 다음과 같은 구절이 들어 있다.

"언제나 헌법을 유지하고 만인의 행복에 이바지하기 위하여……"

인권선언은 헌법을 만들기 전에 공포한 것인데, 그 목적이 모든 사람으로 하여금 행복을 누리게 하는 데 있다는 사실을 밝혔다. 물론 프랑스의 혁명이나 인권선언은 모두 미국의 독립혁명과 인권선언의 영향을 받았다. 프랑스 인권선언문 기초 작업에 참여한 라파예

트는 일찍이 미국 독립전쟁에 참전했다. 영국과 전쟁을 시작한 미국은 승리가 확정되기도 전인 1776년 7월 초 독립선언문을 선포했다.

> "우리는 모든 인간이 평등하게 창조되었고, 창조주로부터 생명 · 자유 · 행복추구 등의 양도할 수 없는 권리를 부여받았다는 자명한 진리를 믿는다."

행복추구권을 생명권은 물론 자유권과 나란히 천부의 권리로 선언했다. 이 선언문은 토머스 제퍼슨이 초안을 작성했는데, 그렇다고 행복의 추구라는 말을 그가 창안한 것은 아니었다. 미국 독립선언문이 발표되기 채 한 달도 안 된 즈음, 버지니아 권리선언이 먼저 공포되었다.

> "모든 인간은 똑같이 자유롭고 독립적이며, 어떠한 계약을 통해서도 자신의 안녕을 빼앗기거나 박탈당하지 않을 권리를 태어나면서부터 가진다. 그중에는 재산을 소유하고 행복과 안전을 추구하고 지키면서 자유를 누릴 권리가 포함되어 있다."

버지니아 권리선언은 조지 메이슨의 작품이라고 할 수 있다. 메이슨의 "행복과 안전의 추구"를 제퍼슨이 조금 간결하게 "행복의 추구"로 바꾸어 놓았다. 그러면 메이슨이 행복추구권이라는 용어를 처음 발명하거나 사용한 인물인가? 그렇지도 않다. 그로부터 거의 100년 전에 영국의 존 로크가 사용한 뒤로, 여러 정치인이나 철학자 또는 사상가들이 들먹이던 용어였다. 메이슨이나 제퍼슨은 모두 로크의 자유주의 사상에 많은 영향을 받고 있었음은 너무나 당연하다.

존 로크의 정치사상을 대표하는 《통치론》 또는 《시민정부론》으로 번역되는 저서에 행복에 관한 언급은 없다. 단지 인간이 사회라는 공동체를 결성하는 목적이 생명, 자유 그리고 재산의 보존에 있다는 점을 강조했다. 정부에 권한을 부여한 것도 그 목적 때문이다. 《통치론》과 거의 비슷한 시기에 낸 책이 또 한 권 있는데, 《인간 오성론》 또는 《인간 지성론》이라고 번역되는 장황한 사색집이다. 평소 의문을 품고 있던 인간의 본질과 세상만사에 관한 진지한 고민의 결과를 에세이로 쓴 방대한 내용인데, 로크의 윤리사상이 드러나는 제2권 제21장에 행복에 대한 이야기가 거듭 등장한다. "불안을 없애는 것이 행복으로 향하는 첫걸음"이라면서, 제21장 제51절에서 이렇게 썼다.

> "인간 지성의 가장 완성도 높은 형태는 신중하고 끊임없이 진실되고 견고한 행복을 추구하는 것이다."

대단한 말 같지만, 결국 인간이 열심히 공부하고 노력해서 세상을 이해한다는 것은 가장 이상적인 행복을 추구하는 행위라는 의미다. 누구나 할 수 있는 말일 뿐만 아니라, 이미 오래전부터 많은 사람들이 했던 말이다. 플라톤과 아리스토텔레스 이래로 헤아릴 수 없이 반복된 것이 인간의 행복이었다.

로크의 위 표현이 조금 다르다면 "행복"에 "추구"라는 어휘를 하나 붙여 "행복의 추구"라고 했다는 것이다. 그렇다고 해서 단순한 행복론의 주제를 권리로 개념화했다고 할 수는 없다. "행복의 추구"라는 표현을 했다고 "행복추구권"을 전제한 것은 결코 아니다. 뿐만 아니라 그 이전의 행복론에서 "추구"라는 어휘를 생략했다고 "행복의 추구"를 의도하지 않았거나 몰랐던 것도 아니다. 고통을 줄이고 즐거움을 증가시켜 누리자는 것이 행복의 추구 아니면 무엇이겠는가. 로크 이후에 유행한 구호 "최대 다수의 최대 행복" 역시 행복의 추구다.

"왕자님."

현인 학자가 말했다.

"이 행복의 골짜기에서 불행하다는 불평을 토로하는 사람은 왕자님이 처음이십니다. 바라옵건대, 왕자님의 불평에는 아무런 현실적 근거가 없다는 것을 납득시켜 드리고자 하나이다. 왕자님께서는 지금 이곳에서 아비시니아의 황제께서 베풀어주실 수 있는 모든 것을 마음껏 소유하며 살고 계십니다. 이곳에서는 힘들게 견디며 노동을 하거나 두려워하며 위험을 무릅써야 할 필요가 전혀 없습니다. 하지만 그러면서도 이곳에는 그런 노동이나 위험을 통해 마련하고 구할 수 있는 것들이 뭐든지 다 갖춰져 있습니다. 주변을 둘러보시고 왕자님께서 필요로 하시는 것 중 갖춰지지 않은 게 뭐가 있나 한 번 말씀해 보옵소서. 당연히 왕자님께는 아무 부족한 것이 없다 하실 터인데, 그렇다면 어찌하여 왕자님께서는 불행하신 것입니까?"

왕자가 대답하였다.

"나에게 아무것도 부족한 게 없다는 것, 아니 나에게 부족한 게 뭔지 모른다는 것, 바로 그것이 내 불만의 원인입니다. 만약 무엇이 부족한지 내가 안다면 나에게는 뭔가 바라는 대상이 생길 것입니다. 그 바람은 나로 하여금 그것을 얻기 위해 노력하도록 자극할 것이고, 그러면 나는 저 태양이 서산을 향해 왜 그토록 느리게 움직여 가는지 투덜거리지도 않을 것이며, 날이 밝을 때 잠자는 동안 잊었던 나 자신의 불행한 처지를 다시 생각하며 비탄에 빠지지도 않을 것입니다."

– 새뮤얼 존슨, 《라셀라스》

행복의 추구라는 표현이 기본권의 역사에서 정말 의미가 깊고 중요하다면, 그 말을 본격적으로 다루어 널리 전파시킨 사람은 새뮤얼 존슨이라고 해야 맞다. 존슨은 1759년 런던에서 《아비시니아의 왕자 라셀라스 이야기》를 펴냈다. 보통은 줄여서 《라셀라스》라고도 한다. 에티오피아의 옛 이름인 아비시니아의 왕자 라셀라스는 행복의 골짜기에서 일반 세상과는 동떨어진 삶을 살았다. 무엇 하나 아쉬운 것이라고는 없는 삶이었는데, 그러다 보니 행복이 무엇인가 의심을 갖게 되었다. 마침내 누이 네카야와 철학자 이믈락을 대동하고 행복의 근원을 찾아 여행을 떠났다. 인류의 문명이 시작된 고대의 여러 왕국 가운데서도 사람들의 능력과 지혜로 명성이 드높았던 이집트로 갔다. 카이로를 비롯한 여러 장소를 돌아다니며 다양한 사람들을 만나 대화를 나누었는데, 결론은 진정한 행복이란 쉽게 얻을 수 없다는 것이었다. 역시 누구나 아는 결론이다.

성취와 동시에 소멸하는 행복

로크의 표현을 옮겼건 존슨의 말을 가져다 썼건, 조지 메이슨이나 토머스 제퍼슨 역시 "행복의 추구"를 "행복추구권"으로 개념화하여 사용했다고 볼 수는 없다. 왕권의 지배에서 벗어나 자유민주국가를 건설한다는 선언적 의미에서 버지니아 인권선언과 미국 독립선언문에 행복을 추구할 권리라고는 하였으나, 버지니아 헌법이나 미국 헌법에서는 규정하지 않았다.

그렇다면 행복추구권은 헌법의 권리장전 목록에 당당히 한 자리를 차지해야 마땅한 인간 또는 국민의 기본권이 아니란 말인가? 전혀 그렇지 않다. 언제나 우리는 행복추구권이라는 용어를 사용하며, 동시에 엄연한 기본권의 하나로 인식하고 있다. 행복추구권 또는 행복을 추구할 권리라는 표현을 언제쯤 누가 최초로 사용하였는가는 그다지 중요하지 않다. 누군가 처음으로 행복추구권을 말한 사실이 밝혀졌다 한들, 그때부터 우리에게 행복을 추구할 권리가 생긴 것은 아니다. 누가 나서서 행복추구권이라는 이름의 권리는 현실에 존재하지 않는다고 강변한들, 아무도 신경쓰지 않는다. 저마다 자신의 행복을 추구할 이유와 권리가 있다고 확신한다. 그런데 우리 헌법 제10조는 왜 다음과 같이 규정하고 있는가?

> "모든 국민은 인간으로서의 존엄과 가치를 가지며, 행복을 추구할 권리를 가진다."

미국이나 독일 헌법에는 행복추구권이 명시되어 있지 않다. 대한민국 헌법과 일본 헌법에는 행복추구권이 규정되어 있다. 한국이나 일본 국민이 미국이나 독일 국민보다 더 행복하지도 더 불행하지도 않다. 그것은 아무도 모른다. 한국이나 일본 국민은 미국이나 독일 국민보다 국가에 대하여 좀더 많은 것을 요구할 수 있는 권리를 가졌다고 할 수도 없다. 국가의 구체적이고 개별적인 정책 결정에 따를 뿐이다. 일본은 1946년에 제정한 헌법에서, 우리는 1980년의 개정 헌법에서 행복추구권 조항을 두었다. 그렇다고 우리 헌법이 이웃 일본 헌법의 영향을 받아 따라 한 것은 아니다.

박정희 정권의 독재 체제 연장을 위한 마지막 수단은 1972년 유신헌법이었고, 민주화운동을 긴급조치로 막아 버텼다. 1979년 총선에서 야당이 민주공화당을 누르자 반정부 저항운동은 거세졌고, 급기야 10월 26일 박정희가 살해되었다. 혼란한 틈에 전두환을 중심으로 한 군부 세력이 12 · 12 사태로 일컫는 쿠데타를 일으켰다. 이듬해 전두환은 통일주체국민회의의 선출에 의하여 대통령으로 취임하였다. 박정희의 독재는 끝났으나, 그 자리를 메운 것은 새 독재 체제였다. 전두환 정권의 주도로 1980년 10월에 개정 헌법이 공포되었다. 8차 개정에 따른 아홉 번째 헌법이었다. 대통령 이름만 바뀐 군부독재 정권의 새 헌법은 종전에 볼 수 없었던 환희의 새 희망이라도 안겨 주려는 듯 행복추구권을 신설했다. 그것이 행복추구권이 우리 헌법에 규정되게 된 간략한 경위다.

헌법에 능재된 행복추구권은 장식에 불과한가, 실체인가? 수사학적 표현에 그치는 것이 아니라 구체적 권리라면 그 권리는 국가가 보장하는가? 행복추구권은 행복권과 같은가, 다른가? 내가 행복해질 권리가 행복권이라면, 행복을 추구할 권리가 행복추구권이다. 행복추구권은 행복을 추구하는 권리는 인정하되, 그 결과에 대해서는 책임질 수 없다는 의미를 내포한다. 모두 의견이 분분하겠지만, 각양각색의 행복을 하나의 권리로 어떻게 포괄하여 제도의 선물로 개인에게 나누어 줄 수 있을까?

권리로 구현하기 힘들 것 같은 행복추구권이 구체적 형태를 갖추고 나타나기 시작한 것은 헌법재판소나 국가인권위원회의 기능 때문이었다. 이것은 행복추구권이므로 보장해야 옳지 않은가? 또는 저것은 행복추구권을 방해하는 행위이므로 제거해야 헌법 정신에 부합하지 않는가? 실제 사건을 통해 소송이나 진정이 제기되면 국가기관은 무엇이 행복추구권에 해당하고 무엇이 해당하지 않는지 선언해야 한다.

자동차를 운전할 때 안전띠를 매도록 의무화한 이유는 사고가 발생했을 때 인신의 피해를 줄이기 위해서다. 그러나 안전띠를 착용하면 갑갑하고 불편하게 느껴진다. 사고가 났을 경우 예상 가능한 피해의 위험은 스스로 부담하고 자유롭고 편하게 운전하고 싶어 하는 사람도 있다. 비록 그러한 욕심의 이면에는 사고가 일어나지 않을 것이라는 요행을 바라는 심리가 깔려 있지만, 겉으로는 왜 나의 개인적 행복을 침해하느냐며 발끈한다. 그리하여 누군가 도로교통법의 규정이 자기의 행복추구권을 침해한다고 헌법 소송을 제기하였다. 헌법재판소는 안전띠를 매지 않고 운전하려는 희망은 행복추구권에 속한다고 하면서도, 공공의 안전에 관련되는 사항이므로 법으로 제한할 수 있는 성질의 것이라고 결정했다. 대마초나 마약류의 흡입을 금지한 법에 대해서도 행복추구권을 침해했다는 반발이 있었으나, 마약의 사용은 아예 행복추구권에 해당하지 않는다고 못박았다.

절도죄로 교도소에 갇힌 박모씨는 밤에 잠을 자지 못했다. 억울한 감정이 북받쳐 올랐다거나 낯선 곳에서 다른 범죄자들과 뒤엉켜서 불면의 밤을 뒤척인 것이 아니었다. 취침 시간에도 불이 완전히 꺼지지 않았기 때문이다. 교도소에서는 취침 시간의 어둠을 틈타 자살, 싸움, 탈출 시도 등의 행위가 일어날까봐 감독을 하기 위해서 완전히 소등하지 않았다. 방마다 교도관을 배치할 수 없기에, 당직 교도관 한 사람이 복도의 중앙에서 좌우 방실을 한눈에 살펴볼 수 있도록 하려면 어느 정도 조도를 유지해야 할 필요가 있었다. 비록 그 밝기가 대낮에 비교할 수준은 아니라 하더라도, 박모씨의 경우에는 태양이 지지 않은 것이나 다름없었다. 그는 조도를 더 낮추어 잠을 좀 잘 수 있게 해 달라며 국가인권위원회에 진정했다. 교도소의 야간 조명 규칙 때문에 자신의 수면권을 침해당했다는 이유를 근거로 내세웠다. 국가인권위원회는 그의 주장이 타당하다며, 제대로 잠잘 수면권은 행복추구권의 하나라고 인정했다.

행복과 행복 추구의 권리는 이토록 단순하다. 단순하다 못해 사소해 보인다. 헌법 기본권의 앞머리에 등장하는 권리 치고는 소박하게 느껴진다. 인간의 행복은 이렇게 사소한 것인지 모른다. 사소한 것들이 모이면 거대한 인생의 행복으로 형성된다고 생각할 수도 있나. 반대로 삶의 구체적 장면에서 얻는 행복은 무엇과도 바꿀 수 없는 숭고하고 위대한 권리 같지만, 인생의 종국에 가서 전체적으로 회고하면 잔물결이나 스쳐 지나간 바람처럼 여겨질 수도 있다. 물론 사람은 그러한 바람이나 물결의 흐름에 따라 삶의 강을 여행하는 것이므로, 그 강도나 온도 그리고 방향이라는 이름의 세세한 조건에 해당하는 작은 행복과 불행이 운명을 결정하기도 한다.

> 무엇보다 중요한 것은 큰 기쁨들이 아니라 작은 기쁨들에서 큰 기쁨을 만들어 내는 것입니다. 아저씨, 저는 행복의 비결을 발견했어요. 그것은 바로 '현재'에 만족하며 한순간 한순간을 보람있게 사는 거라고 생각해요. 그것은 과거를 영원히 후회하거나 미래를 막연히 기대하는 것이 아니라 바로 이 순간에서 가능한 최대의 보람을 얻는 것입니다. 저는 모든 순간을 즐기려고 하며, 그리고 즐기고 있다는 것을 마음으로 느끼려 해요.
> 많은 사람들은 삶을 마치 경주라고 생각하는 듯해요. 그리고 목적지에 빨리 도달하려고 헉헉거리며 달리는 동안, 주변에 있는 아름답고 조용한 경치는 모두 놓치고 마는 거예요. 경주가 끝날 때쯤에는 자기가 너무 늙었다는 것, 목적지에 도착하는 것은 별 의미가 없다는 것을 알게 되지요.
>
> – 진 웹스터, 《키다리 아저씨》

행복은 숨어 있는 곳을 발견하여 손아귀에 쥐면 소유가 가능한 물건도 아니고, 기를 쓴 끝에 도달하면 계속 누릴 수 있는 지위나 높이가 아니다. 행복 그 자체나 행복의 감정은 언제나 순간이다. 행복이 목표라면, 도달하는 순간 끝난다. 성취와 동시에 소멸하는 것이 행복이다. 산의 정상을 바라보는 알피니스트의 경우를 따져보자. 그의 목표는 정상이지만, 결코 정상에서 살려고 하지는 않는다. 정상에 도달하는 순간 다시 내려오는 일만 남는다. 그에게 등반의 가치는 정상에 이르는 과정이다. 과정에 따라 정상 도달의 쾌감이 달라질 뿐이다. 가끔 행복의 순간에 닿더라도, 잠시 후면 우리는 불행의 세속으로 돌아가야 한다. 불행은 행복의 배경이기 때문에 거부할 수 없다. 불행이 존재하지 않으면 행복도 없다. 불행의 일상에서 하는 일은 살아가는 것이다. 삶은 매순간의 판단과 선택으로 이루어진다. 그 선택의 자유로움을 자기결정권이라 부른다. 자기결정권의 행사는 행복을 추구하는 하나의 방식이다. 끊임없는 생각과 무수한 선택 끝에 따르는 행위들로 이루어지는 삶을 이어주는 불가사의한 요소가 행복이라고 할 수 있다. 행복을 좇거나 행복을 느끼는 순간의 힘으로 일생을 지켜간다. 한 인간의 정신적 순간과 육체의 세포를 서로 호응하게 하는 효소 역할을 하는 존재가 행복이라는 추상의 관념이다. 그럼에도 불구하고 자주 구체적 실체인 것처럼 믿게 만드는 환상 또는 환각의 매개이기도 하다.

그토록 행복을 갈망하면서도, 어떤 행복을 기다리느냐고 물으면 금방 대답하지 못하는 존재가 인간이다. 우리는 행복을 잘 알지 못한다. 자기의 행복도 말할 수 없지만, 타인의 행복이 무엇인지에 관해서는 도무지 정의조차 힘들다. 그러나 대체로 불행하다고 느낀다. 불행만으로는 살아가기 힘들다. 불행에 오래 젖어 있으면 절망의 통로로 떨어진다. 불행이 가득하다고 생각되는 삶의 굴곡과 고비에서 이끌어 희망을 잃지 않고 계속 이어가게 하는 크고 작은 간헐

적이고 한시적인 힘이 행복이다. 불행의 바다를 무사히 헤쳐나아가게 하는 작은 배가 의존하는 별빛이 행복이다. 나침반과 같은 그 별은 불행의 낮과 밤의 구름 속에서 가끔 나타난다. 조각배라는 희망은 흔들려 불안하기만 하다. 사람은 저마다의 방식으로 노를 저으며 흔들리는 조각배를 바다 위에 띄우려 노력한다. 희망을 불행의 바닷속에 침몰시키지 않으려는 안간힘이 의지라면, 작은 배를 아예 바다로 여기는 인식의 기술은 지혜다. 불행을 행복으로 바꿀 수 있다는 신념 또는 신기루 같은 것이다.

> "그렇다면, 그 동안엔 뭘 어떻게 해야 하오?"
> 후작이 물어보았다. "그 동안에는", 아브레눈시오는 말했다. "그녀에게 음악을 연주해 주시고, 집안을 꽃으로 가득 채워놓으시고, 새들이 지저귀게 하시고, 바다로 데려가 해 지는 모습을 보여 주십시오. 그녀가 행복해질 수 있는 것이라면 무엇이든지 그녀에게 베풀어 주십시오."
> 아브레눈시오는 모자를 허공으로 한 바퀴 돌리며, 딱딱한 어투로 라틴 금어를 들먹이며 그에게 작별 인사를 했다. 하지만 이번에는 후작에 대한 경의의 표현으로 그 금언을 번역해 일러 주었다.
> "행복으로 치료하지 못하는 병을 고칠 수 있는 약은 이 세상에 없습니다."
>
> – 가르시아 마르케스, 《사랑과 다른 악마들》

만병통치약과 같은 지혜도 희망의 하나다. 권리나 제도, 이론 따위는 지혜가 아니다. 지혜를 얻기 어렵다면, 인내로 대체하는 수 밖에 없다.

"세상에서 가장 행복한 사람은 소망의 거울을 보통 거울처럼 쓸 수 있을 게다. 그 사람이 거울을 들여다보면 정확히 자기 모습 그대로가 보일 거라는 얘기지."

– J. K. 롤링, 《해리 포터》

소설 속의 거울은 발견의 대상이 아니다. 성배처럼 어딘가 숨어 서 쟁취할 주인공을 기다리고 있지 않다. 아무리 마법의 거울을 가진 사람이라 하더라도 거울 속을 들여다보는 순간 자신이 행복해지는 일이 일어나기를 기대하겠는가. 소망의 거울은 차라리 발명의 대상이다.

자기의 얼굴을 스스로 만든 뒤 아무 거울에나 비춰보면 그 거울이 소망의 거울이다. 행복한 삶은 자기가 만든다. 행복한 얼굴은 보통의 거울을 소망의 거울로 변화시킨다. 세상의 이치가 자신의 소망과 맞지 않으면, 자기의 욕망을 절제하여 세상에 맞추려는 자존의 노력이 가끔 지혜를 웃도는 인내다. 그 정도의 수준에 이르면, 정부나 제도가 나의 행복을 위하여 무엇을 해줄 수 있는지 관망하는 자세로 가늠하게 된다.

윤리적 의무와 인간적 권리

앞에서 잠깐 행복추구권의 기원을 더듬어 보았다. 행복의 추구라는 표현의 근원을 찾는 일이 행복이나 행복추구권의 진정한 의미를 밝히는 데 도움이 될까? 행복의 추구를 권리로 파악하고, 인권이나 헌법이 보장하는 기본권의 형태로 위상을 부여하려는 노력에는 그러한 의도가 어느 정도 포함되어 있을 것이다. 거기에는 무엇이든 역사적 현상은 하나의 진화적 현상이라는 인식이 깔려 있다. 어떤 현상이라도 처음 발생하여 판단의 대상이 되기까지 시간의 흐름이라는 과정을 겪으면서 연혁을 지니게 되는 것은 당연하다. 그러나 그러한 시간의 경과가 항상 생명이 모태에서 자란 다음 태어나듯이 단계적 과정을 거쳐 성장하는 것을 의미하지는 않는다. 정치적 또는 사회경제적 상황에 부응하여 필요성 때문에 만들어 낸 것도 적지 않다. 행복에 대한 관념은 고대 철학에서 시작된 것이 분명하지만, 권리장전의 목록에 올린 행복추구권이라는 권리 개념은 역사의 우연성과 상황의 필요성이 만들어 냈다고 보아야 옳을 것이다.

고대 철학에서 행복은 근원적 덕목의 하나였다. 인간이 왜 태어났을까 생각하다 보면, 궁극적으로 행복한 삶만큼 더 현실적인 목적은 발견하기 힘들었을 것이다. 그것도 개인의 쾌락이나 이익에 그치는 것이 아니라 전체의 선을 증가시키는 방향으로 개념화하였기에 행복의 가치는 가장 높이 평가되었다. 행복의 덕목이 인간 윤리와 가치의 중심에 서게 된 것은 행복을 인간의 의무로 설정함으로써 가능했다. 행복은 단순히 개인이 향유하는 이익이 아니라 인간의 의무여야 한다는 것이다. 우리는 각자 행복해야 한다. 따라서 행복을 삶의 목표로 삼아야 한다. 그런데 거기서 그쳐서는 안 되며, 저마다 행복을 추구하는 일상의 노력이 타인의 행복에 기여함과 동시에 공동체의 행복을 증가시키는 방향으로 나아가야 한다. 그래야만 행복을 인간의 도덕적 의무로 부과하는 정당성의 근거가 마련된다.

행복이 도덕적 또는 윤리적 의무라면, 당연히 개인은 스스로 행복하도록 노력해야 한다. 그러한 가운데 필요한 것을 국가나 사회에 요구할 수도 있다. 본연의 의무를 이행하는 데 필요한 부수적 여건을 요구할 가능성이 권리로 변모한다. 의무이기 때문에 도리어 권리화하는 개념과 실질의 역전 현상은 피상적으로는 모순처럼 보일지 모르나, 논리적으로 허용되지 않거나 현실적으로 이해되지 않는 것은 아니다. 그렇기 때문에 20세기의 작가 호르헤 루이스 보르헤스도 "희박한 가능성"에도 불구하고 우리의 도덕적 의무는 행복이라고 믿었다.

의무에서 권리성을 도출해 내는 방식은 어느 정도 고대의 행복론을 전제하는 경우에 가능하다. 그러나 17~18세기 영국이나 미국에서 등장한 행복추구권은 그러한 논리적 과정을 거친 것이라고 보기는 힘들다. 왕권의 지배에서 벗어나면서 비로소 모든 개인이 주권자가 되었다. 주권자는 스스로 결정권의 주체인 동시에 권리의 주체여야만 했다. 무엇보다 생명, 자유 그리고 재산이 최우선이었다. 생명, 자유, 재산은 왕의 의지나 결단에 좌우되는 것이 아니라 스스로 결정할 수 있는 것이어야 한다. 생명을 함부로 침해 당하지 않고 살아 있으면서 자유를 누리려면 재산이 필요한 법이다. 사회라는 공동체는 바로 인간의 생명과 자유와 재산을 보존하기 위하여 결성된 것이다. 이것이 자유주의 사상의 출발점이다.

생명권, 자유, 재산권의 목록이 어느 순간 생명, 자유, 행복의 추구로 바뀌었다. 그러나 재산권이 행복추구권으로 대체된 것은 아니다. 인권이나 권리의 역사적 발전 과정에서 필연적으로 그렇게 변경된 것은 더더욱 아니다. 행복추구권이 재산권의 발전 개념이라고 할 수는 없다. 재산권을 기본권의 전면에 내세우는 일이 떳떳하지 못하게 여겨졌거나 사회주의의 공격 대상이 되었기 때문도 아니다. 행복의 본질을 재산권의 보장 같은 물질에서 찾는 것이 정신을 더 중시하는 습성 탓에 인간의 품위를 손상하는 것처럼 보일 우려 때문이라는 사실은 숨길 수 없다. 재산권보다는 재산권을 포함하는 행복추구권이 더 멋있어 보이지 않는가.

행복의 정신적 조건이 물질적 조건에 절대적으로 우선한다는 것은 하나의 신념이거나 이념일 수 있다. 그러한 믿음은 가능하며 그로 인한 장점은 분명히 있지만, 반드시 그러하다고 볼 수는 없는 측면도 존재한다. 인간의 정신이 육체보다 훨씬 중요하다는 발상과 유사하다. 육체 없는 정신은 현실의 세계에서는 의미를 잃을 수밖에 없음에도 불구하고 간혹 그러한 주장은 필요에 따라 반복된다.

행복의 정신적 조건 또는 주관적 조건은 불행해 보이는 사람들의 현실에 대한 위로나 위정자들의 정치적 변명으로 사용될 우려를 경계해야 한다. 행복지수라는 용어 역시 그 고유의 아름다움에도 불구하고 오용될 위험을 내포하고 있다. 가진 것이 적고 누릴 것이 보잘것없더라도 행복할 수 있다는 논리에 함정이 설치되어 있지 않은가 살펴야 한다. 정신적인 마음의 작용이 행복감을 결정한다면, 그것은 뇌의 작용이다. 뇌의 작용은 약물이나 시술로 조정이 가능하다. 이미 신경정신과에서는 오래전부터 치료 수단으로 사용하고 있지만, 정치적 결단에 따라 다른 방향으로 확산 보편화될 가능성은 항상 존재한다. 우리의 의식 속에 안락사가 존엄사에 이어 죽음의 선택과 결정권으로 진전할 가능성에 대한 기대감이 잠재되어 있음을 상기할 필요성이 다가선다. 현실의 고통을 잊고자 하는 욕망을 행복이 달려와 충족시켜 주지 못하면, 고통을 마비시켜서라도 벗어나는 편이 낫다고 생각한다. 지옥을 탈출하면 바깥이 천국은 아닐지라도 말이다. 그러한 요구가 강해지면 집단 행복 중독화를 기획한 전체주의적 대중 조작이 시도되지 않는다고 누가 보장하겠는가. 손에 쥔 스마트폰의 영상이 뇌를 지배하는 마약의 기능을 실질적으로 담당하게 될 획기적 기술이 나타나지 말라는 법은 없다. 그런 측면까지 고려하면, 물질적 조건을 일정 수준에서 절대화하는 것도 의미가 있다. 인간다운 생활을 뒷받침할 사회보장이 최소한의 안전판으로 마련되어야 비로소 인간의 존엄성을 유지할 수 있고, 그 토대 위에서 행복의 발견이나 논의가 가능할 터이다.

버지니아 권리선언이나 미국 독립선언에서 행복추구권을 명시한 것은 역사적 필연성 때문은 아니다. 어쩌면 당시 조지 메이슨이나 토머스 제퍼슨의 취향이 반영된 것이지 식민지 정부나 독립할 미합중국 정부의 구체적 의지가 그대로 표현된 결과라고 보기는 힘들다. 굳이 그 이전의 "재산권"을 그 즈음에 "행복추구권"으로 바꾸어 나열한 것의 기원을 따지고 의미를 부여하는 작업은 헌법학자나 인권 이론가에게는 행복일지 모르나, 생계에 온 힘을 쏟아 붓는 갑남을녀에게는 바람에 흩어지는 독경 소리나 다름없다.

그래도 현대 국가의 헌법은 어쩔 수 없이 다르다. 문장으로 명문화했건 아니건 행복추구권은 인정한다. 행복을 누려야 한다는 개인의 아련하고 서글픈 의무를 충실히 이행하도록 돕기 위하여 국가가 다시 의무로 부담하고, 그 정책적 고려의 반사적 이익처럼 개인에게 명목으로나마 권리로 부여한다.

행복추구권이라는 권리가 생기면 어떻게 되는가. 행복추구권이 개인에게 행복을 가져다 준다고 기대하기는 힘들다. 그렇게 믿는 사람도 없을 것이다. 행복추구권이 행복에 이르는 바른길로 안내한다고 할 수도 없고, 지름길을 가르쳐 준다고도 할 수 없다. 행복추구권은 행복에 관한 작은 보조기구의 하나라고 보는 편이 더 옳을 것이다. 행복추구권을 헌법에 명시하는 것은 국가가 개인의 행복 실현에 관심을 가지며 가능한 노력하겠다는 태도의 표명이다. 행복이 무엇인지도 모르고 행복이 무엇인지에 대한 진지한 고민은 없으나, 부족한 것이 생겨 행복의 보장에 소홀했다는 말을 듣기가 두려워 마련한 인권의 안전장치 같은 것이 행복추구권의 현실적 기능인지 모른다.

관심의 증명 또는 태도의 표명에 불과하더라도, 그나마 권리라는 이름이 붙어 있어야 필요할 때 요구할 수 있다. 정부나 기관에 항의하고, 소송의 제기도 가능하다. 그렇지만 역설적으로 이런 점도 생각해 볼 필요가 있다. 개개인이 행복추구권을 포기할 이유는 전혀 없지만, 국가나 정부가 행복을 보장해 줄 것이라는 기대를 크게 하지 않는 편이 자신의 진정한 행복을 위해서 나을 수 있다.

딸기에는 딸기의 맛이 있듯, 인생에는 행복의 맛이 있다.

– 알랭, 《행복론》

행복의 권리화만큼 인간의 정치성을 보여 주는 예는 드물다. 그렇지만 없는 것보다야 낫다고 생각한다. 어떤 이는 교도소의 밤은 어두워야 한다고 주장하지만, 다른 이는 감옥에서도 심야까지 책을 읽을 수 있도록 조명을 밝혀 줄 것을 요구한다. 누구의 행복에 관심을 가질 것인가 권력을 맡은 자에게 고민을 안겨 주는 것만으로도 불행과 싸우는 데 의미가 있다. 어차피 행복은 형태가 정형화되어 있지 않기 때문에 가능한 몸과 마음의 상태이다. 행복이 무엇인지 의문이 든다면 그것은 인간의 삶 자체가 의문이기 때문이다. 마릴린 먼로가 했다고 전해지는 한마디가 사상가나 이론가의 공허한 논리보다 위안이 된다.

"우리는 모두 별이고, 저마다 반짝거릴 권리가 있다."

미래의 행복추구권

행복의 정의랄까 모양이랄까, 그 정체가 불분명하기 때문에 행복은 다루기 힘들다. 문학의 대상으로 삼는다면, 이야기를 만들어 가기는 쉽지 않을지라도, 어디서 시작하든 어떻게 결말을 내든 그 점에서는 자유롭다. 그러나 규범과 권리의 영역에서는 그렇게 할 수 없다. 무엇인가 경계를 요구한다. 모호한 공간에서 좌표를 확인하는 일만큼이나 어렵지만, 사람들은 요구한다.

행복 또는 행복의 실체가 너무나 주관적이어서 제도와 정책의 문제로 해결하기가 어렵다. 만약 구체적인 것만 행복추구권의 개념 범위 안으로 포섭한다면, 인간다운 생활과 다를 바가 없게 될 것이다. 저마다 생각하는 행복이 달라 행복의 종류가 사람 수만큼 많다고 하자. 그때 자기가 그리는 행복은 무엇인가? 목표나 종착점이 정해져 있는가? 도달하면 행복은 충족되는가?

그 지점에서는 행복과 욕망 또는 희망의 경계가 흐릿해진다. 욕망의 충족이 행복이 아니라 과정이 행복이라는 설명은 구태의연하다. 매순간 피어나는 욕망의 봉오리는 막 따른 탄산음료의 기포와 같다. 수많은 기포를 열심히 터뜨려도 또 생기듯이, 욕망의 충족은 끝을 모른다. 모든 욕망을 충족시킨다고 행복해지지도 않을 것 같다. 모든 욕망이 순차적으로 모조리 충족된다면 행복에 빠지기는커녕 무기력증에 빠지기 쉬울 것이다.

행복의 본질과 관련한 문제는 미래에도 크게 달라질 것 같지는 않다. 그것은 다른 덕목도 비슷할 전망이다. 따라서 여전히 행복이란 그것만으로 독자적 존립이 불가능한 추상의 관념이다. 불행과 함께 동반할 때에만 효용을 발휘한다. 그러한 점에서 미래에도 큰 변화가 없을 것이라는 말이다. 행복추구권의 문제도 그러한 상황을 전제로, 현재와 다른 방식으로 해결하려 할 뿐이라고 전망한다.

행복을 성취시키는 요건 중 물질적인 것에는 물리적 한계가 따를 수밖에 없다. 대체로 행복의 성취는 정신적으로 이루어진다고 믿는데, 그렇다면 미래의 세계에서 손쉽게 대책을 내놓을 수는 있다. 정신의 문제란 뇌의 문제다. 뇌에서 행복하다고 인식하면 행복감에 젖어 든다. 뇌는 정신세계를 관장하는 듯이 보이지만, 뇌 자체는 육체의 일부이며 물질이다. 외과적 시술로 또는 약물로 치료와 조작이 가능한 대상이다. 인간이 정말 행복하게 지내고 싶다면 경제 정책보다 의약학에 먼저 손을 내미는 편이 빠르다. 그 분야는 이미 그것이 마비냐 각성이냐를 두고 논란이 거셀 뿐이다. 미래에 훨씬 간편하고 부작용도 없고 효율적인 의약품 개발은 가능할 것이다. 마비도 각성도 아니면서 중독 상태에 이르지 않고 원하는 순간마다 행복을 즐길 수 있다면 무엇이 두려운가? 그러나 약물에 중독되지 않고 행복에 중독된다면? 그것도 마찬가지인가?

정치 세계에서는 여전히 논쟁을 일삼을 것이다. 재화의 소유와 향유에 관계없이 사람이 행복해질 수 있음에도 결단을 내리지 못하는 것이 인간의 정치적 성향이다. 생명의 자기 결정권을 의학과 결합한 행복한 죽음으로 금방 제도화하지 못하는 것과 마찬가지다. 그러한 미래 예측은 아주 까마득한 과거에도 있었다. 올더스 헉슬리의 《멋진 신세계》에 등장하는 인물들이 복용한 소마는 이미 특허를 상실한 지 오래여서, 그것만 복제해도 기술적으로 충분하다.

그럼에도 불구하고 정치적 인간은 왜 미래에도 서로 다투며 망설이고만 있을 것으로 예상되는가? 불행이 반드시 동반해야 진정한 행복이 된다고 했듯이, 인간에게는 고통이 불가피하기 때문일까? 그렇다면 고통을 계속 방치해야 하는가? 치통은 약물로 제거해도 괜찮은데, 마음의 통증은 왜 허용되지 않는다는 말인가. 고통의 완전한 제거가 허락되지 않는다면, 감소는 어떤가? 감소의 범위에 제한이 따르는가? 개인의 마음에서 번지는 고통을 약물로 제거하지 못하게 하는 이유는 그것을 바탕으로 느낄 수밖에 없는 그 자신의 예측불가능한 미래의 행복을 위해서란 말일까? 아니면 고통에 시달리는 그의 불행에 비추어 부각시킬 타인의 행복을 위해서인가?

규범적 행복추구권은 인간의 욕망, 허영심, 조바심과 함께 뒤섞여 우리의 활동 반경 내에 먼지처럼 떠돌아다니는 흔한 것일 수도 있다. 길가의 돌멩이를 줍듯 하나 집어 들고 주장하면 자기의 행복을 개성적으로 표현하는 결과일 가능성도 배제하지 못한다. 거창한 것이 아니라 작고 흔한 것일 수 있다는 의미다.

진짜 인간의 행복은 권리나 제도 또는 은행 계좌가 아닌 인간의 상상 속에서만 존재하는 것이다. 문제를 해결할 기술을 개발해도 결코 적용할 수 없는 영역이 행복의 세계다. 행복이 완벽히 성취되면 행복추구권은 존재할 자리를 잃는다. 행복이라는 실체와 행복추구권이라는 증서의 비현실성 때문에 미래에도 행복추구권은 소멸되지 않을 것이 틀림없다.

5

행위는 몸과 정신의 지문

신체의 자유

물리학자들이 모여 술판을 벌였다. 술 마시기 게임을 하며 놀다가 끝내 술주정뱅이가 비틀거리면서 걸어갈 때 어떤 상황이 펼쳐지는가로 이야기꽃을 피웠다. 오른쪽으로 비틀, 왼쪽으로 비틀하다 보면 언제 얼마나 목표 지점을 향해 진행할 수 있을지 의문이었다. 물리학자들은 주정뱅이의 귀가 모형을 마구잡이 걷기라고 명명했다. 만취한 술꾼은 다음 한 발짝을 어디로 향할지 아무 생각이 없다. 생각이 있다 한들 생각대로 발걸음이 움직인다는 보장도 없다. 오른쪽으로 갈지 왼쪽으로 갈지, 앞으로 전진할지 뒤로 물러설지.

아인슈타인은 1905년 브라운 운동에 관한 논문을 발표했는데 '물 위에 떠 있는 꽃가루 입자를 현미경으로 관찰하면 t시간 동안 아무리 움직여도 $t^{\frac{1}{2}}$ 정도의 거리 범위 내에 머문다'는 내용이다. 물론 그즈음 영국의 칼 피어슨이 무작위 행보라는 개념을 소개하여, 예측불허의 움직임은 평균하면 0에 가깝다는 결론을 말하기도 했다. 우리의 진지한 물리학자들도 기이이 마구잡이 걷기 모형의 논문을 작성해 물리학회지에 발표했다. 취한 사람을 술이 깰 정도로 자꾸 걷게 하면, t시간 동안 움직인 거리의 평균치는 처음 시작 지점과 거의 동일하다는 망부석(望婦石; 그 자리에 여성 물리학자들도 포함돼 있었다면 당연히 望夫石도 된다)의 작은 결론과 함께.

신체의 완전성과 본연성

대개 우리는 살면서 그때그때 목표를 설정한다. 그 목표는 삶의 시작에서 마지막에 이르는 전 과정을 이어주는 징검다리 같은 것이다. 따라서 그때그때의 목표를 어떻게 설정하고 달성을 위해서 어떻게 행동하느냐가 어떻게 사느냐는 문제다. 다르게 표현한다면, 무엇을 위해 사느냐 또는 왜 사느냐라고도 할 수 있겠다.

> 삐삐는 한 발은 보도를, 한 발은 길가의 도랑을 밟고 어기적어기적 걸어갔다. 삐삐의 친구인 토미와 아니카는 삐삐의 모습이 보이지 않을 때까지 지켜보았다. 삐삐는 곧 돌아왔다. 이번에는 뒷걸음질치며 오고 있었다. 집으로 가려고 돌아서는 것이 귀찮았던 것이다. 그렇게 토미와 아니카네 집 대문까지 오자 멈춰 섰다.
>
> 아이들은 말없이 서로를 멀뚱멀뚱 바라보고만 있었다.
>
> 이윽고 토미가 입을 열었다.
>
> "너, 왜 뒤로 걸어?"
>
> 삐삐가 말했다.
>
> "왜 뒤로 걷느냐고? 여긴 자유로운 나라잖아. 자기가 걷고 싶은 대로 걸

으면 안 된다는 법 있어? 그리고 한 가지 얘기해 두겠는데, 이집트에서는 누구나 이렇게 걷지만 아무도 이상하게 생각하지 않아."

토미가 물었다.

"그걸 어떻게 알아? 이집트에 가 본 적도 없으면서."

"정말이야. 난 온 세상을 돌아다니면서 뒤로 걷는 사람보다 더 신기한 것도 많이 봤어. 내가 인도 사람들처럼 물구나무를 선 채 걸어 왔다면 네가 뭐라고 했을지 정말 궁금하다."

– 아스트리드 린드그렌, 《말괄량이 삐삐》

신체의 자유는 신체의 자유를 침해 당하지 않는다는 데 핵심이 있다. 하나마나한 소리 같지만 실제로 그렇다. 인간의 권리장전에서 신체의 자유가 먼저 거론된 것은 왕권이 개인을 함부로 체포하거나 구금하지 못하게 하려는 의도에서 나왔다. 말을 듣지 않는 자는 지위 고하를 막론하고 가두어 버리면 문제가 해결되었기 때문이다. 프랑스의 루이 14세 시절, 봉인한 국왕의 명령서 한 장이면 누구나 바스티유로 보냈다. 전제적 왕권을 제한하는 첫 걸음이 권력자 마음대로 체포 구금할 수 없도록 하는 데 있었다. 모름지기 개인으로서도 신체의 자유가 확보된 상태에서 다른 자유를 누릴 수 있다. 신체의 자유를 침해 당하지 않을 권리는 가장 좁은 의미에서 신체 활동의 자유를 말한다.

근대 사회에서 신체의 자유를 그렇게 역사적인 의미에 묶어 둘 수만은 없다. 신체 자체의 의미나 가치가 무엇인가도 생각하게 되고, 가급적 그 현실적 영역도 넓혀야 할 필요도 생겼다. 인권의 이론이나

운동의 속성 때문에 요구되기도 한다. 거기서 한 걸음 더 나아가면, 신체의 자유는 정신의 자유에 대응하는 권리인가라는 근본적이면서도 복합적인 문제로 나아간다. 결국 신체의 자유는 고유한 신체의 영역에 한정되지 않고 다른 자유와 유기적으로 긴밀하게 연결되어 있음을 깨닫는다. 그 깨달음은 훗날의 신체의 자유 문제에 대한 기대와 상상의 근거가 된다.

신체를 훼손당하지 않을 권리도 배제할 수 없다. 신체의 훼손이 신체 활동 제한의 원인이 되기도 하지만, 그 이전에 신체의 훼손은 상해라는 범죄 행위를 구성한다. 상해 행위를 범죄의 기본 구성요건으로 정형화하는 것은 타인의 신체를 훼손하는 행위가 타인의 자유와 권리를 침해하는 사회적 반가치의 실질을 지녔기 때문이다. 뿐만 아니라, 타인의 신체 훼손은 타인의 인격권 또는 인간의 존엄성을 침해하는 행위다. 그렇기 때문에 자기의 신체를 스스로 훼손하는 행위 역시 인간의 존엄성을 훼손하는 의미를 내포하고 있다.

형법은 상해죄의 보호법익을 신체의 불가침성 또는 신체의 완전성이라고 한다. 신체의 훼손은 물론 신체에 대한 위협 역시 금지 행위로 파악한다. 그런데 신체의 완전성이라는 표현은 정치적 올바름의 측면에서 문제의 소지가 있다. 신체의 완전성은 완전한 신체를 전제로 하는데, 조금이라도 장애가 있는 사람은 애당초 불완전한 신체를 가졌다는 말이다. 장애인에 대응하여 비장애인을 정상인이라고 표현하는 것과 같다. 게다가 완전한 신체의 기준도 불분명하다. 장애등급을 규정하는 법령은 제도의 필요에 따른 형식에 불과하다. 이상적인 신체의 완전성을 전제한다면, 거의 모든 인간의 신체에는 결격 사유가 존재한다. 그러므로 신체의 완전성은 신체의 본래성이나 본연성이라는 표현으로 대체해야 한다.

상식적이고 일상적인 의미에서 신체의 완전성을 보장한다는 것은 다른 측면에서 의의를 찾을 수 있다. 장애인의 개인적 어려움을 제도적으로 충분히 보완하여 비장애인처럼 일상의 활동을 할 수 있도록 만드는 것이 신체의 완전성을 보장하는 차원의 신체의 자유에 대한 정책이라 할 것이다. 모든 사람이 일정한 수준의 활동을 편하게 할 수 있도록 배려하는 정책이야말로 친인권 정책이다. 장애를 가진 사람이나 갖지 않은 사람, 장애를 많이 가진 사람이나 적게 가진 사람들이 저마다 어울려 장애의 유무나 정도에 아랑곳하지 않고 공공장소에서 이동하고 교통수단을 이용할 수 있도록 하는 것이 신체의 자유를 실질적으로 보장하는 길이다. 그러한 의미에서 신체의 완전성이라는 표현은 허용된다.

육체와 정신을 포함한 인간의 실존적 조건

신체의 불가침성에 대해서 생각해 보자. 신체의 본연성 또는 본래성의 유지라고 해도 좋다. 신체의 불가침성 요구의 근저에는 신체에 관한 자기 결정권이 토대로 버티고 있다. 타인의 신체를 함부로 훼손하는 행위는 신체 주체의 자기 결정권을 침해하는 것으로 비난의 대상이 된다.

자기 신체에 대한 결정권이 자기 자신에게 있다고 보는 것은 당연하다. 그 결정권에는 신체의 처분권도 포함된다. 따라서 자신의 신체를 스스로 훼손하는 자기 상해는 원칙적으로 허용된다. 자기 상해는 상해죄를 구성하지도 않는다. 타인의 부탁으로 상해를 입히는 경우도 사회 상규에 어긋나는 정도가 아니면 처벌 대상이 아니다. 형법에서는 피해자의 승낙에 따라 위법성이 조각되기 때문이라고 설명한다. 조각阻却은 국어사전에도 없는 말인데 '떨어져나간다'는 의미다. 물론 자기 상해도 다른 목적에 따라 처벌되는 경우는 있다. 병역기피 목적으로 자기 손가락을 훼손하면 상해죄는 아니지만 병역법 위반으로 형벌의 대상이 된다.

상해나 자기 상해를 신체에 대한 자기 결정권으로만 설명하는 것은 어딘가 표피적이고 형식적인 느낌을 지울 수 없다. 마치 자살 교사와 방조는 처벌하지만 자살을 처벌하지 않는 것을 자기 결정권으로 이해하려는 형식 논리와 비슷하다. 생명과 마찬가지로 인간의 신체는 그 자체로 인간의 구성 부분이며 동시에 인격의 한 부분이다. 뿐만 아니라 가장 중요한 가치로 여기는 생명의 전제가 되는 물리적 조건이기도 하다. 신체는 생명과도 불가분의 관계를 맺고 있으면서, 동시에 정신과도 분리할 수 없다.

인간의 감각은 대략 아홉 가지라는 것이 정설이다. 흔히 알고 있는 시각, 청각, 후각, 촉각, 미각 외에 평형감각, 온도감각, 통각, 고유감각을 보태면 그렇다. 운동감각이라고 부르는 고유감각은 자기 몸의 위치를 지각하는 감각을 지칭하는데, 생물학자들은 엄연히 독립한 감각으로 인정한다.

오랜만에 만난 사람과 마주보며 반갑게 인사를 할 때, 상대방이 손을 내밀면 그 손을 보고 내 손을 움직여 잡는 것으로 악수가 이루어진다. 그때 나는 상대방의 손과 내 손을 동시에 또는 번갈아가면서 볼 필요가 없다. 상대방 손의 위치만 확인하면서 내 손을 내미는데, 상대방의 손을 움켜잡을 때까지 내 손의 위치는 매 순간 보지 않고 그냥 추산한다. 그 추산은 엄청나게 빠른 속도로 진행되어 마치 저절로 이루어지는 것처럼 느껴진다. 그러나 아무 작용 없이 자동으로 손이 움직이는 것은 아니다. 찰나의 순간순간에 손이 보내는 신경정보와 뇌의 처리 작용이 일어나서 상대방과 성공적으로 악수를 한다. 이것은 고유감각의 기능이 작동할 때 가능하다. 고유감각의 기능을 잃어버리면 사지를 움직이기는 하되, 마비되어 감각이 없는 것이나 다름없다. 매 순간 자기 손이 어느 위치에 있고 또 어디쯤 가고 있는지 일일이 시각으로 확인해야 한다. 따라서 고유감각이 없으면 보이지 않는 어둠 속에서는 뇌가 아무리 명령해도 손은 원하는 위치로 움직일 수 없다.

이런 경우만 보더라도, 우리의 육체는 단순히 뼈와 살이 일정한 형태로 뭉쳐진 물체가 아니다. 정신과 불가분의 관계를 맺고 있을 뿐만 아니라, 생각하기에 따라서는 정신의 한 부분이 육체이기도 하고 또 육체의 일부가 정신이기도 하다. 우리가 건강하다고 할 때 그것은 육체의 문제인지 정신의 문제인지 따져보면 둘의 기묘한 관계를 이해한다. "완벽한 건강이라는 관념은 과학적 흥미의 대상일 뿐"이라는 18세기 독일의 시인이자 철학자 노발리스의 언급이나 "인간의 육체에 일어나는 것으로 여기는 질병은 그 인간의 개연성에 관여한다"는 수전 손택의 말도 육체와 정신에 관련된 사유의 언어다.

"건강은 어때요?"

"누워 있으면 괜찮아. 하지만 서 있으면 힘이 들지. 의사는 또 수술을 하고 싶어 했어. 그 사람은 아직도 날 수술하고 싶어 해. 하지만 병원에서도 내가 수술이라면 지긋지긋해 한다는 걸 알지. 그래서 지팡이를 짚고 절뚝거리면서 다니고 있어. 세 다리로 다니는데도 점점 더 느려져. 쓸만한 게 하나도 안 남을 날이 올 거야."

"머리가 있잖아요."

"머리만으로는 훌륭한 군인도, 훌륭한 정원사도 될 수가 없지. 자네 집은 다들 편안해?"

– 앙리 퀴에코, 《화가와 정원사》

그렇다면 어떤가. 법학이나 정치학에서 말하는 인간의 신체는 육체를 의미한다. 하지만 육체는 정신과 함께 구성되어 있고 작동 방식 역시 단독으로는 불가능하다. 인권의 영역에서 신체의 자유를 단순한 육체에 국한한 문제로 다룬다면, 기본적으로는 잘못이라고 단정할 수는 없다.

인간과 사회와 환경의 근저와 관계까지 고려하는 인권적 사고를 한다면, 신체의 자유를 그렇게 형식적이고 제한적으로 이해하지는 않을 것이다. 개인의 신체의 자유를 침범하는 행위는, 피해자의 육체뿐만 아니라 정신까지 건드리고 손상한다. 누구를 한 대 쳐서 상처를 내거나 잠시 가두어 움직이지 못하게 하는 행동은 그의 육체를 통해 인격을 무시하는 결과를 초래한다는 말이다.

육체는 하나의 기구나 형식적 틀로 여기고 정신을 인간의 실체이자 실질로 평가하는 습관이 도처에 발견된다. 정신의 가치를 더 높게 평가하고, 거기에 비해 육체는 하찮은 껍질처럼 말하기도 한다. 그러나 실은 그렇지 않다. 인간에게서 육체와 정신을 완벽하게 분리할 수 있다 하더라도, 두 실질의 가치적 우열을 가릴 수는 없다. 육체가 망가지면 정신에 영향을 미치고, 정신이 건강하지 못하면 육체를 제대로 유지하지 못한다. 육체는 정신과 긴밀히 연결되어 있다.

흔히 정신은 머릿속에 깃들어 있거나 뇌를 통해 작동하는 것으로 안다. 그러나 머리만으로는 무엇이든 제대로 해내지 못한다. 육체가 정신을 따라줄 경우에 인간의 의도는 비로소 행위로 표현된다. 그런 의미에서 우리가 신체의 자유라고 할 때 "신체"는 육체와 정신을 포함한 인간의 실존적 조건을 말한다.

정치적 이유로 또는 다른 어떠한 이유로 특정인의 활동을 저지하려 할 때, 음험한 권력자는 그 대상 인물의 정신이 아니라 육체를 감금한다. 정치적 공격자가 노리는 것은 정신일지 모르나, 정신의 활동을 억압하기 위한 효과적인 현실의 수단은 신체의 자유를 빼앗는 것이다. 신체의 자유를 박탈함으로써 정신 활동의 효과가 발생하지 못하게 한다.

정치권력과 신체의 자유

신체의 자유를 제한하거나 박탈하는 순서를 따지자면, 우선 체포가 먼저고 다음이 구금이며 그 다음은 형의 집행이다. 수사를 하건 재판을 하건 먼저 신병을 확보하기 위해서는 대상 인물을 체포해야 한다. 특정한 장소로 데려가기 위해서 마음대로 움직이지 못하게 강제하는 수단이 체포다. 체포한 상태에서 일정한 장소로 끌고 가는 행위는 구인이라고 한다. 체포한 다음에는 간단한 사실 확인이든 자세한 수사든 목적을 달성할 때까지 체포한 상태를 유지해야 한다. 일정한 기간 동안 함부로 정해진 범위의 공간 밖으로 나가지 못하게 강제하는 것이 구금이다. 재판 절차를 통해 유죄가 확정되고, 그 대가로 형벌이 선고되면 형을 집행한다. 금고형이나 징역형의 집행은 교도소라고 부르는 감옥에 감금하는 방식으로 수행한다.

결혼식이 끝난 뒤 신부 멜세데스가 조용히 말했다.

"벌써 2시예요. 2시 15분에 시청에서 결혼 신고를 하기로 약속했어요."

"그래, 가지."

당테스는 기쁜 표정으로 일어섰다.

그때였다. 밖에서 위엄 있는 묵직한 구두 소리와 무기가 부딪치는 소리가 들려 왔다. 곧이어 결혼 연회장의 문을 두드리는 소리가 울렸다. 지금까지 웃고 떠들던 방이 쥐 죽은 듯 조용해졌다.

경찰관들이 들이닥쳤다. 경찰관은 체포 영장을 번쩍 쳐들고 큰소리로 외쳤다.

"여러분, 실례하겠습니다. 에드몽 당테스란 사람은 어디 있습니까?"

"접니다. 무슨 일이시죠?"

당테스는 앞으로 나갔다.

"에드몽 당테스, 너를 체포하겠다."

경찰관이 무거운 어조로 말했다.

"도대체 무슨 이유로?"

당테스는 놀라서 소리쳤다.

- 알렉상드르 뒤마, 《몬테크리스토 백작》

권력자의 힘을 감시하고 견제하는 자를 임의로 체포할 수 없도록 하기 위한 장치가 영장제도였다. 인신보호법은 이유 없이 체포당하지 않을 권리를 말한다. 뒤집어 말하면, 체포를 하려면 정당한 이유가 있어야 한다. 정당한 이유가 존재하여 체포해도 좋다는 일종의 허가장 또는 체포하라는 명령서가 영장이다. 제도에 따라 영장을 체포영장과 구속영장으로 나누기도 한다. 체포나 구속을 하기 전에 증거 확보를 목적으로 하는 압수영장과 수색영장도 있다. 체포영장이나 구속영장은 신체의 자유를 직접 제한하는 공권력의 조치지만, 압수와 수색영장은 물건이나 주거지에 대한 강제적 조치로 신체의 자유 제한을 향한 신호탄이다.

권력자가 힘을 이용해 사람을 함부로 체포했다면, 영장도 마음대로 발부하거나 발부하도록 압력을 행사하면 될 것이다. 그러면 영장제도는 하나의 형식에 불과할 뿐 아무런 의미도 갖기 못한다. 영장제도는 권력자의 권력을 제한하기 위해서 고안된 제도다. 고안의 취지대로 의미를 살리려면 영장 발부를 전담하는 독립된 기구를 설치해야 한다. 그것이 사법부다.

재판 제도만 둔다고 모든 일이 해결되지 않는다. 과거 절대군주시대에는 왕이 재판권을 가졌다. 군주가 직접 재판하지 않더라도 그가 직접 임명한 관리가 재판을 하였으므로, 재판 결과는 군주의 의도대로 될 수밖에 없었다. 그러므로 실질적 재판 제도는 재판하는 사람이 군주로부터 완전히 독립해야 의미를 살릴 수 있다.

영장을 발부할 것인지 말 것인지 판단하는 행위도 재판의 하나다. 재판은 행정권이나 입법권과 독립한 사법 기구에서 다른 영향을 받지 않고 법에 정한 목적과 절차에 따라 행하여야 한다. 신체의 자유와 불가분의 관계에 있는 영장 제도는 재판 제도의 일부다. 신체의 자유권 문제는 결국 뒤에서 별도로 생각해 볼 재판을 받을 권리의 영역과 울타리의 일부를 함께한다.

체포한 뒤 일정한 기간 동안 구금하는 제도가 구속이다. 구속은 수사를 위해서도 필요하지만, 재판을 위해서도 필요하다. 구속한 상태에서 재판을 하기도 하지만, 체포나 구속을 한 뒤 석방한 상태에서 재판하기도 한다. 어쨌든 재판은 재판의 대상이 된 피고인을 완전히 풀어줄 것인지 감옥에 가둘 것인지 결정하기 위해서 한다. 이렇게 신체의 자유는 재판을 받을 권리 중에서 형사재판을 받을 권리와 직결된다.

체포와 구속 영장을 두고 현실의 사회에서는 법원과 검찰의 힘겨루기가 보이지 않는 곳과 보이는 곳에서 동시에 일어난다. 영장의 심사와 발부는 재판 기관인 법원에서 법관이 하지만, 영장의 청구는 수사 기관인 검사가 한다. 두 권력 기관의 싸움은 국민 개개인의 신체의 자유에 도움이 될 때도 없지 않지만, 아예 무관하거나 침해의 결과를 초래하는 경우도 많다.

역사적으로 수사 절차와 형사재판 절차를 분리한 것도 신체의 자유를 보장하거나 공정하고 정확한 재판을 하는 데 유리하다는 경험의 결과다. 수사와 재판이 분리되기 전에는 하나의 기관에서 두 가지를 동시에 수행했다. 극단적으로 드라마에 나오는 원님 재판을 떠올리면 이해에 도움이 된다. 범죄 피의자를 불러 꿇어 앉혀 놓고 심문하고, 부인하면 고문을 통해서라도 자백을 받아낸다. 범죄를 확인하면 그 자리에서 바로 형벌을 선고하여 재판 절차를 끝낸다. 수사와 재판 절차가 분리되지 않은 심리 방식을 규문주의라고 부른다.

형벌의 기본형은 징역이나 금고 같은 자유형이다. 자유형의 본질은 신체의 자유를 제한하는 강제력이다. 범죄에 대한 대가로 신체의 자유에 제한을 가하는 것은, 그만큼 신체의 자유가 인간 본성에 속하는 성질을 지녔기 때문이다. 무기징역형은 신체의 자유를 영구히 박탈하는 것이기에, 감형을 전제하지 않은 절대적 무기형은 신체의 자유와 관련하여 논란의 대상이 될 수 있다. 수사기관의 고문은 신체에 고통을 가하는 행위로 금지되지만, 인간의 존엄성을 침해하는 인권 유린 행위다. 비인간적인 신체 수색이나 신체 일부를 절단하는 형벌은 신체의 자유를 침해하는 방법으로 인간성을 훼손하거나 인간의 수치심을 드러나게 하여 존엄성을 짓밟는다. 신체가 정신은 물론 인간의 본질과 관련되어 있다는 또 다른 증거다.

자유국가와 경찰국가

포그가 탄 배가 이집트에 도착하자 픽스는 곧장 영국 영사관으로 달려갔다.

"영사님, 놈의 여권이 틀림없이 규정에는 맞겠지만, 영사님께서 비자 발급을 해 주지 않았으면 합니다만……."

"왜 안 해주겠소? 그 여권에 이상이 없다면 나는 비자 발급을 거부할 권리가 없소."

"그렇지만 영사님, 제가 런던으로부터 체포 영장을 받을 때까지는 놈을 여기에 붙잡아 두어야 합니다."

"아, 픽스 씨, 그거야 당신 일이고, 나야 그럴 수가 없소……."

할 수 없이 픽스는 런던 경찰국으로 전보를 쳐서 체포 영장을 포그의 다음 행선지인 인도의 뭄바이로 보내 달라고 했다. 그리고 픽스는 포그와 함께 배를 타고 뭄바이에서 내렸으나 체포 영장은 여전히 도착하지 않았다.

픽스는 몹시 당황했다. 뭄바이 경찰서에 가서 포그에 대한 영장을 받으려 했으나 서장은 거절했다. 그 사건은 런던 경찰 관할이므로 거기서만 합법적으로 체포 영장을 발부할 수 있다는 것이다.

– 쥘 베른, 《80일간의 세계일주》

신체의 본연성이나 완전성은 신체의 자유에서 첫 번째 조건에 불과하다. 훼손되지 않은 신체나 흠결 없는 신체는 인간 조건의 일부일 뿐이다. 신체는 감상이나 보존을 위해 존재하는 유형물이 아니다. 정신이 깃든 신체가 훼손되어서도 안 될뿐더러 제한 당해서 안 되는 이유는 움직여야 하기 때문이다.

잠자리에서 일어나 계획대로 움직여 어디론가 가거나, 아무 생각 없이 방황하듯 뒷골목을 헤집고 다니거나, 그 결정권은 전적으로 개인에게 속한다. 바로 신체 활동의 자유다. 동시에 그것은 훼손되지 않은 신체의 자유의 확장형이다. 자신이 원하는 대로 움직일 수 없다면 신체는 의미나 가치를 상실한다. 행위를 강제로 제한 당할 때 신체의 자유를 누린다고 말할 수 없다.

불심검문不審檢問이라는 제도가 있다. 경찰관 직무집행법에 규정된 제도다. 경찰 행정 목적의 하나인 범죄 예방과 단속을 위해 만든 장치다. 불심이란 의심스러운 상태를 일컫는 말이다. 의심스러울 때 지나가는 행인을 정지시켜 질문할 수 있는 경찰관의 권한이자 의무다. 지금 우리 사회에서는 거의 사라졌지만, 한때는 불심검문이 도처에서 횡행했다. 불심검문은 법에서 정한 엄격한 조건 아래서 할 수 있는 제도였음에도, 경찰관은 임의로 불심검문을 수행했다. 마치 경찰관이 마음만 먹으면 할 수 있는 권한이 불심검문인 것처럼 보였다. 시민들은 지하도 입구나 대학 정문 부근에서 경찰관이 요구하면 발걸음을 멈추고 신분증을 제시해야 했다. 심지어 가방을 열어 보이거나 호주머니 속의 물건을 끄집어내어 확인시키기도 했다.

인권운동 단체들이 문제를 제기하기 시작했다. 경찰관 직무집행법의 조문을 내걸고, 불법불심검문 거부 운동을 펼쳤다. 법 조문대로 따지면 거의 모든 불심검문이 불법이었으니, 불법불심검문 거부 운동은 불심검문 거부 운동이나 다름없었다. 그 결과 오늘날 시민들은 불심검문이 무엇인지 잘 알지도 못한다.

불심검문은 경찰관 직무집행법에 규정된 것이지만, 그것을 기초로 여러 형태의 검문 제도가 뒤따라 생겼다. 교통 경찰관이 주행 중인 차를 세우고 면허증 제시를 요구하는 도로교통법의 일시정지권, 전투경찰대 설치법의 검문, 주민등록법의 주민등록증 제시 요구, 도로를 차단한 채 불특정 다수인을 상대로 강제하는 음주측정 등이 그러하다. 모든 제도는 법률상 수많은 쟁점을 안고 있지만, 여기서는 생략할 수밖에 없다.

항상 있어 온 일이므로 당연한 듯 여기면, 그 부분에 관해서는 마비 현상이 일어나고, 현상은 고착된다. 문제가 있어도 발견하지 못할뿐더러, 발견할 생각조차 없게 되는 현상이 마비 증세의 전형이다. 그것을 편하게 관행이라고 부른다. 누군가 인권 감수성을 발동하여 이의를 제기하고, 그것이 사회운동으로 번져 많은 사람이 지지한 끝에 불법의 공권력 관행은 멈추고 제도가 개선된다. 불심검문의 사례도 그중 하나다. 무엇인가 사회적 움직임이 새로운 결과를 만들어내면, 사람들은 비로소 "당연히 그래야지"라고 한다.

그럼에도 불구하고 많은 사람들은 이중성이라는 속성을 버릇처럼 지니고 있다. 길거리 불심검문에는 짜증을 내면서, 범죄자가 탈출하여 몇 날 며칠을 돌아다니다 극적으로 체포되면 허술한 불심검문을 탓한다. 누구나 범죄가 없는 안정된 사회를 원한다. 그렇다고 모든 거리에 카메라를 설치하고, 몇 미터 간격으로 촘촘히 경찰을 배치하며, 모든 통화를 감청할 수 있도록 하여 개개인의 일거수일투족이 철저한 감시의 대상이 되어도 범죄만 사라지면 행복한가? 전혀 그렇지 않다. 사람들은 안전한 경찰국가보다는 어느 정도의 위험과 불안을 감수하는 자유국가를 원한다. 그 사이에서 가끔 흔들리는 인간의 본성은 끊임없는 자기 성찰로 든든하게 가다듬어야 한다.

꼭 필요한 의문

일상의 편의성에 묻히는 인권의 조각들을 잃어버리지 않게 하는 역할이 인권 운동가나 이론가의 몫이다. 그러한 관점이 절대적으로 옳은가에 대해서는 의문이 전혀 없는 것은 아니지만, 그 시대를 살아가는 사람들의 공동선을 위해서 도움이 되는 것은 분명하다.

> "너희 엄마 아빠가 너보고 담배 피우지 말라고 하신 적 있어?"
>
> 알세스트가 물었다. 곰곰이 생각해 보니 그런 적은 없었다. 방 벽에 낙서하지 마라, 손님과 함께 식사할 때는 손님이 묻기 전에는 말하지 마라. 장난감 배 가지고 놀 때 욕조에 물을 한가득 받지 마라, 저녁 먹기 전에 과자 먹지 마라, 문을 쾅 닫지 마라, 코 후비지 마라, 욕하지 마라, 라고는 했어도, 담배 피우지 말라고 한 적은 없었다. 정말 그랬다. 엄마 아빠가 나한테 담배 피우지 말라고 한 적은 단 한 번도 없었다.
>
> – 르네 코시니, 《꼬마 니콜라》

자기 자신보다 사회 공동체를 위하여 필요한 인권 감수성의 예를 든다면, 꼬마 니콜라와 비슷한 경우다. 내가 몸을 움직여 무엇인가를 하고 싶다면 할 수 있어야 한다. 마찬가지로 아무것도 하고 싶지 않다면 하지 않을 수 있어야 한다. 누구도 금지하거나 강제할 수 없다. 그것이 바로 나의 자유에 속하는 것이다. 만약 나의 생각과 달리 누군가, 특히 공권력이 나의 행동을 제한하거나 강제하려 한다면 일단 의심부터 해야 한다. 그러한 일이 생길 경우, 당연히 그럴 이유가 있으니까 제한하거나 강제하겠지라고 여긴다면 인권 의식이 없다는 징표다. 그럴 이유가 무엇인지, 납득할 때까지 따지고 확인하는 태도가 인권적 감수성의 발로다.

누구의 신체를 아무도 함부로 훼손하지 못한다. 신체는 그 사람의 것이기 때문이다. 그 신체는 단지 몸뚱어리의 형태로 존재하기 위해서 생긴 것이 아니다. 신체는 움직임을 향한 무한한 열망의 신호다. 신체를 마음대로 움직이거나 움직이지 않는 것도 신체의 자유에 포함된다. 움직임은 무엇인가? 의도된 신체의 동작을 말하지만, 움직임은 단순한 일회성 행위에 그치지 않는다. 움직임의 연속은 공간의 이동을 가능하게 한다. 일정한 시간 내에서 공간의 이동은 인간의 사유와 상상력과 체험을 극적으로 확장시킨다. 정체되지 않는 인간상은 이동을 전제로 가능하다. 신체의 자유는 이동의 자유를 포함하는데, 경우에 따라 통행의 자유라고 부르기도 한다.

통행이라고 하면 보행자 외에 자동차를 떠올리게 한다. 사람은 자신의 신체뿐만 아니라 자동차 같은 이동 수단을 이용하여 움직이기도 한다. 기계의 발달은 인간의 이동 폭을 엄청나게 넓혔고, 시간을 경이로울 정도로 단축시켰다. 과거에 비하여 인간의 삶을 놀라운 수준으로 확장하였다. 자전거, 자동차, 비행기는 인간의 신체를 대신하는 역할을 수행하고 있다. 컴퓨터가 암산이나 주판의 기능을 대신하는 차원을 넘어, 종래에는 불가능했던 계산을 해 내는 것과 유사하다. 종류의 발달과 속도의 증가로, 이동 수단은 단순한 교통 수단이 아니라 인간 신체의 확장형이라는 본질을 내재하고 있다. 인간 증강은 사실 그 용어를 널리 사용하기 이전부터 꾸준히 진행되고 있었던 것이다.

이동의 범위가 더 넓어지면 여행이 되고, 여행의 자유라는 항목으로 권리를 세분하여 검토한다. 여행이 국경을 넘나들면 그때는 다시 출입국의 자유가 새로운 문제로 등장한다.

> "체셔 고양이야! 이제 어디로 가야 좋을지 말해 주겠니?"
>
> "그거야 네 맘대로지."
>
> "난 어디가 어딘지 잘 모르는데."
>
> "그냥 네가 가고 싶은 데로 가면 돼."
>
> "어딘가에 이를 때까지?"
>
> 앨리스가 덧붙였다.
>
> "어디까지 걸어가다 보면 반드시 어딘가에 닿게 된단다."
>
> 고양이가 말했다. 너무도 당연한 소리만 하는 것이었다.
>
> – 루이스 캐럴, 《이상한 나라의 앨리스》

이제 우리는 각자의 신체와 저마다의 신체의 자유를 지니고 어디로 갈 것인가? 경험을 바탕으로 하고 상상력을 추진력으로 삼아 자기만의 행로를 개척해야 한다. 때로는 제도와 경제력이 걸림돌이 되더라도, 어딘가에 도달하기 위하여 끊임없이 움직여야 한다. 내가 움직이는 궤적은 나의 삶이 되고, 내가 계획한 앞날의 먼 길은 뒤쪽의 세대에 물려주는 유산이 되기 때문이다.

미래의 신체의 자유

신체의 완전성의 요구는 생명과학과 의학의 발달로 크게 충족될 것이 틀림없다. 신체의 결함이나 장애는 시술뿐만 아니라 첨단 보조기구의 활용으로 거의 완벽하게 보완될 가능성이 크다. 그러한 미래의 도래는 기본적 신체의 자유를 놀라운 수준으로 보장해 줄 것이다.

그러나 결정적 문제는 비용이다. 경이로운 수준의 기술이 개개인의 신체에 적용되려면 엄청난 비용이 든다. 그 비용에 구애받지 않고 첨단과학을 감기약처럼 대중화할 현실적 방안이 경제학의 문제인지 사회복지의 문제인지조차 가늠할 길이 없다. 그것은 남아도는 식량에도 불구하고 지구 위에 사는 인류의 상당수가 굶주림에 고통 받는 현실을 해결하지 못하는 것만 봐도 알 수 있다.

신체 보조기구뿐만 아니라 교통 수단의 첨단화도 인간 신체 증강에 기여한다. 단순한 기계화를 넘어서는 IT산업의 고도화와 제4차 산업혁명이 진행된 이후의 세계가 펼쳐 놓을 현실은 상상으로 예측하기에 부족하다. 본래 인간의 신체만으로는 꿈꾸지 못하던 행위를 인간의 영역 안으로 끌어들일 수 있게 된다. 그에 따라 새로운 차원과 형태의 세부적 인권 문제가 대두될 것이 틀림없다. 예를 들면 날아다니는 소형 기구가 상용화될 때 공간 이용권 같은 것이다.

물론 그것 역시 비용을 감당할 능력을 보유한 사람만 향유할 수 있다. 그것은 우리가 장거리 비행기를 탈 때 퍼스트 클래스냐 비즈니스 클래스냐 이코노미 클래스냐의 문제와는 차원을 달리한다. 경제적 능력에 따라 누리게 되는 신체의 자유도 범위가 천차만별의 양상을 보일 것이다. 신체의 자유 향유 실태에 양극화가 발생하는 미래를 상상할 수 있겠는가?

신체의 자유의 범위를 무한히 확장하려는 욕망은, 모든 것이 그러하듯 인간이 갖는 신체의 한계에서 출발한다. 한계를 벗어나는 순간 가속화하려는 추동력과 사회적 저항이 서로 부딪친다. 신체의 자유를 저 까마득한 산의 높이와 암흑이나 다름없는 심해의 깊이를 무색하게 할 정도로 확장하려는 기도가 반드시 승리한다는 보장은 없다. 생명의 문제가 그렇듯이, 무한 증강의 기술적 전망이 눈앞에 열린다 해도 스스로 자제하려는 역류의 정신들이 남아 거부할 가능성이 높다. 무한한 생명의 연장을 원하지 않듯이, 로봇과 같은 강철의 사지를 외면하는 사람이 그것을 과시하며 남용하려는 사람의 수보다 많을 때만 인간의 미래는 계속된다.

6

마음의 빛과 그림자

양심의 자유

양심이라는 말 자체가 가슴의 동요를 일으킨다. 작은 파문은 감동과 다르고, 충격과는 거리가 멀다. 감동은 외부의 자극에 따른 반응으로 일순 감정의 파도에 젖어들게 만드는 느낌이다. 충격은 외부 자극에 의해서 받는 상처로 감정의 급격한 낙차를 경험하게 한다. 그에 비해 '양심'이라고 조용히 되뇌일 때 가슴으로 받아들이는 것은 작은 파장 또는 떨림 같은 현상이다. 그 추상의 문양이나 그래프를 구체적 언어로 변환하면, 개인의 처한 양상에 따라 다르겠지만, 대개 "본연의 수치심에 접근하는 듯한 두려움" 아니면 "잠재되어 있던 용기가 자발적으로 걸어 나오는 데 수반하는 인간으로서의 자부심"이다.

양심은 누구나 가지고 있다고 믿는다. 양심은 누구나 안다고 생각한다. 무엇이 양심인지 모른다면 사람이 아니라고 비난한다. 양심은 인간의 본질의 일부다. 인간만이 양심적인 동물이라는 말도 거기서 연유한다. 그런데 양심의 자유란 무엇인가? 양심의 자유가 굳이 필요한 이유는 무엇인가?

양심, 버티고 현상에서 빠져나오는 힘

인간의 생물학적 출발점은 수태 또는 배아의 형성에서 찾을 것이다. 인간 활동의 시작은 어디서부터일까? 정상적 사고를 하는 인간이라면, 생각에서 시작할 것이다. 생각에는 판단과 선택 또는 결정이 따를 테고, 이어 행위로 나타난다. 그렇기 때문에 언뜻 자기 마음대로 생각할 수 있는 자유를 양심의 자유라고 여기는 경우도 없지 않다.

> '시덥잖은 선물이군! 사람들이 생일 선물로 이따위 것을 주지 않았으면 좋겠어.'
>
> 그러나 앨리스는 그런 생각을 입 밖에 낼 용기가 없었다.
>
> "또 혼자서 뭘 생각하는구나?"
>
> 공작 부인은 날카로운 턱으로 앨리스의 어깨를 누르며 말했다.
>
> "내게도 생각할 권리가 있어요."
>
> 앨리스는 좀 성가신 생각이 들어서 날카로운 소리로 말했다.
>
> "그럴 테지. 돼지에게도 하늘을 날 권리가 있으니까."
>
> – 루이스 캐럴, 《이상한 나라의 앨리스》

생각할 자유가 있다. 누구나 생각할 수 있고, 마음대로 생각할 수 있다. 생각을 제한한다는 생각을 할 수 없다. 그러나 생각의 자유와 양심의 자유는 다르다. 양심의 자유는 인권 목록에 올리면서 그보다 더 근본적인 의미와 가치를 지닌 생각의 자유는 따로 말하지 않는 이유가 있다면, 그것은 너무나 당연한 것으로 굳이 권리화할 필요를 느끼지 못했기 때문이라고 하겠다. 누구나 숨쉴 자유가 있지만, 숨쉴 권리를 따로 규정하지 않은 것과 마찬가지다. 그렇다고 숨쉴 권리가 보장되어 있지 않은 것도 아니다. 인간의 존엄성, 행복추구권, 인간다운 생활을 할 권리, 신체의 자유, 건강권 등에서 얼마든지 숨쉴 권리를 주장할 수 있다. 굳이 숨쉴 권리를 따로 표시하지 않아도 아무런 문제가 없다. 만약 특수한 상황에서 필요가 생긴다면 호흡권을 인권 목록에 등재하는 일은 아주 간단하다.

생각의 자유 역시 구태여 그 이름을 올리지 않아도 아무도 불편해하지 않는다. 사상의 자유, 표현의 자유, 학문의 자유, 예술의 자유가 생각의 자유를 전제하지 않고서는 불가능하다. 양심의 자유도 마찬가지다. 생각에서 양심이 형성된다. 단순한 생각과 다른 양심은 무엇인가?

그 사내는 한숨을 쉬었다.

"이 길로 들어선 건 내가 원해서가 아니란다. 꼬마 아가씨, 내 말 알아듣겠니?"

나는 알 것도 같고 모를 것도 같았다. 나는 그저 똑바로 그 사람을 쳐다만 보았다.

"늙으신 우리 엄마는 희망 없는 나를 위해 우시다가 눈이 멀었다. 오직 책만 파고드는 내 동생은 나를 좋은 형이라고 생각하지. 지금 난 동생 유학 뒷바라지해 줄 생각밖에 없단다. 그러니 나 좋은 사람 아니냐?"

좋은 사람, 나쁜 사람, 그건 너무 어려운 질문이었다. 왜 나한테 그런 걸 물어볼까? 나는 고개를 저었다.

"나쁜 사람이 아니라고?"

그 사람은 웃었다. 눈가에 눈물이 맺혀 있었다.

"난 누가 좋은 사람이고, 누가 나쁜 사람인지 잘 모르겠어요. 사람들이 너무 많으니까 구분하기가 참 어려워요."

나는 고개를 들고 하늘을 보다가 갑자기 생각난 걸 물었다.

"아저씨는 바다하고 하늘을 분명하게 구분할 수 있어요? 황금빛 붉은 태양이 푸른 바다에서 올라오는 것일까요? 그렇지만 태양은 푸른 하늘에서 내려오기도 하잖아요? 나는 좋은 사람과 나쁜 사람을 구분하지 못하는 것처럼, 바다와 하늘을 구분하지 못하겠어요."

– 린하이윈, 《우리는 바다를 보러 간다》

사람들이 널리 인식하고 있는 양심은 선량한 마음이다. 사전적으로도 틀린 의미는 아니다. 선량하다는 것은 착하고 어질다는 말이다. 착한 것은 무엇이며, 또 어질다는 것은 어떠하다는 것인가? 의미를 밝히는 일은, 특히 사전적 정의에 의존해 거슬러 오르는 아리스토텔레스 식의 근원에 이르기 위한 파헤치기는, 어느 지점에 이르러서는 동어반복으로 뚜렷한 목표점을 발견하지 못한 채 맴돌게 마련이다. 그래도 착하고 어질다는 수준에서 대체로 수긍할 수는 있다.

그렇다면 양심을 가지고 살라는 것은 착하게 살라는 의미인가? 정부의 지원을 받는 관변단체에서 길거리에 설치한 구조물에 새긴 구호처럼 착하고 바르게 살라는 교훈이 양심의 자유에 담긴 가치인가? 어쩌면 그럴 수도 있겠다 싶지만, 아마도 그럴 리는 없어 보인다. 양심에 비추어 의심스럽지 않을 수 없다.

일상에서 사용하는 평범한 어휘임에도 불구하고 다시 사전을 들추어 보아야 한다. 단순히 직감으로 받아들이는 의미 외에 다른 무엇이 있을지 모른다. "자기 행위를 포함한 세상만사에 대하여 가치를 판단하고, 그에 따라 옳고 그름 또는 선과 악의 판단을 내리는 도덕적 의식"이다. 사전마다 조금씩 차이가 있지만, 종합하면 그러하다.

무엇보다 눈에 들어오는 것은 옳고 그름의 판단 문제다. 양심은 단순한 인간의 생각이 아니라 옳고 그름에 대한 가치 판단의 결과라는 것이다. 둘의 차이는 꽤 크다. 전자라면 양심의 자유는 누구나 자기 마음대로 생각하고 마음대로 행동할 자유를 말한다. 그러나 사전의 정의에 따를 경우에는 그렇지 않다. 마음대로 생각하되, 옳다고 판단하는 바에 따라서 행동하는 것이 양심의 자유라는 말이 된다. 자기가 옳다고 생각하는 대로 행동할 자유라는 말이다.

옳고 그름이 핵심이면서 문제다. 옳고 그름에 대한 명확한 기준 없이 스스로 판단한 결과를 행동의 지침으로 삼는다면, 결국 자기 마음대로 생각하고 행동하는 것과 다를 바가 없다. 자기가 옳다고 생각하는 것이 옳고, 그에 따라 행동하기 때문이다. 만약 객관적인 또는 사회적으로 합의된 옳고 그름의 기준이 마련되어 있다면, 인간에게는 그 도덕률에 따라 행동할 의무가 있을 뿐, 자기 스스로 생각하고 고민하여 판단할 필요는 사라진다.

옳고 그름만 놓고 보더라도 문제가 복잡한데, 거기에 선과 악이라는 관념을 보태면 더 혼란스러워진다. 선은 옳은 것이고 악은 그른 것이라고 한다면, 선과 악은 옳고 그름을 반복하여 강조한 꼴이어서 별 차이가 없다. 그러나 선을 착하게, 악을 나쁘게 이해하면 사정이 달라진다. 양심에 따라 행동한다는 것은 착하게 행동한다는 의미를 포함하게 된다. 착하다는 것은 너그럽고 어진 태도를 말하는데, 잘못을 보더라도 바로 꾸짖고 응징하는 것이 아니라 이해하고 용서하는 것을 의미한다. 결국 그른 것 또는 악에 대해서 가급적 응징하지 않고 관용을 베푸는 행위가 양심적인 태도처럼 보인다. 그렇게 되면 역시 옳은 것과 그른 것을 애당초 구분하는 의미가 무엇인지 의심스럽지 않을 수 없다.

대만 작가 린하이윈은 중국 베이징에서 보낸 어린 시절의 추억을 토대로 《베이징 이야기》를 썼다. 두 권으로 나뉜 그 소설의 제1부에 해당하는 것이 《우리는 바다를 보러 간다》인데, 주인공 잉쯔가 들판에 숨은 도둑과 대화를 나누는 장면에서 옳고 그름에 관한 이야기가 나온다. 잉쯔는 하늘과 바다를 잘 구분할 수 없듯이 좋은 것과 나쁜 것을 가리기 힘들다고 말한다. 바다와 하늘만큼 뚜렷하게 대비되고 명확하게 구분되는 것이 어디 있겠는가. 그런데도 옳고 그름, 선과 악의 구별이 힘들다는 것을 하늘과 바다에 비유했다. 평소에는 서로 까마득히 떨어져 있어 도저히 닿을 수 없는 다른 세계의 공간인 것처럼 보이지만, 막상 해수면과 맞닿은 곳이 하늘이 아닌가 싶기도 하다. 창공을 가르며 훈련 중인 조종사가 하늘과 바다를 구분하지 못할 때가 있다. 허공에서 회전하다 보면 바다를 하늘로 알고 기체와 함께 바닷속 깊숙이 처박히는 사고도 일어난다. 그때의 일시적 착란 상태를 버티고vertigo라 한다. 어지럼증, 자기를 중심으로 세상이 빙글빙글 도는 듯한 현훈眩暈이다. 일상에서 우리는 옳은 것과 그른 것이 뒤섞여 구분하기 힘든 현기증을 자주 느낀다. 그러한 버티고 현상에 빠져나올 수 있는 힘이 양심이라 믿는다.

내면의 양심에도 한계가 있다

세 번째 거짓말을 하자 불쌍한 피노키오의 코는 어느 쪽으로도 몸을 돌릴 수 없을 정도로 어마어마하게 길어졌다. 이쪽으로 움직이면 유리창에, 저쪽으로 움직이면 방문에 부딪쳤다. 머리를 조금만 들면 코가 요정의 눈을 찌를 것 같다.

"왜 웃는 거예요?"

"네가 거짓말을 해서 웃는단다."

"내가 거짓말했다는 걸 어떻게 알아요?"

"피노키오, 그건 금방 알 수 있어. 거짓말에는 두 가지가 있단다. 하나는 다리가 짧아지는 거짓말이고, 다른 하나는 코가 길어지는 거짓말이지. 네 경우는 코가 길어지는 거짓말이야."

– 카를로 콜로디, 《피노키오의 모험》

혼란과 논란에도 불구하고 중간 결론을 내려야 한다. 양심의 자유는 자신의 양심에 따라 생각하고 행동할 자유를 말한다. 설명을 보태면, 자기가 옳다고 믿는 바에 따라 생각하고 행동할 자유가 양심의 자유다. 한마디만 덧붙이자면, 진지한 고민 끝에 자기가 옳다고 믿는 바에 따라 생각하고 행동할 자유가 양심의 자유다.

옳다고 믿는 바에 따른다는 것은 일반적으로 나쁜 쪽을 버리고 바른 쪽을 선택하여 행동하려는 마음의 움직임이다. 그렇게 하기 위하여 자신의 내면에서 스스로를 채찍질하는 소리가 양심이라고 할 수 있다. 양심은 누구나 지니고 있는 자기 마음속의 재판관이다.

진지하게 고민한 끝에, 옳다고 판단한 것을 버리고 그른 것을 선택할 자유는 보장되는가? 그러한 자유가 보장된다면, 그것은 양심의 자유에 포함되는가? 거짓말을 할 자유도 있는가? 그러한 문제는 양심의 자유에 단계가 있다는 점을 살펴보면서 해결할 수밖에 없다.

양심 형성의 자유라는 표현이 있다. 저마다 자신의 양심을 스스로 만들어 나아갈 자유를 말한다. 옳고 그름에 절대적 기준은 없다. 맞닥뜨리는 상황에 따라 주어진 요소들을 종합하여 스스로 옳고 그름에 대한 판단을 한다. 같은 상황에서 옳고 그름에 대한 판단의 결과가 정반대로 나오는 경우도 많다. 그렇게 스스로 생각하고 판단할 자유가 양심의 자유의 첫 단계인 양심 형성의 자유다.

옳고 그름에 대한 절대적 기준이나 절대적 판단이 없다고 전제하기 때문에 양심 형성의 자유는 더욱 큰 의미를 가진다. 누구나 각자가 자기의 양심을 만들고 길러 나갈 권리의 주체다. 양심 형성의 자유를 보장한다는 것은 한 개인을 인격의 주체로 존중한다는 의미다. 그렇게 함으로써 각자의 양심이 어울려 사회의 도덕률을 형성하기에 이르는 것이다. 개인의 양심이나 사회의 도덕률은 애당초 불변의 존재로 주어진 것이 아니라 인간들이 각자 또는 함께 만들어 내는 것이다. 자기의 양심을 만들어 내고, 그렇게 형성한 양심을 내면에 간직할 자유는 절대적으로 보장되어야 한다. 양심이 밖으로 표출되기 전의 단계에서는 완벽하게 보호되어야 한다는 말이다. 언뜻 생각하면 말할 필요도 없는 당연한 것이다. 그렇지만 과연 절대적으로 보장되는 권리가 있겠는가라는 현실적 의문도 든다. "보장된다"가 아니라 "보장되어야 한다"는 표현이 벌써 "보장되지 않을 수도 있다"는 의미를 내포하고 있다. 아예 처음부터 "보장된다"라고 단정적으로 선언하지 못하는 것도, 보장되지 않을 위험이 어디엔가는 도사리고 있기 때문이다.

내면의 양심은 드러나지 않는 한 비난하거나 제한할 수 없다. 착한 마음을 먹거나 나쁜 결심을 하거나 자유롭다. 스스로 판단한 결과 옳고 선한 것을 선택하지 않기로 하고 그르고 악한 것을 행하기로 했다 하더라도, 그것을 실행에 옮기기 전에는 아무 문제가 되지 않는다. 나쁜 줄 알면서 실행하기로 마음먹었다면, 그러한 결론 자체를 그의 양심이라고 표현할 수는 없을지라도 막을 수는 없다. 그러한 경우에는 제3자가 그의 생각을 알 경우 보통 "양심이 없다"고 표현한다.

양심이 겉으로 표출되기 전의 상태를 이렇게 저렇게 따져 절대적 보호의 대상이냐 아니냐 논의하는 자체가 너무 형식논리적이기도 하다. 애당초 인간에게는 양심의 자유 이전에 생각의 자유가 있기 때문에 무슨 생각이든 마음대로 할 수 있다. 생각의 자유가 어디에 근거하느냐라고 묻는다면, 인간의 존엄성 · 행복추구권 · 인간다운 생활을 할 권리 등에 고루 담겨 있다고 대답하면 된다. 물론 그러한 질문과 대답도 형식논리성을 벗어나기 힘들다.

양심은 자유로운 생각이 특정한 형식과 형태로 형성된 것을 일컫는다. 양심은 단순한 생각 다음의 단계에서 생성된 것이다. 그러나 인간의 내면에만 머물고 있는 단계에서 둘의 구분은 쉽지 않을 뿐더러, 현실적 의미가 없다. 그럼에도 불구하고 내면의 양심의 자유의 절대성 여부를 따지는 일의 실익이 전혀 없는 것이 아니다. 내면의 양심의 자유의 절대성을 요구하는 것은 내면의 양심을 드러낼 것을 강요해서는 안 된다는 필요 때문이다. "너의 생각이 무엇이냐?" "너의 양심은 어떤 것이냐?" 따지고 묻고 강요해서는 안 된다.

우리에게는 쓰라린 경험이 있다. 지금도 완전히 사라진 것은 아닌데, 사상전향제도가 바로 그것이다. 남북 특유의 분단 상황에서 빚어진 사상과 이념의 대립은 국정과 일상의 모든 분야에 걸쳐 수많은 갈등과 상처를 남기고 있는데, 그중 하나가 사상전향제도였다. 철저한 반공 체제 아래서 형성된 완고한 태도는 예외를 인정하지 않고 공산주의와 사회주의를 척결의 대상으로 삼았다. 사상범으로 지목한 사람은 체포하여 엄벌에 처했고, 형기 중이나 만료 뒤에는 사상전향의 대상자로 집요한 정신적 공격을 가했다.

사상전향은 공산주의나 사회주의 사상을 버리고 자유민주주의의 품에 안기겠다는 개인 신념의 방향 전환을 말한다. 북한과 관련한 반공법이나 국가보안법 위반자들을 상대로 사상전향을 설득하고 강요한 끝에 서약을 받아낸 국가기관의 일련의 전략과 행위를 사상전향제도라고 한다. 그리하여 과거에 전향서를 써 낸 사람은 비교적 관대한 처우를 받았고, 전향을 거부한 사람은 지금까지 감시의 대상이 되고 있다. 사상전향제도는 우선 대상자의 사상을 묻는다. 침묵이나 답변 거부는 공산주의자나 사회주의자임을 자인하는 것으로 간주했기에, 그 자체가 양심의 표시를 강요하는 공권력의 발동이다. 다음 단계는 사상을 바꾸라는 적극적인 압박이다. 심지어 고문이나 그에 준하는 가혹한 수단을 동원하여 사상전향을 강제한다. 사상전향 제도는 양심의 자유, 그중에서도 내면의 양심까지 침해하는 중대한 인권 유린 행위다.

건강한 민주주의 국가나 사회라면 공산주의나 사회주의 또는 무정부주의를 비롯한 어떠한 사상도 허용하여야 한다. 특정한 사상이 위험성을 드러낼 경우에는 그에 따라 처벌하면 된다. 사전에 봉쇄적으로 특정 사상 자체를 금지하는 국가나 사회는 양심의 자유를 보장하기는커녕 안다고 할 수조차 없다.

시절에 따라 분위기가 확연히 달라져, 이 글을 쓰고 있는 현재 사상전향이라는 용어 자체가 생소한 사람이 많을 것이다. 그러나 과거의 사상전향제도와 동일하지 않더라도, 유사한 방식으로 양심의 자유를 옥죄는 백색테러는 언제든 재발할 가능성이 있다. 지난날 우리 국가가 자행했던 사상전향제도의 생생한 면을 확인하고 싶으면, 서승의 《옥중 19년》, 서준식의 《서준식 옥중서한》을 읽거나 김동원의 다큐멘터리 영화 〈송환〉을 보면 된다.

내면의 양심에 한계가 있다. 추상적이든 구체적이든 현실의 안전과 질서를 흔들 정도의 위험성이 한계다. 한계를 넘어서면 양심의 자유로 보장받지 못할 가능성이 짙다. 그 한계 역시 다른 경계와 마찬가지로 명확하지 못한 것이 흠이다. 내면에서 밖으로 표출되지 않았음에도, 또는 않은 것 같은데 위험성을 추단하여 권력으로 제한하는 사태가 발생할 때 누구나 의문을 제기한다.

형법에서는 일부 범죄의 예비나 음모도 처벌한다. 범죄단체를 조직하거나 단체원으로 가입해 활동하는 행위도 처벌한다. 마음속으로 나쁜 생각하는 것을 처벌해서는 안 된다는 주장과 배치된다. 물론 사법 절차에서 처벌할 때에는 단순한 내면의 의사 단계를 벗어났다고 확인하기 때문이다. 그 경계가 애매하여 실제로 위험성이 없음에도 처벌하는 사례는 빈번하다. 범죄라는 행위는 아예 허용될 수 없는 절대적 나쁜 행위로 전제하기 때문에, 의심의 여지없는 나쁜 행위를 예비하고 음모했다는 징후만 발견하면 처벌하는 공권력에 대하여 전혀 의심하지 않는 평범한 태도 속에 양심의 자유가 흔들릴 수 있다. 국가 권력은 물론 개개인도 타인의 얼굴에 피노키오의 코를 달고 싶어 하는 경향이 있다. 자신의 것은 숨기고, 남의 마음은 적발해내어 옳고 그름을 따지기 좋아한다. 그러한 인간의 본성 때문에 양심의 자유는 근저에서부터 항상 논란이 일어난다.

양심을 표현할 자유

조는 머리를 잘라 판 돈을 입원한 아빠를 간호하기 위해 떠나는 어머니 앞에 내놓았다.

"글쎄, 아무튼 아빠를 위해 뭔가 하고 싶어서 못 견딜 지경이었어. 메그는 가정교사로 번 석 달치 월급을 몽땅 생활비로 내놨는데 난 내 옷을 샀거든. 그래서 양심의 가책을 받고 있었어."

"그처럼 가책을 받지 않아도 돼. 넌 겨울옷이 하나도 없는데다, 열심히 일해서 번 돈으로 극히 검소한 옷을 샀을 뿐이니까."

"처음에는 머리카락을 파는 것은 생각조차 못했어. 그런데 어느 미장원문에 써 붙여놓은 걸 보고 서슴없이 들어갔지."

"어머, 어쩜 그런 용기가!"

베스는 감탄했다.

– 루이자 메이 올콧, 《작은 아씨들》

양심이 아무리 좋은들, 드러내지 않으면 가치를 알 수 없다. 좋은 양심일수록 밖으로 표출해야 자기 자신은 물론 세상에 도움이 된다. 애당초 저마다 자기의 양심을 만들고 기르는 행위는 언젠가 외부로 표현하리라는 기대를 전제로 한다. 양심을 표현할 자유는 양심의 자유의 핵심을 이룬다. 양심의 자유를 위한 투쟁도 양심의 표현 행위와 관련된 것이 대부분이다.

양심을 표현하는 행위가 논의의 대상이 되는 것은 양심 표현의 자유를 제한하려는 움직임이 있기 때문이다. 그러한 움직임은 언제 어디서나 존재한다. 양심은 너무나 다양하다. 통일성이 결여된 정도를 넘어서 예측을 불허하는 수준이다. 권력은 질서와 통일 그리고 예측가능성을 좋아하기에, 항상 양심의 자유를 구가하는 행위를 경계한다. 국가 권력이든 집단 권력이든, 권력은 "아무 양심이나 허용하지 않겠다"고 한다. 거기에 "모든 양심은 자유다"라고 맞선다. 그 충돌의 불꽃을 해석하는 일이, 조금은 한가롭게 보이는 양심의 자유론이다.

《작은 아씨들》에서 조는 스스로 양심을 고백했다. 말로 설명하지 않더라도, 머리를 잘라 판 행위가 양심을 대변한다. 요즘에는 머리카락을 판다는 것을 이해조차 못하는 사람이 많겠지만, 조가 느낀 양심의 가책은 소박하고 아름다운 일상의 페이소스 같은 삽화다.

> "그럼 양심의 가책은요? 당신은 오빠의 마음속에 그 어떠한 도덕적인 감정도 없다고 생각하시는 건가요? 과연 오빠가 그런 사람일까요?"
>
> - 표도르 도스토예프스키, 《죄와 벌》

소설 속의 주인공 로지온 로마노비치 라스콜니코프의 여동생 아브도치야 로마노브나 라스콜니코바가 부유한 지주 출신으로 구혼의 뜻이 있는 아르카지 이바노비치 스비드리가일로프로부터 전당포 여주인 살해범이 오빠라는 사실을 암시하는 이야기를 듣고 항의하는 장면이다. 동생 라스콜니코바가 항변하는 양심의 가책은 라스콜니코프의 것으로, 인간의 본질과 맞물린 심각한 것이다.

우리가 일상에서 "양심의 가책"이라고 말하는 것은 양심의 고통을 의미한다. 양심적인 선택이나 행동을 하지 않음으로 인하여 생기는 고통이다. 어의대로 설명하면, 가책은 몹시 꾸짖어 나무라는 것이다. 양심의 가책은 타인의 꾸지람으로 인한 고통일 수 있고, 스스로 자기 자신을 꾸짖는 자책으로 인한 고통일 수도 있다. 어떠한 경우든 사람은 자기의 양심대로 살아야 한다는 도덕적 명제를 전제로 한다. 우리는 일상에서 보통 그렇게 알고 살아가고 있다.

개인의 양심의 발동은 자율에 맡겨져 있다. 양심에 따라 생각하고 행동해야 한다는 교육을 받기는 하지만, 강제로 규율하지는 않는다. 각자 일상을 살아가면서 자신을 양심에 비추어 본다. 양심에 어긋나지 않으면 뿌듯하게 여기고, 양심에 반하면 가책을 받는다. 그러한 가운데 양심이 조금씩 드러나는 것이다. 양심이 겉으로 드러날 때, 스스로는 물론 타인으로부터 평가에 따른 칭찬이나 질책을 받는다. 양심을 드러내는 것에도 유형이나 단계가 있다. 단순히 자기의 생각을 밝히는 방식으로 양심을 표시하는 것과, 양심을 기초로 적극적인 행동으로 나아가는 것이 다르다. 양심의 자유란 그러한 양태를 모두 보호해야 한다는 데서 나온 것이다.

양심의 가책이라는 측면에서 보면, 양심의 자유는 비양심적인 행위를 할 자유까지 포함하지 않는다. 양심에 따라 행동할 것, 비양심적인 행동을 하지 않을 것을 요구한다. 자신의 양심이 지시하는 바에 따라서 의사를 표시하고 행동하는 것을 보호해야 한다는 것이다. 다만 사람마다 양심과 양심의 결론이 다르기 때문에, 나의 양심의 판단과 타인의 양심적 행동을 허용하고 이해하고 존중해야 양심의 자유를 지킬 수 있다. 다수의 양심과 다른 소수의 양심을 보호해야 한다. 무엇보다 국가 권력이 개인의 양심을 강제하고 존중하는 방식으로 침해하는 것을 절대로 허용해서는 안 된다는 것이 인권으로서 양심의 자유다.

자객 1 : 겁나서 그러니?

자객 2 : 허가서가 있으니까 죽이는 건 겁나지 않는데, 그 자를 죽인 죄로 저주받는 게 겁나. 그런 건 허가서 따위가 보호해 주지 못해.

자객 1 : 글로스터 공작에게 돌아가서 그렇게 됐다고 보고하자.

자객 2 : 잠깐 기다려다오. 마음속 거룩한 기분이 차차 변할 터이지. 스물을 세는 동안만 그런 기분에 싸이곤 했으니까.

[그들이 기다린다]

자객 1 : 자, 이젠 기분이 어떠냐?

자객 2 : 양심의 찌꺼기가 아직도 약간 내 마음에 남아 있구나.

자객 1 : 그 일을 마쳤을 때 우리에게 돌아올 보상금을 생각해 봐.

자객 2 : 아, 그렇지. 그자는 죽는다. 내가 보상금을 잊고 있었군.

자객 1 : 지금은 네 양심이 어디 가 있냐?

자객 2 : 글로스터 공작의 주머니 속에 있다.

자객 1 : 그래서 공작이 보상금을 주려고 주머니를 열자마자 양심이란 물건도 날아가지.

자객 2 : 갈 테면 가라지. 그런 양심을 가질 자가 없지 않으면 매우 적을 테니까.

자객 1 : 양심이 다시 너를 찾아오면 어쩔 셈이냐?

자객 2 : 건드리지 않겠다. 위험한 물건이거든. 사람을 겁쟁이로 만들지. 도둑질도 못 해. 그놈이 야단쳐. 맹세도 못 해. 그놈이 입을 막아. 이웃집 여편네와 자지도 못 해. 그놈이 알아내. 놈은 낯이 빨개지는 부끄럼쟁이라 속에서 내란을 일으켜. 갖가지 장애물로 마음속을 가득 채워놔. 한번은 내가 돈주머니를 주웠더니 돌려주라 하더군. 양심을 가진 놈은 틀림없이 거지가 돼. 온갖 마을, 도시에서 위험한 거라고 내쫓아. 잘 살려는 사람은 자기를 믿고 그거 없이 살겠다고 해.

- 윌리엄 셰익스피어, 《리처드 3세》

양심의 자유는 보장되지만, 법과 질서의 범위 내에서만 보장된다. 인간의 평등이 존재의 평등이 아닌 법 앞의 평등인 것과 마찬가지다. 양심에 따라 행한 행위가 법으로 규정한 법익을 침해하면 범죄로 처벌 받는다. 따라서 모든 양심적 행위가 보장되지 않는다. 범죄로 낙인찍힌 행위를 선택하지 않을 수 없었던 행위자의 양심은 사회에서 허용되지 않는 양심이 되고 만다. 그 양심에 대해서 공적으로 가책을 요구한다.

양심과 규범의 간극

범죄 중에 확신범이라고 부르는 것이 있다. 법에 위반하는 행위인 줄 알면서도 자기의 윤리적, 종교적, 사상적 또는 정치적 확신에 따라 실행에 옮기는 범죄자다. 행위자가 옳다고 믿는 것과 국가 공동체에서 법이 옳다고 지시하는 내용이 다르기 때문에 일어나는 범죄다. 양심범이라는 용어도 사용된다. 불법의식은 있으면서 자기의 양심에 따라서 행한 결과 범죄가 되고 마는 경우의 행위자를 일컫는다.

형법학에서는 보통 확신범의 특수한 형태 중 하나를 양심범이라 한다. 주관적 확신 때문에 법을 무시하는 경우를 확신범이라 하고, 갈등 상황에서 사회적 규범 대신 자신의 양심이 지시하는 방향을 선택한 경우를 양심범이라고 구분한다. 양심범이 갈등 상황에서 자기의 양심에 따르지 않고 법을 지키면 처벌을 면할 수는 있지만, 양심을 저버린 결과 인격의 파괴나 손상을 초래할 수 있다고도 설명한다. 신념이나 확신에 비하여 순수한 형태의 도덕적 지향성을 지닌 것을 양심이라고 이해하는 듯하다. 확신범은 확신의 내용이나 형태에 따라 형이 가벼워질 수도 있지만 더 무거워질 때도 있다. 거기에 반하여 양심범은 순수한 양심을 인정받을 경우 대체로 형이 감경되거나 면제된다. 그러나 도대체 그러한 구분이 가능한 것인지 몹시 의심스럽다.

양심이 법이나 제도와 충돌할 때 양심을 선택함으로써 의도적으로 법과 제도를 거부하는 태도를 시민불복종이라 부르기도 한다. 불복종이 법을 위반하여 범죄를 구성할 경우 그것은 양심범이나 확신범의 하나다. 시민불복종이 가치를 인정받는 이유 중의 하나는 공공성 외에 처벌감수성이라는 특별한 요건 때문이다. 처벌을 마다하지 않고 기꺼이 받아들이며 순응하기를 거절하는 태도 때문에 때로는 대중의 마음을 움직이고 여론을 들끓게 만든다. 그럼에도 불구하고 현실에서는 체포되거나 법정에 선 불복종 행위자를 처벌해서는 안 된다고 외친다. 양심의 자유와 관련한 전형적인 사례는 양심적 병역 거부다. 실제 사례에서 병역 또는 집총을 거부하게 된 양심은 종교적 신앙에 기초한 것이다. 애당초 미국이나 유럽에서 양심의 자유는 종교의 자유에서 출발한 것이다. 공공의 의무와 개인이 선택한 종교의 믿음이 충돌할 경우 어느 것에 무게를 두어야 옳은가. 이러한 문제는 보통 보호하지 않았을 경우 잃을 수 있는 양쪽의 이익을 비교하여 결정하고는 한다.

대체로 양심적 병역 거부의 사례에서는 양심을 보호해야 한다는 쪽을 지지하는 의견이 많다. 그리하여 병역법 위반 행위에 대해서 무죄를 주장하거나 선고하기도 하고, 대체복무제도라는 대안을 제도화하기도 한다. 그러한 경향은 양심의 자유라는 인권을 옹호하고 신장하는 측면에서 긍정적이다. 그러나 특정 신앙을 가진 소수가 병역에서 면제됨으로써 입는 국방력의 잠재적 손실과 양심의 자유를 제한함으로써 훼손되는 개인의 인격과 인권국가적 체면이나 인권감수성에 수반하는 사회 분위기를 비교해서, 양심적 병역 거부를 용인하는 것이 유리하다는 판단이 결정적인 역할을 한 결과다. 그러한 비교 형량에는 평화에 대한 갈망보다 실제로 전쟁이 일어날 가능성이 희박하다는 현실에 대한 잠재적 정세 판단이 더 큰 영향을 미칠 수 있다.

양심적 병역 거부를 용인하는 것은 이론상 가능한 한 양심의 자유를 폭넓게 허용하는 정책을 선택해야 한다는 노선을 따른 것 같이 보일 수도 있다. 그러나 양심의 자유와 동행하는 종교의 자유에 대한 요구를 더 받아들인 결과라고 보기는 힘들다. 같은 종교에서 주장하는 수혈 거부에 대한 일반의 태도는 다르기 때문이다. 그뿐만이 아니다. 병역과 수혈을 거부하는 특정 종교의 교리는 동성애까지 거부한다. 따라서 종교의 자유가 양심의 자유와 상당한 내용을 교집합으로 가지고 있다 하더라도 동일선상에서 같은 척도로 평가하기 곤란하다.

캐나다 브리티시컬럼비아주의 트리니티웨스턴대학교는 복음주의 기독교 재단에서 설립했다. 법률가를 배출할 필요도 느껴 로스쿨을 개설하기로 했는데, 아주 특이한 조건을 달았다. 결혼한 남녀가 아니면 절대로 성행위를 해서는 안 된다는 원칙을 내걸고, 입학생들에게 서약하도록 요구했다. 남성과 여성이 만나 이루어지는 혼인의 신성함을 훼손하는 그 어떠한 행위도 허용할 수 없다는 취지에서 세운 교조주의적 원칙은 학교 밖에서도 엄수하도록 했다.

로스쿨 인가권을 가진 주 변호사협회는 트리니티웨스턴 로스쿨의 입학 조건이 성소수자들의 진입을 막아 불공정하다는 이유로 인가를 거부했다. 대학은 종교의 자유를 침해한다는 이유를 들어 변호사협회의 불허 처분을 취소해야 한다는 소송을 제기했다.

1심과 2심 법원은 모두 대학의 손을 들어 주었다. 변호사협회의 불인가 처분이 종교의 자유에 미치는 영향은 중대한데, 그에 비하여 성소수자들이 그 대학에 들어가지 못함으로써 변호사가 될 기회를 상실하는 불이익은 미미하다는 것이 이유였다. 그러나 연방대법원의 판단은 달랐다. 변호사협회의 결정은 성소수자 학생들이 입을 피해를 방지하여 평등과 인권의 가치를 지키는 데 중요한 기여를 한다는 이유를 달았다. 성적 정체성이 다른 학생들에게 신앙을 강요하는 것은 무례한 조치라는 설명도 덧붙였다.

2018년 6월에 선고한 캐나다 연방대법원의 판결은 원고가 청구한 대로 종교의 자유를 쟁점으로 따졌다. 그런데 그 사건은 대학이 주장한 종교의 자유를 인정하면 성소수자나 다른 생각을 가진 재학생 또는 입학 희망자의 양심의 자유를 침해하는 결과를 가져오는 흥미로운 사례다.

여기저기의 양심

양심은 우리의 턱수염처럼 나이가 되면 저절로 자라는 것이 아니다. 우리는 양심을 얻기 위해서 약간의 훈련을 필요로 한다.

– 아쿠타가와 류노스케, 《난쟁이 어릿광대의 말》

대한민국 헌법에 양심이라는 단어가 세 번 나온다. 하나는 제19조로 "모든 국민은 양심의 자유를 가진다"라는 기본권 조항이다. 제103조에도 양심이 등장하는데, 바로 "법관은 헌법과 법률에 의하여 그 양심에 따라 독립하여 심판한다"이다. 누구나 익히 아는 구절이다. 그리고 당연한 문구로 여긴다.

우선 헌법 제103조에서 말하는 양심은 법관의 양심인데, 양심의 자유와 관련이 없다. 물론 법관도 인간으로서는 양심의 자유를 가지지만, 여기서 말하는 양심은 다른 것이다. 재판은 법에 따라서 하면 될 텐데, 왜 양심까지 기준으로 내세웠는가. 양심은 좋은 것이기 때문에 양심에 따른 재판이라면 누구든 이의를 제기하지 않을 것이다. 이때 양심은 인간으로서의 양심인가, 법관으로서의 양심인가, 아니면 둘 다인가? 어느 하나든 둘 모두든 양심이 전부 객관적인 것이라면 그것은 법과 다를 바가 없고, 주관적인 것이라면 법과 어긋날 경우 문제가 발생한다. 흔히 법관이 재판을 하다 법관 자신의 양심이 충돌할 경우 법이 아닌 양심에 따라 내린 결론은 헌법에 의하여 정당화된다고 이해하는 사람들이 있다. 법률 전문가 중에서도 그런 엉뚱한 주장을 하는 사람이 보인다. 만약 양심에 따른 재판을 허용한다면 개별 법관은 저마다 진정으로 독립한 원님이 되어 법질서를 다양하게 흩트려 놓을 것이다.

그러면 양심에 따라 재판을 하지 말라고? 헌법이 말하는 양심은 법관의 직무와 관련한 양심을 의미한다고 엄격하게 한정해야 한다. 재판은 단순히 사실관계에 맞는 법을 찾아 적용하는 기계적 작업이 아니다. 법을 해석하여야 적용할 수 있다. 따라서 법을 해석하고 적용할 때 양심껏 하라는 말이다. 특정 정파나 이해관계에 얽매인 해석과 적용을 해서는 안 된다는 뜻이다.

사실 법관의 직무와 관련한 조문에 양심이라는 어휘를 삽입한 것은 장식적 효과를 기대할 수 있을지는 몰라도 정말 불필요하다. 실제로 재판 과정에서는 양심을 법에 우선시켜서는 안 된다. 독일도 제2차 세계대전 직후 새로 만든 헌법에서 "법률과 양심에 따라"라고 했다가, 그 뒤에 "법과 법률에 따라"로 바꾸었다. 우리 헌법도 "헌법과 법률에 따라"라고만 하고 양심은 삭제하는 것이 모두의 양심을 위해서 바람직하다.

"국회의원은 국가 이익을 우선하여 양심에 따라 직무를 행한다." 이런 조항도 있다. 헌법 제46조 제2항의 규정은 법관에 관한 조문에 비하면 생소할 것이다. 이때의 양심도 일반의 양심은 아니다. 국회의원에게 부여된 지위와 역할에 따르는 직무상의 양심을 말할 뿐이다. 국회의원에게 일반의 선량하고 강직한 양심을, 그것도 국익을 최우선으로 삼는 양심을 요구하고 기대한다는 사실 자체가 헌법과 국가를 조금은 희화화할 수도 있다.

양심이든 신앙이든 어떻게 평가할 것이냐는 현실의 문제는 결국 구체적 사안마다 처한 상황에 정치적 판단이 개재되어 결론에 이른다. 여론의 동향이나 정부의 결정이나 법원의 재판은 제각기 결론이 다를 수 있을지라도 판단의 방식이나 능력에는 차이가 없다. 양심이든 신념이든, 우리에게 필요한 가치는 우리 스스로 만들어 가는 것일 뿐이다.

아쿠타가와 류노스케가 소설도 아니고 잠언집도 아닌 잡지에 연재한 메모 같은 글의 한 구절은 어디선가 다른 곳에서 읽은 것을 그대로 옮겨 쓴 혐의가 짙다. 물론 표절이라 하더라도 여기서 표절을 논할 일은 아니다. 양심은 턱수염이나 머리카락처럼 저절로 자라는 것이 아니라 깎고 다듬어야 할 것이라는 점을 말하고 싶을 뿐이다.

양심을 권리로 이해하고 주장하기 이전에, 각자가 서로 만들고 가꾸어 공동체의 합리성에 관한 공통감각으로 구축해야 한다. 그러나 대체로 인간은 양심을 외치기만 할 뿐 실제의 양심은 숨기기에 급급하다. 양심과 비양심 중 어느 것을 더 소중히 여기는지 의심스러울 때가 비일비재하다. 실익을 위해서는 비양심이 훨씬 효율적 기능을 한다는 사실도 경험으로 안다. 그렇기 때문에 그다지 큰 역할은 기대하지 않으면서도 명분상 양심의 자유를 권리장전의 목록에서 지우지 못한다.

> 옳은 일을 하든 그른 일을 하든 차이가 없다. 인간의 양심이란 무엇이 옳고 그른지 제대로 분별할 줄 모르는 법이다. 이렇든 저렇든 그저 인간을 공격할 뿐. 만일 인간의 양심보다 더 사리를 분별하지 못하는 똥개가 있다면, 난 그놈을 죽여버릴 것이다. 양심은 인간의 내부에서 다른 무엇보다도 많은 자리를 차지하고 있지만, 아무 쓸모도 없다.
>
> – 마크 트웨인, 《허클베리 핀의 모험》

미래의 양심의 자유

양심의 자유의 미래에 대해서는 크게 걱정할 필요가 없을 전망이다. 장래에 양심의 자유에 대한 침해 가능성이 소멸할 것이라는 환희에 찬 기대 때문이 아니다. 대다수 인간들이 진실로 양심을 바라지 않기 때문이다. 무엇보다 양심이 어떠한지 드러나기를 바라는 순진무구의 선량한 인간은 드물기 때문이다.

예를 들면, 이러한 상상은 얼마든지 가능하다. 진정한 양심의 자유 실현은 어떠한 행위가 행위자의 진지한 양심의 갈등 끝에 나온 것인가를 정확히 판별하는 데 있다. 양심에 따른 행위라는 판정이 나오면, 바로 보호 단계로 넘어간다. 비양심적 행위는 고려 대상에서 제외한다. 거기서 한 걸음 더 나아가 사람마다 양심적으로 생각하고 양심에 따라 행동하느냐가 바로 드러나도록 하는 장치는 기술적으로 가능할 것이다. 고도로 지능화한 거짓말 탐지기를 연상할 수도 있겠지만, 가장 이해하기 쉽게 예를 든다면 바로 "피노키오의 코"를 모두에게 시술하는 것이다. 출생과 동시에 코끝에 칩을 심는 방식으로 간략하게 끝낼 수 있다. 건전하고 투명한 공동체를 만든다는 취지에서 시술 비용은 지방자치단체와 국가가 부담한다. 비양심적 행위가 극심하여 코가 30센티미터 이상 자라면 잘라내는 수술도 허용해야 할 텐데, 그때 잘라낸 길이의 표시를 어디에 어떻게 할 것인가도 고민거리다.

"피노키오의 코" 프로젝트는 완벽한 기획과 치밀한 설계 그리고 조금도 부족하지 않은 예산으로 마련된다. 그러나 실행 직전에 좌초할 운명에서 벗어나지 못할 것이 틀림없다. 다른 모든 장애물은 처리할 수 있겠지만, 양심의 자유를 침해한다는 거센 반론을 피해갈 방법을 끝내 찾지 못할 것이기 때문이다.

7

내 이름을 쓰며 다른 얼굴을 떠올릴 때

표현의 자유

사람이 살아가는 데는 참 많은 것이 필요하다. 의식주에 필요한 일상용품이나 생활 비용을 충당할 돈은 물론, 돈이 바닥나지 않도록 해줄 일자리 등이 그렇다. 무형의 권리도 마찬가지다. 기본권이니 인권이니 하는 이름으로 부를 수 있는 권리는 인간의 삶에 반드시 따라야 하는 것이다. 그 목록만 해도 한두 가지가 아닐뿐더러, 어느 것이 어느 것보다 더 중요하고 덜 중요한 것도 가릴 수 없을 정도다. 그래서 "사람이 살아가는 데는 참 많은 것이 필요하다"고 했는데, 옳고 그름을 떠나서 그 말에 대하여 이의를 제기할 사람은 없을 것이다. 설사 사람이 살아가는 데 많은 것이 필요하지 않다고 생각하는 사람조차도 굳이 나서서 반론하지는 않을 것이다.

사람이 살아가려면 많은 것이 필요하다는 것은, 필수적이라 여겨지는 한두 가지 또는 몇 가지만으로는 턱없이 부족하다는 말이다. 생명의 유지는 인간 존재의 첫 번째 조건이자 물리적 조건이다. 그것 없이는 아무것도 이야기조차 할 수 없다. 그러나 생명만 있고 다른 것이 없으면 그 생명은 아무 쓸모가 없다. 법률상 의미가 남아 있겠지만, 사회적 존재로서는 죽은 사람과 다를 바 없다. 생명을 능동적으로 보여줄 신체의 자유가 필요하다. 물론 어느 정도 신체의 기능을 유지하여 움직일 수 있다 하더라도, 자신의 의사에 따라 활동하는 것이 봉쇄된 상황이라면 역시 제대로 된 인간은 아니다.

표현은 인간 본성의 불가결한 요소

건강한 생명이어야 인간의 존엄성을 유지할 수 있으며, 인간으로서 존엄성을 지켜야 행복도 누릴 수 있으며, 각자의 행복을 추구하자면 타인의 자유나 권리, 공공의 질서를 해치지 않는 범위 내에서 자기만의 다양한 자유와 권리를 보장받아야 한다. 이렇게 권리장전의 체계와 이론은 비교적 간명하다. 그 내용이 복잡해 보일 뿐이다.

> 도로시가 잠에서 깨어났을 때, 눈부신 햇살이 나뭇가지 사이로 스며 나오고 있었다. 침대에 일어나 앉은 도로시는 주위를 돌아보았다. 허수아비가 도로시를 기다리며 한쪽 구석에 조용히 서 있었다.
> "밖에 나가서 물을 찾아봐야겠어."
> 도로시가 이렇게 말하자 허수아비는 영문을 알 수 없었다.
> "물은 왜 찾는 거지?"
> "하루 종일 걸어오느라 더러워진 얼굴을 깨끗이 씻어야지. 마시기도 해야 하고 말이야. 그래야만 마른 빵 때문에 목이 메지 않아."
> "사람이 된다는 건 무척 불편한 일이군."

허수아비는 깊은 생각에 빠진 사람처럼 말했다.

"잠도 자야 하고, 먹기도 해야 하며, 마시기도 해야 하니 말이야. 어쨌든 사람들은 뇌를 가지고 있잖아. 아무리 귀찮고 힘들어도 생각을 할 수 있다면 그만한 가치는 있겠지."

허수아비가 오즈를 찾아가는 이유는 사람처럼 생각하고 싶기 때문이다. 왜 그랬을까? 뇌가 없는 허수아비는 옥수수 밭도 제대로 못 지키고 새들에게 비웃음을 받는 설움을 겪었던 것이다. 허수아비 역할을 제대로 못 하자 늙은 까마귀는 이렇게 위로를 해 준다.

"만약 네 머리 안에 생각할 수 있는 뇌만 있었다면, 너도 다른 사람들만큼 훌륭한 허수아비가 되었을 거야. 어쩌면 그들보다 훨씬 더 나을지도 모르지. 생각할 수 있는 머리야말로 이 세상에서 유일하게 가치 있는 것이니까. 그건 사람이든 까마귀든 마찬가지란다."

– 라이먼 프랭크 바움, 《오즈의 마법사》

생명은 두 측면에서 작동한다. 신체의 기능을 담당하는 쪽과 정보를 받아들이고 생각한 끝에 결정을 내리는 쪽의 양면이다. 흔히 말하는 정신과 육체의 두 부분이다. 두 부분이 일체화하여 하나의 인간을 사회적 존재로 탄생시킨다. 사회적 존재 이전의 인간은 실제로 상상할 수도 없고 현실적 의미도 없다. 사회적 존재란 바로 정치적 동물임을 뜻하기도 한다. 사회적이며 정치적인 동물은 생각한 것을 타인과 나누면서 개성적인 생명의 주체로 형성된다. 사회적이며 정치적인 행위란 어떠한 결정에 이르기 위한 의견의 교환이기 때문이다. 이때 정치적이며 사회적이라는 말은 인간 세계를 중심으로 삼을 경우에 한정해서다. 다른 동물의 사회성과 정치성에 대해서는 인간이 잘 알 수 없기 때문임을 전제로 한다.

라이먼 바움이 위대한 마법사 오즈를 내세운 이야기에서 생각할 능력이 없는 존재로 다른 동물이 아닌 허수아비를 등장시킨 것은 올바른 판단이었다. 뇌가 있는 동물은 사고를 하고, 사고의 결과는 표현으로 나타난다. 사고가 전제되지 않거나 생각이 뒷받침되지 않는 행동은 기계의 움직임에 불과하다. 무의식의 행동도 간접적으로는 과거 또는 미래의 사고에 닿아 있다. 생각과 그 표현은 삶의 과정 그 자체이며, 살아 있다는 현상의 증명이다.

허수아비는 뇌가 없다. 생각을 할 수 없는 것이 당연한데, 사람이 되고 싶어 한다. 사람처럼 뇌를 가져 생각하는 존재가 되고자 열망한다. 그 생각은 어디서 오는가? 물론 허구적 설정으로 허수아비로서의 생각을 전제한 것인데, 사유의 기능을 가진 사람이 되고 싶어 하는 순간 이미 사람에 한 발 다가섰다. 이성적 판단을 토대로 논리적 사고를 전개할 수 없으나, 허수아비도 소설의 등장인물이라는 자격으로 최소한의 감정을 표시했다. 그럼에도 불구하고 굳이 인간이 되고 싶어 한 것은, 무엇이든 더 생각하고 그것을 표현하려는 욕망이 허수아비에게 있었기 때문이다.

허수아비의 생각이었는지 바움이라는 작가의 의도였는지 모르지만, 생각을 표현하는 대표적 생명체로 인간이 제시되었다. 인간은 살아가는 데 꽤 많은 것을 필요로 하는데, 표현하는 능력 역시 생존 조건의 하나다. 표현할 수 없다면, 제대로 살아갈 수 없다는 말이다.

표현의 행위는 혼자 하는 것처럼 보인다. 그러나 상대방 없는 표현은 아무런 의미가 없다. 특정인이든 불특정 다수든, 상대방이 있어야 표현이 가능하다. 상대방이 없는 표현은 불가능한 것이나 다름없다. 표현은 상대방을 향한 감정이나 의사의 표시다. 표현은 타인과의 소통과 교류를 통해서 이루어지는 생명체의 활동 양식이며, 사회성을 상징하는 인간 본성의 일부다.

호엔슈타우펜 왕조의 마지막 군주로 13세기 신성로마제국 황제와 시칠리아 국왕을 겸했던 프리드리히 2세는 기상천외한 실험을 감행했다. 인류의 태생적 언어가 무엇인지 확인한다는 목표를 설정하고, 신생아들을 실험 대상으로 삼았다. 왕궁의 특정 장소에 방을 마련하여 신생아들을 키우되 먹이고 씻기는 행위 외에 말소리는 물론 일절 잡음을 내지 않도록 명령했다. 기존의 언어에 전혀 영향을 받지 않으면, 신생아가 자라면서 내는 소리 또는 언어가 인간 고유의 표현 방식일 수밖에 없다는 것이 프리드리히 2세의 머릿속을 점령한 가설이었다. 그는 아이들이 최초로 내는 소리가 헤브루어일 것이라고 예상하면서, 만약 아니라면 그리스어나 라틴어 또는 어머니의 모국어 순으로 가능성이 높을 수밖에 없다고 순위까지 매겼다.

결과는 참혹했다. 아기들은 한마디 말이나 소리로 생애 최초의 표현을 하기 전에 모두 죽어버렸다. 전혀 예상할 수 없었던 반인권적 상황에서도 황제는 나름대로의 인간적 결론을 이끌어냈다. "아기들은 손을 꼭 잡아주고, 동작을 보여주고, 여러 표정을 지어 교감하면서 보살피지 않으면 살지 못한다."

인간은 태어나면서 자기 환경의 일부인 타인과 교감하면서 뇌의 변연계를 활성화시키고, 교감을 통해 비로소 자신의 표현 행위를 한다. 그것이 봉쇄되면 생명 자체를 유지할 수 없다는 것이 프리드리히 2세의 실험 결과다. 표현은 인간 존재의 사회성을 상징하는 필요성이 아니라, 인간의 본질 또는 본성의 주요한 한 부분이라는 사실을 확인할 수 있다.

표현이 인간 본성의 불가결한 요소라는 사실의 증명은 성인의 세계에서도 가능하다. 우울증을 연구한 사례에 따르면 이런 보고도 있다. 그린란드 사람들에게 혹독한 추위는 운명이었다. 과거의 이글루나 현대의 개량된 덴마크형 조립식 건물은 아주 작고 좁다. 열 명 전후의 대가족은 겨울이면 한 방에 몸을 포개다시피 하고 지낸다. 살을 맞대고 지내다 보니 오히려 대화는 거의 없다. 육체적으로 너무 가까우니 내면 세계만이라도 독자적으로 확보하고자 하는 반작용의 결과다.

부족한 물리적 공간을 남의 간섭을 배제하는 정신의 공간으로 대체하려는 의도를 읽을 수 있다. 자신의 감정을 남에게 말하지 않는다는 터부가 고유의 문화로 자리잡았다. 바로 곁에 있는 타인의 기분을 묻는 방식으로 참견하는 일은 절대로 없다. 그러다 보니 저마다 우울증에 빠지고, 독보적으로 높은 자살률로 이어졌다. 표현하지 않으면 결국 성인도 프리드리히 2세의 신생아들처럼 죽음에 이른다.

적극적으로 표현하는 동물, 인간

표현하지 않으면 살 수 없는 존재가 인간이다. 표현은 언어로도 할 수 있고, 언어가 아닌 방식으로도 할 수 있다. 말이나 글로 표현하는 것이 언어에 의존하는 방식이다. 그 밖에 행위나 음악 또는 미술로 표현하는 방법도 있다. 표현하는 내용은 사상 또는 감정이다.

> 홍당무야,
>
> 오늘 아침에 받은 네 편지를 읽고 깜짝 놀랐다. 몇 번이나 연거푸 읽어 보았으나, 뭐가 뭔지 도무지 알 수 없구나. 너의 여느 때 문장과도 다르고, 말하고 있는 내용도 괴상망측해서 너에게나 나에게도 전혀 딴판이라고 여겨질 뿐이다.
>
> 내가 알고 싶은 것은 너의 성적, 새로운 친구 이름, 최근에 있었던 일과 같은 것이다. 그런데 오늘 아침의 편지는 도저히 뭐가 뭔지 이해할 수 없구나. 글씨체도 어쩐지 보통과 다르고 행수라든가 큰 글자의 수도 달라서 나로서는 그저 어리둥절할 뿐이다. 너는 누군가를 놀릴 작정인 것 같구나.
>
> 아빠가
>
> 아빠,
>
> 지난번의 편지에 대해서 먼저 한말씀 드리겠습니다. 이해를 잘 못하신 것 같은데, 그것은 시입니다.
>
> 홍당무 올림
>
> \- 쥘 르나르, 《홍당무》

자기의 느낌이란 느끼는 순간 자신의 것이 된다. 굳이 표현하지 않아도 상관없다. 느낀 내용을 스스로 간직하면 충분하고, 바깥으로 드러낼 의무까지는 없다. 그럼에도 불구하고 표현하려는 욕구는 무엇 때문인가.

인간이 느끼는 작용은 대상과의 교류에서 일어난다. 보거나 만지거나 맛보거나 행위의 결과로 주체인 인간과 대상 사이에서 감정이 발생한다. 인간의 감각 기관은 대상과 접촉하고 그 결과로 감정을 형성한다. 홀로 골방에서 만들어내는 감정은 대상이 없는 돌연변이처럼 느껴질지 모르나, 그것은 대상에 대한 기억의 결과다. 심지어 분위기조차 무형의 대상이다. 따라서 감정을 자신의 내면에 저장한 뒤 자물쇠를 채우지 않고 표현하는 행위는 다른 대상에게 전달하려는 의지의 표현이다. 표현의 대상은 주로 사물이 아닌 타인일 텐데, 타인 역시 하나의 대상이다. 모두가 모두에게 서로 환경이 되기 때문이다. 그리하여 어느 대상과 교류하여 감정을 만들어내는 일이나, 그 감정을 바탕으로 다른 대상을 향하여 표현하는 행위나 모두 교류와 소통에 해당한다. 소통을 통해 점점 자신의 환경에 적응한다. 이웃이나 환경과 다투거나 친밀감을 표시하는 가운데 이해하며 어울린다. 그것이 삶의 영위, 즉 일상의 생활이다.

사람의 감정은 사람마다 비슷하기도 하고 다르기도 하다. 서로의 감정을 특정인끼리 또는 불특정 다수인들끼리 나누며 새로운 감정을 형성한다. 감정 속에는 살아가면서 해야 하는 선택과 결정의 기초 정보가 포함되기도 한다. 감정과 정보가 쌓여 체계화되면 사상이라고 부른다. 엇비슷하거나 아주 딴판인 감정을 표현하는 방식도 다양하다. 언어나 문자로 감정이나 사상을 표시하는 것이 문학이다.

닥이 참을성 있게 설명했다.

"게임을 하는 두 선수 모두 정확히 같은 내용을 알고 있습니다. 게임은 마음속으로 하는 거죠."

"이해가 안 돼요."

"자, 봐요! 수학이나 시, 음악에선 속임수가 불가능합니다. 모두 진실에 바탕하고 있기 때문이에요. 거짓이나 속임수는 이질적일 뿐만 아니라 비집고 들어갈 수도 없어요. 수학에서 속임수란 불가능하죠."

조지프 앤 메리가 머리를 흔들었다.

"모르겠군요."

– 존 스타인벡, 《달콤한 목요일》

인간은 감정이나 사상을 표현하면서 타인들과 소통하고 교류하는데, 그 어울림이 바로 사회적 존재로서의 사회화 현상이다. 감정이나 사상은 자기가 살아가는 세상에 대한 다양한 측면의 의견이다. 자기와 이웃의 환경에 대한 이해가 바람직한 삶을 영위하는 데 반드시 필요할 뿐만 아니라 유리하다고 판단하기 때문에, 기회가 생길 때마다 표현을 하고 또 표현을 받아들인다. 당연히 표현을 거부할 때도 있다.

대체로 그러한 표현은 진실을 바탕으로 한다고 믿는다. 그래야 자기 표현을 강하게 주장할 수 있고, 타인의 표현을 배척하거나 받아들일 수 있다. 표현 행위의 근거는 물론 표현에 대한 반응의 유력한 판단 기준의 하나가 진실이라 믿는 것이다. 때로는 특별한 목적을 달성하려는 의도에서 거짓을 바탕으로 표현하기도 하는데, 그 역시 진실을 근거와 기준으로 삼는다. 거짓인 줄 알면서 의도적으로 표현하는 것은 숨긴 진실을 근거 또는 기준으로 삼아야 하기 때문이다. 그런데 표현 행위는 사회화 이전에 표현 주체의 자기 정체성의 확인 과정을 먼저 거친다. 나는 나이고, 나이기 때문에 이러한 사상과 감정을 가지며, 나로서 이러한 표현을 한다는 것이다. 따라서 자발적이고 자유로운 표현 행위는 자기가 누구인가를 확인하는 정체성의 확립, 사회 구성원의 한 사람으로서 역할을 다하고자 하는 자아의 실현, 그러면서도 다른 구성원들과 구별되는 자기만의 것을 추구하는 개성의 신장에 기여한다.

개인의 표현 행위는 적극적으로 보장되어야 한다. 표현 행위를 금지하거나 제한하는 것은 개인의 인격과 개성을 무시하거나 폄하하는 결과를 초래한다. 표현의 자유를 신장하는 것은 개인의 인격과 개성의 발현을 촉진하여 결과적으로 개인의 가치와 존엄성을 존중하는 현상으로 나타난다.

표현의 자유를 누리는 사람은 자기만의 삶의 가능성을 모색하게 되고, 표현의 자유를 제한당하는 사람은 행복추구권을 박탈당한 느낌을 받는다. 표현하고자 하는 사상과 감정을 체계화하고 논리화한 다음 분류에 따른 울타리로 묶은 것을 학문이라 할 수 있다. 그러므로 학문의 자유도 넓은 의미에서 표현의 자유에 포함된다. 학문의 자유 안에서는 대학의 자유를 구분하기도 한다. 학문의 자유와 영역을 공유하기도 하고 교차시키기도 하는 분야에서 예술의 자유라는 이름을 발견한다.

언론의 자유, 경계에서 밀고 당기기

단순한 감정을 드러내고 정돈된 사상을 발표하는 행위, 학문을 연구하고 그 결과를 가르치는 노력, 자기의 의도를 특별한 수단과 방식을 통하여 호소력 있게 전달하려는 예술 작업은 모두 표현의 자유가 뒷받침되어야 가능하다. 표현 행위가 가능하려면 기초가 되는 정보와 지식이 필요하다. 정보와 지식은 타인의 표현 행위를 받아들임으로써 얻을 수 있다. 가장 신속하고 많으며 시의적절한 정보와 지식을 제공하는 수단은 언론이다. 언론의 자유는 표현의 자유의 중심에서 벗어날 수가 없다.

SNS가 등장하기 이전에 언론은 제도의 도구였다. 영향은 지대하였지만 사용 가능성은 극히 제한적이었다. 제도화한 언론을 이용할 수 있는 사람은 한정되었고, 소수의 의견은 기회를 잡기가 극히 어려웠다. 언론의 도움을 받을 수 없는 사람은 스스로의 힘에 의존할 수밖에 없다. 거리로 뛰쳐나가 외치고 행진하며 주장을 알려야 한다. 집회와 결사의 자유를 보장하는 것도 표현의 자유의 범위를 확장하는 결과가 된다.

나의 감정이 분출할 때 마치 모든 땀구멍을 통해 기운이 뛰쳐나가는 듯한 느낌을 받듯이, 인간의 표현 행위는 다양하고 기상천외한 방식으로 이루어진다. 표현의 목적은 알리는 것이다. 많은 지지를 기대한다. 지지와 동조가 커지면 여론으로 형성되고, 공론화한 여론이 힘을 지니면 제도화한다. 표현은 그 방식도 다양하지만, 그 효과도 다기하다. 모든 표현은 진실이나 진리 혹은 허위나 거짓의 구성요소인 '사실들'을 토대로 세상을 해석하고 이해하는 무궁무진한 견해의 창을 만들어 낸다. 표현의 자유가 상상하고 있는 세계는 세상을 바라보는 무한한 수의 창을 매단 거대한 나무다. 그 나무가 피우리라 기대하는 꽃이 민주주의다.

하고 싶은 표현은 하면 된다. 하고자 하는 표현을 하는데 누가 반대하는가. 내가 원하는 표현을 하면 그만이다. 그것으로 표현의 자유는 완벽히 실현되며, 표현의 세계는 완성된다. 새삼스럽게 왜 표현의 자유가 문제되는가? 사회의 한쪽에서는 왜 표현의 자유를 외치는 소리가 끊이지 않는가?

표현은 자기 자신을 드러내는 행위다. 상대방이 특정인이건 불특정 다수인이건, 표현 행위는 "내 생각은 이렇다", "나는 이런 사람이다"라고 밝히는 적극적 태도다. 따라서 상대방으로 하여금 표현 행위자가 어떠한 사람인지 인식하게 만든다. 아군인지 적군인지, 그 따위 구분과는 무관한 인물인지 가늠하게 한다. 지지자와 협력자도 얻지만, 다른 견해를 가진 반대자도 만난다. 반대자는 단순히 다른 의견의 존재에 대한 증인으로 머물지 않고 표현 행위자에 대한 방해꾼 또는 반격자가 되기도 한다. 그리하여 서로 충돌하면, 행위자와 반대자는 서로가 서로에 대하여 표현 행위의 장애물이 된다. 장애물은 표현 행위의 현실적 제한 조건이다. 그 제한 조건은 개인일 수도 있고, 단체일 수도 있으며, 비극적이게도 권력일 수도 있다.

진흙 벽돌로 지은 작은 집에 살던 소크라테스가 한 일은 자신의 생각을 밝히는 것이었다. 다만 그 방식이 독특했다. 최종의 현명한 결론은 신의 몫이 분명한데, 신의 언어는 언제나 명확하지 않았다. 분명한 언어를 사용한다고 생각하는 인간들은 사리에 맞지 않는 경우가 많았다. 타인과 대화하며 그의 결점을 드러내는 방식으로 인간의 어리석음을 깨닫게 했다. 결과는 반대자들의 반격과 그에 따른 재판이었다. 가장 민주적이라는 500명의 배심원에 의한 재판의 결론은 사형이었다. 소크라테스는 표현 행위가 이유가 되어 죽음에 이르렀다. 자유와 민주주의가 극단적으로 상충하는 사례이기도 하다.

고대 도시국가 아테네에 살았던 극작가들에게도 표현의 자유는 제한되었다. 신에 대한 불경이나 시민 모독에 대해서 항상 경계해야만 했다. 그래서 비유는 더 멋지거나 날카롭거나 허무맹랑했다. 독특한 신이 항상 존재했던 서양만 그랬던 것은 아니다. 진의 시황제는 정권에 방해가 된다는 이유로 진의 역사에 관한 책을 제외하고 모조리 불살라버리게 했다. 동서고금을 통해 표현이 완전하게 자유로웠던 시절은 없다. 뉴스를 전달하는 매체도 애당초 허가제나 다름없었다. 표현은 제한하는 힘이 행사될 때 그 자유의 경계가 드러났다. 경계를 조금 더 밀고 나아가려는 싸움이 표현의 자유에 관한 역사다.

창작의 경우를 보자. 사소한 것이든 진지한 것이든 예술가는 새로운 것에 대한 욕구로 가득 차 있다. 이전에 없었던 것을 추구한다. 그러다 보면 그때까지 허용되던 경계의 밖으로 뛰쳐나갈 필요가 생긴다. 울타리에 갇혀서는 상상력을 마음껏 발휘할 수가 없다. 반면에 권력자가 가장 싫어하거나 두려워하는 것은 무질서다. 권력에 대한 저항이나 도전의 모의는 보통 무질서 속에 숨기 쉽다고 여기기 때문이다. 질서가 흔들리면 권력은 시신으로 위태로운 사상의 건물처럼 취약해진다고 우려한다. 위정자는 질서를 유지하기 위한 방법으로 금지를 명령한다. 허용하지 않는 것은 금지하는 것을 원칙으로 삼는다. 금지의 요구는 울타리를 필요로 한다. 울타리를 치면 그 안쪽만 감시하면 수월하다. 무제한의 표현 행위는 위험천만이라고 단정한다. 선동적 표현에 동조자들이 걷잡을 수 없이 불어날 경우 권력에 가장 큰 위협을 가하게 된다.

금지선을 부수어버리거나 조금이라도 더 바깥으로 밀어내려는 저항과 가능하면 늦추지 않고 더 조이려는 완강함이 충돌한다. 그 경계에서 표현의 자유가 격렬하게 표현의 대상으로 대두된다.

사그레도 : 자네, 분별력을 몽땅 잃어버렸나? 자네가 본 것이 진리일 경우, 자네가 어떤 수렁에 빠지게 될지 정말 모르나? 지구는 한낱 별이고 우주의 중심점이 이젠 아니라고?

갈릴레오 : 그렇지. 누구나 생각하듯, 모든 별들을 포함한 거대한 우주가 우리의 작은 지구 주위를 돌고 있는 게 아니라고!

사그레도 : 그러니까 오로지 별들만이 존재한다고! 그렇다면 하느님은 어디 있는가?

갈릴레오 : 저 위엔 없네! 저 위엔 피조물들이 있지. 그 피조물들이 하느님을 여기 지구에서 찾으려고 하는 경우, 하느님이 이 지구상에는 없는 것과 마찬가지일세!

사그레도 : 그렇다면 신은 어디 있는가?

갈릴레오 : 내가 신학자인가? 나는 과학자이네.

사그레도 : 무엇보다 자네는 한낱 인간일세. 그래서 나는 자네한테 묻는 걸세. 자네의 세계 안에는 신이 어디에 있나?

갈릴레오 : 우리 마음속에 있거나, 아무 데도 없거나!

– 베르톨트 브레히트, 《갈릴레이의 생애》

갈릴레오 갈릴레이는 확신했다. 아리스토텔레스와 프톨레마이오스의 천동설로는 바닷물의 밀물과 썰물 현상을 설명하는 것이 불가능했다. 코페르니쿠스의 지동설에 가담할 수밖에 없었다. 갈릴레오는 자신의 믿음을 드러내 놓고 발표하기가 두려웠다. 확고한 토대를 구축한 기존의 지식을 뒤집는 일이 교황청의 권위를 부정하는 것이나 마찬가지였기 때문이다. 따라서 조금 교묘한 방법을 사용했다. 두 명의 철학자와 한 명의 시민을 내세워 서로 대화하는 방식으로 천문 체계의 새 이론에 관한 글을 썼다. 등장인물은 갈릴레오의 실제 친구 이름을 딴 살비아티, 사그레도, 그리고 6세기 아리스토텔레스주의 철학자의 이름을 빌린 심플리치오였다. 정치가 기질을 지녔고 베네치아 귀족의 열린 호기심을 갖춘 중립적 시민 사그레도는 "만약 지구가 동쪽으로 고속 회전을 하는 게 사실이라면, 새들은 허공에서 비틀거리고 가을의 낙엽은 항상 서쪽으로 흩날릴 것"이라고 의문을 제기한다. 코페르니쿠스 체계의 지지자 살비아티는 "고속으로 달리는 배에 탄 승객들이 왜 안정적인가"라고 반문하며 "지구는 구름과 함께 공기 자체를 이끌고 다닌다"고 설명한다. 조금 우스꽝스러운 인물로 설정된 심플리치오는 뚱딴지같지만 꽤 멋진 말로 끼어든다. "우주가 그렇게 광대하다면, 인간이 사용할 수 없는 엄청난 공간을 신이 낭비한단 말인가!"

갈릴레오는 1630년에 원고를 완성했고, 제목을 《조수에 관한 대화》라고 붙였다. 그러나 교황청은 조수라는 용어의 사용을 허락하면 갈릴레이의 견해를 인정하는 결과가 된다는 조바심으로 불가 판정을 내렸다. 책이 출간되기도 전에 제목의 표현에서 제동이 걸린 것이다. 결국 2년 뒤 《프톨레마이오스-코페르니쿠스 두 개의 주요 우주 체계에 관한 대화》라는 긴 제목으로 출간했다. 간략하게 《대화》로 불리기도 한다. 300년이 흐른 뒤인 1938년에 의학과 자연과학을 공부한 독일의 극작가 베르톨트 브레히트가 희곡 《갈릴레이의 생애》를 완성했는데, 그 역시 독일에서는 마음대로 작품을 통해 표현 행위를 할 수 없었다.

갈릴레오가 "지구는 돈다"고 했기 때문에, 오직 그 이유 때문에 고초를 겪은 것만은 아니다. 여러 복합적 요인이 작용했다. 지동설이 절대적 진리이며 천동설은 무조건 틀렸기 때문에 교황청이 억지를 부린 것도 아니다. 자연과학적 이론이 성경의 믿음보다 논리적으로 진리에 가까운 것은 부인할 수 없지만, 천동설 역시 훌륭한 하나의 체계적 이론이다. 태양계를 벗어난 우주에서 보면 태양 역시 움직이며, 지구를 중심으로 태양을 비롯한 다른 별의 운동을 체계화하는 것도 얼마든지 가능하다. 지동설은 코페르니쿠스나 갈릴레오 또는 케플러의 창조적 학설도 아니다. 코페르니쿠스보다 무려 1,800년 전에 아리스타르코스는 태양이 중심이며 지구는 그 주위를 돈다는 논문을 썼다. 그 외에도 지동설을 주장한 인물은 꽤 여럿 존재한다는 사실을 추정할 근거는 많다. 로마 교황청이 갈릴레오를 감금하고 종교재판에 회부한 것은 진리의 문제보다 질서의 문제였다. 교황청의 권위에 반하는 무질서는 허용할 수 없었기에 표현의 자유를 제한했으며, 처벌로 위협하여 금지한 것이다. 권위와 권력이 태양계 천체의 질서보다 지상의 질서를 더 중요하게 여긴 탓이다.

예술 행위를 통해 정치적 발언하는 예술가

고양이 키티를 안고 있다가 꿈속의 거울나라로 빠져 들어간 앨리스는 하얀 왕을 만났다. 왕이 주머니에서 엄청나게 큰 공책을 꺼내 무엇인가 쓰려고 하는 것을 본 앨리스는 장난이 치고 싶었다. 앨리스는 왕의 어깨 위로 비죽이 나와 있는 연필 끝을 잡고 왕 대신 쓰기 시작한 것이다. 제 마음대로 움직이는 연필 때문에 왕은 당황했다. 젖 먹던 힘까지 동원해 연필을 멈추게 하려고 했지만 앨리스의 힘을 당할 수 없었다. 마침내 왕은 헐떡거리며 여왕에게 말했다.

"여보, 좀더 가는 연필을 구해야겠어. 이 연필로는 도대체 쓸 수가 없어요. 내가 생각하지 않은 것까지 멋대로 적으니 ……."

– 루이스 캐럴, 《거울 나라의 앨리스》

권력은 표현의 자유를 싫어한다. 권력자를 찬양하는 표현은 유일한 예외가 될 것이다. 자유분방한 표현 행위에는 위험이 도사리고 있다고 믿는다. 가능하다면 거울 나라의 앨리스처럼 모든 표현을 조종하고 싶어 한다. 그와는 정반대로, 표현하고자 하는 사람은 제한을 싫어한다. 억압당할수록 더 반발한다. 표현의 욕구는 무제한을 원한다. 표현 행위를 직업으로 삼는 사람의 자유에 대한 열망은 더하다.

예술가의 목적은 표현이다. 자기가 선택한 수단으로 사상이나 감정을 표현한다. 예술가에게 표현의 제한은 일반인에게 신체의 일부를 사용하지 못하게 하는 것과 같다. 예술의 목적은 미의 추구에 있다. 그러나 미의 추구가 전부는 아니다. 또한 미에 대한 개념도 고정되어 있는 것이 아니다. 미를 추구하는 방식 역시 무한하다. 예술가는 미의 추구만을 목표로 하지 않는다. 세상을 향해 발언하고 싶은 것을 예술 행위로 표현하기도 한다. 예술가는 예술 행위를 통해 정치적 발언을 시도한다. 정치가로부터 억압을 당하면 당할수록 더 정치적 행위에 적극 나선다. 행동하는 예술가에게 순수하지 못하고 정치적이라고 평가하는 자체가 예술가의 표현 행위에 대한 부당한 제한일 수 있다.

"하지만 그림은 실제와 꼭 같지는 않아. 중요한 건 어떻게 그려졌냐는 거지. …… 내가 생각해도 말이 잘 안 되는군. 선생은 자네지 내가 아니니까. 난 자네 모습을 지켜보는 걸로도 만족해. 하지만 자, 보라구. 나도 아름다운 걸 만들어. 이것 좀 봐."

"뭔데요?"

"상추."

"상추?"

(그가 웃었다.)

"이봐, 자네만 아름다운 걸 만드는 게 아냐. 이건 내가 만든 작품이야."

"야, 정말 아름다운 상추 작품이네!"

"아름다운 건 즐거움을 주지. 바로 그거야, 간단해. 물론 자네 건 그냥 상추처럼 간단하지는 않겠지, 안 그래?"

"다른 아름다움일 수도 있죠."

"자네 상추가 진짜 상추보다 더 아름다워. 왜 그런진 모르겠지만. 진짜 상추는 밑동이 하얗고 또 수확이 많을 때 아름답지. 하지만 자네 상추는……."

- 앙리 퀴에코, 《화가와 정원사》

예술가의 정치성과 정치가의 정치성이 충돌하는 지점에서 표현의 자유의 한계가 요동친다. 남아프리카공화국의 화가 브레트 머레이는 2012년 정부의 부패를 지적하려는 의도로 아내가 여러 명인 대통령 제이콥 주마를 성기를 드러낸 레닌으로 묘사하여 전시했다. 집권당인 아프리카 민족회의는 대통령을 그렇게 불쾌하게 그린 것은 "우리 헌법에 보장된 개인의 존엄권을 해치는" 행위라고 비난하는 성명을 냈다. 뒤이어 집권당의 사주를 받은 주마 지지자들이 갤러리에 난입해 그림을 파괴해 버렸다.

중국 베이징 주변의 위안밍위안 예술가 마을의 시장으로 불리던 옌정쉐는 1993년 경찰로부터 부당하게 구타를 당한 일로 소송을 제기했는데, 바로 그 이유로 노동수용소에 감금되었다. 자기에게 닥친 사태를 이해할 수 없었다. 절망을 딛고 수용소에서 검은 태양 아래 침울한 풍경이 피를 흘리는 듯한 그림을 100점 이상 그렸다. 그림은 화폭의 절반만 채워진 기이한 형태였다. 화폭 중앙에 세로로 줄을 그은 듯 빈으로 갈라 한쪽에만 그림을 그렸다. 옌정쉐는 자신이 의도한 주제를 모두 드러낼 수 없는 불가피한 사정 또는 드러내지 않겠다는 항의 표시로서의 의지를 나타내고자 한 것이었다. 그 그림은 바로 펼쳐서 공개할 수는 없었다. 비닐에 잘 싸서 분뇨통에 빠뜨린 다음 친구들이 와서 찾아가게 했다.

표현의 자유를 제한하는 권력의 검열을 피하기 위한 노력 역시 표현의 자유를 추구하는 하나의 양식이다. 어떤 식으로든 상황을 표현하고, 그 표현물을 살아남게 만들어야 표현의 의도를 실현할 수 있다. 표현의 자유를 행위자 스스로 제한함으로써 표현의 자유를 완전히 박탈당하지 않겠다는 기묘한 역설의 논리와 행동이 숨겨져 있다. 그러한 표현의 의도에는 표현의 자유를 부당하게 제한하는 권력에 대한 고발도 포함되어 있다.

2002년 2월, 아프가니스탄 카불에서 국립미술관 재개관식이 열렸다. 탈레반의 만행을 보여주는 찢어진 그림과 파손된 액자를 모은 특별 전시가 사람들의 눈길을 끌었다. 표현의 자유를 침해한 결과를 직접 표현의 소재로 삼은 것이었다. 화가 유소프 아세피도 자신의 그림을 선보였다. 그는 자기가 그린 그림 한 점을 고르더니 미리 준비한 물 속에 담갔다. 슬슬 문질러 물감을 씻어 내자 탈레반이 금지했던 그림이 나타났다. 아세피는 자신의 유화 80여 점에 수채화 물감을 덧칠해 숨겨두었던 것이다.

영국의 식민지였던 홍콩이 중국에 반환된 것은 1997년인데, 그 뒤로 중국에의 복속을 반대하며 홍콩의 독자적 민주주의를 주장하는 시위대들이 우산을 들었다. 그 시위에 동조하는 의미로 베이징 부근 예술촌의 시인 왕장이 우산을 든 자기 사진을 트위터에 올렸다가 체포되었다. 표현의 행위에 간섭하려는 권력에 맞서 직접 대항하듯 표현 행위를 하기도 한다. 무정부주의를 표방하며 구시대적이고 억압적인 모든 것에 도전하는 것을 목표로 삼은 러시아의 행동 집단 보이나는 2008년 모스크바의 티미랴제프 생물학 박물관 무대에서 공개 섹스를 벌였다. 2010년 보이나 회원 5명은 상트페테르부르크의 리테이니 도개교에 60미터짜리 음경을 그려 다리가 들어올려질 때마다 연방보안국에서 잘 보이도록 만들었다. 보이나의 단원들은 대부분 감옥에 갇혔다.

소수가 독점하는 고성능 병기, 언론

사실을 전달하는 것도 표현이다. 대표적인 형태가 언론의 보도 행위다. 언론의 취재와 보도는 대부분의 국가에서 언론의 자유라는 이름으로 보장하고 있는데, 언론의 자유는 표현의 자유에 포함된다. 언론에 출판을 보태어 언론 출판의 자유로 기본권 목록에 등재하는 것이 보통이다. 책이나 그와 유사한 인쇄물을 만들어 널리 배포하는 것도 표현 행위다.

언론 출판의 자유가 표현의 자유의 범주에 속하기 때문에 반드시 보장되어야 하는 것은 아니다. 분류 방식의 하나에 불과하다. 언론이나 출판은 그 자체로 중요한 가치를 지닌다. 특히 민주주의와 불가분의 관계에 놓여 있다. 그렇기 때문에 보장되어야 한다.

무엇을 판단하고 선택하여 결정하는 것이 삶이다. 결정에 따라 행동 또는 행위가 이루어진다. 사상이나 감정을 표현하는 행위도 마찬가지다. 그러한 판단이나 결정 또는 표현은 아무것도 없는 상태에서 일어날 수 없다. 아무리 자유의지를 가진 인간이라 하더라도, 뇌의 존재만으로 원하는 또는 제대로 된 판단이나 결정을 할 수 없다. 뇌 속에 판단의 근거로 삼은 무엇이 있어야 한다. 그 무엇은 대부분 지식이나 정보다. 지식도 넓은 의미의 정보에 포함시킬 수 있다. 그 밖에 다른 것이 있다면 기껏해야 본능 정도일 테다.

대부분의 정보는 언론을 통해 배달된다. 지금은 언론의 형태나 체계가 완전히 달라지고 있지만, 얼마 전만 해도 언론이 정보 배포를 거의 독점했다. 언론이 실어 나르는 정보는 개인의 판단 근거로 작용하지만, 그것이 자라고 모여 공동체의 여론으로 형성된다는 사실이 중요하다. 유용한 정보를 얻는 것도 언론을 통해서지만, 정보를 토대로 형성한 의견이나 주장을 효과적으로 전파할 수단 역시 언론이다. 형성된 여론의 크기는 사회 제도를 바꾸거나 극단적으로 혁명을 가능하게 하는 경우도 있다. 그러므로 언론의 자유는 민주주의의 초석으로 구실한다. 지난날의 언론은 막대한 영향력을 과시했지만, 언론 자체가 제도화된 도구로 사용이 제한되었다. 민주주의의 도구이기는 하되 누구나 필요한 때 마음대로 이용할 수 있는 제도는 아니었다. 언론은 대중의 신문고가 아니라 소수에 독점된 고성능 병기였다. 그럴 때 돌파구가 되어 준 것이 출판, 집회, 결사였다.

신문으로 가는 최초의 형태 혹은 신문의 전신으로 꼽는 것으로 1621년 네덜란드에서 만든 '코란토'가 있다. 주 2회 만든 뉴스북 형태였는데, 사람들 사이에서는 뉴스 상인으로 불리었다. 신문이라는 매체가 등장하기 이전의 표현 수단은 주로 웅변과 출판이었다. 군중

앞의 연설은 언론이 등장하기 전 최소한 수천 년 동안 애용된 표현의 주된 방식이었다. 말 외에는 글이었다. 출판은 필사본으로 이루어졌으므로 파급력은 미미했다. 중국에서 목판 인쇄가 시작된 지 거의 1,000년 가까이 지난 뒤 금속 활자가 등장했다. 요하네스 쿠텐베르크가 독자적 기술로 완성한 금속 활자가 탄생한 것은 대략 1440년경이다. 쿠텐베르크가 마인츠로 돌아가서 인쇄소를 차린 것이 1448년이기 때문이다. 그 뒤 출판물은 강물이 범람하듯 일상생활을 파고들었다. 당연히 언론 매체인 신문도 출판물의 한 형태일 뿐이다.

인쇄술에 따른 대량 출판의 시대가 열려도 그것을 보완하는 것은 여전히 말이었다. 출판물을 이용해 혁명을 시도한 마르틴 루터가 95개조 의견서를 교회 문 앞에 붙인 것은 1517년이었다. 당시 인쇄된 95개 조항은 라틴어로 쓰였기에, 읽어주지 않으면 이해할 수 없었다. 5년 뒤 독일어로 번역하여 찍어낸《신약성서》역시 높은 문맹률 때문에 설교를 통해 전파해야만 했다.

말이든 글이든 항상 자유롭지 못하였다. 갈릴레오의 예에서 보듯이, 권위에 도전하는 표현은 허용되지 않았다. 권력은 어떻게든 표현 행위를 제한하려고 하였고, 지금도 그러하다. 권위를 지키기 위하여 제한한다고 할 수는 없으니, 질서를 내세운다. 지난날 출판이 대부분 허가제였던 이유도 거기에 있다.

언론의 자유를 옹호하는 최고의 웅변으로 꼽히는 저서는《아레오파지티카》이다. 존 밀턴이 이 책을 쓰게 된 동기도 출판에 대한 사진 검열제 때문이었다. 밀턴은 34세 때 내시주의 딸과 결혼했으나, 순탄하지 않은 가정생활로 고민이 깊었다. 결혼은 단 몇 주 만에 파탄에 이르렀고, 어린 아내를 친정으로 돌려보내야만 했다. 그 뒤 밀턴은 갑자기 이혼 옹호론자가 되었다. 이혼을 부도덕하게 여기고 이혼을 옹호하는 자를 난봉꾼처럼 매도하는 사회 분위기에서, 허가도 받지 않은 채 이혼의 필요성과 정당성을 주장하는 3권의 책을 시리즈로 출간했다. 물론 익명이었지만 금방 저자가 드러났고, 의회까지 불려간 밀턴은 기소 직전에서 위기를 모면했다. 그 여파로 책이나 팸플릿 또는 신문에 이르기까지 모든 인쇄물에 대한 사전 검열과 허가를 강제하는 엄격한 법령이 공포되었다. 밀턴의 이혼의 자유에 대한 열정이 갑자기 표현의 자유를 향한 열망으로 바뀌었다.

이혼 시리즈를 내고 1년도 채 지나기 전인 1644년 11월 새로 출간한 책이 《아레오파지티카》였다. 책의 제목은 아레오파고스에서 따왔다. 고대 그리스 도시국가에서 아고라와 함께 중심부를 구성했던 낮은 언덕 아크로폴리스의 서쪽 언덕이 아레오파고스인데, 민회 구성원이 사람들을 모아 자신의 의견을 알리는 장소로 사용되었다. 밀턴은 아레오파고스를 언론의 자유를 수호하는 상징적 의미로 받아들였다. 내용의 핵심은 자유의 몸으로 태어난 인간이 타인에게 하고 싶은 말이 있을 때 자유롭게 말할 수 있어야 한다는 것이었다. "우리는 모욕적이게도 그 진리의 힘을 금지와 검열을 통해 의심한다. 진리와 거짓이 서로 맞붙게 하자. 자유롭게 공개된 대결에서 진리가 불리한 적은 없었다. …… 알고, 지껄이고, 양심에 따라 자유롭게 논쟁할 자유를 나에게 달라."

《아레오파지티카》의 최대 장점은 검열의 개념에 대한 논리정연한 파괴력이었다. 그것 때문에 오늘날 표현의 자유나 언론의 자유에 관한 불후의 고전으로 손꼽히지만, 밀턴 당대에서는 전혀 주목받지 못했다. 책이 나올 때 밀턴은 고작 "자기가 원할 때 아내로부터 떠날 남자의 자유"를 부르짖는 무명의 존재였다.

자유와 제한의 갈등

우리가 '잘했음'이나 '잘못했음'을 결정하는 데에는 아주 간단한 기준이 있다. 그 작문이 진실이어야 한다는 것이다. 우리는 있는 그대로의 것들, 우리가 본 것들, 우리가 들은 것들, 우리가 한 일들만을 적어야 한다. 예를 들면 '할머니는 마녀를 닮았다'라고 써서는 안 된다. 그것은 '사람들이 할머니를 마녀라고 부른다'고 써야 한다.

'이 소도시는 아름답다'라는 표현도 금지되어 있다. 왜냐하면 이 소도시는 우리에게는 아름다울지 모르지만, 다른 사람에게는 추하게 보일 수도 있기 때문이다.

마찬가지로 우리가 '당번병은 친절하다'라고 쓴다면, 그것은 진실이 아니다. 당번병이 우리가 모르는 심술궂은 면을 가지고 있을지도 모르기 때문이다. 따라서 우리는 이렇게만 써야 한다. '당번병은 우리에게 이불을 가져다 주었다.'

– 아고타 크리스토프, 《존재의 세 가지 거짓말》

훗날 표현의 자유를 주장한 사람들은 밀턴의 영향을 받았다. 18세기 계몽주의자 중 볼테르는 이렇게 말했다. "나는 너의 말에 동의 하지 않는다. 그렇지만 그렇게 말할 수 있는 너의 권리를 위하여 죽을 때까지 싸울 것이다." 완전한 표현의 자유를 주장하는 논자들은 어떠한 제한도 거부한다. 미국 대통령을 지낸 토머스 제퍼슨도 한때 이렇게 연설했다. "만약 우리들 중 누군가 현재의 연방을 해체하거나 공화정을 무너뜨리려는 사람이 있다면, 이성이 그것과 싸울 수 있는 자유가 남아 있는 곳에서는 잘못된 의견도 감내될 수 있다는 안정성의 상징으로 그들을 방해하지 않고 내버려둘 것이다."

표현이나 언론의 자유가 무제한으로 허용되지 않을까 우려한 사람들도 많았다. 애당초 자유 자체가 무한한 자유를 의미하는 것이 아닌데, 표현의 자유라고 무제한으로 허용될 수 없다는 생각은 어떤 면에서 당연했다. 제퍼슨보다 먼저 미국 대통령이 되었던 존 애덤스는 언론의 자유는 "진실의 영역"을 넘어서지 않는 범위 내에서 허용되는 것이라고 했다. 애덤스의 말이든 제퍼슨의 말이든 자유와 언론의 본질에 대한 깊은 사색과 통찰을 통한 신념의 표현이라기보다는 정치가로서 맞닥뜨린 현실에 대응한 과시적이고 수사적으로 표출된 즉흥적 언변일 가능성이 높다. 그들이 아니더라도 그러한 생각을 한 사람들은 많았으며, 언론과 자유의 개념을 추상적인 형체에서 조금이라도 더 구체적인 모형으로 다듬어 보고자 애썼다.

언론을 제한함으로써 보호하려는 가치가 진실이라면, 진실이 아닌 것을 보도하는 행위는 결코 허용되어서는 안 된다는 말이다. 얼른 받아들이기에 그 말 자체가 진실이자 진리인 것처럼 느껴지기도 한다. 진실만 보도하라. 거짓을 퍼뜨려서는 안 된다. 그러나 진실 또는 진리의 개념은 얼마나 명확한가? 심지어 진실이나 진리가 존재하기는 하는가? 존재한다 하더라도 누가 그것을 판별할 수 있는가? 진실이나 진리도 가변성이 있는 것은 아닌가? 진실이나 진리에 대한 집착은 강해질수록 과학이 아니라 종교에 가까워진다. 그러한 역설의 의미에 유념할 필요가 있다.

표현의 자유와 함께 진실이 중요하긴 하지만, 그렇기 때문에 오히려 언론의 자유를 제한하려 해서는 안 된다는 주장도 만만치 않았다. 개개인은 누구나 개성적이고 독립적인 생각을 가지며, 그것을 표현할 수 있어야 한다. 민주주의 사회에 필요한 것은 다양한 의견이며, 다양한 의견이 진실을 발견하는 데 더 유리하다고 판단하기 때문이다. 진실은 따로 떨어져 독립한 상태로 존재하는 것이 아니라, 상반된 두 개 이상의 의견 사이에 존재한다. 사이에 존재한다기보다, 상반된 복수의 의견이 그 사이에서 진실을 공유한다.

인간 생활에 필요한 하나의 조건으로서 진실은 구별이 뚜렷하고 독립한 단위로 존재하는 무엇이 아니다. 비유하자면, 점이 아니라 흐르듯 관통하는 선 형태로 존재한다. 그런데 개개인의 의견은 점의 형태로 소통된다. 점이 모여 선을 이루기도 하지만, 두 개의 점 사이에는 항상 다른 점들이 놓여 있다. 간혹 하나의 탁월한 견해가 진실을 제공하기도 하는데, 그런 경우조차 그 진실이 절대적 진실은 아니다. 그러므로 모든 의견은 자유롭게 표현하도록 허용해 진실이 그 속에서 살아남도록 배려한다. 그것은 표현의 자유를 주장하는 사람들의 자유와 진실의 관계에 대한 염원이 아니라 확신이나 다름없다.

아무리 그래도 세상을 무질서의 구렁텅이로 몰고 가는 악의적 표현을 방치해서는 안 된다는 주장은 물러설 줄 모른다. 백 보를 양보하여 모든 의견의 표명을 허용한다 하더라도, 사전에 검열하지 않는다는 의미에 한정한다. 일단 발표하고 나면 그 내용은 판단 결과에 따라 얼마든지 처벌할 수 있어야 한다. 어떠한 행위를 처벌하는 것이 그 행위를 할 자유를 제한하는 것은 결코 아니라는 논리다. 진실보다 허위가 더 보호받아서는 안 된다며, 진실을 통한 제한은 바로 정의의 제한이라고 주장했다.

족쇄 없는 출판이 초래하는 어떠한 위해성도 그것을 제한하려는 시도가 초래하는 위험보다 심한 경우는 없다는 것은 경험으로 얻은 교훈이자 결론이었다. 사전 검열만 하지 않으면 표현의 자유를 보장한 것이고, 사후 검열은 이미 이루어진 행위에 대한 책임을 묻는 일일 뿐이라는 생각은 탓할 수 없을 것 같다. 그러나 사후에 묻는 책임은 결국 재판 제도를 거치게 마련이다. 모든 표현 행위가 사법권의 판단 대상인가? 아무리 사후 제재를 적절한 수단이라고 여긴다 하더라도, 명예훼손을 이유로 판사로 하여금 출판물의 곳곳에 밑줄을 그어 삭제하도록 강제하는 제도 속에서 문화인으로 자처하며 살고 싶은 사람이 있을까?

건국 초기 시절 관료를 지낸 미국의 앨버트 갤러틴이 "당신의 글을 처벌하는 것 이외에는 막지 않을 것이다. 그것은 당신이 글을 쓰고 출판하는 자유를 빼앗는 것이 아니다"고 말했다. 《타임스》의 편집장이었던 런던의 존 딜레인은 이렇게 외쳤다. "언론은 폭로로 산다. …… 우리는 결과에 대한 두려움 없이 우리가 진실을 발견한 것처럼 그것을 말해야만 하고, 부정과 압제의 행위에 편안한 피난처를 제공해서는 안 되며, 그것들을 즉시 세상의 판단에 넘겨야 한다."

표현의 자유를 적정한 선에서 제한해야 하느냐 마느냐, 제한한다면 그 기준은 무엇이며 어느 정도가 적정하냐에 대한 정답은 없고 논란도 끊이지 않는다. 다만 이런 말은 기억해 두어야 한다. "진정한 언론의 자유란 우리가 혐오하는 의견, 불경스럽다고 여기는 주장, 선동적이라고 판단하는 관점들이 표현될 수 있도록 하는 것이다."

제한의 시도는 진실을 기준으로 삼는 데 만족하지 않는다. 선동, 명예훼손을 중요한 가치로 내세운다. 문신 행위를 의료법 위반으로 처벌하여 제한하는가 하면, 업무방해의 법리를 끌어다 쓰기도 한다. 어떤 의미에서는 표현의 자유를 합법적으로 더 강하게 제한하는 기준은 창의성이다. 표절이냐 아니냐의 기준이 창의성의 존재 여부다. 도대체 창의성을 누가 판단한다는 말인가? 순수한 창조물이 이 세상에 존재할 수 있다고 믿는가?

실상은 재산적 가치에 집착하여 발전시킨 저작권을 사후 70년 정도 인정하는 것은 경멸의 대상으로 삼아도 무방하다는 생각을 하는 사람들이 적지 않을 것이다. 그보다 더 복잡한 문제는 완전히 새로운 표현 수단의 등장이다. SNS와 유튜브는 종전 제도권 언론의 영향력을 서서히 조롱거리로 만들고 있다. 누구나 자기가 보유한 수단으로 마음껏 표현의 자유를 누리면서, 피해를 입었다고 자각하는 순간 표현 행위의 응징과 말소를 주장한다. 바다에서 이익을 얻는 사람은 바다에서 피해를 입을 수도 있는데, 그 균형과 한계는 사람이 정하는가 바다가 정하는가?

미래의 표현의 자유

표현해서는 안 되는 것이 있다는 말인가? 어떤 이유로든 표현 행위를 제한하는 데 민감한 사람들이 품는 근본적 의문이다. 동시에 그것은 자유의 핵심처럼 보인다. 표현의 자유의 핵심이라기보다는 표현의 자유를 둘러싼 갈등의 핵심이라고 해야 더 정확할지 모른다. 표현의 자유의 경계에서 그 영역을 확장하려는 요구와 제한하려는 권력의 충돌 지점이므로, 위치로 보아서는 중심이 아니라 변방이다. 가장자리이기는 하지만 밀리면 자유가 축소되고 밀면 자유가 확대되므로, 기실 표현의 자유와 관련해서는 가장 중요한 지점이다. 미래의 표현의 자유 역시 큰 쟁점은 경계에서 일어나고 또 해결될 전망이다.

장래에 표현의 자유를 가장 억압하게 될 존재는 저작권일 가능성이 높다. 인간의 최신 발명품에 해당하는 화폐화한 저작권은 유사한 표현을 금지하는 방식으로 표현의 자유의 범위를 점점 좁혀 들어 숨통을 조일 것이다. 현재 여전히 공고화되어 가는 과정에 있는 저작권은 오래전부터 존재했지만, 자본의 시대에 중요한 무기로 성장하게 된 계기는 현대인들의 경제적 경쟁 심리라고 할 수밖에 없다. 따라서 비대화한 재산권으로서의 저작권이 표현의 자유를 점점 폭넓게 위협할 때, 그 자체의 불합리한 성격뿐만 아니라 다른 기본권을 부당하게 제한하는 부작용 때문에 근본적으로 재고하지 않을 수 없게 될 것이다.

흔히 말하는 창작의 계기가 되는 영감은 개인의 고유한 능력보다는 행운에 의해 획득하는 것이다. 영감은 인간이라는 존재의 뇌리를 별빛이 순례하듯 스쳐 지나간다. 요행히 때를 놓치지 않고 빛의 축복 같은 영감의 실마리를 잡는 사람은, 그것도 행운이 겹쳐 다른 사람보다 간발의 차이로 앞서 잡는 사람은 창작의 자격을 갖게 된다. 인간이 창작자의 지위에 서게 되는 일은 대체로 운에 의한 결과다. 따라서 자신의 작품을 창조성의 표창으로 여기는 일은 오만하기 짝이 없는데, 거기에다 창작물과 그 부수적인 모든 권리를 자신의 재산으로 기입하는 행위는 더 거만할 따름이다.

인간의 모든 표현은 유추 작용이다. 환경이라고 부르는 기존의 모든 존재와 타인의 표현을 근거로 유추하여 자신을 표현한다. 나는 나를 제외한 모든 사람의 뇌를 스캔하면서 나 자신의 생각을 만들고 표현한다. 그것이 삶의 형태다. 그런 실상에서 무엇이 창작이며 무엇이 표절이란 말인가. 창작과 표절 사이에 엉거주춤 놓인 것이 인용, 차용, 참조, 패러디, 파스티슈(합성), 몽타주, 크로스오버(혼성모방)란 말인가.

창의성이 표절을 판별하는 절대적 기준 같지만, 그만큼 모호한 기준도 없을 것이다. 창의성의 주체가 된 행운에 어느 정도 금전적 보상을 허용하더라도, 현재의 저작권 보호 범위는 대폭 축소되어야 한다는 요구가 거세어질 것이 틀림없다. 저작권과 유사 표현 행위는 오리지널 의약품과 제너릭(복제 약품)의 관계와 비슷하다. 인간의 세속적 기준에서 창의성에 저작권을 인정하더라도 그 기간을 단기간으로 한정하고, 창작물이라는 것을 유사 작품과 경쟁하도록 만들어야 한다.

빅데이터를 포함한 인공 지능의 개발은 유사 표현 행위의 사례를 내용과 정도에 따라 구체적으로 명확하게 잡아내므로, 당분간은 기존의 저작권 보호를 강화하는 데 기여할 것이다. 그러나 그러한 세세하고 정확한 판별을 통한 저작권 보호 형태가 오히려 머지않은 장래에 표현의 자유를 부당하게 제한한다는 각성을 가져다줄 것이다. 창의성이라는 허망한 기둥에 기댄 지금의 저작권 체계를 사실상 무너뜨리는 혁명적 변화가 표현의 자유의 지평을 사건의 지평선까지 밀고 나가게 할 것이다.

인공지능도 표현 행위의 주체성을 갖는다. 이미 창작도 시작했다. 인공지능의 작품에 대한 저작권자의 특정도 논란거리겠지만, 인공지능의 표현에 대한 책임 귀속의 문제도 마찬가지다. 그렇다면 장차 인공지능의 권리도 보호 대상으로 대두될 것이 틀림없다. 동물권처럼 인간의 권리에 상응하여 등장하는 인권유사권리로서, 인권 증강을 위해서라도 인권 교과서에 포함시켜 논의 대상으로 삼아야 할 날이 머지않다.

8

광장을 바라보는 밀실

프라이버시

인간이 먼저냐 사회가 먼저냐라는 물음은 닭이 먼저냐 달걀이 먼저냐라는 질문보다 답하기 쉽다. 인간이라는 종의 개체가 한 곳에서 형성되었건 복수의 장소에서 동시다발적으로 생성되었건, 인간이 존재하고 사회가 이루어진 것이 분명하다.

그와는 달리 인간이 우선이냐 사회가 우선이냐라는 문제는 결론을 내리기가 쉽지 않다. 이때 인간은 인류라는 종이 아니라 개인을 의미한다. 개인 없이 사회가 존재할 수 없는 것은 당연하다. 그렇지만 어떠한 종류든 사회라는 공동체 없는 개인은 무의미하다. 인간은 사회적 동물이라는 진부할 정도로 오래된 표현을 거듭 되풀이하지 않더라도 누구나 아는 사실이다. 인간은 자기 자신과 자신의 환경으로 이루어져 있다. 자기가 주인공이고 환경은 그 배경인 것 같지만, 배경처럼 보이는 환경은 생존에 필수불가결한 요소다. 개개인에게 사회도 환경의 일부다. 그 사회의 구성원인 타인 역시 환경의 하나다. 환경을 이루는 타인들의 뇌 속에 내가 있고, 나의 뇌 속에 수많은 타인의 뇌가 들어 있다.

환경과 사회를 떠나 존재할 수 없는 인간

옛날 스웨덴에 닐스라는 씩씩한 소년이 살고 있었다. 닐스는 잠자고 먹는 일, 장난치며 노는 것이 가장 즐거웠다.

일요일 아침, 닐스는 책상에 걸터앉아서 아빠와 엄마가 교회에 가기만을 기다리고 있었다.

"아빠와 엄마가 교회에서 집으로 돌아오실 때까지 두 시간 정도 신나게 놀 수 있을 거야. 오늘은 아빠의 총을 꺼내서 총놀이를 하면서 놀아야지. 아무도 말릴 사람이 없을 테니까, 정말 신날 거야."

닐스는 생각만 해도 즐거웠다.

"얘야, 교회에 가지 않으려거든 설교집을 꼭 읽어라. 알았지?"

아빠는 이렇게 말씀하셨다.

"예! 아빠, 꼭 읽을게요."

닐스는 분명히 대답하였다. 그러나 조금 읽는 체 하다가 집어치울 속셈이었다.

- 셀마 라게를뢰프, 《닐스의 모험》

아무리 사회의 중요성을 강조한다 하더라도, 구성원인 개인 없이 사회는 형성되지 않는다. 개개인의 자유와 권리가 사회의 힘으로 확장된다. 사회의 구성원인 개인이라는 개체는 우선 자기 자신의 자유와 권리를 확보해야 한다. 그러한 주체로서의 개인이 모여야 사회가 이루어진다. 그것이 심화되면 자유주의에 기초한 자기중심주의로 기운다. 자기만 아는 이기주의적 인간들이 모여 사는 사회는 얼마나 지독하겠는가. 자기 가족만 알고 이웃이나 공동체의 이익을 외면하는 편협한 정신이 가득한 공동체는 나무 없는 정글이나 다름없다. 공공의 선, 공동체의 이익을 공통의 목표로 삼아야 비로소 인간다운 삶이 가능해진다. 공공성이 배제된 개개인의 생활은 가치를 획득할 수 없을 뿐만 아니라, 질서 속에서 안정된 일상을 보장하지 못한다. 사회의 번영과 발전이 자기 자신의 안정과 이익으로 돌아온다는 사회중심주의도 너무 극단으로 치우치면 전체주의의 함정에 빠지고 만다.

개인과 사회 둘 중에 어디에 비중을 두어야 하는가는 정치철학의 문제이기도 하다. 철학을 기초로 현실에서는 정책의 문제로 대두된다. 어디에 더 무게를 둘 것인가는 상황이 결정한다. 상황에 따라 개인에 치중했다가, 다시 사회로 중심을 옮겼다 한다. 균형을 이루어야 하기 때문이다. 완벽한 균형은 불가능에 가까운 것이므로, 항상 기우뚱한 가운데 현실의 균형을 도모할 수밖에 없다. 그것이 인간 정치의 현상이고 현실이다.

개개의 구성원도 마찬가지다. 다양한 환경 속에 살아가면서 자기 자신과 사회 사이의 균형을 스스로 유지해야 한다. 아무리 기우뚱할지라도, 한쪽으로 완전히 치우쳐 넘어지지 않으면 그것이 현실의 균형이다. 자기 자신만 생각해도 안 되고, 공동체에만 골몰한 나머지 자신을 내팽개쳐도 안 된다.

잠시도 환경과 사회를 떠나 존재할 수 없는 인간은, 그렇기 때문에 자기만의 방을 원한다. 무수한 외부의 환경이 엿보지 못할 자신의 영역을 꿈꾼다. 그 속에서 자아를 형성하는 힘을 얻고, 그 힘으로 사회에 적응하고 융화한다. 역설적이게도, 인간은 자기만의 것을 가져야만 사회인이 될 수 있다. 그것을 사생활의 비밀이라고도 하고, 프라이버시라고도 한다.

스웨덴의 셀마 라게를뢰프는 1909년 여성 최초로 노벨문학상을 수상했다. 상을 받기 두어 해 전 어린이를 위해 쓴 동화가 《닐스의 모험》이다. 자다가 난쟁이가 된 소년 닐스는 거위 몰텐을 타고 스웨덴 전국을 돌아다닌다. 스웨덴의 국토와 지리를 아이들에게 알려줄 의도로 쓴 이야기는 그 나라의 상징처럼 되었다.

닐스의 몸이 작아져 거위 등에 타고 날아가기 전 닐스의 꿈은 혼자만의 방이었다. 설교집을 읽고 교회에 나가는 일은 사회적 활동이었지만, 자기만의 방에서 자기를 만들어야 자신 있게 나설 수 있는 존재가 인간이다. 어린아이나 어른이나 그 점에서는 아무 차이가 없다. 닐스가 만든 자기만의 방은 거위 몰텐의 등이었다. 집을 짓고 방을 만들 돈이 없으면 꿈이라도 꾸어야 한다.

> 나는 가정이 필요할 때는 물론이요, 바람직하지 않을 때에도 끈질기게 계속되는 집에 대한 꿈을 얘기했다. 최근까지만 해도 집이란 현실적인 어휘였고, 영어에서 그것은 마술적인 힘을 지닌 단어다. 집(home)이라는 단어가 유래하는 고대 어근인 ham은 두 강이 만나서 삼각형을 이루어 짤막한 울타리 하나만으로도 방어가 가능한 곳을 의미했다. '집'은 처음에 안전을, 다음에는 점차로 안락함을 뜻했다.
>
> – 존 스타인벡, 《아메리카와 아메리카인》

근대 권리의 세계에서 프라이버시권은 혼자 있을 권리에서 출발했다. 미국의 법률가 토머스 쿨리가 표현한 이래로 점차 대중화한 용어다. 많은 사람들 사이에서 살아야 하므로, 혼자 있고 싶은 생각이 드는 것은 당연하다. 혼자 있다 보면 다시 사람들 틈에 끼어들고 싶어진다. 인간의 변덕이기도 하지만, 변덕은 지루함을 견디기 힘들기 때문에 생긴다. 지루함을 기피하는 현상은 다양한 변화의 자극에 흥미를 느끼는 인간 본성에서 비롯한다. 하지만 다양한 변화는 단순함과 단조로움을 알 때 만들어 낼 수 있고, 또 즐길 수 있다. 고독한 사색 끝에 새로운 변화를 창출하는 것이다. 그렇다면 자기가 원할 때 혼자 있고 싶어 하는 경향 역시 인간의 본성이다. 규정하기 힘든 인간 본성의 일부다.

인간의 방

애당초 인간은 고독을 먼저 느꼈을지 모른다. 들판에 혼자 버려진 듯한 자신을 발견하고는, 씨족이나 부족으로 모여 공생을 도모했다. 엄밀히 추측하면, 원시시대의 인간을 엄습한 것은 외로움보다 두려움이었다. 함께 모여 살아야 하는 이유였다.

좁은 동굴에 여러 명이 거주하면 두려움으로부터는 조금 멀어질 수 있었다. 하지만 가족이나 동료와 살을 맞대고 지내는 일은 안온하기만 한 것은 아니다. 쉽게 상상할 수 있을진대, 원시시대나 고대의 사람들도 가끔 혼자 사냥을 나서거나 홀로 서서 광야를 바라보면서 쾌감을 느꼈을 것이 틀림없다. 에스키모들이 혹한의 동절기 수개월을 이글루 속에서 열댓 명이 부딪히며 살아가는 동안, 너무 밀착한 나머지 각자 내면의 세계를 좇아 대화가 줄고, 그것이 우울증으로 발전하여 높은 자살률을 기록했다는 보고를 보더라도 그렇다.

필요할 때 어울리고, 다시 필요할 때 혼자 있으려는 것이 인간 본성의 일부임은 분명하다. 과거에는 상황에 따른 자연스러운 행동의 하나였을 뿐인데, 지금은 권리로 자기 외부를 향해 외치기에 이르렀다. 두려움을 피하고 자신과 가족의 안전을 도모하기 위해 고안한 것이 집이다. 두려움을 불러일으킨 원인은 거친 환경이었다. 짐승의 공격뿐 아니라 추위와 비바람도 위협이고 고통이었다. 친숙하지 못한 거친 환경으로부터 자기와 가족을 보호하기 위한 집은 천장과 벽면으로 충분했다. 애당초 집에 방이라는 개념은 없었다.

안전을 목적으로 지은 집은 새로운 효용을 향해 가능성을 비추어 보였다. 안락이었다. 안전에 만족하지 못하고 안락을 추구하게 된 경향은 원시 형태의 주거지를 건축한 인간과 인간의 의도에 부응한 집이라는 환경의 상호 호응에 따라 발생했다. 안락을 찾다 보니 집을 구분하여 방을 만들게 되었다.

"귀뚜르르, 뚜르르, 뚜르르!"

"누가 날 부르는 거지?"

깜짝 놀란 피노키오가 말했다.

"나야!"

피노키오가 몸을 돌리자 커다란 귀뚜라미가 벽을 따라 천천히 올라오는 것이 보였다.

"말해 봐, 귀뚜라미야. 넌 누구니?"

"난 말하는 귀뚜라미야. 내가 이 방에 살기 시작한 건 백 년도 훨씬 더 돼."

"하지만 이 방은 이제 내 거야. 그러니까 네가 정말로 날 생각해 준다면 뒤도 돌아보지 말고 빨리 여기서 사라져 줘."

- 카를로 콜로디, 《피노키오의 모험》

무리를 지어 살던 인간들에게 자기만의 공간은 없었다. 비와 눈보라 또는 사나운 짐승이나 성가신 벌레를 피해 들어간 동굴을 상상해 보라. 그것이 원시 공동체의 주거 공간이었다. 공동체는 일의 종류의 다양화와 생산의 효율화에 따라 조금씩 변형되었고, 어느 순간 가족 중심으로 분화되었다. 서양에서는 대략 18세기에 일어난 현상이다. 가족은 부부를 핵으로 그에 딸린 아이들이 기본적인 구성이었다. 부부의 방이 있고, 어느 정도 자란 아이들은 따로 공간을 차지했다. 가족들 사이에서도 점점 독립한 공간의 요구가 증가하며, 공동의 공간과 개별 공간이 구분되었다. 침실과 거실이 나뉘어지고, 침실은 개별화되었다. 식구의 수에 관계없이 한 가족의 지붕은 넓은 면적을 필요로 했다.

가족 구성원의 수보다 많아진 방의 문이 복도 쪽으로 나 있는 것은 무엇을 의미할까? 방에서 쉽게 나올 수 있도록 하기 위해서일까, 아니면 방으로 쉽게 들어갈 수 있게 하기 위해서일까? 방의 출입은 모두 쉬워야 한다. 하지만 다른 사람들이 드나드는 거실을 향하지 않고 좁은 복도를 따로 만들어 출입문을 단 이유는 방문을 열어도 방의 내부가 바깥에 직접 노출되지 않도록 하기 위한 장치다.

거실의 트인 공간보다는 길고 좁다란, 그래서 조금 어두운 복도의 공간과 벽이 자기의 무엇인가를 보호해 준다고 믿기 때문이다. 그 무엇은 무엇인가? 자기만의 공간에서 무엇을 하려는 것일까? 분명히 어리석은 질문이다. 무엇을 하건 아무것도 하지 않건 자기만의 공간이 필요하다는 것은 인간이라면 경험으로 안다. 그 자체가 바로 프라이버시이기도 하다.

비밀은 자아의 양식

그렇다면 이렇게 질문을 바꾸어 볼 수는 있겠다. 자기만의 공간은 왜 필요로 하는가? 변경한 물음에는 반드시 대답해야 하는가? 본능적으로, 동시에 경험적으로 필요성을 느낀다고 했는데 더 구체적으로 이유를 파헤쳐야 할까? 굳이 필요성의 근거를 확보해 보려는 것은 무엇이든 논리적으로 설명이 되어야 한다는 인간 이성의 습관적 작용 때문이기도 하지만, 현실적으로는 프라이버시의 개념을 조금이라도 더 분명히 하고 권리성을 강화하려는 의도 때문이다.

> 당신에게라면 내 마음속의 비밀을 모두 다 털어 놓을 수 있을 것 같아요. 제발 내 마음의 지주가 되어 나를 격려해 주세요.
> (1942년 6월 12일 금요일)

'종이는 인간보다 더 잘 참고 견딘다'는 옛말이 있습니다. 이 말이 문득 생각난 것은 마음이 좀 울적했던 어느 날 집 밖에 나가 놀까, 아니면 집 안에 틀어박혀 있을까를 결정하는 일조차 귀찮아서, 그저 멍청히 턱을 괴고 앉아 있을 때였습니다.

'그래, 맞았어. 종이가 잘 참고 견디는 건 확실해. 게다가 눈에 잘 띄게 일기라고 찍힌 두꺼운 표지의 노트에 적힌 내용은, 상대가 남자든 여자든 진정한 친구를 찾을 때까지는 아무에게도 보여주지 않을 거니까, 여기에 무엇을 쓰든 눈여겨볼 사람은 없을 거야'하고 생각했습니다.

드디어 문제의 핵심, 내가 왜 일기를 쓰기 시작했는가에 대해 말할 차례인데, 그건 한마디로 말해서 마음을 털어 놓을 만한 참다운 친구가 나에게는 없기 때문입니다.

(1942년 6월 20일 토요일)

사랑하는 키티에게

지금까지 당신은 나에게 용기를 북돋워 주었습니다. 이렇게 편지를 쓸 수 있다는 것이 나에게는 큰 위로가 됩니다. 그냥 일기를 쓰는 것보다 이런 식으로 쓰는 편이 훨씬 재미있고, 덕분에 요즘에는 일기 쓰는 시간이 너무너무 기다려집니다.

당신과 함께 여기까지 오게 돼서 정말 기뻐요!

(1942년 9월 28일 월요일)

– 안네 프랑크, 《안네의 일기》

타인이 엿볼 수 없는 곳, 거기서 자라는 것은 비밀이다. 자기만의 공간이 필요한 이유 중의 하나는 비밀을 만들 수 있기 때문이다. 비밀은 반드시 필요한 것인가? 인간은 혼자 살 수 없는 사회적 동물이고, 개체로서의 한 인간은 그 자신과 타인을 포함한 환경으로 구성된 것이나 마찬가지라면서, 왜 혼자만의 비밀을 필요로 하는가? 솔직하고 투명한 것을 일상의 미덕처럼 말하면서, 왜 남이 알아서는 안 되는 것이 있어야 하는가?

누구나 비밀을 지녀본 경험이 있겠지만, 비밀 역시 경험이 필요성을 대변한다. 무엇이든 드러내지 않고 비밀로 지켜야 더 낫다고 느끼는 때가 있는 법이다. 그것은 누가 가르쳐 주는 것이 아니라 본능적으로 안다. 사회적 인간이 타인들 속에서 저절로 터득하게 되는 것이다.

그 이유를 굳이 설명하자면, 이런 방식도 가능할 것이다. 비밀은 인간의 삶에서 필수불가결한 타인과의 소통과 교류를 가능하게 하는 힘의 원천이다. 비유하자면, 우리가 활동하기 위해서 잠을 자야 하는 것과 같다. 노동을 하려면 휴식이 절대적 요소인 것과 다를 바 없다. 비밀은 자아의 양식이다. 자기만의 비밀이 있어야 그 비밀을 토대로 자기를 형성해 나아갈 수 있다. 자기만의 비밀을 자양분으로 자라는 자아이기 때문에 타인과 다른 개성이 된다. 개성 없는 자유와 민주주의를 상상할 수 있겠는가.

자아의 형성 방식이나 과정을 반드시 비밀에 부쳐야만 하는 것은 아니다. 비밀로 하건 공개하건 그 결정권은 그 주체가 가진다. 자기결정권은 인간 존재의 탄생 시절부터 실재했던 것이겠지만, 자기결정권이라는 사회적 개념어로 사용한 것은 프라이버시권의 관념이 만들어지면서부터라고 보아야 한다.

자아형성의 토대가 되는 비밀은 당연히 자기만의 비밀이다. 자기만의 비밀이 대부분이겠지만, 다른 비밀도 있다. 두 사람 이상의 다수인 사이의 비밀도 있다. 한 사람만의 비밀이나 몇 사람 사이의 비밀이나 모두 프라이버시 또는 사생활의 권리와 관련된다. 이리저리 중첩되기도 하면서 별개의 독자적 영역을 구축하기도 한다. 복수의 동맹자 사이에 지켜야 할 비밀의 가치를 알고 지킬 줄 알아야 공동의 비밀이 가능하다.

자기만의 비밀을 간직하기 가장 좋은 장소는 방이 아니다. 자기만의 방은 자기만의 비밀을 만들고 양생하기 좋은 조건이다. 개인의 비밀을 간직하기에 좋은 장소는 마음, 마음속에 깃든 양심, 아니면 종이다. 비밀을 담는 종이를 묶은 것이 일기장이다. 이제는 스마트폰도 추가해야 한다.

유대인이라는 이유로 나치스를 피해 가족을 따라 네덜란드로 가서 살던 안네 프랑크는, 숨어 있던 다락방의 불안과 공포를 벗어나려는 듯 일기를 쓰기 시작했다. 안네는 열세 번째 생일 선물로 받은 체크 무늬 표지의 일기장에 키티라는 이름을 붙여 주었다. 키티는 안네의 대화 친구가 되었다. 안네는 1942년 6월 12일부터 독일군에 발각되어 체포되기 사흘 전인 1944년 8월 1일까지 꾸준히 일기를 썼다. 열다섯의 어린 나이에 수용소에서 숨을 거두었지만, 일기는 남아 안네의 분신이 되었다.

비밀과 결정권

"오오 전능하신 신이여, 은혜 갚으신 구세주여.

당신은 제가 무인도에 홀로 있을 때

저의 흔들리는 마음을 견고히 붙잡아 주셨습니다.

이제 잠시 동안만이라도 신이여, 외로워, 진정 외로움에 견딜 수 없는 저에게 힘을 주시옵소서.

저를 도와 주시고 저의 마음을 격려해 주시어

저의 아내에게 제가 여기 있다는 말을 입 밖에 내지 않는 그런 마음을 죽는 날까지 지닐 수 있도록 하여 주시옵소서."

- 알프레드 테니슨, 《이노크 아든》

일기는 비밀의 전형이다. 다른 사람들이 보지 않는 곳에서 자기만의 방식으로 자기를 만들어 갈 수 있기 때문이다. 타인의 시선은 나 자신의 뿌리를 생성해내는 데 영향을 끼친다. 영향은 도움이 될 수도 있겠지만, 그렇지 않은 경우가 더 많다. 관찰 행위 자체가 대상에 영향을 미치는 일은 양자물리학에서 보다시피 미시의 세계에서 더 결정적이다. 개인의 마음은 극미의 소립자부터 광대한 우주까지 포괄하여 감싼다. 마음이 자발적으로 원하지 않는 한 바깥의 시선은 자아 형성에 방해가 된다. 일기가 비밀이어야 하는 까닭이다. 종이에 쓰지 않는 사람도 마음에 꼬박꼬박 일기를 기록한다는 사실을 염두에 두면 이해는 분명해진다.

비밀의 일기를 굳이 왜 기록으로 남기는가? 자기 자신의 기억을 위해서인가, 언젠가 확인하게 될 타인의 호기심을 배려해서인가? 자기 자신을 기르는 것은 사회 속에서 자기라는 존재로 살아가기 위해서다. 살아간다는 것은 어울리는 일이다. 결국 타인으로부터 자기 자신을 인정받으려는 욕망의 실현이 삶의 중요한 목표라는 사실을 은연중 드러내고 만다. 세상을 등지는 사람도 그 특유의 은둔이라는 가치의 선언과 자기의 개성의 강렬한 표현을 발걸음 뒤로 투사한다.

> 1966년 봄, 릴라는 극도로 흥분한 상태에서 내게 금속으로 만든 상자를 하나 맡겼다. 상자에는 공책 여덟 권이 들어 있었다. 남편이 읽을까봐 집에 둘 수 없다고 했다. 나는 별다른 말없이 상자를 받았다. 과하다 싶을 정도로 칭칭 묶어놓은 상자의 상태에 대해서 내가 놀리듯 두어 마디 던졌던 기억이 있다. 당시 우리 관계는 최악이었는데, 나만 그렇게 생각하는 것 같았다. 가끔 마주쳐도 릴라는 전혀 어색해하지 않았고, 나를 여전히 다정하게 대했다. 예전처럼 모질게 말하지도 않았다.
>
> – 엘레나 페란테, 《새로운 이름의 이야기》

마음에 새긴 비밀은 양심이라는 이름과 함께 또 다른 방을 하나 더 만든다. 종이에 쓴 비밀은 자신이 보관한다. 하지만 언제든지 타인이 볼 수 있다. 어쩌면 언젠가 공개하기 위해서 만든 비밀도 있을 것이다. 다만 그 결정권이 자기 자신에게만 보유되어 있다는 확고한 사실이 프라이버시라는 가치로 빛난다.

비밀의 일차적 가치는 억누르는 인내심에서 발휘된다. 인내심은 스스로 드러내고 싶은 세속적 욕망과 외부에서 파헤치려는 타인의 호기심을 상대로 맞선다. 호기심은 알 권리와 이웃하고 지내는 성가신 존재다. 그러한 안팎의 힘과 밀고 당기는 가운데 비밀은 자아의 일부로 성숙한다. 참고 견디는 기간과 힘에 비례하여 익는다.

열세 살에 6,000행이 넘는 서사시를 썼다는 알프레드 테니슨이 쉰다섯 살에 완성한 슬픈 사랑의 이야기가 《이노크 아든》이다. 역시 시로 쓴 애절하고 긴 이야기인데, 어린이들에게는 동화로 번안되어 읽힌다. 이노크와 필립은 어려서부터 애니와 소꿉놀이를 하며 지냈다. 나이가 들자 매사에 적극적인 이노크가 먼저 청혼하여 애니와 가정을 꾸렸다. 아이까지 부양해야 할 책임감에 이노크는 배를 타고 멀리 떠났다. 만선으로 귀환하려던 꿈은 폭풍우에 난파당하고 말았고, 이노크는 10년 동안 생사가 불명한 상태에 빠졌다. 필립은 애니의 식구를 극진히 보살폈고, 마음이 움직인 애니는 필립과 재혼했다. 극적으로 사지에서 탈출한 이노크가 고향으로 돌아온 것은 애니와 필립이 아이들과 행복하게 지내고 있을 때였다. 이노크는 자신의 생존을 비밀로 간직해야만 하는 운명과 맞닥뜨렸다. 들판에 주저앉아 울부짖으며 비밀을 지키게 해달라고 기도했다. 이노크의 결단과 인격은 감동으로 전화하여 독자들의 가슴에 일렁인다. 비밀의 성숙한 가치를 보여주는 한 예다.

얼굴 없는 작가 엘레나 페란테가 나폴리 4부작에서 탄생시킨 주인공 릴라는 끝내 사라졌다. 사라지기 전 격정의 삶을 살던 어느날, 일기라고는 할 수 없는 노트 여덟 권이 든 상자를 레누에게 전했다. 노트를 집에 보관하면 남편이나 다른 사람이 볼까봐 레누에게 맡긴 것이다. 레누도 절대 상자를 열지 않겠다고 굳게 약속했다. 그러나 릴라와 헤어지자 레누는 즉시 노트를 펼쳤다.

릴라의 노트에 기록된 내용은 릴라의 비밀이었다. 비밀을 지키기 위하여 레누에게 노트를 맡겼고, 약속한 레누는 비밀을 함께 지켜야 할 주체가 되었다. 그러나 릴라는 비밀이 절대적으로 지켜질 것이라고 생각하지는 않았을 것이다. 절대적으로 지켜야 할 비밀이라면 레누에게 맡기지 않아야 했다. 노트에 그 많은 사연과 감정을 담고, 그것을 레누에게 맡긴 것은, 언젠가 그 내용이 공개되리라는 것을 예정한 행위다.

> 그러실 테지요. 비밀 중에는 모호한 말의 뚜껑을 덮어 둘 필요가 있는 비밀도 있는 법. 자연의 비밀이라고 하는 것은, 양피지나 염소피지에 씌어서는 전해지지 않습니다. 아리스토텔레스는 비밀의 서에서, 자연이나 예술의 비밀을 너무 밝히 드러내는 것은 천상의 봉인을 뜯는 짓이며, 따라서 악마에게 끼어들 기회를 주는 짓이라고 설파한 바 있습니다. 그러나 아리스토텔레스의 말을 곡해하면 안 됩니다. 그분은, 비밀이라고 하는 것은 절대로 드러내어서는 안 된다는 뜻이 아니고, 그 드러내는 시기와 방법을 식자가 온당하게 가려야 한다는 뜻이랍니다.
>
> – 움베르트 에코, 《장미의 이름》

비밀의 비밀성은 대체로 한시적이다. 영원한 또는 절대적 비밀도 있을 뿐만 아니라 있어야 한다고 믿겠지만, 대개는 한시적 비밀이다. 절대 비밀로 하고 싶어도 언젠가 밝혀지게 마련이므로, 절대적 비밀이 존재하기 어렵다는 의미에서도 비밀은 일반적으로 한시적이다. 다만 비밀의 그 유효기간을 비밀의 주체라고 생각하는 자기가 결정하고 싶어할 뿐이다. 그것을 제도적으로 보장해 주는 것을 프라이버시권 또는 사생활의 자유와 비밀의 권리라고 부른다.

비밀은 소통의 연료

정확히 말하면, 사생활의 자유와 비밀은 자기가 비밀로 삼고 싶을 때 비밀로 하고, 밝히고 싶을 때 밝힐 결정권을 말한다. 그렇게 하고 싶어 하는 존재가 바로 인간이다. 자기 자신의 일부처럼 비밀을 간직하다가, 언젠가 필요로 할 때 알리고 싶어 한다. 비밀로 지키는 것도 타인에게 밝히는 것도, 모두 스스로 판단하여 그것이 자기에게 유리하다고 결론이 났을 때 결정한다. 망설이다 엉거주춤한 상태에서 결정하는 경우도 많지만, 진지한 판단의 결과라 하더라도 항상 자기에게 유리하거나 객관적으로 옳다고 할 수 없으므로, 어느 쪽을 선택하거나 큰 차이가 없다고 보아도 무방하다.

> 당연히 좋았다. 너무나 좋았다. 하지만 다른 한편으로는 내 몸이 달걀 껍데기 같아서 팔이나 이마나 배를 살짝 누르기만 해도 깨져버릴 것만 같았다. 그 바람에 나 자신에게조차 숨기고 있던 은밀한 속내가 모두 흘러나올 것만 같았다.
>
> – 엘레나 페란테, 《떠나간 자와 머무는 자》

자기만의 공간을 제도적으로 보장하고 보호하는 대표적인 예가 주거 침입을 범죄로 규정하여 처벌하는 것이다. 개인의 비밀을 함부로 침해하는 행위도 금지한다. 개인에 대한 정보를 찾고 수집하는 행위 역시 제한한다. 모두 개인의 비밀성에서 비롯하는 고유성과 개성을 존중한다는 취지에서 나오는 것이다.

그러나 인간은 사회적 존재다. 자기만의 고유성과 개성을 가꾸는 근본적 이유는 타인들 사이에서 자기의 정체성을 분명히 드러내고 싶기 때문이다. 비밀도 언젠가는 알리기 위해서 지키는 것이다. 비밀을 그대로 밝히지 않더라도, 그 비밀을 다른 형식으로 가꾸어 간접적으로 공표하는 경우도 많다. 그것이 가능할 때 인간은 사회적 존재로서 가치를 느끼고 활력을 얻는다. 그것을 가능하게 만드는 사회적 조건의 하나가 비밀이 보장된 사생활이다.

자기의 것을 밖으로 드러내면서 타인과 교류가 이루어진다. 타인이 자기의 것을 보고 반응을 한다. 그것이 소통이다. 아무런 반응이 없으면 상호의 소통이 이루어지지 않는다. 따라서 자기만의 것을 드러내기로 결정하는 순간 타인의 반응을 기대한다. 기대감이 인내의 임계점을 넘어서도록 촉발하기까지 억눌러 보관하는 상자가 사생활이다.

"답장 썼지. 밤늦도록 쓰고 있었어."

"뭐라고 하셨는데요?"

"그건 알려주면 안 돼."

"아이, 왜요!"

"당연한 거지. 그게 규칙이야. 프라이버시와 관련된 이야기잖아."

어이구 하면서 다카유키는 머리를 긁적였다. 프라이버시, 라는 말을 아버지가 알고 있는 게 뜻밖이었다.

……

다카유키는 뒷문으로 집을 나섰다. 우유 상자를 슬쩍 열어보니 안이 텅 비어 있었다.

아버지는 어떻게 답장을 썼을까.

조금, 아니 아주 많이 궁금해요.

- 히가시노 게이고, 《나미야 잡화점의 기적》

드러내는 행위는 타인이나 세상, 즉 자기의 환경에 대한 자신의 의견을 말하는 것이다. 의견을 주고받음으로써 세상과 소통하고, 환경에 적응한다. 사회적 동물의 생존 방식이다.

대화는 가장 직접적인 의견 교환 방식이다. 전화나 편지 같은 제도화된 통신 수단을 이용하기도 한다. 그때 비밀 유지의 결정권은 나와 상대방이 나누어 가진다. 두 사람의 신뢰가 지속되어야 두 사람 사이의 사생활은 보장된다. 지금은 첨단기기를 활용한 소셜미디어로 동시에 불특정 다수인과 만난다. 누구와 이야기를 나눌 것인지, 어느 정도만 밝힐 것인지, 모든 결정은 자기가 한다. 그 결정권을 존중해 주는 태도가 사생활의 비밀과 자유를 보장한다.

통신의 비밀과 자유는 사생활의 비밀과 자유의 연장선에 있으면서 모든 사람이 바라보는 광장의 문 앞에 위치한다. 나의 생각이나 태도를 비밀로 간직할 것인지 밝힐 것인지를 결정하는 일은 순간에 일어난다. 사생활은 밀실에서 이루어지지만, 바깥은 광장이다. 나의 사생활이 숨은 밀실과 수많은 눈길이 교차하는 광장을 막고 있는 것은 위에 걸쳐 입은 셔츠의 두께 정도에 불과한 개개인의 마음이다. 때로는 가슴을 가린 셔츠 한 장의 천이 콘크리트 벽처럼 두텁기를 바랐다가, 때로는 투명한 거울이나 살랑이는 바람에도 찢어지는 얇은 종이가 되기를 바란다.

우리의 마음은 밀실과 광장 사이에서 강철 같은 의지가 되었다가 바람에 흔들리는 갈대가 되었다가 한다. 내 마음 바깥의 환경은 우호적이지 않다. 바람은 잦을 날이 없고, 가끔은 폭풍우가 되어 벼락과 함께 밀실의 벽을 때려 부수려 든다.

내가 어디까지 걸어가는 것은 신체의 자유를 이용한 여행의 자유를 만끽하는 행위일 수 있지만, 거기까지 걸어간 사실을 알리고 싶지 않은 것은 사생활의 비밀과 자유에 속한다. 하지만 걸어가는 도중에 만나는 타인의 눈길은 그들의 사생활의 일부다. 프라이버시는 사생활의 한 부분이 요소처럼 작용한다. 누구에게나 자기 생각이 있듯 누구나 프라이버시와 사생활을 요구한다. 시골 노인 나미야 유지까지 프라이버시를 주장하는 것을 보고 아들 다카유키가 놀라는 장면이 우스울 정도다.

밀실과 광장 사이

별나라에서 온 아기 스스는 해질 무렵 어느 조그마한 도시로 날아갔습니다. 어두워지자 동네에는 전등불이 꽃밭같이 아름다웠습니다.

스스가 내려앉은 곳은 어느 집 유리창 밖이었습니다.

유리창으로 방 안이 훤히 들어다 보였습니다. 한 소년이 책을 읽고 있고, 그 옆에는 누나인 듯한 소녀가 어린 아기를 재우고 있었습니다. 책을 읽던 소년이 누나에게 말했습니다.

"누나, 별은 참 춥겠지?"

"왜?"

누나가 되물었습니다.

"이런 추운 밤에 하늘에 떠 있으니까 말야."

방 안의 소년은 스스에게는 눈도 팔지 않고 누나에게 말했습니다.

"누나, 별도 지구처럼 크고 둥근 것이라고 책에 쓰여 있지만, 내가 보기에는 조그마한 아기 같아. 별도 마음이 있을거야. 땅덩어리라 해도 저렇게 추운 데서 깜빡깜빡 눈을 깜짝이고 있는데 가엽지 않아?"

– 이원수, 《별 아기의 여행》

이상적인 인권의 성질로 드는 것이 보편성과 불가분성이다. 시공을 초월하여 어느 누구에게나 동일한 가치를 지닌다는 의미가 보편성이며, 인권의 목록에 우선순위나 차이가 있을 수 없다는 전제를 깔고 있는 이념이 불가분성이다. 이상적인 만큼 현실성은 떨어진다. 마땅히 그래야만 할 것 같은데도, 실현 가능성은 있어 보이지 않는다.

사생활의 비밀과 자유만 해도 그렇다. 프라이버시권이든 사생활의 권리든 모두 그렇다. 수많은 권리장전의 목록 가운데 굳이 순위를 매긴다면 프라이버시권이 앞쪽을 차지할 것 같지는 않아 보인다. 절대 포기할 수 없는 다른 권리를 확보한 다음에, 그래도 양보할 수 없는 몫으로 챙겨볼 권리가 아닌가 하는 생각도 든다. 그럼에도 불구하고 개개인은 현실의 삶에서 가장 중요하게 여기는 권리이기도 하다. 생명권이니 신체의 자유니 하는 것은 너무나 당연한 것이어서 개인 차원에서 따질 비중을 넘어서는 가치처럼 느껴지고, 세세한 일상에서는 사생활의 권리 보장이 가장 절실하게 피부에 와 닿는다. 나만의 생활이 없다면 무슨 의미가 있다는 말인가.

그렇기 때문에 사생활의 권리는 항상 위태롭다. 기본적으로 보장되어야 할 가치라고 하면서도, 공공의 이익이나 그와 유사한 다른 이익을 위해서 제한될 가능성이 높다. 개인의 정보는 노출되기 쉽고, 일거수일투족이 공적이고 사적인 감시망을 벗어나지 못한다. 개인 정보의 사용은 물론 수집 자체를 법으로 금지하지만, 정보가 존재한다는 자체만으로 언제든 사용될 위험에 노출되어 있다. 게다가 사생활을 보호하는 제도는 다른 공적 이익이라는 여론 앞에서 법원의 판결조차 일관성을 유지하지 못하고 허물어지는 경우가 허다하다. 범죄를 밝히는 데 유용하다면 프라이버시나 사생활의 기본권은 힘을 잃고 만다. 개인의 개성적 삶을 위한 수단으로서의 사생활과 일탈이나 비행을 감추기 위한 방편으로서의 사생활을 구분하지 않고 동일한 수준으로 보호해야 할 가치라는 데 모두가 합의할 수 있는가? 프라이버시의 해결 불가능해 보이는 문제는 바로 광장과 밀실 그 사이에 존재한다.

밀실에서도, 또 밀실 자체에도 문제는 있다. 혼자 있을 권리라는 출발점이 시사하듯, 혼자 있을 공간조차 확보할 수 없는 사람에게 프라이버시는 도대체 무엇일까? 추운 밤하늘에 떠 있는 별 같은 존재에게는 프라이버시 이전에 생존이 다급하다. 그야말로 자유권이나 사회권이나 동시에 해결되지 않으면 아무 소용없다는 점에서 프라이버시권이 외치는 구호에 무게가 실린다.

마르티나는 위를 쳐다보았다. 바로 그 천사였다. 표 파는 기계 위에 앉아서 사람들을 주의 깊게 살펴보고 있었다.

"내려와요. 그러고 있으면 사람들 눈에 띌 거예요."

마르티나가 천천히 말했다.

"그럴 염려는 없어. 절대로. 우리 천사들은 안 보이거든. 그러니까 우리는 투명하다 이 말씀이야."

"그럼 왜 나는 아저씨가 보이죠?"

"왜냐하면 네가 나를 필요로 했으니까. 그래서 네 눈앞에 형체를 드러낸 거야."

"변장을 했다는 말인가요? 그러니까 외로움을 덜어 줄 누군가가 필요해서 내가 당신을 창조했다는 말인가요?"

"이 세상에 보이는 것들만 존재한다고 생각하니?"

마르티나는 생각에 잠겼다.

"할아버지가 말했어요.……"

"뭐라고?"

"주위에 보이지 않는 작은 문들이 많이 있고, 그 문들은 아주 아름다운 곳으로 열려 있대요. 단지 아무도 그 문을 열지 않는 것뿐이래요. 사람들이 문을 보지 못하니까 열지 않는 거래요.……"

- 수산나 타마로, 《천사의 간지럼》

자기만의 방을 갖게 되면, 자기만의 문도 만들 수 있다. 그 문은 자기만 아는 꿈으로 통한다. 꿈같은 현실로 드나든다. 자기만 인식할 수 있는 공간이요 영역이므로 꿈이면서 현실이다. 꿈과 현실이 뒤섞인 불분명한 영역에서 힘을 얻어 타인과 어울리는 광장으로 나선다. 프라이버시권이든 사생활의 권리든, 그것이 완전히 보장되는 사회라면 다른 권리는 확인할 필요가 없을 것이다.

미래의 프라이버시

사생활을 위협하는 최대의 적은 감시 체계다. 감시 체계는 자동화한 기술 체계로 작동된다. 미래에 그 체계는 고도화와 동시에 심화될 것이 틀림없다. 그러한 상황에서 인간은 여전히 선택의 기로에서 흔들린다. 촘촘한 감시망 속에서 완벽한 프라이버시를 꿈꾸며 은둔하고 싶어 하는 꿈과 가능한 신체의 사용을 최소화하는 가운데 대부분의 일상이 자동으로 처리되는 자동 시스템을 즐기려는 욕망 사이에서 갈팡질팡할 수 있다. 최첨단 시스템을 만끽하려면 자신의 정보를 제공해야 한다. 정보는 언제 어떻게 사용될지 모른다. 대체로 신속함과 편리함을 누리면서 틈틈이 정보 보호를 내걸고 항의하는 자세를 취할 것이다. 그러는 사이 횡단보도를 반 걸음 정도 벗어났는데, 과태료 부과 통지를 알리는 신호음이 스마트폰에서 울린다.

뭐니 뭐니 해도 프라이버시와 관련하여 여전히 관심의 대상이 될 만한 것은 '잊힐 권리'다. '잊혀질 권리'라고 다소 문법에 맞지 않게 표현해도 상관없다. 반드시 죽음을 목전에 둔 노년의 시기가 아니더라도, 세파와 인파에 염증을 느끼는 순간 사회적 은둔을 꿈꾸며 자신의 모든 흔적을 지우고 싶어 한다. 이름은커녕 그림자의 자취조차 남기지 않았으면 하고 바란다. 잊힐 권리를 외치며 기술적 방안을 연구해 발표하고, 희망자를 모집하며 도와주겠다고 나서는 단체가 이미 나타났지만, 본격적으로 등장할 것이 틀림없다.

그러나 미래에도 잊힐 권리는 여전히 주장의 일부에 그치고 말 전망이다. 잊힐 권리 주창자들이 염려스럽게 뒤돌아보는 곳은 사이버 영역, 기술적 공간이다. 자신이 그 속에 뛰어들어 즐길 때에는 모든 장점을 다 이용했다. 수많은 사람들과 관계를 맺고, 사이버 공간에서 서로가 서로의 환경으로 얽혀 시간의 경과에 따른 역사의 일부를 형성했다. 그 속에서 자기 개인의 이름이나 주장 또는 태도는 이미 자기 자신의 고유 영역의 경계를 벗어나, 타인의 그것과 어울려 증폭된 존재가 되고 말았다. 증폭된 하나의 현상은 거기에 관계된 모든 사람의 공유의 영역에 속하며, 거기서 자신의 고유 부분을 분리해 낼 수 없다. 자기 고유의 틀에 올린 아이템이라 하더라도, 금지되지 않는 범위 내에서 타인이 다운로드 받아 옮기거나 복제하면 그것까지 추적하여 삭제하는 일은 불가능하다. 금지된 것이라 하더라도 손해배상을 청구할 수 있을지언정, 완벽한 추적과 청소는 극히 어려운 일이다.

무엇보다 잊힐 권리라는 것은 극단적으로 이기적인 권리의 성격 때문에 널리 받아들여질 가능성이 낮다. 경우에 따라서는 허용되어서는 안 된다. 정보화 세계의 눈부신 속도와 파급 효과와 세련된 형식을 누리겠다고 뛰어드는 순간, 잊힐 수 없는 운명과 손을 잡는다고 각오해야 한다. 진정으로 잊히고 싶다면, 아예 알리지 않아야 한다. 디지털 시대의 최대 고민에 대한 최선의 해답은 아날로그적 태도다.

9

정의를 요구하고 누릴 수 있다면

재판권

사랑에 빠진 사람은 왜 미친 듯 맹목적으로 달려드는가? 사랑에 빠져 본 사람이라면 누구나 수긍할 수 있지만, 왜 그런지는 대답하지 못할 것이다. 어쩌면 너무나 당연한 인간 본성의 발로로 여겨, 이유를 알아야 할 필요성을 못 느끼기 때문일 수도 있다. 그래도 이유가 있다면, 누구든 알고 싶어 할 것이다.

> 어느 날 광기의 신과 사랑의 신 에로스가 함께 놀고 있었다. 그때는 사랑의 신이 눈이 멀기 전이었다.
>
> 둘 사이에 싸움이 벌어졌다. 사랑의 신은 신들이 회의를 열어 둘의 다툼을 해결해 주기 바랐다. 그러나 광기의 신은 참을성이 없어서 사랑의 신의 뺨을 한 대 강하게 후려치고 말았고, 그 때문에 사랑의 신은 눈이 멀어 하늘을 볼 수 없게 되었다.
>
> 에로스의 어머니 비너스 여신이 아들의 복수를 요구했다. 비너스는 여자이며 어머니이므로, 그 탄식이 어떠했을지 짐작할 만하다. 주피터, 네메시스 그리고 지옥의 판관을 비롯한 모든 신들도 비너스의 탄원에 당

황했다. 비너스는 이것이 얼마나 중대한 일인지를 설명했다.

그녀는 자신의 아들이 지팡이가 없으면 한 걸음도 걷지 못하게 되었으므로 이러한 죄에 대해서는 어떤 벌도 무거운 게 아니며, 또 손해도 보상되어야 한다고 주장했다. 모두들 모여서 공중의 이익과 당사자 각각의 이해 관계를 잘 살펴본 뒤에, 신들의 최고 법정은 마침내 이런 판결을 내렸다.

"광기의 신은 사랑의 신 앞에 서서 그를 인도해 다니도록 하라."

– 장 드 라 퐁텐, 《연애와 광기》

광기가 사랑의 열정을 이끈다. 사랑 자체는 순진할 정도로 아무것도 모른다. 오직 미친 듯한 힘이 돌진하는 대로 끌려다닐 뿐이다. 사랑에는 눈이 없으니 명실상부하게 맹목적이다. 인간 세계에서 누구나 물불 가리지 않고 솟아나는 사랑의 에너지를 주체할 수 없어 부담스러우면 광기의 신 탓으로 돌리면 된다. 진행되고 있는 자기의 사랑이 자랑스럽다 하더라도 그것은 결코 사랑의 신 덕분은 아니다. 신의 세계 최고 법정의 법관들에게 고마움을 표시해야 마땅하다. 최고 법관 신들이 선고한 판결의 효력 때문에 인간은 사랑에 몰두할 수 있게 된 것이니까.

어디선가 이야기의 실마리를 얻어 완성했겠지만, 라 퐁텐의 우화는 우아한 멋이 설득력을 높인다. 우리 인간들이 고뇌하는 사랑의 향방과 종착지를 알 수 없다는 치명적 매력은 신의 법정에서 선고한 판관들의 결단이 만들어 낸 효과다. 17세기에 활동한 라 퐁텐 역시 프랑스 고등법원 법정에서 변론하던 법률가였기에 재판을 소재로 삼았을지 모른다. 재판의 결과는 신화나 동화에서 뿐만 아니라, 현실에서도 평범한 사람의 생활의 방향을 한순간에 돌려 놓을 뿐더러 예상하지 못한 운명의 골짜기로 몰고 간다.

재판하는 일과 재판받는 일

인간 세계에서 벌이는 재판은 신의 법정처럼 추상적이고 형이상학적 가치를 다루기보다는 구체적이고 일상적인 문제를 따진다. 범죄로 의심되는 짓을 저질러 형벌을 받아야 할 위기에 처했을 때나 재산을 둘러싸고 타인과 분쟁에 휘말렸을 때 가야하는 곳이 법정이다.

법의 심판으로 옳고 그름을 가려 정의를 실현함으로써 사회적 질병을 치유할 수 있다고 국가가 홍보하는가 하면, 국민은 또 믿는다. 그런 의미에서 곧잘 범죄나 위법 행위를 신체의 질병에, 법률가를 의사에 비유한다. 보통 사람들은 가능하다면 병원에 가지 않는 것이 낫다고 생각하듯이, 법정에도 서지 않아야 좋다고 여긴다. 그런데 왜 재판을 받을 권리를 기본권 중의 하나로 내세우는 것일까? 재판권도 반드시 제도로 보장해야 한다면, 그 이유는 무엇일까?

> 당테스는 간수가 들고 있는 석유등 불빛 너머로 관리가 서 있는 것을 보았다. 그는 양손을 앞으로 내밀고 비틀거리며 걸어나왔다.
> "내가 왜 이런 곳에 있어야 합니까? 그걸 알고 싶습니다. 제발, 재판을 받게 해 주십시오. 만일 죄가 있다면 나를 총살해도 좋습니다. 그 대신 죄

가 없다면 나를 자유롭게 해 주십시오."

"자네는 언제쯤 여기에 왔는가?"

"1815년 2월 25일 밤입니다."

"뭐라고? 겨우 17개월 밖에 안 되었단 말인가?"

"아니, 겨우 17개월이라뇨? 당신은 이곳 생활을 모릅니다. 여기 17일은 17년, 아니 그것보다 훨씬 깁니다. 제발 부탁드립니다. 바르고 공정한 재판을 받을 수 있게 해 주십시오."

– 알렉상드르 뒤마, 《몬테크리스토 백작》

알렉상드르 뒤마가 1844년의 《삼총사》에 이어 이듬해 발표한 대중소설이 《몬테크리스토 백작》이다. 약혼녀 메르세데스와 결혼을 눈앞에 두고 악당들의 음모로 영문도 모른 채 투옥된 에드몽 당테스의 복수를 다루었다. 탈옥이 불가능한 이프 섬의 감옥에 갇힌 당테스는 결국 14년 만에 시신과 바꿔치기로 탈출에 성공하는데, 지난날 우리에게는 동화로 번안된 《암굴왕》으로 더 유명하다.

사람도 견디기 힘들지만, 진실도 암굴 속에서는 오래 머물고 싶어 하지 않는다. 햇빛 아래 모습을 드러내려는 것이 진실의 속성이라고, 사람들은 그렇게 믿는다. 억울한 일을 당한 사람은 어긋난 사실을 바로잡아 궁지에서 벗어나고자 온갖 방법을 동원한다. 그 방법 중에서 제도화되어 가장 안정적이고 신뢰할 수 있는 것이 재판이라고 생각한다.

재판은 범죄자를 확인해 처벌하기 위해서만 만들어진 제도가 아니다. 범죄자 아닌 사람이 무고하게 혐의를 받고 있을 때 진실을 밝혀 무죄임을 증명할 수 있는 유일한 수단이기도 하다. 범죄만 그런 것이 아니다. 사람과 사람 사이의 온갖 분쟁도 결국 마지막에는 재판을 통해 해결책을 구한다. 개인의 신체와 재산을 안전하게 유지해 주는 것도 재판 제도이다. 인간의 권리라고 가치를 부여하는 기본권의 목록도 현실에서는 재판 제도가 있어야 공허하지 않다. 그것은 멋진 레스토랑에서 훌륭한 음식이 잔뜩 나열된 메뉴판만 읽는다고 배가 부르지 않는 것과 마찬가지다. 메뉴의 음식 목록이 기본권이라면, 판결 선고는 요리 자체는 아니더라도 최소한 배식 창구에 내밀 식권은 된다.

인간다운 생활을 보장하기 위해서 권리 보장을 위한 여러 제도를 마련하지만, 다른 한편에서 그러한 권리가 침해 당했을 때 회복시켜 줄 구제 제도가 함께 필요하다. 재판이 그 역할을 맡아 주기로 약속되어 있다. 탈출에 성공한 뒤 몬테크리스토 백작이 되어 등장할 당테스가 감옥에 들어가서 제일 먼저 애원한 것은 재판을 받게 해 달라는 것이었다. 법정에서 진실이 밝혀져 빼앗긴 자유와 사랑을 되찾을 수 있으리라는 한 가닥 희망을 가졌기 때문이다.

> 아내는 이렇게 말했다. 아마 당신보다 참을성 없는 다른 여행자들이 앞으로 숱하게 그 성을 지나갈 거예요. 그러니 이와 같은 못된 짓을 막는 것은 하늘의 뜻일 거예요. 소송을 하는 데 얼마가 들든 제가 그 비용을 대겠어요. 콜하스는 아내를 올곧은 여자라 일컫고, 아내와 아이들과 어울려 이날과 이튿날을 즐겁게 보냈다. 그런 다음 사정이 허락하는 대로 서둘러 드레스덴으로 출발하여 법원에 제소하러 갔다.

> 드레스덴에서 콜하스는 친분이 있는 법률가의 도움을 받아 고소장을 작성했다. 융커 벤첼 폰 트롱카가 자신은 물론 머슴 헤르제에게 저지른 죄악을 상세하게 기술한 다음, 융커를 법에 따라 처벌할 것, 말들을 원상회복시킬 것, 자신과 머슴이 이로 말미암아 입은 피해를 배상할 것을 청구했다. 소송사건은 아닌 게 아니라 전말이 명료했다.
>
> – 하인리히 폰 클라이스트, 《미하엘 콜하스》

통일되기 전의 독일 프로이센 제국은 영방領邦이라 불리는 지방국가들로 구성되어 있었고, 영방은 황제로부터 어느 정도 독립을 유지했다. 그 이전의 상태는 제후국이었는데, 제후는 주군인 황제에 복속된 신분이었다. 미하엘 콜하스는 제후국 브란덴부르크의 말장수였는데, 다른 제후국으로 다니면서 말을 팔았다. 어느 날 콜하스가 말떼를 몰고 엘베 강을 건너 이웃 제후국 작센으로 가고 있었는데, 갑자기 차단목이 길을 막았다. 늘 다니던 길이었지만, 길이 막힌 적은 한 번도 없었다. 알고 보니 새로 온 작센의 융커가 통행세를 거둘 욕심을 부린 탓이었다. 융커는 당시의 지방 귀족을 지칭하는 말이었다. 콜하스는 돈을 던져 주고 통과하려는데, 다시 감시원이 제지했다. 이번에는 통행증을 제시하라는 것이었다.

그 순간부터 평화롭던 콜하스의 일상은 일그러지기 시작했다. 말을 훼손 당하고 여러 가지 손해를 입었다. 이후에는 또 어떤 일이 기다리고 있을지 알 수 없었다. 그러한 위기의 상황에서 콜하스가 선택한 방법은 재판이었다. 그는 아내에게 이렇게 소리쳤다.

사랑하는 리스베트, 나는 내 권리를 지켜주려 하지 않는 나라에 머무르고 싶은 생각이 없다오. 발로 걷어차이는 신세라면 사람으로 사느니 차라리 개로 살겠소!

– 하인리히 폰 클라이스트, 《미하엘 콜하스》

재판권이 다른 권리를 지키기 위해서 필요한 중요한 권리의 하나가 된 데에는 역사적 사정도 있다. 《미하엘 콜하스》는 16세기 중엽을 배경으로 하고 있는데, 중세든 고대든 모든 국가의 공통된 첫 번째 과제는 국민의 자유와 권리의 보장이 아니라 왕권 강화와 효율적 통치였다. 왕권 강화는 귀족의 권한 축소를 의미했다. 왕 바로 아래의 성직자나 귀족의 자유와 권리는 왕의 자유와 권리가 축소되는 만큼 확장되었다. 그 아래 일반인의 자유와 권리는 전면적 고려 대상의 바깥에 놓여 있었다. 왕권 강화 정책의 핵심은 왕권에 도전하는 힘을 가차 없이 꺾어버리는 것이었다. 왕권을 두려워하지 않고 덤비는 행위는 물론, 왕권을 감시하여 비판하거나 약점을 노리는 정치적 움직임이 확인되면, 개인이든 집단이든 신속히 제거하는 것이 상책이었다. 상책 중에서도 상책은 바로 공권력을 휘둘러 감옥에 집어 넣어버리거나 아예 처형하는 방법이었다.

왕권 제한에서 시작된 인권의 역사

왕권의 행사는 강경할수록 효과가 있다고 생각했다. 왕실에 조금이라도 위협적인 요소는 아예 말끔히 제거해 버리고, 그런 공포 분위기를 이용해 장래의 위험까지 예방할 수 있다고 믿었다. 모든 것은 왕이 재판권까지 장악했기 때문에 가능했다. 작은 왕국에서는 왕이 직접 재판하는 경우도 있었지만, 그렇지 않은 경우라도 재판관을 왕이 마음대로 임명했기 때문에 왕의 의지는 쉽게 실현시킬 수 있었다.

왕이 절대적 권력을 휘두르는 전제군주국에서는 왕의 명령이 바로 법이었다. 그러니 법의 제정은 물론 법의 해석과 적용, 재판과 그에 따른 집행까지 왕의 의사에 따라 좌우되었다. 그러한 시절에는 실체법과 절차법의 구분도 명확하지 않았고, 수사와 재판도 분리되지 않은 상태였다. 뿐만 아니라 민사와 형사의 법률관계도 분화되지 않아, 잘못이 있으면 배상과 함께 처벌도 받았다. 채무를 변제하지 못해도 형벌을 부과했다. 그런 체계는 전형적인 전제군주제가 아니더라도 군주국에서는 계속 이어졌다.

자유와 권리를 확보하기 위해서는 마음대로 바뀌는 왕의 마음으로부터 해방되어야 했다. 왕이 마음먹는 대로 옳고 그름이 결정되고, 재산을 함부로 빼앗기고, 감옥에 갇혀서는 권리는커녕 불안해서 제대로 활동할 수 없을 것이다. 무엇보다도 왕이 마음대로 재판권을 휘두를 수 없게 만드는 제도가 절실했다. 가능한 한 법원을 따로 만들고 재판관을 별도로 선정해 재판을 맡도록 할 필요가 절실했다. 재판소와 재판관이 왕으로부터 독립해야만 공정성이 담보된다는 사실을 깨달았다. 재판권이 왕권으로부터 얼마나 영향을 덜 받느냐, 그 독립성의 정도가 재판의 공정성에 대한 척도가 되었다. 재판 독립성의 확보 과정이 바로 근대 사법권 형성의 역사였다.

인권의 역사는 왕권의 제한에서 시작되었다. 왕권을 제한함으로써 그만큼 자유와 권리를 누리는 사람은 평범한 일반인이 아니라 왕 바로 아래 계층의 귀족들이었다. 귀족이 먼저 조금 넓어진 권리와 자유를 맛볼 수 있게 됨으로써 더 아래 계층의 사람들에게도 확산될 희망과 전망을 보인 것이다. 1215년 영국의 〈마그나 카르타〉도 그 대표적인 예다. 왕의 약점을 파고들어 귀족들이 왕으로부터 양보를 얻어냈다. 귀족들의 이익을 보장하는 몇 가지 요구 조건에는 공정한 재판을 받을 권리가 포함되었다.

그 이후 권리장전이나 권리의 선언문이라는 데에는 항상 재판권에 대한 요구가 빠지지 않았다. 절대왕권 시절의 재판권에는 수사 절차가 포함되어 있었다. 어떤 면에서는 재판보다 수사 절차가 더 중요했다. 일단 범죄 혐의자로 지목되어 체포되면 쉽게 석방될 수 없었기 때문이다. 체포하여 구속하는 순간, 신체의 자유를 박탈 당한 피의자는 자유롭게 자기 자신을 방어할 수 없게 된다. 육체적으로나 심리적으로나 극도로 불리하고 열악한 지위에 처하는 것이다. 따라서 권력자가 의도한 결론에 이르도록 재판의 과정을 유도하는 뒷일은 그다지 어려운 과정이 아니었다. 말을 듣지 않으면 고문을 가해 자백을 받았다. 재판과 형벌을 도구로 사법 정책의 과제가 아닌 정치적 목적을 달성한 것이다. 그러한 역사적 맥락 속에서 영장제도, 변호인의 도움을 받을 권리, 고문 금지와 자백 법칙, 위법하게 수집된 증거의 증거능력 배제 등이 체계적으로 이루어졌다.

재판을 받을 권리는 아무 재판이나 받을 권리를 의미하지 않는다. 우리가 흔히 말하는 원님 재판이나 중세의 마녀 재판을 받겠다는 사람은 없을 것이다. 재판권에서 전제하는 재판은 공정하고 신속한 재판을 말한다. 공정한 재판은 법에 의한 재판과 자격이 있는 사람에 의한 재판을 말한다. 신속한 재판은 절차에 따라 이유 없이 지체되지 않는 재판을 의미한다.

이탈리아 피렌체 출신의 카를로 로렌치니는 신문사에서 일하다 54세 때 어린이 잡지에 〈꼭두각시 인형 이야기〉라는 동화를 연재했다. 어린이들로부터 폭발적 인기를 얻자 처음 계획과는 달리 이야기를 자꾸 늘려 나갔다. 그러다 보니 한 권의 책이 되었는데, 바로 《피노키오의 모험》이었다. 책이 완성되자 어린 시절 어머니 손을 잡고 가서 놀았던 콜로디라는 시골 마을이 떠올랐다. 그때부터 로렌치니 대신 콜로디를 필명으로 사용했다. 콜로디는 그의 어머니 안지올리나의 고향이었다. 카를로 콜로디의 《피노키오의 모험》에 엉뚱한 재판 장면이 하나 나온다. 항상 말썽을 일으키던 피노키오가 거리의 흥행사 허풍선이로부터 받은 금화 다섯 냥을 절름발이 여우와 눈먼 고양이에게 속아서 빼앗긴 뒤의 일이다.

> 고양이와 여우에게 속아 절망감에 사로잡힌 피노키오는 한걸음에 시내에 있는 법원으로 달려갔다. 금화를 훔쳐간 도둑을 고발하기 위해서였다.
>
> 판사는 고릴라처럼 덩치 큰 원숭이였다. 피노키오는 판사 앞에서 자신이 어떻게 이렇게 비열한 사기에 걸려들게 되었는지 자세히 얘기했다. 도둑들의 성과 이름, 생김새를 말한 뒤 판결을 내려 달라고 청했다.
>
> 판사는 아주 인자하게 피노키오의 말을 들었다. 그리고 이야기에 큰 관

심을 보였다. 늙은 원숭이 판사는 피노키오가 이야기를 끝내자 손을 들어 종을 울렸다. 그러자 제복을 입은 불독 두 마리가 나타났다.

판사는 불독들에게 피노키오를 가리키며 말했다.

"저 불쌍한 녀석이 금화 다섯 냥을 도둑맞았다. 그러니까 저 놈을 잡아 빨리 감옥에 가두어라."

전혀 예상치도 못한 이런 소리를 들은 피노키오는 어안이 벙벙했다. 그래서 항의를 하려고 했다. 하지만 불독들은 쓸데없이 시간을 낭비하지 않기 위해 피노키오의 입을 틀어막고 감옥으로 끌고 갔다.

'바보들의 함정' 도시의 감옥에서 피노키오는 넉 달 동안이나 갇혀 있었다.

- 카를로 콜로디, 《피노키오의 모험》

바보들의 함정이라는 이상한 이름의 도시에서 벌어진 재판은 읽는 이를 어리둥절하게 만들지만, 곰곰이 생각해 보면 몇 가지 교훈을 준다. 도시의 이름 자체가 그렇듯이, 이야기를 그대로 믿고 받아들이면 우리가 함정에 빠지고 만다. 함정에 걸려들지 않으려면, 동화 속에 담긴 역설의 의미를 현실에 되살려 새겨볼 수 있어야 한다. 어쩌면 어린아이들은 이 장면을 읽고 무작정 깔깔대는 순간에, 설명도 필요 없이 이야기의 핵심에 해당하는 자극을 유년의 기억에 담아 훗날을 기약할지 모른다. 어머니 고향의 이름을 자신의 이름으로 삼듯이.

바보들의 함정에서는 법이 아니라 원숭이의 마음에 따라 재판한다. 원숭이 마음이 아니라 판사의 마음이라고 해야 맞는다. 아니면 판사의 마음이 아니라 재판하는 사람의 마음이 더 맞을지 모른다. 사람의 마음에 따라 재판을 한다면, 그 나라 사람은 즉시 바보들의 함정 시민권을 자동으로 얻게 된다. 그러한 재판을 재판으로 받아들이는 시민은 모조리 함정에 빠진 바보들이다.

약속도 사람이 어기고, 범죄도 사람이 저지르고, 재판 역시 사람이 한다. 사람이 하는 재판은 당연히 사람 마음에 따라 할 수밖에 없는가? 그랬다가는 피노키오의 꼴이 되고 만다. 사람의 마음은 믿을 수 없을 만큼 자주 바뀌거나 예측할 수 없기 때문이다. 그래서 판단의 잣대는 사람의 마음이 아니라 법이어야 한다는 것이다. 그것이 법에 의한 재판이다.

올바른 법만이 정당한 법

법은 사람이 만든다. 그렇다면 결국 법이라는 것도 변덕스러운 사람의 마음이라는 마술의 함정에서 벗어나지 못하는 것 아닌가? 그런 의문에 대한 답변은 이렇게 준비할 수밖에 없다. 사람의 이성이 올바른 상태에 있을 때, 다수의 사람들이 법을 만들면 된다. 그렇게 만들어 놓은 법은 그대로 두어도 사람 마음처럼 흔들리거나 바뀌지 않는다. 온기는 없을지 모르지만 말이다. 법은 만들어진 상태 그대로 변함없이 존재하기 때문에, 재판을 하는 사람이 법을 사용할 때도 안심할 수 있다. 재판하는 사람의 마음이 의심스럽더라도, 누구나 거기에 사용한 법의 내용을 알고 있으므로 확인이 가능하다.

기원전 400년대에 아테네에서 활약한 소포클레스의 비극 중 《안티고네》는 올바른 법이 무엇인가에 대한 질문을 던진다. 안티고네는 아버지를 죽이고 어머니와 결혼한 비극의 주인공 오이디푸스 왕의 딸이다. 진실의 고통을 견딜 수 없었던 오이디푸스는 스스로 두 눈을 찔렀다. 여기까지는 《오이디푸스 왕》의 이야기다.

눈이 먼 오이디푸스가 방랑에 나설 때 눈과 지팡이가 되어 이끌어 준 두 딸이 안티고네와 이스메네였다. 그 사이 조국 테베에서는 자매의 오빠 폴리네이케스와 에케오클레스가 서로 싸우다 둘 다 죽고, 외삼촌 크레온이 왕좌를 차지했다. 아테네 부근 콜로노스에 도착한 오이디푸스가 회한에 찬 생애를 마감한다. 이것은 소포클레스가 가장 마지막에 쓴 《콜로노스의 오이디푸스》의 줄거리다.

《안티고네》는 그 다음의 이야기다. 테베로 돌아온 자매는 두 오빠의 장례를 치러야 했다. 그러나 크레온은 반역 행위를 도모했다는 이유로 폴리네이케스의 매장을 금지하는 명령을 내렸다. 시신을 길바닥에 버려 두어 짐승들이 뜯어 먹게 했다. 시체를 거두는 자는 돌로 쳐 죽이는 극형에 처한다고 선포했다. 동생 이스메네는 두려움에 떨며 오빠의 시신을 외면하지만, 용감한 안티고네는 혼자 밤의 어둠을 틈타 폴리네이케스를 묻었다. 이튿날 안티고네는 크레온 앞으로 끌려 갔다.

크레온 : 감히 네가 법을 어겼단 말이냐!

안티고네 : 네, 그러나 그 법을 저에게 내리신 것은 제우스 신이 아니었습니다. 정의의 신은 그런 법을 사람이 사는 세상에 정해 놓지 않으셨습

니다. 저는 글로 씌어진 것은 아니지만, 확고한 하늘의 법이 있다고 믿습니다. 왕의 법이 있다고는 생각하지 않습니다.

– 소포클레스, 《안티고네》

왕의 입이 법이라는 사상은 버려야 할 옛것이다. 왕이 말하는 내용이 바로 법이던 시절은 법의 지배가 아니라 사람의 지배였다. 법의 지배가 되기 위해서는 단순히 형식적인 법의 존재만으로는 불완전하다. 왕의 명령도 법의 존재 양식이었기 때문이다. 법은 존재하는 것만으로는 부족하고, 그 내용이 올발라야 한다. 올바른 법만이 정당한 법이다. 정당한 법을 만들기 위해서 여러 절차를 고안했는데, 현재의 입법부를 통한 법 제정 절차가 그것이다.

정당한 법의 기준이 있어야 한다. 거기에 관해서는 여러 의견이 분분하지만, 안티고네가 당당하게 내세운 제우스 신의 법, 정의의 신의 법, 하늘의 법이 바로 기준이 될 수 있다. 법철학자들이 말하는 자연법이다. 자연법의 내용이 무엇이냐가 더 근본적인 문제이기는 하지만, 그것을 둘러싼 논쟁과 고민을 하는 과정에서 인간 현실에 필요한 올바르다고 추정하는 법이 탄생한다. 그 올바름이나 정당성은 영원불멸의 것은 아니기에, 적절하지 못하다는 판단이 설 때에는 고치면 된다. 법을 개정하는 행위도 법을 만드는 작업의 하나다.

아무리 좋은 법이 마련되어 있다 하더라도, 법만으로 재판할 수는 없다. 어차피 법을 수단으로 재판을 하는 것은 사람일 수밖에 없다. 그러한 일을 맡은 사람이 법관 또는 재판관이다. 법을 선택하고 해석하여 적용하는 것이 법관의 의무다.

찰스 디킨스의 소설에 법률가와 법정이 자주 등장한다. 《올리버 트위스트》에서 소매치기 현장에 있던 올리버가 끌려가 재판 받는 모습을 보자.

법정은 칸막이로 된 거실이었다. 치안 판사 팽이 앉아 있는 맞은편에 가엾은 올리버는 벌벌 떨고 있었다. 브라운로는 숱하게 말을 제지당하고 거듭 모욕을 받으며 사건의 정황을 겨우 전달했다. 그는 놀란 와중에 이 아이가 도망가는 것이 보였기 때문에 쫓아갔다고 하면서, 설사 도둑이라 하더라도 법이 허용하는 한 너그러이 처리해 줄 것을 바란다고 했다.

"이 사건을 어떻게 처리하실 건가요?"

서기가 모기만 한 목소리로 물었다.

"즉결로 해. 3개월 중노동형이다. 이제 다 내보내. 어서."

팽 판사가 말했다.

그때 사건 현장을 목격한 책 가게 주인이 들어왔다. 그리고 조리 있게 상황을 설명했다.

"전 침묵을 지키지 않을 겁니다. 판사님, 제 말씀을 들어야 합니다. 다른 애들하고 여기 있는 피고인 셋이서 이 신사분이 책을 읽고 있을 때 어슬렁댔지요. 그런데 도둑질은 다른 아이가 했어요. 이 아이는 오히려 놀라 어안이 벙벙해졌어요."

"왜 진작 오지 않았어?"

"책 가게를 볼 사람이 아무도 없었어요."

"애를 무죄 석방해. 이제 다 내보내."

- 찰스 디킨스, 《올리버 트위스트》

판사는 권위적이면서도 만사가 귀찮다는 듯한 인상을 준다. 권위는 전통적으로 부여된 것이겠지만, 현명하고 올바른 재판을 할 것이라는 기대가 반영된 관념이다. 따라서 기대에 어긋날 때 권위는 사정없이 무너진다. 아무리 긍정적인 측면을 강조한다 하더라도, 법관에게 반드시 권위가 필요한가라는 의문도 역시 유효한 질문으로 남지만 말이다.

법관에게 정작 필요한 것은 권위보다 신뢰다. 소설 속의 판사는 전통과 제도가 부여하는 권위에 희미하게 기대고 있지만, 옆 건물의 회사원과 마찬가지로 일상의 직업인이다. 격무에 시달리고, 집안일에 신경 쓰고, 개인적인 고민에 빠지면 어쩔 줄 모르는 나약한 인간이다. 운 좋게 피고인의 반대편에 앉아 있지만, 직업 바깥에 놓인 번민의 그림자는 짜증스러운 표정으로 어른거린다. 뭔가 믿음이 가지는 않지만, 그래도 증인이 나타나자 증언을 받아들여 아슬아슬하게 재판을 해 나간다. 어느 결론이 올바른 것인지 알 수 없는 노릇이지만, 그렇게 따라하기만 해도 최소한의 공정성을 확보할 수 있게 마련한 장치가 재판 절차다. 절차라는 제도에 의해서 팽 판사에 대한 신뢰는 한 가닥 거미줄로 걸치게 되고, 가벼운 바람에도 흔들리지만 권위 유지에 기여한다.

현명한 재판관과 공정한 재판관

법도 중요하지만, 판사도 중요하다. 정당한 법이 필요하지만, 제대로 된 판사가 필요하다. 법을 아무리 세세하고 멋지게 잘 만들어 놓더라도, 결국 마지막 결과는 그 법을 다루는 사람에게 달렸기 때문이다. 재판은 법이 가득한 창고에서 필요한 법을 가져다 사용만 하면 되는 것이 아니다. 어떠한 법이든 그 법을 해석해서 재판의 대상이 된 사실에 적용하는 재해석의 과정을 거쳐야 한다. 법도 법관도 모두 필요하고 중요하다. 어떠한 법관이 필요한가? 디킨스가 소설 속에서 소개한 판사 팽은 사법부 직업인으로서는 수긍할 수 있으나, 결코 흡족한 판관이라는 생각은 들지 않을 것이다. 누가 흡족한가? 솔로몬이면 충분한가? 그렇다면 다른 예를 보자.

> 학자와 농부가 재판관 앞에 불러 나갔다. 그들은 아내 때문에 재판을 받고 있었다 한 사람의 여성을 두고 서로 자기 아내라고 우겼다. 재판관은 두 사람의 주장을 차례로 듣고 잠시 생각에 잠기더니 이렇게 말했다.
> "여자를 여기 두고 돌아갔다가, 두 사람은 내일 다시 출석하시오."
> 농부와 학자는 집으로 돌아갔다. ……
> 이튿날 수많은 사람들이 재판관의 판결 선고를 듣기 위해서 법정에 모여들었다. 학자와 농부가 앞으로 나갔다.
> 재판관이 학자에게 말했다.
> "저 여자는 당신이 데리고 가시오."
> 그리고 농부에게는 즉각 선고를 했다.
> "곤장 50대에 처한다."
> 학자는 아내를 데리고 돌아가고, 농부는 그 자리에서 50대의 매를 맞았다. ……

변장하여 잠행 중이던 바워거스 왕이 재판관에게 어떻게 그 여자가 학자의 아내인 것을 알았느냐고 물었다. 재판관의 대답은 이랬다.

"오늘 아침에 그 여자를 불러서 잉크병에 잉크를 채워 오라고 시켰소. 그랬더니 잉크 스탠드를 들고 나가서 깨끗이 씻은 다음 익숙한 솜씨로 새 잉크를 붓는 것이었소. 그 여자는 그런 일이 몸에 배어 있다는 것을 확인했지요. 만약 농부의 아내라면 그렇게 할 수 없었을 것이오."

- 레프 톨스토이, 〈훌륭한 재판관〉

톨스토이의 단편은 오래전부터 내려오던 러시아 민화를 고쳐 쓴 것인데, 재판관이 진실을 발견해내는 지혜를 갖춘 인물로 묘사되어 있다. 그것은 우연한 기회에 새롭고 귀한 것을 찾아내는 능력을 뜻하는 세렌디피티를 상징한다는 점에서는 가치가 인정된다. 세렌디피티는 영국의 작가 호레이스 월폴이 《세렌딥의 세 왕자》라는 동화에서 만들어 사용한 어휘다. 세렌딥은 사자들이 사는 섬이라는 뜻의 산스크리트 어가 변형된 형태로, 스리랑카의 옛 이름이다. 세 왕자가 길을 떠난 뒤 닥치는 문제를 주변을 잘 관찰해 순조롭게 해결하는 이야기다. 우연이라고는 하지만, 실제로는 보통 사람들이 무심코 지나쳐버릴 정황을 잘 살피고 분석해 근본적 문제에 바로 가 닿는다는 교훈을 전해주는 우화다.

그러한 점에서 톨스토이의 재판관도 현명한 기지를 발휘했는지 모르지만, 근대적 관점에서 평가할 때는 훌륭하기는커녕 기본을 갖추지 못한 형편없는 법관이다. 그 여성이 누구의 아내인지 확인하고 싶으면 무엇보다 먼저 그 여성에게 직접 물어보면 된다. 특히 신분과 관련한 문제는 당사자의 의사가 더욱 중요하다. 그럼에도 불구하고 톨스토이의 단편은 여성을 의사 능력도 없는 남편에 속한 물건처럼 취급하고 있다. 게다가 농부의 아내는 잉크를 다룰 줄 모른다는 생각 역시, 지금의 기준으로는 편견과 독단에 지나지 않는다.

솔로몬이든 바워거스 왕국의 재판관이든 우리의 현실에 썩 적합한 법관이라는 생각은 들지 않는다. 우리의 분쟁을 해결해 줄 재판관은 현명하기보다는 정확하고 공정하기를 원할지 모른다. 도대체 누가 재판을 맡을 것인가? 평범한 보통 사람이 법관이 되어야 하는가, 특별한 법률 전문가가 법관이 되어야 하는가? 전혀 엉뚱한 질문이 아니다. 재판은 누구나 할 수 있기 때문이다.

> 그들이 재판정에 도착해 보니, 그 곳은 온갖 새들과 짐승들 그리고 한 세트의 트럼프 병사들로 빽빽이 들어차 있었다. 옥좌에는 하트 나라의 왕과 여왕이 앉아 있었고, 그 앞에 사슬에 묶인 시종이 양쪽에서 그를 지키는 병사 두 명과 함께 서 있었다.
>
> 재판정 같은 곳에는 한 번도 가 본 적이 없는 앨리스였지만, 책에서 봤기 때문에 그 곳에 앉아 있는 자들의 직책을 대충 알 것 같아 매우 기뻤다.
>
> "저 사람이 판사야!"
>
> 앨리스는 속으로 소리쳤다. '가발을 쓴 걸 보면 알 수 있거든.'
>
> 왕이 판사를 맡고 있었는데, 커다란 가발 위에 왕관을 얹은 채 앉아 있었다.
>
> '저것이 배심원 석이다. 그리고 열두 마리 동물이 배심원들이겠지.'
>
> \- 루이스 캐럴, 《거울 나라의 앨리스》

《이상한 나라의 앨리스》의 속편에 해당하는 《거울 나라의 앨리스》에 나오는 법정의 모습이다. 왕이 판사로 앉아 있기는 하지만, 이 법정에서 재판관은 바로 열두 명으로 구성된 배심원이다. 배심원은 법률 지식과 무관한 평범한 사람들이 맡는다. 실제로 어떤 일이 일어났는가는 우리 이웃의 보통 사람들이 경험에 의해서 잘 판단할 수 있다는 믿음이 배심재판제도를 탄생시켰다. 배심재판은 현재 영국과 미국을 비롯한 서양의 여러 나라에서 채택하고 있는 형태다. 그 원형은 2,500년 전의 그리스 고대 도시국가에 있다.

소크라테스의 제자 : (지도를 가리키며) 보십시오, 여기 전 세계의 지도가 있습니다. 자, 바로 이곳이 아테네입니다.

스트렙시아데스 : 치워라, 그걸 어떻게 믿어. 배심원들은 모두 어디 갔나?

– 아리스토파네스, 《구름》

당시의 민주주의는 모두 공직을 성년의 남자들이 돌아가면서 맡는 것을 원칙으로 삼았기 때문에, 재판도 배심원이 전담했다. 배심원은 무려 500명으로 구성되었는데, 소크라테스를 유죄로 인정한 것도 280명의 배심원이었으며, 사형을 선고한 것도 360명의 배심원이었다. 개인적으로 소크라테스를 싫어했던 아리스토파네스는 소크라테스를 조롱할 의도로 《구름》을 썼다. 스트렙시아데스는 농부나 다름없는 시골 신사인데, 가산을 탕진한 아들 때문에 빚만 잔뜩 짊어졌다. 어떻게 하면 채무를 갚지 않을 수 있는지 변론 기술을 배우려고 소크라테스의 학원을 찾아 갔다가, 학생 한 명과 신경전에 가까운 대화를 나누며 신식 교육과 재판 제도를 슬슬 희화화하기 시작한다. 위의 대목은 걸핏하면 소송 벌이기를 좋아하던 당시 아테네인들을 풍자하는 내용이다. 그러한 조소와 비난이 궁극에는 효험이 있었던지, 민주주의도 배심재판도 소멸하고 말았다.

누가 재판할 것인가

거의 2,000년의 세월이 흐른 뒤 자유주의와 함께 등장한 근대국가의 민주주의 체제에서 채용한 배심재판은 고대의 그것과는 달랐다. 10명 전후의 배심원단을 구성하더라도, 재판을 진행하고 법률 문제를 처리하기 위해서 직업 법관을 따로 배치했다. 그러한 배심재판도 전체 분쟁 건수에 비하면 극히 일부분에 불과하다. 효율적이고 전문적인 재판을 추구한 결과라고 볼 수 있다. 재판권은 국가 권력의 한 부분이며, 신뢰를 얻는 것이 가장 중요하기 때문에 어느 국가건 제도의 고안에 골몰하지 않을 수 없다.

근대국가가 가지게 된 헌법은 권력 분립을 기초로 삼았기 때문에, 독립한 사법부에 법률 전문가로 구성된 관료 법관을 배치하게 되었다. 재판관이 완전히 독립한 전문 직업으로 자리 잡으면서 관심은 법관의 자격으로 쏠렸다. 누가 법관이 되어야 하는가? 그것은 재판을 하려면 어떠한 덕목을 갖추어야 하느냐라는 문제와 동일시되었다. 전문 법관을 양성하기 전에 선발하기 위한 방법으로 등장한 것은 시험 제도였다. 우선 충분한 법률 지식이 필수불가결의 요건이기 때문이고, 다음으로 시험 제도는 공정하다는 일반의 인식 때문이다.

그러나 시험 결과만으로 충분한 자질을 검증할 수 없다는 것도 너무나 분명한 사실이다. 재판이라는 행위가 보통 사람의 자유와 권리를 확인해주는 역할을 한다면, 그 판단 작용에는 법률지식 외에도 많은 요소가 끼어들고 또 요구된다. 결국 자격을 갖춘 후보자들 중 누구를 어떻게 법관으로 선발해 임명할 것인가? 민주 시민이라는 이름의 개인은 가끔 이런 의문을 떠올리기도 한다. 내가 뽑은 사람들이 만든 법을, 내가 전혀 모르는 사람들이 사용해 재판할 수 있는가?

프랑스 항구 도시 낭트에서 태어난 쥘 베른은 어려서부터 호기심과 모험심이 남달랐다. 사촌 캐롤린을 사랑하게 된 것은 11세 소년에게 일어날 수 있는 일이겠지만, 사랑의 선물로 전할 산호 목걸이를 구하겠다고 아무도 모르게 인도 무역선에 올라 탄 사건은 이례적이었다. 바로 들통이 나 아버지에게 끌려가서는 "앞으로는 꿈속에서만 여행을 하겠다"고 약속했다. 그의 꿈은 문자를 통해 여러 형태로 기술되었는데 《80일간의 세계일주》도 그중 하나였다.

> 샌프란시스코에서 기차를 타면서 필리어스 포그는 역무원에게 물었다.
>
> "여보세요, 오늘 샌프란스시코에서 무슨 소동이 있지 않았습니까?"
>
> "집회가 있었지요."
>
> "그런데 거리가 상당히 소란스럽던데요."
>
> "그냥 선거 유세였을 뿐입니다."
>
> "무슨 총독이라도 뽑는 모양이지요?"

"아닙니다. 치안 판사를 뽑는 선거입니다."

– 쥘 베른, 《80일간의 세계일주》

쥘 베른의 꿈의 대행자로 탄생한 프랑스 신사 필리어스 포그는 미국을 여행하던 중 유럽에서는 찾아볼 수 없는 진기한 광경과 맞닥뜨렸다. 미국에서는 판사도 국회의원처럼 유권자들의 투표로 선출하고 있었다. 미국은 각 주의 법원 판사는 임기가 종료될 때마다 선거로 뽑고, 연방법원 판사는 대통령이 임명해 종신으로 근무하게 한다. 나라마다 제각각 정치적 전통과 문화에 따라 제도는 다르지만, 재판을 제대로 수행할 적임자를 법관으로 임명하겠다는 의지는 동일하다.

제임스 허킨스 페크라는 사람은 미국 미주리주의 판사였다. 1823년부터 14년 동안 재직하면서, 재판 때는 반드시 헝겊으로 눈을 가리고 법정에 들어갔다. 그 재판부의 서기는 다른 동료들보다 고달플 수밖에 없었는데, 법정까지 판사를 부축해야 했을 뿐만 아니라 제출된 서면을 판사가 듣고 이해하도록 전부 큰 소리로 낭송해야 했다.

페크 판사는 정의의 여신상 흉내를 낸 것이 틀림없다. 물론 본인은 흉내가 아니라 실천이라고 생각했을 것이다. 재판 받는 사람의 얼굴을 보지 않음으로써 어떠한 선입견도 없이 공평무사하게 사건을 대하겠다는 태도의 표현이었다. 정의의 여신상은 눈을 가린 것도 모자라 한 손에는 형평을 의미하는 저울을, 다른 손에는 결과에 따른 단호한 집행을 나타내는 칼을 들었다. 그리스와 로마 신화에 등장하는 정의와 법을 관장하는 신은 많기도 하여 아스트라이아, 유스티티아, 디케 그리고 테미스 중 누가 진정한 모델인지 분간하기도 힘들다. 그런데 신들의 세계에도 눈가리개가 있었을까?

> 어린아이들처럼 싸움질을 일삼고
> 진실의 눈을 가리는 사람은
> 항상 욕을 바가지로 얻어먹어도 싸지.
> ……
> 선불리 소송을 걸었다가는
> 뜯기는 것이 승소해 받는 것보다 많으니,
> 사건을 얼른 마무리하지 않고 오래 끄는 것은
> 진리의 눈에 가리개를 씌우는 것과 같다네.
>
> – 제바스티안 브란트, 《바보배》

칼과 천칭을 든 정의의 여신상은 수백 년 전부터 있었다. 하지만 어느 여신도 눈을 가리지는 않았다. 정의의 여신에게 눈가리개를 씌운 최초의 예는 바젤대학의 법학교수였던 제바스티안 브란트가 1494년 독일어로 쓴 운문 우화집 《바보배》에서 발견한다. 바보배는 바보들이 타고 있는 배란 뜻이고, 어리석은 인간 모두가 바보라는 은유가 들어 있다. 그 책에는 알브레히트 뒤러의 작품으로 추정되는 목판화가 삽화로 들어 있는데, 쓸데없이 소송을 벌이며 인생을 소모하는 바보를 비웃는 제71장의 그림이 바로 눈을 가린 정의의 여신이다. 정의의 여신에게 씌워진 최초의 눈가리개는 진실을 가리는 인간의 이기심과 어리석음의 상징이었던 것이다.

그러한 것이 언제부터 공평무사를 상징하게 되었는지 모른다. 인간은 무엇이든 잘 만들어내고 의미는 더 잘 붙이는 능력을 가졌으니, 어느 사이엔가 정의의 여신상의 눈가리개에 새로운 추상적 의미와 가치를 부여해 버렸다. 현실의 재판제도는 그러한 과장된 의미 부여에 의하여 조금은 허공에 떠 있다.

모든 권리를 보장하기 위한 권리가 가능한 것일까? 그리고 그것은 정의란 것을 실현해 보일까? 우리가 모르는 정의를 제도는 발견할 수 있을까?

> 법정에 선 조각가가 분개하여 재판장에게 대들었다.
> "여긴 정의를 다루는 법정 아닙니까?"
> "아닙니다." 재판장이 대답했다.
> "여기는 법을 다루는 법정입니다. 정의란 진리나 미와 마찬가지로 우리가 추구하는 이상입니다. 당신이 끌과 망치로 미를 완성하려는 것처럼, 우리는 법률을 도구로 해서 정의를 이룩하려고 노력하고 있습니다."
>
> – 존 휴스, 《즉석적인 웅변》

미래의 재판권

헌법학에서는 절차적 기본권이니 청구권적 기본권이니 하는 이름으로 분류하면서 재판받을 권리를 선언한다. 물론 헌법에도 명시되어 있다. 인권의 역사에서 재판받을 권리는 권력의 자의적 행사에 대한 개인의 방어권에서 출발했다. 인신에 대한 부당한 침해 행위나 개인 재산의 수탈 행위를 구제 또는 예방하는 것이 재판청구권의 주된 관심사였다. 그러다 민사와 형사 사건이 분화되고 수사와 재판 절차의 분리와 함께 사법기관이 독립하면서 개인의 권리도 다양하게 확장되었다. 환경 변화에 따라 재판청구권의 범위를 종전의 좁은 범위에 국한할 수 없었다. 그러다 보니 이제 재판청구권의 실체적 범위는 개인의 모든 권리를 포괄하고, 상대도 국가나 그에 준하는 기관의 권력에 한정하지 않고 개인까지 포함하게 되었다. 이념을 분명히 하는 인권운동가나 개념을 세우고 체계화를 시도하려는 인권이론가의 입장에서 볼 때 일반의 권리와 인권의 구분이 모호해지는 기이한 현상을 목도하지 않을 수 없다. 애당초 인권과 일반의 권리는 구분이 명확하지 않았는데, 그것은 인권의 개념 문제 때문이기도 하다.

기존의 재판청구권의 내용은 공정한 재판과 신속한 재판으로 요약할 수 있다. 그런데 개개인은 신속하고 공정한 재판보다 자기가 이기는 재판을 원한다. 처음부터 자기 잘못을 자인하지 않는 한 어떠한 종류의 분쟁에서도 자기 주장의 정당화 논리에 집중한다. 심급에 관계없이 승소한 자는 당연하게 여기고, 패소한 자는 불복한다. 직간접의 수많은 재판 경험에 의하여 누가 재판하느냐에 따라 결과가 달라질 수 있다는 사실을 현실로 인식한다. 재판의 결과는 객관적 진실 또는 정의로 귀결되는 것이 아니라, 어떻게 하느냐에 따라 바뀔 수 있는 것으로 파악된 것이다. 사법부에 대한 불신은 점점 커져 가고, 그러면서도 이해관계가 충돌하면 거의 무조건 법원에 제소하여 사건 수는 늘고, 그 결과 다시 불신은 증가하는 기이한 현상이 꼬리에 꼬리를 물고 반복된다. 이러한 모순과 불신의 순환 구조가 심화되면, 폭발 직전의 재판에 대한 불만을 잠재울 수 있는 효율적 대안은 인공지능에 재판권을 넘기는 것이다.

50년 뒤 또는 70년 뒤에 사라질 직업 중에 법관이 들어 있는 것은 호기심을 불러일으키기 위한 기획이 결코 아니다. 우리가 재판의 목적을 무엇으로 삼느냐에 따라 재판의 과정이나 기능은 변화할 수밖에 없다. 재판 제도가 진실을 밝히거나 정의를 실현하는 데에는 한계가 있다는 사실을 이제는 누구나 안다. 진실은 당사자도 잘 알지 못하거나 일부만 아는 경우가 많다. 정의 역시 고정불변의 실체가 아니어서 객관화하면 너무 추상적이고, 구체적 현실에서 주관화하면 옳다고 믿는 것을 정의로 간주하는 경향에서 벗어나지 못한다. 현실의 재판은 결국 분쟁을 조정하는 하나의 절차이자 게임이다. 민사 재판은 당연하고, 형사 재판 역시 유사하다. 증거와 반증을 공격 수단으로 삼는 게임의 성격이 짙다. 정치적 사건이나 뇌물 사건의 사례를 훑어만 보아도 짐작이 가능하다.

기계가 사건의 내용을 어떻게 이해하고 판단하느냐는 의심은 초보적 의문에 속한다. 아무리 복잡하고 미묘한 것이라도 알고리즘이 해결하는 시대로 접어들었다. 단순하게 연산 작업이라고 표현할 수 있는 알고리즘은 그램화를 전제로 한다. 그램화는 어휘나 기호 등으로 재생이 가능한 형태로 만드는 것을 의미한다. 인간의 생각과 행위가 얽힌 사건도 이산화離散化 과정을 거쳐 무수히 잘게 쪼개어 구분이 가능한 단위로 변환시킬 수 있다. 엄청난 수의 기호로 변환시킨 사건을 기계에 입력하면 그 다음은 오직 시간 문제다. 예전에는 엄청난 시간이 소요되어 사실상 불가능이나 다름없는 문제가 많았다. 출장판매원 이론이 대표적이다. 25개 집이 모인 마을을 찾은 외판원이 모든 가구를 방문할 경우, 동선이 가장 짧은 경로를 찾는 문제다. 25개의 집을 순차적으로 방문하는 경우의 수를 늘어놓고 각 집 사이의 거리를 더한 다음 가장 짧은 코스를 고르면 끝나는 단순한 계산이다. 그런데 1초에 100만 번 계산할 수 있는 컴퓨터를 사용했을 때 그 작업에 소요되는 기간은 물경 98억 년 정도다. 믿기 어렵지만 실제로 계산해 보면 그렇다. 하지만 10여 년 사이에 컴퓨터의 능력은 엄청나게 향상되어, 100억 년 가까이 걸리던 계산을 두세 달이면 해낼 수 있게 되었다. 예상으로는 몇 년 뒤면 이삼 일 이내의 일거리로 해치울 전망이다. 이세돌이나 박정환, 커제가 알파고에 이길 수 없는 원리도 바로 알고리즘, 인간이 스스로 만든 효율적 장치 때문이다.

관련된 요소를 처리하여 판단하는 재판의 기능적 역할은 그렇다 치고, 신뢰도의 측면은 어떠할까? 하나의 예로 충분하다. 2001년 영국에서 개발한 호크아이가 2006년 US오픈 테니스 경기에 처음으로 사용된 이래로 스포츠계의 판도에 변화가 생겼다. 축구와 야구에도 적용되고, 배구에서도 비디오가 심판의 실수를 꾸짖고 있다. 단순히 촬영한 비디오 영상의 재생도 마찬가지지만, 고속 촬영의 결과를 합성하여 재구성한 영상으로 보여주는 테니스공의 흔적은 타격의 힘에 의한 일그러짐까지 표시된다. 그런데 그것은 완전히 객관적인 사실이고 진실일까? 테니스공만 하더라도 표면은 매끄럽지가 않다. 만약 보푸라기 한 올이 라인에 걸쳤을 때는 어떻게 되는가? 공의 일그러진 정도는 계산된 통계치에 따른 최소한의 가정을 전제로 할 수밖에 없다. 인간 심판이 판정하는 경우보다 오차가 현저히 줄어들 뿐이지, 비디오 판독 자체 역시 완벽한 것은 아니다. 공이 아슬아슬하게 라인 부근에 떨어졌을 경우를 보자. 라인에 접선이라도 그으면 인이고, 조금이라도 벗어나면 아웃으로 판정하는 것이 경기에서의 정의이며 공정성이라고 누구나 확신한다. 소수점 이하 몇 밀리미터 차이의 오차에서 판정이 달라지는 것이 선수의 실력이 반영된 결과인지 운의 작용인지 생각해 보자. 어떻게 판정하든 그것은 정의와 무관하다. 그 범위 내에서 우리가 정의 또는 공정성의 실현이라고 믿는 것은 공이 라인에 걸쳤느냐 벗어났느냐의 실체의 문제라기보다는 우리가 정한 규칙에 따른 믿음의 문제일 따름이다.

그럼에도 불구하고 선수나 관중들은 인간 심판의 판정에는 의문을 품고 격렬하게 저항하며 불신하지만, 기계의 판정에는 아무런 이의를 제기 하지 않는다. 사람보다 기계를 더 믿는다.

인공지능의 재판은 재판권의 문제다. 그에 따라 재판청구권의 양상도 달라질 전망이다. 재판청구의 대상이나 범위가 더 확대될 수 있다. 국가가 선택한 재판 기계 외에 다른 종류의 사설 기계가 더 우수한 성능을 광고하며 대안으로 등장할 가능성도 배제할 수 없다.

10

각자의 권리, 공동의 삶

인간다운 생활을 할 권리

이름을 붙임으로써 불분명한 것이 확실해지는 경우가 있다. 명칭은 기억하기 쉽고, 그것을 부르는 짧은 한마디가 연상 작용을 일으킨다. 반면, 이름이 그 본질이나 속성의 가장자리를 칼로 베어내듯이 작은 울타리 안에 한정해 의미를 버리기도 한다. 원래 지니고 있던 다채로움이나 의미의 확장 가능성은 이름의 칼날 끝에 잘려 나간다. 인간이 하는 대부분의 지적 작업은 이름을 붙이면서 시작하거나 끝을 맺는다. 인간이 자랑하는 이성의 힘이 그것인 양 이름으로 개념화하고, 불완전할 수밖에 없는 개념을 변명하기 위하여 온갖 설명을 갖다 붙인다. 가장자리에서 잃어버린 조각을 찾아 헤매는 꼴이다. 그 과정에서 허망한 싸움을 지루하게 펼치기도 하는데, 종국에는 그 소란도 논쟁과 발전으로 미화하고야 만다. 때로는 개명까지 단행하면서.

인권이나 기본권이라는 큰 이름 아래에 붙인 작은 이름 중에서 단연 돋보이는 것은 '인간다운 생활을 할 권리'다. 얼마나 아름다운 이름인가. 이름만 놓고 보면 더 바랄 것이 없다. 지금 생각하면 그러하다. 그러나 작명 당시 취지는 지금의 우리 생각과는 조금 달랐다.

시간이 흐르면서 그 이름의 의미도 조금씩 바뀌었다. 원하는 의미를 이름에 덧붙이기도 하고, 생활권이니 사회권이니 이름을 변경해 보기도 했다. 이제 몇 개의 이름들은 많은 부분을 겹쳐 공유하면서 각자 고유의 영역도 주장한다.

자유와 가난

행복한 왕자의 동상에서 눈물이 황금빛 뺨을 타고 흘러내렸다. 달빛에 비친 그 얼굴이 너무 아름다워서 작은 제비는 그만 가엾은 생각이 들었다.

"누구세요?"

제비가 물었다.

"행복한 왕자란다."

"그럼 왜 울고 계세요? 덕분에 흠뻑 젖었잖아요."

그러자 동상이 대답했다.

"내가 살아 있었을 때, 그리고 인간의 심장을 가지고 있었을 때, 난 눈물이 무엇인지도 몰랐어. 상수시 궁전에서 살았는데, 그곳은 슬픔이 들어올 수 없는 곳이었거든. 낮에는 친구들과 정원에서 놀았고, 저녁에는 대연회장에서 무도회를 이끌었어. 정원 둘레는 아주 높은 담장으로 막혀 있었는데, 난 그 바깥에 무엇이 있는지 물어볼 생각조차 안 했단다. 주위의 모든 것이 너무나 아름다웠으니까. 신하들은 나를 행복한 왕자라고 불렀고, 사실 난 행복했어. 그냥 즐기기만 하는 것도 행복이라면 말이야. 난 그렇게 살다가 죽었어. 그리고 죽은 후에 사람들이 나를 이 높은 곳에 세워 놓았단다. 덕분에 도시의 온갖 추하고 비참한 일들을 모두 볼 수 있게 됐고, 그래서 지금 난 납으로 만든 심장을 갖고 있는데도 눈물을 흘릴 수밖에 없단다."

– 오스카 와일드, 《행복한 왕자》

인간의 권리라고 인식하면서 처음 쟁취하려 한 것은 오늘날 자유권이라고 분류하는 기본권이다. 절대왕권의 전횡으로부터 신체의 자유를 확보하고, 종교의 자유를 가지며, 자기 재산을 함부로 침해당하지 않는다는 내용들이었다. 물론 당시의 그러한 기본적 권리는 비교적 왕 가까이에서 자신의 권리를 주장할 만한 토대를 가진 성직자나 귀족 계급이 목표로 삼을 만한 대상이었고, 세월이 지나 혁명이 일어나면서 비로소 모든 사람이 그 주체가 되었다.

적어도 이론상으로는 모든 사람에게 기본권을 당연한 권리로 부여한 혁명은 평범한 보통의 인간을 왕이 거닐던 궁전의 첨탑에서 세상을 바라보게 만들었다. 주권자가 왕이 아니라 바로 나 자신이라는 자각을 하게 만들었다. 통치하는 자와 통치 당하는 자 사이의 구분이 없어졌다. 속박을 벗어나 자유가 손아귀에 들어오는 듯했고, 자유가 평등한 세상을 이루어주리라는 꿈을 갖게 되었다. 왕만 바라보던 자리에서 세상을 보게 되면서 시야가 달라졌고, 명목상 권리를 통해서 세상을 살펴보며 현실을 고민하기 시작했다.

오스카 와일드는 《행복한 왕자》에서 완전히 거꾸로 뒤집어 상황을 은유했다. 혁명 전이든 후든 상관없다. 왕궁의 벽에 갇혀 살던 왕자는 언덕 위에 솟은 받침대에 올라서서 비로소 담장 밖의 세상을 바라보게 되었다. 보통 사람들이 살아가는 모습을 보고 실상을 알게 되었다.

> 가난에 쪼들려 미쳐 가는 이런 생활 속에서도 제르베즈는 주변에서 굶주림의 헐떡거림을 들으면 마음이 한층 더 괴로워졌다. 건물에서도 이 구석이 가장 가난한 사람들의 구역이었기에, 거기 사는 서너 가족은 서로 약속이나 한 듯 날이면 날마다 끼니를 잇지 못했다. 문이 열려 있어도 음식 냄새가 풍기지 않았다. 복도를 따라 죽음과도 같은 침묵이 깃들었고, 벽도 텅 빈 배처럼 공허하게 울렸다. 간간이 소동이 일어 여자들의 울음소리, 굶주린 아이들의 보채는 소리가 들렸는데, 가족들은 저마다 배고픔을 잊기 위해 서로에게 대들었다. 누구나 입을 크게 벌려 하품을 할 때면 목구멍에 경련이 일었다. 영양가가 없어 하루살이조차 살아남지 못할 더러운 공기를 마신 탓에 가슴도 답답하기 그지없었다.
>
> **– 에밀 졸라, 《목로주점》**

왕의 속박으로부터 벗어난 것이 자유인지는 몰라도, 그것이 가난으로부터 벗어나게 해 주지는 못했다. 신하로 사는 일도 힘들었지만, 저마다 주인으로 살기에도 고달팠다. 돈 없는 주권자의 삶이란 주인이 주는 것을 받아 먹는 노예보다 못한 비참한 것일 수도 있다는 사실을 미처 몰랐다. 《목로주점》의 한 장면은 세상을 비관적으로 바라본 극단적 묘사가 결코 아니다. 그러한 양상은 적어도 영국의 산업혁명 시대 이후 유럽에 전염병처럼 퍼진 노동자들의 삶의 양상인데, 오늘 우리 곁에도 허다하다. 현재의 특이한 상황은 눈에 잘 보이지 않는다는 점이다.

> 아침에 오우메 거리 어귀에 있는 밥집으로 갔다. 따뜻한 차를 마시고 있는데 진흙투성이 차림의 지저분한 노동자가 뛰어들듯 들어와서,
> "언니, 10전으로 뭐 먹을 거 없을까. 10전짜리 동전 한닢밖에 없는데."
> 큰소리로 정직하게 말하고 서 있는다. 그러자, 열대여섯 살 정도로 보이는 여자아이가,
> "밥하고 두부조림이면 되나요?" 한다.
> 노동자는 금방 싱글벙글거리며 장의자에 걸터앉는다.
> 수북한 밥그릇, 저민 고기와 파를 넣은 두부조림, 텁텁한 된장국. 그게 10전 동전 하나의 영양식이다. 노동자는 천진난만하게 입을 크게 벌리고 볼이 미어지도록 밥을 먹는다. 눈물겨운 모습이다. 천장 벽에 '한 끼 10전부터'라고 적혀 있는데도 10전 동전 한닢뿐인 이 노동자는 순진하게 큰 소리로 확인한 것이다. 나는 눈물이 날 것만 같았다. 밥이 나보다 많아 보였지만 그걸로 충분할까라는 생각을 했다.
>
> – 하야시 후미코, 《방랑기》

에밀 졸라가 《목로주점》에서 묘사한 장면이 가난한 노동자의 일반적인 모습이라면, 거기에 확대경을 대고 본 것이 하야시 후미코의 한 구절이다. 빈자의 구체적 초상화라 할 수 있다. 전체의 모습이나 개인의 얼굴이나 다를 바 없다. 가지지 못한 자의 외양은 구분할 필요도 없이 닮은꼴이기 때문이다.

왕과 왕국, 성직자 그리고 귀족 계급의 위계 질서가 그 형식만 벗어 보아야 아무 소용이 없었다. 더 쓰라린 고통은 빈부의 차라는 경제적 현실에서 왔다. 거대한 건물과 왕관 그리고 총검의 기세등등했던 계급은 눈에 보이지 않게 위와 창자 속에서 생겨 사람을 뒤집어 놓았다.

> 얼마만큼 일하고 얼마만큼 보수를 받으면 거기서 끝인 존재, 수요공급의 법칙에 의해 틀림없이 결정되는 존재, 이 법칙에 걸려서 머뭇거리다가 곤란에 빠지는 존재, 밀이 비쌀 때는 약간 쪼들리다가 밀이 쌀 때는 과식하는 존재, 일정 비율로 숫자가 늘어나면 또한 일정 비율로 범죄를 낳고 또다시 일정 비율로 빈곤을 낳는 존재, 도매로 취급되며 그로부터 막대한 재산을 벌 수 있는 존재, 때때로 바다같이 일어났다가 (주로 자신에게) 해악과 손해를 입히고는 다시 가라앉는 존재, 루이자는 코크타운의 일손들이 바로 이런 존재라고 알고 있었다.
>
> – 찰스 디킨스, 《어려운 시절》

공장이 돌아가 이전에는 구경할 수 없었던 물건을 대량으로 생산했지만, 일하는 사람들의 가난은 심했다. 열심히 일할수록 생산량은 높았고, 그만큼 빈부의 격차는 더 벌어졌고, 빈곤의 늪은 깊어 갔다. 경제적 자유가 포함되지 않은 자유는 자유가 아니었다. 자유와 동시에 평등이 필요했는데, 무엇보다도 가진 자와 가지지 못한 자의 평등이 가장 절실했다.

경제적 정의와 평등

무엇이 평등을 가져다 줄 수 있을까. 평등이 성급하다면, 무엇이 다수의 사람들을 궁핍으로부터 구제할 수 있을까. 그때 등장한 것이 '인간다운 생활'Menschenwürdiges Dasein이었다. 1919년에 제정한 독일 바이마르 헌법 제151조는 이랬다. "경제 생활의 질서는 사람마다 인간다운 생활을 할 수 있도록 보장하는 것을 목적으로 하는 정의의 원칙에 합치해야 한다."

독일의 혁명은 1918년 일어났다. 20세기 들어서면서 독일의 자본주의는 영국을 앞질러 미국 다음 가는 세계 제2위의 생산력을 유지했다. 그럼에도 불구하고 내부에서는 여전히 옛 지주 귀족 융커가 군부를 포함한 정치권력을 장악하고 있었다. 후진적 정치 체제와 급격히 성장하는 자본가의 경제력 사이에 모순과 갈등이 발생했다. 제2차 세계대전에서 패색이 짙어지면서 붕괴하는 군부 권력에 틈이 생겼고, 이미 혁명을 경험한 전승국들은 민주화의 압력을 가했다. 1918년 11월 7일 제정 폐지와 함께 공화국 수립 선언이 이루어지자, 이틀 뒤 독일 황제 빌헬름 2세는 네덜란드로 망명했다. 1919년 1월 총선거에서 사회민주당이 주축이 된 3당 연립의 민주공화파가 압승하였고, 의회는 다음 달 프리드리히 에베르트를 대통령으로 선출했다. 헌법안은 7월 31일 국민의회의 의결을 거쳤고, 8월 11일 독일민주공화국 헌법으로 선포되었다. 헌법 초안을 검토하고 의결하는 국민의회가 에르푸르트에서 15킬로미터 떨어진 튀링겐주의 작은 도시 바이마르에서 열렸는데, 그러한 연유로 단명한 그 헌법은 바이마르 헌법이라고 불리게 되었다.

바이마르 헌법이 말한 인간다운 생활은 경제 정책의 목표를 제시한 것이다. 말하자면 경제 조항의 대원칙 같은 것이었다. 그것이 의미하는 평등은 경제적 평등이었고, 경제적 평등은 빈부 차이를 줄이는 것이었으며, 빈부 격차의 해소 방식은 가진 자에 대한 제약과 가지지 못한 자에 대한 지속적 배려였다. 그것이 경제 정의의 실천이라 생각했고, 경제적 정의 실현을 통해서 인간다운 생활, 인간다운 삶을 보장할 수 있다고 전망했다. 바이마르 헌법은 대통령이 된 에베르트가 법률가이자 정치가였던 후고 프로이스에게 초안 작성을 맡기면서 태동하게 되었다. 바이마르 공화국 초기 몇 개월 동안 에베르트 아래서 내무부장관직을 수행하기도 했던 프로이스는 헌법에 자유주의와 사회주의 요소를 결합한 정치 질서와 경제 원칙을 심으려고 노력했다. 그 결과의 하나가 인간다운 생활이라는 표현이었는데, 어쩌면 이미 정치적 강령을 외치는 가운데 그러한 구호를 먼저 사용한 것이 분명한 페르디난트 라살레로부터 배운 것일 터였다.

카를 마르크스보다 예닐곱 살 아래였지만 한때 동지이자 친구로 지냈던 라살레는 1848년 독일혁명 이후 활로를 찾던 노동자 조직을 결합해 1863년 독일 최초의 노동자 정당 전독일노동자협회를 만들었다. 1869년에는 아우구스트 베벨과 빌헬름 리프크네히트가 주도하여 요한 세바스티안 바흐가 태어나고 마르틴 루터가 공부한 아이제나흐에서 독일사회민주주의노동당을 결성했다. 라살레파와 아이제나흐파로 불리던 두 노동자 정당은 1875년 고타에서 독일사회주의노동당으로 통합했다가, 1890년 바로 바이마르 공화국의 주축이 된 독일사회민주당으로 변신했다.

지금은 우경화하여 노동자의 당이 아닌 국민의 당이 되었지만, 바이마르 헌법을 제정하던 당시만 하더라도 독일사회민주당의 중심 이념 중 하나는 사회주의였다. 초안을 작성한 프로이스는 민주당에 가입한 자유주의자에 가까웠으나, 한편으로는 사회주의에 깊은 관심을 갖고 있었다. 그에게 헌법을 의뢰한 에베르트 역시 어느 정도는 사회주의자였다. "인간다운 생활"은 사회주의 사상이 낳은, 또는 사회주의 사상이 담긴 표현이었다.

> 미틸 : 그런데 오늘이 크리스마스야?
>
> 틸틸 : 아냐, 내일이야. 그렇지만 이번 크리스마스 이브엔 산타클로스 할아버지가 우리에게 아무것도 갖다 주질 못 하실 거야.
>
> 미틸 : 왜?
>
> 틸틸 : 어머니가 산타클로스 할아버지께 부탁하러 갈 겨를이 없으셨대. 하지만 내년에는 오시겠지.
>
> 미틸 : 내년이란 건 아직도 멀었어?
>
> 틸틸 : 그렇게 멀지도 않아. 하지만 오늘밤에도 부잣집 아이들한텐 산타클로스 할아버지가 찾아가실 거야.
>
> 미틸 : 부잣집 엄마들은 부탁하러 갈 겨를이 있었나 보지?
>
> – 모리스 마테를링크, 《파랑새》

인권이라는 말은 물론이고, 인권의 근대적 관념 역시 혁명 이후에 생겼다. 주권이 신을 대리한 군주에게 있던 시절에는, 1인에게 집중된 권력의 지배력이 미치는 범위가 정치와 생존의 단위였다. 왕과 신민으로 구성된 제국만 존재했지 개인이나 사회라는 개념이 따로 없었다. 절대적이라는 수식어가 앞에 붙어야 어울렸던 왕권이 무너지자 주권이 국가의 구성원 개개인에게 돌아왔다. 전제군주를 쫓아낸 혁명은 바로 주권 혁명이었다. 혁명의 바탕에는 자유와 평등이 깔려 있었다. 왕 아래의 억압된 신분으로부터 벗어나는 자유였다. 계급사회의 차별에서 받은 분노를 가라앉힐 평등이었다.

새 주권자가 주인이 된 나라는 모두가 힘을 합쳐 운영해 가는 공화국을 꿈꾸었고, 주권자의 권리가 기초가 된 민주주의를 도구이자 목적으로 삼았다. 혁명으로 세워진 근대국가는 그 이전부터 형성된 자유주의사상을 토대로 대개 개인의 자유와 권리의 보장을 최우선으로 하는 입헌민주주의 형태로 이루어졌다. 자유와 권리를 위한 핵심을 개인의 재산권을 보장하는 데 두었다. 재산을 형성하기 위해서 필요한 것은 규칙과 자유로운 경쟁 그리고 그로 인하여 얻은 것을 전부 그의 소유로 인정하는 제도였다. 자본주의를 근간으로 하는 자유민주주의는 그렇게 시작되었다.

사회주의라는 사상

자유는 바로 평등을 가져다 주지 않았다. 계급에 따른 불평등은 조금 나아진 것처럼 보였을지라도, 먹고 사는 문제는 여전했다. 오히려 자본주의를 바탕으로 한 경쟁 체제는 경제적 불평등을 심화했다.

빈부의 차이로 빈자는 부자유를 뼈저리게 실감했다. 한 번 경쟁에서 승부가 갈라지면, 그 다음 경쟁에서는 시작부터 불공정했다. 한쪽에서는 자유와 평등을 만끽하는 듯 보였지만, 다른 쪽에서는 부자유와 불평등의 악순환에 말려 들었다. 역설적 상황은 현실의 구조적 모순에 있다고 진단할 수밖에 없었다. 모순의 원인은 번영의 씨앗이기도 한 자본주의였다.

> "하지만 나는 이렇게 건강하다고! 다리가 부러진 것도 아닌데 집으로 돌아갈 수 없다니. 나는 우리 부모님을 사랑하고, 부모님도 나를 사랑하고 있는데도 우리는 크리스마스 이브를 함께 지낼 수가 없어. 도대체 무엇 때문에? 돈 때문이지. 왜 우리는 돈이 없을까? 우리 아버지가 다른 남자들보다 능력이 없어서? 아냐. 내가 다른 애들만큼 부지런하지 않아서? 아냐. 우리가 나쁜 사람이라서? 그것도 아냐. 그렇다면 무엇 때문일까? 많은 사람들을 고통에 빠뜨리는 불공정함 때문이지. 그래서 많은 사람들이 고통을 당하고 있는 거야. 공정하지 못한 걸 바로잡아 보려는 친절한 사람들도 있긴 해. 하지만 모레가 크리스마스 이브야. 그때까지 친절한 사람들이 성공하진 못할 거야."
>
> – 에리히 캐스트너, 《하늘을 나는 교실》

부유한 자도 가난한 자도 없는 평등한 세상에 대한 열망은 근대국가 이전에도 자본주의나 자유민주주의 체제 이전에도 있었다. 그러한 이상적 사상은 인간 사회에 언제나 존재했지만, 자본주의의 결함이 드러나면서 점점 힘을 얻게 되었다. 그리하여 노동자들의 단결과 행동을 통해 세계적인 운동으로 움직이기 시작했다.

사회주의는 다같이 잘 살아보자는 경제 사상이다. 개념의 정의를 사전에서 찾는다면 "자본주의 시장 원리를 반대하고 생산 수단을 공유화함으로써 사회주의 내지 공산주의 사회 건설을 목적으로 하는 주장" 또는 "생산 수단의 사회적 소유와 경제의 협동적 운영을 특징으로 하는 경제체제"다. 공상적 사회주의라는 표현도 있듯이 오래전 함께 고루 경제적 이익을 누리며 사는 공동체를 만들어 보자는 소박한 생각에서 출발한 움직임은 조금씩 거창한 꿈과 결합하였고, 마침내 카를 마르크스 때부터 혁명적 정치 행동 이론과 결합하여 제2차 세계대전 이후에는 세계를 두 동강으로 나누어 버리기까지 했다. 그 뒤로 반공주의 세계에서는 사회주의에 대한 근본적이고도 거의 절대적인 오해를 당연한 것으로 여기게 되었다.

> 나는 하미드를 어루만지면서 이대로가 좋다고 생각했다. 결국 나보다 훨씬 뛰어난 내 딸들이 중요하다고 생각했다. 지금껏 나와 같은 어려움은 한 번도 겪지 않고 살아온 내 딸들이 중요하다고 생각했다.
>
> 아이들은 나로서는 아직까지 감히 생각조차 못하는 태도와 목소리로 원하는 것을 요구하고 권리를 주장하며 자의식으로 충만하다. 남녀를 막론하고 모든 사람이 내 딸들과 같은 행운을 가진 것은 아니다. 부유한 국가에 만연한 평범함 속에는 부유하지 않은 세계의 공포가 내재되어 있다. 우리는 그 공포에서 갑자기 튀어나온 폭력이 우리들의 도시와 일상에 침투하면 그제야 흠칫 놀라며 불안해했다.
>
> \- 엘레나 페란테, 《잃어버린 아이 이야기》

선의에서 출발한 사회주의 사상이 역사의 흐름과 함께 강력한 힘을 얻기도 하고 배척 당하기도 하면서 변모했지만, 그 근본 사상은 여전하다. 자본주의와 자유민주주의 사상이 개인을 중심에 둔다면, 사회주의는 자유로운 개인들 사이의 모순과 갈등 속에서 새삼 사회를 재발견한 것이나 다름없는 하나의 각성이었다. 사회의 발견과 함께 그 사회 속에서 조화를 이루어 가는 존재가 인간이어야 한다고 믿었다.

불확실하긴 하지만, 사회주의라는 용어 자체는 이탈리아 파도바대학 법학부 교수였던 자코모 줄리아니가 1803년에 출간한《반사회주의에 대한 반론》에서 처음 등장했다. 줄리아니는 장 자크 루소의 개인주의적 원리에 대응하여 사회적 생활 원리라는 의미로 사회주의라는 표현을 사용했는데, 그것이 점차 생산 수단의 공유로 발전했다.

바이마르 헌법 제정에 참여했던 사람들은 사회주의 사상으로부터 영향을 받았다. 그들 중 일부는 사회주의자였다. 그런 연유로 경제 구조에 관한 상세한 규정의 체계화는 물론 "인간다운 생활"이라는 표현을 사용한 최초의 헌법이 되었다. 바이마르 헌법에서 말한 인간다운 생활은 빈곤에서 허덕이는 사람이 없는 삶, 어느 정도 경제적 정의가 실현되는 삶을 의미했다. 오늘날의 인간의 존엄까지 폭넓은 의미를 포함한 것은 아니었다. 그 뒤에 동서독으로 분리되면서 동독 헌법은 "인간다운 생활"이라는 표현을 승계했지만, 서독 기본법은 "인간다운 존엄"으로 대체했다.

빵의 조건과 장미의 조건

"내 생각엔," 엄마가 조용히 말문을 열었다. "우리가 원하는 건 …… 단지 우리의 배를 채워줄 빵만은 아닌 것 같아요. 우리에게는 빵만이 아니라 그 이상의 것이 필요하죠. 우리는 우리의 가슴과 영혼을 위한 양식도 원해요. 우리가 원하는 건 — 그걸 뭐라고 해야 하나, 우리가 원하는 건, 그 뭐냐 — 푸치니의 음악 같은 거예요. 우리에게는 아름다운 것들도 어느 정도 필요해요. 우리의 사랑스러운 아이들을 위해서 말이죠."

엄마는 몸을 숙여 손가락에 감긴 곱슬머리에 키스했다.

"우리는 장미도 원해요 ……."

영어를 못하는 이들에게 엄마의 말을 설명해주는 동안, 사람들이 웅성거렸다. 그러다가 각자 그 뜻을 이해하게 되면서 나직한 한숨 소리가 잔물결처럼 퍼져나갔다.

……

로사는 첫 줄에 우리는 빵을 원한다라고 썼다. 영어를 읽을 수 있는 사람들은 모두 고개를 끄덕였고, 나머지 사람들에게 그 말을 속삭였다.

아무렴, 아무렴, 당연히 그들은 빵을 원했다.

그리고 장미도.

- 캐서린 패터슨, 《빵과 장미》

경제 조건을 염두에 둔 인간다운 생활은 최소한의 생활 보장을 의미한다. 인간답지 못한 생활을 생각해 보자. 인간답지 못한 생활은 짐승 같은 생활이라는 말이다. 여기서 짐승은 인간의 환경이자 동료로서 지구의 공동 주인인 동물을 통칭하는 것이 아니다. 잔인하거나 야만적인 사람 또는 인간답지 못한 사람의 비유다. 제대로 입지도 먹지도 못하는 사람을 떠올려 보면 "짐승만도 못한"이라는 표현이 저절로 연상된다. 짐승보다 못한 또는 짐승 같은 삶은 인간에게 공포다. 따라서 인간은 최소한의 생존 조건을 갖추어야 한다. 인간다운 생활의 첫 번째 조건이자 최소 조건은 최저 생활의 보장이다. 그리하여 생존권적 기본권이라는 용어도 등장했다.

굶지만 않으면 인간인가? 문제가 바로 이어서 제기된다. 이것은 단순히 물에서 건져 놓으니 보따리 내 놓으라는 식의 염치를 넘어서는 요구가 아니다. 인간 존재의 복잡성과 다양성에 따르는 당연한 현상이다. 겨우 허기를 면한 채 수치심을 가릴 정도의 행색으로 걷는다고 인간답다고 할 수는 없다. 그 이상의 것이 필요하다.

그 이상의 것이란 구체적으로 확정하기도 쉽지 않고, 어디까지라고 범위를 정하기도 어렵다. 생존의 최소 조건 다음 단계라면, 우선 문화적 조건이라고 포괄적이고 편의적으로 말할 수밖에 없다. 문화적인 그 무엇이 필요한 것은 너무나 분명하다. 먹기만 한다고 인간인가? 먹기만 한다면, 그야말로 짐승 같은 존재 아니겠는가. 한쪽에서는 먹기만 하고 다른 쪽에서는 문화적 생활을 넘어 호사스러운 일상을 향유한다면, 그것이 단순한 문화적 차이에 불과한 것은 결코 아니다. 그것이야말로 불평등의 전형이요, 삶의 계급화다. 따라서 보통의 인간은 생존의 최소 조건 다음 단계의 문화적 조건까지 충족해야 한다. 문화적 조건은 인간의 품격을 유지하도록 돕는다. 그것도 최소한의 품격이다. 인간의 품격을 갖추어야 인간다운 생활을 할 수 있다. 인간의 품격은 인간다운 생활의 조건이다.

인간다운 생활이 최소한의 물질적 조건을 의미하지는 않는다. 애당초 용어의 사용이 거기서 출발했다 하더라도, 지금 그렇게 한정적으로 생각하는 사람은 없다. 최소한의 물질적 조건에 최소한의 정신적 조건을 포함한 조건이어야 한다. 그렇다고 최소한을 굶어 죽지 않을 정도나 정신적으로 질식하지 않을 정도를 의미하는 것도 아니다. 인간다운 생활이 무엇이냐를 두고 학자들은 나름대로 자기 주장을 펴기도 한다. 물질적 생활이냐, 문화적 생활이냐, 둘 다 포함된 것이냐에서 시작한다. 그 다음에는 가능한 넓게 해석하느냐 좁게 해석하느냐로 갈라진다. 그런데 그러한 이론적 논란이 실제로 우리에게 어떤 도움이 될 것 같지는 않다.

어느 날 오후 릴라가 니노에게 부자와 빈민 간의 갈등을 없앨 수 있는 방법은 없다고 조용히 말했다.

"왜?"

"하류층은 상류층으로 올라가고 싶어 하지만 상류층 사람들은 자리를 지키고 싶어 하니까. 결국에는 어떤 식으로든 서로의 얼굴에 침을 뱉고 발길질을 하지 않을 수 없게 되거든."

"바로 그렇기 때문에 폭력사태가 벌어지기 전에 문제를 해결하는 것이 중요한 거야."

"어떻게? 모두를 상류층으로 만들거나 아니면 아예 하류층으로 전락시켜서?"

"그것도 방법이라고 볼 수 있지."

"상류층 사람들이 기꺼이 하류층이 되려고 하겠어? 하류층 사람들이 신분 상승할 기회를 포기하겠느냐고."

"모든 문제를 해결하기 위해 노력하면 그럴 수도 있지. 너는 불가능할 거라고 생각해?"

"응, 계급 간 투쟁이란 다른 계층의 사람들끼리 카드놀이나 하면서 노는 게 아니야. 다른 계급에 속한 사람들 간에 싸움이 벌어지는 거고 이들의 싸움은 어느 한쪽이 죽어야만 끝나는 거야."

– 엘레나 페란테, 《새로운 이름의 이야기》

바이마르 헌법이 "인간다운 생활"을 말한 이후 그것은 어느 국가 어느 국민에게나 중요한 화두가 되어버렸다. 1948년 유엔 총회에서 채택한 세계인권선언에서는 그것을 조금 다르게 표현했다. 제22조에서 모든 노동자는 자신과 가족이 "인간적 존엄에 합당한 생활"을 할 수 있는 대가를 받아야 한다고 했다. 인간다운 생활을 한다는 것은 인간으로서의 존엄성을 유지한다는 뜻이며, 적절한 행복을 향유한다는 의미까지 내포한다. 인간다운 생활을 최소한의 물질적 조건에만 한정하여 의미를 규정하면, 겨우 굶주림을 면할 정도의 최소 필요조건만 충족시키면 국가의 의무를 면하는 것으로 오해할 소지가 있다. 국가는 개인의 욕망을 따라 계속 나아가야 한다. 따라서 인간다운 생활의 의미를 물질적이고 경제적인 조건에서 정신적・문화적・환경적 조건으로 확장하거나, 아예 인간의 존엄으로 대체해버리는 경향이 생겼다.

1966년 유엔 총회에서는 유엔 헌장에 선언된 원칙에 따른 인간의 권리를 A규약(경제적, 사회적 및 문화적 권리에 관한 국제 규약)과 B규약(시민적 및 정치적 권리에 관한 국제 규약)으로 나누어 채택했다. A규약 제11조에서 "모든 사람이 적당한 식량, 의복 및 주택을 포함하여 자기 자신과 가정을 위한 적당한 생활 수준을 누릴 권리"가 있다는 구절을 발견한다. 역시 인간다운 생활을 다른 방식으로 표현한 것이다. 요약하면 "적당한 생활 수준"adequate standard이다. 우리말 번역어 "적당한"은 대충 걸맞는 어느 정도가 아니라, 요구되는 조건을 충족시키는 정도라는 의미다. 필요한 상황에 부족함이 없다는 뜻이다.

개인과 사회는 언제나 어울려야 한다

인간의 권리를 말할 때 속박으로부터 벗어나는 자유만으로는 턱없이 부족하다는 사실을 누구나 깨닫는다. 인간으로서 품위를 유지하고 살 수 있어야 비로소 인간이라고 말할 수 있다. 그렇게 사는 데 필요한 것이 인간의 권리가 아니고 무엇이겠는가.

그리하여 경제적 문제에서 생겨난 인간다운 생활의 권리는 인간의 삶에 필요한 대부분의 기본적 권리를 흡수하지 않을 수 없게 되었다. 노동권, 교육을 받을 권리, 건강권, 환경권에 국가에 대한 제도적 청구권까지 빠뜨릴 수 없게 되고 말았다. 모든 것을 포함하여 가장 넓은 의미의 인간다운 생활의 권리는 사회권이라는 이름으로 불리기도 한다. 애당초의 개념은 좁은 의미의 인간다운 생활을 할 권리로 남았다. 자유권이 국가로부터 방해받지 않겠다는 소극적 권리인데 비하여, 사회권은 국가에 무엇을 요구하는 적극적 권리다. 자유권의 실현에는 그다지 비용이 들지 않는데, 사회권의 실현에는 재원이 필요하다. 그런 이유로 사회권은 자유권에 이은 부차적 권리로 치부될 위험이 있다. 예산이 확보되지 않으면 사회권은 이행할 방법이 없다. 그렇다고 재정 상황을 이유로 사회권 실현이 방치되는 현실을 두고 볼 수도 없다. 사회권이든 자유권이든 인권의 실현에 우선순위가 없다는 불가분성의 이론은 그러한 경위에서 등장했다.

"꽃에 관한 얘기죠? 그렇죠, 선생님?"

"왜 그런 짓을 했니?"

"아침에 일찍 일어나서 세르지뉴 집 정원으로 갔어요. 대문이 열려 있어서 재빨리 들어가 꽃을 하나 꺾었어요. 하지만 그곳엔 꽃이 엄청 많아서 표시도 나지 않아요."

"그래도 그렇지. 그건 옳은 일이 아니야. 더 이상 그런 짓을 하면 안 된다. 큰 도둑질이 아니라도 아무튼 도둑질은 도둑질이야."

"아니에요, 선생님, 안 그래요. 이 세상은 하느님 것이죠? 이 세상 모든 것이 하느님 거잖아요. 그러니까 꽃들도 하느님 거예요."

내가 조리 있게 대꾸하자 선생님은 깜짝 놀랐다.

"선생님, 그렇게 할 수밖에 없었어요. 우리 집에는 정원이 없어요. 꽃을 사려면 돈이 들고요 .…… 그리고 전 선생님 병만 늘 비어 있는 것이 마음 아팠어요."

선생님은 마른침을 삼켰다.

"가끔 선생님께서 생크림 빵을 사라고 저한테 돈을 주셨잖아요. 그렇지요?"

"매일 돈을 주고 싶어도 네가 종종 사라져 버렸어."

"전 매일 받을 수 없었어요."

"왜?"

"간식을 가져오지 못하는 다른 애들이 있으니까요."

선생님은 핸드백에서 손수건을 꺼내 나 몰래 슬쩍 눈물을 닦았다.

– 주제 마우루 지 바스콘셀로스, 《나의 라임 오렌지 나무》

인간다운 생활의 의미와 내용은 최소한의 생활 보장에서 점점 확대되어 왔다. 어의를 따지거나 인권 이론과 운동의 확장성이라는 추세에 비추어 보더라도 당연한 흐름이다. 그런데 인간다운 생활의 범위를 어디까지 확장할 수 있는가, 그 경계 또는 한계를 어디서 발견할 것인가를 걱정하는 사람들이 있다. 하지만 그것은 인권이나 기본권을 권리화하고 목록화하는 방식으로 체계를 만들어 사용하려는 사람들에게 형식적으로 필요할 뿐이다. 인간다운 생활의 조건을 몇 단계로 나누고, 그 마지막 단계의 높이를 어디쯤에서 차단할 것인가를 인간다운 생활권의 과제로 삼아서는 곤란하다.

자유로운 경쟁과 경쟁의 결과를 각자의 몫과 책임으로만 돌리는, 개인만 중심에 놓인 사회는 건강할 수 없다. 불평등한 사회이기 때문이다. 자유로운 경쟁의 결과는 조정을 거쳐야 한다. 어느 정도의 불평등을 해소할 수 있기 때문이다. 그것이 바로 사회주의다. 혁명을 꿈꾸는 극단의 사회주의만 사회주의가 아니다. 자본주의와 자유민주주의의 제도적 결함을 보완하는 수단이 사회주의다. 물론 경우에 따라서는 사회주의가 자본주의를 대체할 수 있는데, 그때는 자본주의가 사회주의의 결점을 메우는 역할을 해야 한다. 언제나 개인과 사회가 어울려야 하기 때문이다.

"희한한 일이군! 이 부서진 납 심장이 용광로 속에서도 녹질 않다니. 그냥 버려야겠군."
그리하여 직공들은 그 심장을 쓰레기 더미에 던져 버렸다. 그곳에는 죽은 제비의 시체도 놓여 있었다.
하느님이 한 천사에게 명령하셨다.
"저 도시에서 가장 귀한 것 두 가지를 가져오너라."
천사는 납 심장과 죽은 새를 갖다 바쳤다.
하느님이 말씀하셨다.
"제대로 골라 왔구나. 앞으로 이 작은 새는 내 천국의 정원에서 영원히 노래하게 하고, 행복한 왕자는 내 황금의 도시에서 나를 예배하게 하리라."

– 오스카 와일드, 《행복한 왕자》

행복한 왕자가 궁전 안에서만 살 때는 세상을 알지 못했다. 죽어서 동상이 되어 언덕 위에 서고야 세상을 알게 되었다. 현실의 삶에서 일어나는 불평등을 깨닫게 되었다. 왕자는 불평등을 해소하기 위하여 제비의 도움을 요청했다. 눈동자를 비롯한 모든 보석과 황금으로 덮힌 겉옷을 벗겨 가난한 사람들에게 나누어 주었다. 《행복한 왕자》는 사회주의의 은유로 읽어야 한다. 그래야 제정을 무너뜨리고 일으킨 주권 혁명의 의미를 잃지 않고 유지할 수 있다. 왕자가 죽어서 궁전 밖으로 나온 것이 제정의 소멸이다. 전직 왕자였던 그는 보석과 황금을 분배함으로써 시민이 되었다.

인간다운 생활은 추상적 개념이지만, 현실에서 살아가는 사람들의 발걸음을 어울리게 하는 데 신호등 역할을 하는 필요한 지표다. 인권이 제대로 이야기되지 않던 주권 혁명 이전의 시대에 인간은 신분의 차이로 불평등을 겪었는데, 주권 혁명 이후에는 그것이 경제력에 따른 불평등으로 바뀌고 말았다.

주권 혁명의 가치는 주권자가 주권자답게 사는 데서 찾아야 한다. 그것이 인간다운 생활인데, 막연하기 짝이 없다. 명확한 기준도 없다. 그럼에도 불구하고 포기하지 않고 끊임없이 추구해야 한다. 인간다운 생활의 실체는 고정되어 있지 않고 살아서 움직인다. 우리는 놓치지 말고 인간다움의 실체를 쉬지 않고 만들어 가야 한다. 우리가 인간이기 때문이다.

인간의 욕망은 한계를 알지 못한다. 욕망이 주로 과학기술의 발전을 따라 성취되다 보니, 인간성과 도덕성을 기준으로 과학기술의 진전에 제한을 시도함으로써 인간의 욕망 제한을 대신하기도 한다. 욕망을 제한한다고 인간성을 회복한다는 것은 착오일 가능성이 크다. 현재에서 더 나아가지 않는 방식으로 과거로 밀려간다고 인간성이 회복되지 않기 때문이다. 인간의 본질을 구성하고 있는 욕망은 어느 쪽으로 방향을 잡더라도 긍정적 결과와 함께 어느 정도의 부정적 결과를 수반한다. 전체적으로 보면 욕망에 충실한 편이 인간다운 생활을 확인하고 확보하는 데 더 유리할 것이다.

특정인이나 부류에 한정하지 않고 다수의 인간다운 생활을 한꺼번에 해결할 수 있는 가장 좋은 방법은 개개인의 삶의 질적 차이를 없애거나 최소화하는 것이다. 부러움이나 질투가 사라지면 생활의 만족도는 높아진다. 성취의 극적인 쾌감은 희소해질지라도, 안정된 일상에서 잔잔한 행복을 누릴 것이다. 당연히 권태와 단조로움에는 익숙해져야 한다. 개인의 새로운 욕망이 형성되더라도 목표에 도달하는 순간 제도에 의하여 거의 일반화할 것이므로, 욕망의 확장도 아무런 문제가 없다. 평등하고 평균적인 삶의 세계에서 부러움이나 질투는 개인의 것이지만, 욕망은 누구로부터 생성되었건 공동의 것이 된다.

삶의 질적 차이를 해소하는 제도의 개선이라면 금방 눈에 띄는 것이 상속 제도다. 상속은 법률 체계로 제도화되어 있지만, 법 이전에도 존재하던 인간의 본성에 부착된 관행이다. 불평등을 지속시킬 뿐만 아니라 심화하는 데 결정적 역할을 하는 이 오래된 제도를 폐지하기만 해도 큰 변화가 이루어질 것이다. 먼 훗날 그렇지 않아도 많이 변형된 지금의 가족 제도가 더 크게 바뀌면 기대해 봄직도 하다.

빈부의 격차가 현재 상태 이상으로 점점 커질 경우, 사회주의 혁명 같은 시도가 분명히 나타날 것이다. 이미 사회주의 사상과 요소는 자본주의 제도에 많이 흡수되어 있고, 사회주의 체제 국가에서는 자본주의를 많이 받아들였으므로, 미래에 일어날 사회주의 혁명이라 해 보아야 상속제도 폐지나 그에 준하는 사유재산 제도의 제한을 내세우는 체제의 범위를 넘어서지 못할 것이다.

전혀 다른 곳에서 빈부의 격차가 거의 없는 평등한 삶의 세계를 기대해 볼 수도 있다. 인간의 성향과 정책이 생명 제한이 아니라 생명 연장 쪽으로 방향을 완전히 돌리게 되면, 급기야 노화한 신체의 부분을 부속품처럼 인공물로 교체하기에 이른다. 그러한 현상이 심화되면, 점점 인간과 인간의 일을 대신하는 로봇 사이의 구분이 모호한 지경에 도달한다. 인구도 감소하여 환경은 한적하고, 지루함과 고독은 기계와 약물로 잊고, 대체로 특별히 원하는 것 없이 모두 비슷한 양상으로 평온하게 살아간다. 그 정도에 이르면 살아간다기보다 존재한다고 해야 할 것이다. 죽음의 상태에 이를까봐 우려될 정도로 차이나 변화가 없는 세상이라면 빈부의 차는 물론 삶의 질도 서로 크게 다르지 않을 것이다.

로봇과 인간의 구분이 큰 의미가 없는 세상이 도래한다면, 평등한 삶은 실현된다. 각자 삶의 질적 차이를 해소함으로써 이룩할 인간다운 생활은 더 이상 인간다운 생활이 아닐 수도 있다. 우리가 이상적으로 생각하는 인간다운 생활의 일면은 실현되는 순간 그 의미 자체가 소멸한다. 그렇지 않으면 인간과 로봇의 공존 사회에서는 빈부의 격차가 완전히 넘나들 수 없는 견고한 방탄 유리벽 같은 장애물로 구분된 철저한 계급적 삶을 살아야 할지도 모른다. 아무튼 미래는 지금으로부터 더 멀리 떨어질수록 인간 자체가 달라질 것이므로, 인간다운 생활의 의미는 크게 바뀌거나 사라질 것이다.

11

두 손을 바라보는 입, 눈, 마음

노동권

일을 해도

일을 해도 여전히 나의 생활은 편해지지 않는구나

물끄러미 손만 바라보네

– 이시카와 다쿠보쿠, 〈수첩 속에서〉

현상은 하나의 결과다. 바라보는 대상으로서 자연 현상이나 바라보는 주체로서 생명 현상이나 마찬가지다. 때로는 자연 현상이 생명 현상을 보기도 한다. 생명 현상이 자연 현상의 일부이기도 하면서, 현상은 어느 순간이나 한정된 시간의 상황으로, 과정의 일부가 된다. 현상이 하나의 결과라면, 원인이 있게 마련이다.

인간은 하나의 현상이다. 생명의 주체이면서 자연의 일부이기도 하다. 인간 존재의 원인은 무엇인가? 삶의 현상을 유지하면서 삶의 과정을 헤쳐 나아가는 물리적 원인은 에너지다. 먹지 않으면 살 수 없다. 먹을 것은 노동으로 얻는다.

손은 일을 상징한다. 하던 일을 그만두는 것을 "손놓다"라고 하고, 일이 없어 노는 상태를 "손놀다"라고 하는 것은 "손"에 일이라는 의미가 묻어 있기 때문이다. 따라서 두 손을 바라보는 것은 눈이 아니라 입이다.

인간은 직접 노동을 하거나, 노동에 기여하거나, 어떻게든 노동의 과정에 끼어들어야 먹을 수 있다. 어떤 형태든 노동을 통해야 삶의 과정을 이루는 부분적 현상 유지를 위한 에너지를 얻을 수 있다는 점에서 모든 생명체는 같다. 나뭇잎이나 베짱이나 일을 해야 먹고 산다. 세상 만물의 속성 중 하나는 노동이며, 인간은 노동하는 존재다.

쓸쓸한 노동자의 초상

"웃어보지 않으련? 손님이 얼어붙겠구나." 수지가 포니를 향해 싱긋 미소지어 보였다.

"그래, 훨씬 낫잖니!" 포니가 말했다. "누나처럼 아주 친근해 보여. 그런데 돈이 좀 들겠군. 난 왜 이렇게 마음이 좋은 거지? 혹시 이런 데서 일해본 적 있어?"

"없어요."

"혼자 거리에서 일하는 것보단 나을 거야."

수지가 물었다. "가방을 가지러 나갔다 와도 될까요?"

"그래." 포니가 책상에 놓여 있던 지갑을 열며 말했다. "J. C 페니 가게로 가. 여섯 시까지 문을 열지. 거기서 옷을 사 입어. 멋지지만 싼 옷 말이야. 칫솔도 사렴. 그리고 미용실에 가서 제발 머리 좀 다듬어라. 조금만 손대면 더 멋져 보일 거야."

"버스를 타고 와서 그래요."

"알았다. 저녁식사 시간은 여섯 시 반이야. 마지막으로 식사한 게 언제였지?"

"어제요."

– 존 스타인벡, 《달콤한 목요일》

손이 입으로 가는 것은 노동에는 반드시 대가가 있기 때문이다. 그러나 곰곰이 생각해 보면 인간의 노동이 반드시 생계와 직결된 형태로만 행해지는 것은 아니다. 근육을 이용한 육체의 움직임을 노동으로 이해한다면, 인간 존재의 본질에 노동은 섞여 있다. 먹을 것을 가져다 바치는 사람이 있어 조금도 생계를 걱정할 필요가 없는 행운아도 하루종일 꼼짝하지 않고 앉아 지낼 수만은 없다. 움직이지 않으면 죽은 송장이나 다름없다. 아무것도 하지 않고는 살 수 없는 존재이므로, 인간은 노동하는 동물의 하나다.

인간이 먹고 살기 위한 방법으로 하는 노동은 대가와 직결되어 있다. 하지만 인간 본연의 에너지 발산으로 무엇인가 하려는 의도에서 나오는 노동은 반드시 대가가 따르는 것은 아니다. 아무것도 하지 않고서는 배기지 못하기 때문에 하는 일을 모두 노동이라고 할 수는 없다. 혼자 빈둥거리며 소화나 시킬 작정으로 하는 산책은 노동이 아니다. 집 앞 도로에 쌓인 낙엽을 쓴다거나 매주 무료 급식소에 가서 배식을 돕는 일은 노동이다. 산책이나 여행도 계속된 노동에서 잠시 벗어나 다시 일자리로 복귀하기 위한 힘을 충전하기 위한 휴식의 의미라면 노동과 전혀 무관한 행위가 아니다. 어쨌든 인간의 노동에는 생계 유지를 위한 것과 생명 현상의 일부인 것이 있다. 생산성이 높아지면 생계를 위한 노동보다 생명 현상으로서의 노동 비중이 높아질 것이다. 전자보다 후자의 비중이 높은 노동은 인간다운 삶에 기여한다. 노동의 형태나 개념 자체도 끊임없이 변화한다. 아무리 그래도 노동을 논의의 대상으로 삼으려면 생계와 관련된 노동에 초점을 맞추지 않을 수 없다. 그런데 대부분의 인간이 생계를 위한 노동을 하는 데도 불구하고, 생계형 노동자의 모습을 떠올리면 활기보다는 쓸쓸함이 먼저 밀려온다.

《달콤한 목요일》의 수지의 모습도 쓸쓸하다. 하루 정도 굶었고, 낯선 곳에서 직업을 얻었다. 그 자체로는 여느 노동자의 모습이나 크게 다를 바 없다. 넉넉하지 못하고, 생계를 위해 일자리를 필요로 하기에 서글픈 감정이 전해져 온다. 수지가 막 얻은 직업은 성적 서비스를 제공하는 일이다. 그렇다면 사정이 달라지는가? 그것을 직업이라고 할 수 있을지는 모르지만, 노동이라고 할 수 있는가? 노동이 아니면 무엇이란 말인가? 어떤 관점에서건 불법화하고 세상에서 일소해야 할 행위라 하더라도, 엄연히 대가를 받고 그로써 생계를 유지하는 일이 존재한다면 그것을 무엇이라고 불러야 한다는 말인가. 노동은 이렇게 복잡하고 논쟁적인 양상까지 포함하고 있다.

> 나무 아래로 천천히 걸어오는 한 남자가 눈에 띄자, 그녀는 다가가서 다시 말했다.
>
> "여보세요, 잠깐만요 ……."

남자가 멈춰섰다. 그러나 그녀의 말을 들은 것 같지는 않았다. 그는 손을 내밀며, 나지막이 속삭이듯 말했다.

"한푼 적선합쇼."

두 사람은 서로를 바라보았다. 오! 맙소사! 둘이 이렇게 만나다니, 브뤼 영감은 구걸을 하고, 쿠포 부인은 매춘을 하면서! 그들은 서로의 면전에서 어처구니가 없어 입을 벌리고 서 있었다. 이런 시간에, 이렇게 만나 어떻게 서로를 돕는단 말인가. 밤새도록 늙은 노동자는 거리를 배회하면서도 감히 사람들에게 접근하지 못했다. 그런데 그가 다가간 첫 번째 사람이 바로 자기처럼 굶어 죽어가던 여자였던 것이다. 주여! 불쌍하지도 않으신가요? 50년이나 일하고서, 구걸을 하다뇨! 구트도르 가 최고의 세탁부였는데, 시궁창에서 헤매다뇨! 그들은 여전히 서로를 바라보았다. 그러다가 한마디 말 없이 서로 헤어져 각자 세찬 눈보라 속으로 걸어갔다.

– 에밀 졸라, 《목로주점》

노동을 너무 암울한 시선으로 바라보고, 노동자를 과도하게 측은한 대상으로 삼아서가 아니다. 활기차고 떳떳한 노동자도 없지 않지만, 대부분의 노동자는 돌아서면 쓸쓸한 뒷모습만 남긴다. 아마도 세월이 흘러도 근본적으로 변하지 않는 노동자의 현실 때문일 것이다. 절대적으로 빈곤하거나 상대적으로 빈곤하거나, 빈곤한 노동자의 처지 때문이다.

노동은 인간과 함께 존재했다. 인간의 속성이자 인간에게 필수불가결한 생존 수단이기에 그렇다. 노동을 통해서 무엇을 얻어 자기의 것으로 한다고 하면 아주 단순하지만, 처음부터 노동의 관계는 복잡하였다. 원시 시대의 완벽한 자급자족의 노동 역시 일하며 먹는 것으로 끝나지 않았다. 노동을 할 수 없는 어린아이나 노인은 부양 대상이 되었고, 아이를 키우는 일을 맡은 여성은 가사 일로 간접 생산의 노동을 했다. 그것이 사회가 확대되고 다양화하면서 분업과 협업 형태로 관계를 맺게 되었다. 그런데 무슨 문제가 일어났을까? 자기가 맡은 일만 하면 되는데, 노동자는 왜 소외된 것처럼 보여 왔을까?

근대국가 이전 또는 산업 사회 이전에는 철저한 계급 사회였다. 노동만 하는 계층은 따로 있었지만, 그들은 신분에 예속되어 일만 했다. 노동을 주업으로 한다 하더라도, 그들은 노동자가 아니라 노동하는 신분에 속한 존재였다. 노동에 종사하는 사람에게 노동은 직업이 아니라 일상 자체였다. 태어나면서 노동만 하도록 규정된 것이었다.

신분에서 해방된 노동자는 명목상 자유는 얻었지만, 계약의 사슬에 묶여야 했다. 계약의 사슬은 자본이라는 힘에 의해서 유지되었다. 자본은 돈으로 형성되었다. 이미 근대국가 이전부터 성행한 고리대금업과 해상 무역 등으로 많은 돈을 모은 상인이 등장하고, 복식부기를 통해 평범한 사람들 눈에는 보이지 않는 자금의 위치와 흐름을 파악하면서 부호가 탄생했다. 많은 돈을 가진 자는 전쟁 비용을 부담하면서 정치와 종교에 영향을 미쳤고, 토지와 노동력을 매수하면서 단순한 돈은 자본으로 변모했다. 자본가의 탄생이다.

신분 사회에서 토지는 국유가 원칙이었으므로 왕이 분배했다. 토지가 상속의 대상은 되었지만 매매의 대상은 아니었다. 왕권과 봉건사회가 무너지고 토지가 개인의 소유로 넘어가자 노동력과 생산

수단인 토지가 분리되는 현상이 일어났다. 수많은 노동자는 땅이 없었으므로 노동력을 팔아야 했다. 토지도 노동력도 모두 상품화하여 거래의 대상이 되었다. 그러다가 산업화로 농촌의 노동자가 도시의 공장으로 몰려갔고, 그 과정에서 근대적 의미의 노동자가 탄생하고 노동 계급이 형성되었다.

노동자와 함께 노동계급의 탄생 배경은 자본주의다. 프롤레타리아라는 프랑스어는 자본주의 체제에서 생산수단을 갖지 못한 채 자본가에게 노동력을 팔아서 생계를 유지하는 임금노동자를 의미했다. 그러한 임금노동자들이 스스로 하나의 계급에 속한다는 사실을 자각하고, 서로 연대하며 공통의 집단적 기질을 공유하고, 조직적 행동에 나설 태세가 되면서 프롤레타리아화한 것이다. 프롤레타리아트라는 독일어는 노동자 계급을 가리켰다. 사회주의나 공산주의 사상은 자본주의의 모순이 드러나면서 태동한 것이다. 자본주의라는 용어는 그로부터 자연스럽게 등장했다. 물론 산업화 과정에서 공장 노동자들이 등장하여 독자적 계급을 형성해 나아가는 흐름이 자본주의 논리 하나에만 의해서 이루어진 것은 아니다. 지역과 국가마다 양상은 비슷하면서도 달라, 그 사회의 역사적이고 문화적인 여러 요소가 복합적으로 작용하였다고 볼 수밖에 없다.

> 유르기스가 일하는 곳에는 강철을 약 2평방 인치 크기로 잘라내는 기계가 있었다. 강철 조각이 작은 상자 위로 굴러 떨어지면 사람이 하는 일은 그것들을 질서 있게 쌓고 가끔씩 상자를 바꿔 주는 일뿐이었다. 한 소년이 이 일을 하고 있었는데, 그는 눈과 머리를 온통 일에 집중시키고 서서

손으로 잽싸게 강철 조각들을 쌓았으므로 강철 조각들이 맞부딪치는 소리가 마치 야간의 침대차 속에서 듣는 특급 열차가 달리는 소리처럼 들렸다. 이것은 물론 일한 분량에 따라 임금을 받는 일이었다. 게다가 기계를 인간의 손이 할 수 있는 가장 빠른 속도에 맞춰 놓았기 때문에 그 소년은 잠시도 방심해서는 안 되었다. 그는 매일 이런 조각들을 3만 개, 1년이면 900만 내지 1000만 개나 다뤘다.

- 업튼 싱클레어, 《정글》

인간 고유의 에너지 대사 작용의 일환으로 이루어지는 노동이나 원시 시대 또는 봉건 시대의 노동은 지금 우리의 현실과 무관하다. 우리의 관심의 대상이 되는 것은 자본주의를 배경으로 탄생한 노동자와 노동이다.

비극의 풍경

임금노동자는 노동으로 생계를 유지하며 생산성을 높였다. 높은 생산성은 자본의 효율을 증명했고, 자본이 축적될수록 자본가는 더 많은 생산과 이윤을 추구해 노동의 강도는 세어졌다.

자본주의의 문제가 드러나는 데에는 그다지 많은 시간이 필요하지 않았다. 모순과 갈등을 요약하면 아주 간단하다. 하나는 쉴 틈 없이 계속되는 노동의 강도와 시간이었고, 다른 하나는 빈곤한 노동자의 처지였다. 노동자의 비참한 현실은 빈부의 차이로 인하여 더 비참하게 보였다. 노동의 강도는 변형된 방식으로 점점 강화되었다. 여성은 물론이고 제대로 움직이기만 한다면 어린아이들까지 서슴지 않고 동원했다. 여성이나 아이들은 성인 남성이 받는 임금의 절반에서 3분의 1 정도만 지급하면 충분했다.

노동자는 아예 노동에 예속되었다. 먹기 위해서 일했고, 일하고 나면 쉼없이 먹고 자고, 다시 일하기 위하여 일어나기에 바빴다. 그렇다고 돈을 많이 모아 풍족하게 사는 것도 아니었다. 풍족하기는커녕 일을 할수록 점점 더 가난해졌다.

> 방 하나와 곁방 하나, 그것이 전부였다. 쿠포 부부는 이제 그런 곳에서 살아야 했다. 방은 손바닥만 한 크기였다. 거기서 모든 것을 해결하지 않으면 안 되었다. 먹고, 자고, 그 밖의 것을. 곁방에는 나나의 침대가 겨우 들어갔다. 옷은 엄마 아빠의 방에서 갈아입어야 했고, 밤에 잘 때에는 질식하지 않도록 문을 열어두어야 했다. 집이 너무도 좁아서 짐을 다 넣을 수 없었으므로, 제르베즈는 이사하면서 푸아송 부부에게 여러 물건을 넘겨주었다. 침대, 식탁, 의자 네 개로 집이 꽉 차 버렸다. 발 디딜 틈도 없었지만 서랍장을 두고 올 용기가 나지 않았기에, 그놈의 커다란 가구를 방으로 들어놓았더니 창문의 절반이 가려지고 말았다. 창문 한 짝을 열 수 없게 되자 방에 햇빛이 잘 들지 않아 상쾌한 분위기라고는 찾아볼 수 없었다. 제르베즈는 안마당을 내려다보고 싶었지만 살이 많이 찐 탓에 창틀에 팔꿈치를 올려놓을 만한 공간도 없었고, 굳이 바깥을 보자면 비스듬하게 몸을 숙이고 목을 비틀어야만 했다.
>
> - 에밀 졸라, 《목로주점》

에밀 졸라의 대표작으로 노동소설이라 불러도 좋은 《목로주점》은 19세기 중후반 산업화의 최절정기를 맞은 프랑스 파리가 무대다. 지방의 노동자들이 대거 파리로 몰려들었고, 파리 북부 빈민가 노동자들의 정치 행동이 고조되던 시기였다. 1871년 파리 코뮌 봉기도 직접 경험한 졸라는 이 소설로 엄청난 찬사와 맹렬한 비난을 동시에 받았다. 소설 속에 포함된 노동자들의 삶이 픽션이어서 너무 비현실적인가?

> 방 셋인 집에 식구가 여덟이나 열인 경우가 꽤 흔하다. 그나마 방 셋 중 하나는 거실이며, 가로세로 3미터 남짓한 공간에 조리용 화로와 싱크대 외에도 식탁과 의자들과 서랍장 등이 있어야 하니 침대 놓을 자리는 없다. 그러니 여덟이나 열 명씩 되는 식구가 작은 방 둘에, 그것도 기껏해야 침대 네 개에서 자야만 한다. 식구 중에 어른이 많고 그들이 일을 나가야 한다면 더 힘들어진다. 내가 가 본 어떤 집에서는 장성한 딸 셋이 한 침대를 쓰면서 모두 다른 시간대에 일을 나갔으니, 서로 일어나거나 쉬러 들어올 때 곤하게 자는 사람을 깨워야 했다. 다른 어느 집에서는 밤 근무를 하는 젊은 광부가 낮에 이용하는 좁은 침대를 밤이면 식구 중 다른 사람이 써야 했다. 자녀들이 커 갈수록 더 문제인데, 청소년기가 된 아들딸을 한 침대에 재울 수 없기 때문이다. 내가 방문해 본 어떤 집은 부모와 열일곱쯤 된 아들과 딸이 살았고, 침대는 둘 뿐이었다.
>
> **– 조지 오웰, 《위건 부두로 가는 길》**

《목로주점》이 나온 지 꼭 60년이 되던 1937년, 조지 오웰은 《위건 부두로 가는 길》이라는 책을 냈다. 한 해 전 진보단체 레프트 북 클럽의 청탁에 따라 잉글랜드 북부 노동자들이 묵는 싸구려 하숙집에 기거하면서 관찰한 광부들의 실상을 옮긴 르포르타주였다. 1936년 1월 말에서 3월 말까지 두 달 동안 집중 조사한 내용을 글로 옮겼다. 반세기 이상의 시간차가 무색하게, 소설이나 실제나 어느 상황이 더 낫고 못하고가 없다. 빈곤한 노동자들의 실태는 그때만 그러했던 것이 아니라 지금도, 대한민국도 마찬가지다. 우리 주변에서는 눈에 잘 띄지 않는 상당수의 노동자들이 그러한 상황에 놓여 있다. 동남아 등지에서 몇 푼을 벌기 위해서 온 이주노동자들의 생활은 그보다 더 비참하다.

> 집세를 내기 위해서라면 그들은 자신의 살이라도 팔았으리라. 찬장과 난로를 텅 비게 한 것은 바로 집세였다. 건물 전체에서 비탄의 신음이 올라왔다. 어느 층에서나 울음소리가 들렸고, 불행의 음악이 계단과 복도를 따라 울려 퍼졌다. 모든 집에서 한 사람씩 죽어 초상이 났다 해도, 이처럼 비참한 오르간 소리가 나지는 않았으리라. 정녕 최후 심판의 날이었고, 종말 중의 종말이었고, 생명의 끝이었고, 가난뱅이들의 죽음이었다. 4층 여자는 일주일 동안 벨롬 가의 감옥에 갔었다. 6층의 벽돌공은 주인집에서 도둑질을 했다.
>
> – 에밀 졸라, 《목로주점》

먹을 것이 모자라니 주거 환경은 더 엉망이었다. 잘 방이 부족하거나 집세를 내지 못해 길거리로 쫓겨났다. 집세를 내면 그만큼 먹을 것을 줄여야 했다. 가난한 사람들은 소득의 70퍼센트 이상을 임대료로 지출하는 경우가 많다. 현대의 복지정책 목표에는 주거 비용이 소득의 30퍼센트를 넘지 않게 해야 한다는 지침이 있을 정도로, 주거 문제는 중요함에도 불구하고 심각하다. 매달 집세를 공포로 받아들여야 하는 사람들은 자주 이사를 다닐 수밖에 없다. 더 싸고 열악한 방을 찾아 비자발적인 이사를 수십 차례 다니다 보면 마지막에는 어디에 도착하는가? 이 부분 역시 과거나 지금이나 큰 차이가 없다.

> "우리처럼 농장에서 일하는 사람들은 세상에서 가장 고독한 인간들이지. 그들에겐 가족도 없고 머물러 살 곳도 없어. 그들은 농장에서 일을 해 어느 정도 돈을 벌게 되면 마을로 가지. 그곳에서 그 돈을 흥청망청 써버리는 거야. 그리고나서 제일 먼저 하는 일이라곤, 또 다른 농장을 찾아가서 뼈 빠지게 일하는 거지. 그러니 앞날에 대해서는 아무 생각도 할 수가 없는 거야."
>
> – 존 스타인벡, 《생쥐와 인간》

곤궁에 처할수록 노동자가 할 수 있는 선택이라고는 오직 한 가지밖에 없다. 계속 일을 하는 것이다. 그러나 형편은 나아지지 않는다. 수렁 속에서 계속 허우적거리는 것이나 다름없다. 죽음 이외에는 구출해 줄 수 있는 수단이 없어 보인다.

공장은 공장대로, 집은 집대로 감옥인 시대

노동을 단순히 육체가 수행하는 일로 보지 않고 가치 창출 행위로 파악한 것은 애덤 스미스 전후로 보는 것이 보통이다. 경제사가들은 으레 거기서부터 시작한다. 대체로 스미스 이전에는 부를 자연의 산물로 여겼다. 중농주의 시대 농산물을 그렇게 인식하는 것은 당연하다. 금이나 은처럼 눈에 보이고 손에 쥘 수 있어야 부로 느꼈다. 농업사회에서 인간의 기술로 물건을 제조하는 작업은 기존의 자연을 약간 변형하는 데 불과하다고 보았다. 부가가치를 인식하지 못했다.

스미스의《국부론》이 나오기 거의 한 세기 전인 1689년, 존 로크는《통치론》에서 흥미로운 주장을 펼쳤다. 이 세상의 대지와 모든 피조물은 특정인의 소유에 속하지 않는 만인의 공유물이다. 굳이 각자의 소유권이 인정되는 것을 찾으라면 그 사람 자신일 뿐이다. 자기 손이 자기 것이므로, 손이 작업한 성과 역시 자기 것이다. 무주물無主物인 세상의 만물에 자기의 노동을 섞으면 그 결과물은 자기 것이 된다. 그렇게 함으로써 비로소 타인의 공통된 권리가 배제되고 독점적 소유권이 탄생한다. 주인이 없는 공유물과 소유권을 구별해 주는 수단이 노동이다.

로크가 인간의 노동에서 발견한 것은 경제적 가치 이전의 소유권이었다. 그렇다고 소유권을 경제적 가치와 무관하다고 할 수도 없다. 소유권으로부터 경제적 현상과 관념이 생겨났기 때문이다. 로크는 인간의 생명, 자유, 재산을 보호하는 것이 정부의 임무라고 규정했다. 로크의 소유권 사상을 자유민주주의의 바탕이 된 사유재산제도와 자본주의의 원류로 평가하기도 한다. 그런데 자본주의의 문제가 드러남에 따라 사회주의와 마르크스 사상이 탄생했다.

여전히 전원 풍경이 어울리는 프랑스와 달리 영국은 상업으로 분주했다. 장사꾼들 속에서 스미스는 가치의 원천은 자연이 아니라 노동이라는 사실을 깨달았다. 모두 일을 하면서 각자의 이익을 추구한다. 저마다 자기 이익을 위해서 노력하는데도 사회는 산산조각이 나지 않고 오히려 질서를 유지한다. 바로 보이지 않는 손이 작용하는 시장 원리 때문이다. 노동도 그 원리에서 벗어나지 않는다. 노동의 세분화, 전문화에 따라 생산성도 향상된다. 임금이 오르면 노동력 공급도 늘어나, 노동 역시 수요 공급의 법칙을 따른다.

스미스는 상품의 가치가 투하되는 노동량이나 구매 가능한 노동량에 따라 결정된다고 보았다. 물론 그러한 스미스의 통찰은 그만의 독창적인 것은 아니다. 18세기에 나타난 여러 사상가와 경제학자의 생각이 애덤 스미스라는 이름으로 상징화되었을 뿐이다. 원래 제목이 《국부의 본질과 원인에 관한 연구》인 것처럼 장황한 내용이 가득한 《국부론》 역시 스미스만의 순수한 창작물이라 하기는 어렵다. 어쨌든 시장 원리에 모든 것을 맡기는 것이 좋다는 자유방임주의는 공업화 이전의 자본주의 시대를 대표하는 경제학이라는 한계를 벗어나지 못했다. 공업화의 진전에 따라 거대 기업이 시장을 교란하는 현상은 물론, 노동자의 혁명 같은 것은 상상도 할 수 없었다.

18세기가 막을 내릴 무렵 《국부론》을 읽고 경제학을 하기로 마음먹은 데이비드 리카도는 노동가치설을 확립했다. 상품의 가치는 거기에 투하된 노동량이나 노동 시간에 따라 결정된다는 결론은, 미완이었지만 노동의 문제를 전면으로 끌어당겼다. 미완이란 것은 이윤을 설명할 수 없다는 점 때문이다. 노동이 생산 수단인 토지와 분리되었는데, 거기에 다시 자본이 추가되었다. 자본가는 자본의 이자 또는 투자에 대한 이윤으로 먹고 산다. 그러나 노동가치설은 이윤이 어디서 생기는지 설명할 수 없었다. 자본가가 그냥 적당히 붙인다고 생기는 것은 아니다.

카를 마르크스는 노동의 가치와 노동력의 가치를 구분했다. 노동에 의해서 형성된 가치 중 노동력의 가치를 초과하는 부분을 잉여가치로 파악했다. 노동자는 노동력의 재생산을 염두에 두고 적절히 노동을 해야 한다. 노동으로 진을 빼 버리면 노동력은 유지되지 않고 감소하거나 소멸한다. 그런데 노동력의 재생산을 위한 노동을 초과해서 노동을 할 경우, 그 여분의 노동은 잉여노동이다. 잉여노동을 대상화한 것이 잉여가치다. 잉여가치를 전화한 것이 바로 이윤이다. 자본가는 노동자의 잉여가치를 착취함으로써 이윤을 얻는다.

지불되지 않은 노동인 잉여노동이 있어야 자본가의 이윤이 생긴다. 자본가에게는 착취의 대상인 노동자와 잉여노동이 있어야 이윤을 챙긴다는 말이다. 그런데 생산비를 줄이려면 노동자를 줄여야 한다. 임금이 상승할수록 비용을 더 낮추려고 기계를 도입한다. 그럴수록 착취의 대상이 줄어들어 이윤율이 하락한다. 그 악순환이 거듭되면 공황이 닥친다. 물론 마르크스는 공황이 자본주의의 몰락을 가져오는 재앙으로 보지는 않았다. 공황으로 노동자는 일시적으로 값싼 임금을 받아들이지만, 기계 가격이 폭락하여 조만간 잉여가치를 회복한다. 공황은 붕괴가 아니라 작동 엔진의 하나라는 것이다.

노동 이론은 상상으로 만든 체계가 아니다. 오직 현실을 바라보며 현실을 바탕으로 만들어낸 것이다. 마르크스가 영국으로 옮겨 공장 노동자의 현실을 직접 목격하지 않았다면 《자본론》이 나오지 않았을 수도 있다.

그 현실이 구제불능으로 보였기에, 구제가 가능한 방법의 모색으로 더듬은 고뇌의 결과가 노동 이론이다. 원인을 알면 치유가 가능하다는 인간의 논리적 믿음이 낳은 당연한 결과다. 정확한 원인이란 알기가 어렵거나 아예 불가능하며, 원인의 일부를 안들 치유책을 강구한다는 보장은 전혀 없다는 비관적 사실은 세월이 지나야 확인이 가능하지만.

> 기계는 거인처럼 여유만만하게 조용히 40밀리미터짜리 리벳을 만들었다. 사실상 공정은 이를 데 없이 간단했다. 화부가 쇳조각 하나를 화로에 넣었다. 주조공이 그것을 못 제조 틀에, 강철 부속이 물러지는 것을 막기 위해 한 줄기 물이 끊임없이 뿌려지는 못 제조 틀에 끼워 넣었다. 그러면 끝이었다. 금세 나선형 압착기가 내려와서 눌렀고, 거푸집에서 꺼낸 듯 매끈하게 둥근 머리를 가진 볼트가 땅바닥으로 튀어나왔다. 이 엄청난 기계는 열두 시간 만에 몇 백 킬로그램의 볼트를 만들었다. 구제는 심술쟁이가 아니었다. 그러나 어떤 순간에는 이 무쇠 덩어리가 자신의 두 팔보다 더 힘센 것을 보고 울화통이 터졌고, 피펀으로 때려눕히고 싶은 충동을 느꼈다. 인간의 육체가 강철을 이길 수 없음을 알면서도, 분별력이 있을 때조차 그는 깊은 슬픔에 빠지곤 했다. 틀림없이 언젠가 기계가 노동자를 죽이리라. 이미 그들의 급료가 12프랑에서 9프랑으로

떨어졌고, 머잖아 더 내려갈 것이라는 소문이 돌았다. 그러니 소시지를 만들 듯 리벳과 볼트를 만들어 내는 이 거대한 짐승이 마음에 들 리 만무했다. 그는 족히 3분 동안 아무 말 없이 기계를 노려보았다. 그는 눈살을 찌푸렸고, 아름다운 노란색 구레나룻이 위협하듯 곤두섰다. 그러나 온유와 체념이 그의 흥분을 점점 가라앉혔다. 그는 자기 옆에 바싹 달라붙어 있는 제르베즈를 향해 고개를 돌렸고, 서글픈 미소를 지으며 말했다.
"큰일이오! 이놈이 우리를 내쫓을 테니! 하지만 나중에 만인을 행복하게 할지도 모르죠."

– 에밀 졸라, 《목로주점》

공업화에서 산업화로 이행하면서 노동자들은 하루에 16시간을 일했다. 어린 직공들은 12시간에서 14시간 교대 근무로 24시간 공장을 돌렸는데, 합숙소 침상에서 한 명이 빠져나오면 바로 다른 한 명이 기어들어가 이불은 햇빛을 구경하기는커녕 한 순간도 체온이 빠져나갈 사이가 없었다. 그들은 하루 두 끼를 먹었고, 집으로 돌아가면 단칸방에 열 명이 웅크린 채 잠들었다.

영국의 산업혁명이 한창 진행 중일 때 기계가 보급되었다. 열악한 노동자들이 비명이라도 지를라치면 고용주가 아니라 기계가 그들을 쫓아 버렸다. 나폴레옹 전쟁의 여파로 고용은 감소하고, 실업은 증가했고, 임금은 체불되는 불황이 계속 깊어 갔다. 공장은 공장대로 집은 집대로 감옥이었다.

드디어 시작된 노동자의 각성

임금 노동에 대한 증오심이 폭발 직전에 놓였을 즈음, 정체불명의 인물이 나타났다. 본명은 네드 러드, 별명은 러드 왕 또는 러드 장군이었다. 분노한 노동자들이 가공의 인물을 내세워 복면을 쓰고 공장의 기계를 부수기 시작했다. 그러한 과격한 행동은 점점 확산되어 하나의 운동으로 번졌다. 러다이트 운동으로 불리게 된 노동자들의 기계 파괴 운동은 1811년에 시작하여 1817년까지 계속되었다.

> 이것이 바로 그들이 항상 일을 저지르는 방식이었다! 단 30분의 예고도 없이 공장의 문은 닫혀 버렸다. 노동자들은 전에도 이런 식으로 당해왔고, 앞으로도 그럴 운명이었다. 그들은 세계에서 필요로 하는 모든 수확기를 제조했으나 이제는 그 일부가 낡아서 못 쓰게 될 때까지 기다려야 하는 신세가 됐다. 누구의 잘못도 아닌데도 수천 명의 남녀가 한겨울에 해고당한 것이었다. 이제 그들은 저축해 놓은 돈이 있다면 그것으로 살아가야 했고, 그렇지 않으면 굶어죽어야 할 판이었다. 도시에는 수만 명이 집도 없이 일자리를 찾아 헤매고 있었는데 이제 거기에 수천 명이 더 추가된 셈이었다.
>
> 유르기스는 호주머니 속에 오늘 받은 임금 몇 푼을 넣었을 뿐 절망하고 기가 죽은 채 집을 향해 걸어갔다. 그의 눈을 흐리게 했던 하나의 눈가리개가 찢겨나가고, 또 하나의 함정이 그의 앞에 그 진면목을 드러낸 것이었다! 고용주들의 친절과 관대함이 무슨 필요가 있겠는가. 수확기를 보다 많이 생산해 냈다는 것 때문에 노동자들의 일자리를 더 빼앗아

버리는 곳에서 말이다. 도대체 그 나라에 필요한 수확기를 제조하는 데 노예처럼 고되게 일한 결과로, 그리고 그가 자신의 직무에 너무나 충실했던 결과로 일자리에서 쫓겨나 굶주려야 한다는 것은 얼마나 기가 막힌 일인가!

– 업튼 싱클레어, 《정글》

러다이트 운동은 서서히 잦아들었다. 진압도 진압이었지만, 무엇보다 노동자들 스스로 새로운 깨달음에 이르렀다. 그들을 노예로 만든 것은 기계가 아니라 기계를 들여온 자본가들이었다. 기계를 부술 일이 아니라, 기계 뒤에 숨은 자본가들에 맞서 싸워야 한다는 각성이 일어났다. 필요한 것은 노동자들의 단결이었다.

노동자의 단결은 스스로 필요성을 느꼈을 때 가능하다. 필요성의 깨달음이 근대적 각성이고 계급적 인식이다. 그로부터 비로소 노동 계급이 형성되었으며, 노동운동이 대중운동으로 번졌다. 노동자의 각성은 자본주의와 산업화를 계기로 이루어졌다. 이전 중세의 노동자들은 신분에 얽매어 있었을지라도 노동 조건에 구속되지 않았다. 일하는 시간이나 휴식시간 또는 평일과 공휴일의 구분이 없었다. 간혹 작업의 결과에 대한 책임만 있을 뿐이었다. 공장이 들어서면서 달라졌다. 규모가 커지고 질서가 필요했다. 질서 유지를 위해서 노동에 대한 철저한 감독이 따랐다. 노동 시간은 규칙적이었고, 휴식은 짧았다. 공장 노동자들의 혹사가 그렇게 시작된 것이다.

공장 노동자들이 처음 나타난 곳은 영국이었다. 노동자들은 가혹한 노동에 시달리면서, 임금은 적고 투표권은 없었다. 물론 노동자뿐만 아니라 중산층의 평민들에게도 참정권은 허용되지 않았다. 1832년 6월 영국 의회에서 제1차 선거법 개정이 이루어졌는데, 일정한 재산을 가진 성인 남성에게 투표권이 부여되었다. 선거법 개정에 자극을 받은 노동자들도 활발하게 움직이기 시작하다가 1836년 노동자들만으로 구성된 최초의 조직이라 할 수 있는 런던노동자협회를 결성했고, 그 다음해 노동자들에게도 투표권을 달라는 요구를 하기로 결의했다.

결의문 6개 조항은 모두 선거권과 피선거권, 의회 임기와 보수 등에 관한 정치적 내용이었는데, 1838년 인쇄물을 배포하면서 대중운동으로 확산되었다. 6개 조항 문서는 인민 헌장으로 불렸고, 운동이 대중화하면서 요구 사항은 정치적인 것에서 경제적인 것으로 바뀌어 갔다. 인민 헌장이 공표된 1838년 5월부터 거의 20년 동안 전개된 행동이 차티스트 운동이다. 산업시대의 영국 노동자가 중심이 된 사회운동이었으며, 세계 최초로 노동 계급이 형성된 계기였다.

> "이 어두운 페이지의 뒷장을 넘겨 보도록 합시다. 거기엔 수십 만에 가까운 노예들의 상전들이 있습니다. 그들은 그들에게 바치는 것을 걷어 들이는 것 외엔 아무 일도 하지 않습니다."
>
> ……
>
> 이 시간이 유르기스에게는 운명적인 밤이었다. — 이 밤에 그의 모든 반항과, 사회와 법에 대한 불신이 시작되었던 것이다. 그에게 사회가 잘못되어 가고 있는 원인을 찾아 낼 힘은 없었다. — 지금 그를 궤멸시키고 있는 것이 소위 '제도'라고 말할 수도 없었으며, 법을 매수하여 정의라는

이름 아래 폭력을 행사하는 자들이 업주나 사장이라는 것도 명확히 알지 못했다. 그는 다만 자신이 부당한 대우를 받고 있다는 것, 온 세계가 그에게 부당한 처사를 하고 있다는 것을 알 뿐이었으며 법과 사회가 모든 권력을 등에 업은 채 그의 적이라고 선언했음을 알 따름이었다. 시시각각으로 그의 영혼은 어두워지고 그는 새로운 복수, 도전 그리고 분노에 찬 원한을 꿈꾸었다.

- 업튼 싱클레어, 《정글》

노동자들에게 단결이 필요하다는 의식을 일깨워 준 새로운 사상 중 하나는 사회주의였다. 생산수단을 개인 소유로 하지 않고 공유화하여 잘 사는 사람과 못 사는 사람의 구분이 없는 평등한 세상 만들기를 목표로 삼았다. 시작은 1800년 영국의 로버트 오언이 뉴래너크 공장을 혁신적으로 운영하면서부터였다. 노동자들이 함께 거주하며 노동시간을 줄이고 작업을 자율에 맡겼다. 새로운 공동체 형태의 실험은 큰 반향을 일으켰다. 프랑스의 생시몽과 샤를 푸리에가 저마다 이상향 건설의 논리와 방안을 내놓았다. 이른바 공상적 사회주의였다.

공상적 사회주의가 마르크스와 엥겔스의 과학적 사회주의에 도달하기 전에, 마치 그 가교 역할을 하듯 나타난 이론 하나가 노동자들의 단체 행동에 중요한 영향을 미쳤다. 노동전수권론이었다. 오스트리아 법학자 안톤 멩거는 경제학자 카를 멩거의 동생으로 1841년에 태어났다. 빈 대학에서 민사소송법을 강의하면서 독일 민법전의 개인주의적이고 부르주아적인 성격을 비판했는데, 바로 사회주의 개

혁으로 넘어갔다. 멩거는 인간의 기본권을 정치적 기본권과 경제적 기본권으로 나누었는데, 생존권·노동권·노동전수권이 경제적 기본권에 해당한다고 했다. 노동전수권이란 생산물은 모두 그 생산에 가담한 노동자의 것이라는 주장이다. 노동만이 소유권의 권원權原이라고 요약할 수 있다. 그것은 존 로크의 소유권 사상의 영향을 받은 결과인데, 사유재산권 역시 로크의 소유권에서 출발하였다는 사실이 아이러니컬하다. 스코틀랜드 출신으로 로버트 오언의 추종자였던 존 그레이, 영국에서 기자 생활을 했던 토머스 호지스킨, 미국의 노동운동가 존 프랜시스 브레이 등이 노동전수권에 가담했다.

> "살해당하고 싶지 않은 자는 오라!" 학생 출신의 자랑스러운 선전문구였다. 모리 모토나리가 화살을 부러뜨린 이야기며 내무성인가의 포스터에서 본 적이 있는 '줄다리기'의 예를 끌어왔다.
> "우리 네댓 사람이면 기관사 한 놈쯤 바닷속에 처넣어 버리는 건 식은 죽 먹기야. 힘을 내자구."
> "일 대 일로는 어렵지. 위험해. 하지만 저쪽은 선장부터 모두 합해봤자 열 명도 안 돼. 그런데 이쪽은 거의 사백 명이야. 사백 명이 하나가 되면 당연히 우리가 이기지. 열 명에 사백 명! 어디 한 번 붙어보려면 붙어보라는 거지." 그러고는 마지막엔 "살해당하고 싶지 않은 자는 오라!"였다.
>
> – 고바야시 다키지, 《게 가공선》

게를 잡아 배 위에서 으깨어 통조림에 넣고 상표까지 붙이는 작업선 하코마루 호를 게 가공선이라 부른다. 하코다데에서 출항해 바다 위에 넉 달 동안 떠 있는데, 텅 빈 지갑의 선원들은 거센 파도는 물론 그보다 더 생명을 위협하는 감독과 싸워야 한다. 잡부들의 나이는 겨우 열네댓 살, 혹한에 사지는 얼어 붙었는데 감독은 일기예보와 선장의 회항 지시를 무시한다. 말을 듣지 않는 잡부를 윈치에 매달아 하루고 이틀이고 내버려두는가 하면, 학대 끝에 사망한 인부는 바다에 던져 흔적을 없앴다. 아무 의식도 의지도 없던 선원들은 학생 출신 잡부의 제안에 귀를 기울인다. 센고쿠 시대의 무장 모리 모토나리가 세 아들에게 남긴 유언 한마디가 그들을 마음을 움직였다. "하나의 화살은 쉽게 부러지지만 세 개의 화살은 부러지지 않는다."

노동자의 결사

마르크스와 엥겔스가 유토피아 사회주의라 불렀던 공상적 사회주의는 일화만 남기고 끝났지만, 오언 · 생시몽 · 푸리에의 영향을 받은 제자들의 인내로 1840년대에 사회주의라는 용어가 다시 활발하게 사람들 입에 오르내렸다. 바로 그 즈음, 여성 사회주의자 한 사람이 모든 노동자들의 가슴을 울리게 하는 구호를 외쳤다. 화가 폴 고갱의 외할머니이기도 한 플로라 트리스탕은 《런던 산책》에서 노동자들의 비참한 생활을 폭로한 다음, 3년 뒤 잡지 〈노동자 동맹〉을 발간하여 〈공산당 선언〉의 모토이자 대동단결을 서로 독려하는 노동자들의 상징적 표어가 된 문장 하나를 퍼져나가게 만들었다. "세계의 노동자들이여, 단결하라!"

> 유르기스가 공장에서 당면한 최초의 문제는 노동조합 문제였다. 그는 노동조합에 대한 경험이 없어서 그것은 노동자들이 자신의 권리를 위하여 싸울 목적으로 뭉친 조직이라는 설명을 듣고야 겨우 그 뜻을 알 수 있었다. 유르기스는 권리가 무엇을 의미하는지를 동료들에게 물었다. 그 질문은 아주 진지한 것이었다. 그에겐 직업을 구하러 돌아다닐 권리와 직업이 주어졌을 때 일할 권리 외엔 어떠한 권리도 가졌던 기억이 없었기 때문이었다.
>
> – 업튼 싱클레어, 《정글》

최초의 세계 노동자들이 결성한 조직은 제1인터내셔널로 불리는 국제노동자협회다. 독일 라이프치히에서 마르크스의 친구 페리디난트 라살레가 전독일노동자협회를 창설한 다음해인 1864년 9월 28일, 마르크스의 지도로 런던에서 출범했다. 이미 각 나라와 지역에 노동자 조직이 생겨 자본과 노동의 대립이 명확한 상황이었다. 사회주의 운동과 노동운동이 발전하는 시기에 유럽과 북아메리카의 노동자 계급이 처음으로 조직화하여 역사적 창립 선언을 했다.

부는 자본가에게 집중되고 노동자는 점점 궁핍할 수밖에 없으므로, 노동자 스스로의 힘으로 해방을 성취하기 위해서는 전 국가적이고 국제적인 단결이 필요하다는 데 의견을 모았다. 나아가 모든 계급을 철폐하고, 경제적 해방과 정치 투쟁을 하나로 통일해야 한다고 결의했다. 구체적 노동조건으로는 노동 시간 단축, 여성과 청소년 노동자 보호, 노동조합 설립 등을 쟁취 목표로 설정했다.

유럽 역사가 소용돌이 속에 선 가운데, 1871년 파리에서 시민과 노동자들이 봉기하여 혁명적 자치정부 파리코뮌을 세웠다. 노동자 계급이 수립한 세계 최초의 자치 정권이었지만, 두 달 가량 지속하다 붕괴했다. 그 영향으로 1872년 제1인터내셔널 총평의회 소재지를 런던에서 뉴욕으로 옮겼다가, 결국 1876년 7월에 해산했다.

제2인터내셔널은 마르크스 사후 프리드리히 엥겔스의 제창으로 1889년 7월 14일 파리에서 창립했다. 그동안 광범위하게 발전해 온 사회주의 운동을 배경으로 프랑스 혁명 100주년을 맞는 해를 기념하듯 국제기구로 거듭났다. 이 창설 회의에서 특기할 만한 일은 매년 5월 1일을 메이데이, 노동자의 날로 선포한 것이다. 1910년 코펜하겐에서 열린 제8차 대회에서는 3월 8일을 세계 여성의 날로 선언했다. 제2인터내셔널은 수정주의 영향을 강하게 받아 내부 갈등에 시달리다, 1916년에 해산했다.

제2인터내셔널이 수정주의인 사회민주주의 중심으로 바뀌자, 그에 대한 반발로 제3인터내셔널이 창설되었다. 1919년 레닌이 좌파 노동운동 진영을 이끌고 모스크바에서 결성한 공산주의 인터내셔널이다. 코민테른으로 불리는 제3인터내셔널은 프롤레타리아 독재를 통한 사회주의 달성을 목표로 내세웠다. 그에 대응하여 제2인터내셔널 부활과, 다시 제2와 2분의 1 인터내셔널(국제노동연맹) 등이 생기고 소멸하는 등 분열과 갈등을 겪었다. 코민테른에 대항한 제4인터내셔널은 국제공산주의 운동을 펼친 트로츠키가 1938년 창립했는데, 2년 뒤 트로츠키가 암살당하면서 쇠퇴했다. 제3인터내셔널은 스탈린의 숙청 작업 등의 영향으로 1943년에 해산했다.

1838년 시작된 차티스트 운동의 주된 목표 하나가 노동 시간의 단축이었다. 1847년 영국 노동자들은 하루 10시간 노동법을 쟁취했으나, 법원에서 무시했다. 그것이 나중에는 1일 8시간 이상 노동의 금지 요구로 바뀌었다.

미국에서도 진행은 더뎠지만 사정은 비슷했다. 미국노동총동맹은 1일 8시간 · 노동 일수 단축을 목표로 미국 전역에서 총파업을 단행하기로 하고, 디데이를 1886년 5월 1일로 잡았다. 토요일인 그날, 전국에서 30만 명 이상이 시가 행진을 벌였고, 20만 명이 파업에 참여했다. 이틀 뒤인 5월 3일, 파업 농성 중이던 시카고의 매코믹 농기계 공장에서 해산을 시키려 출동한 경찰이 발포하는 사건이 발생했다. 수확기 제조로 농사일에 혁신을 일으켰던 매코믹 공장의 노동자를 비롯해 6명이 사망했다. 분노한 노동자들은 다음날 헤이마켓 광장에 모여 항의 집회를 열었는데, 도중에 폭탄 투척 사태가 벌어졌다. 순식간에 아수라장으로 변한 가운데, 몽둥이를 휘두르던 경찰은 지도자급들을 체포해 갔다. 폭발의 원인은 아무도 몰랐다. 다만 1년 이상 진행된 재판에서 집회 주도자 8명에게 혐의가 인정되었고, 그중 4명에게는 사형이 선고되었다. 어거스트 스파이스와 앨버트 파슨스 두 명의 사형은 신속히 집행되었다. 사건의 진상은 여전히 오리무중이었지만, 대부분 노동 운동 탄압을 꾀한 조작이라고 믿었다. 그 사실을 증명하듯 사건 발생 7년 후인 1893년 일리노이 주지사는 무죄 취지로 사면권을 행사하여, 사형을 면한 나머지 복역자들을 석방했다.

1889년 7월 파리에서 개최된 제2인터내셔널 결성식에서 프랑스 노동조합 지도자의 제안에 따라 1일 8시간 노동을 위한 투쟁을 세계적 운동으로 전개하기로 결의했다. 그에 따라 1886년의 미국 총파업을 지지하고 기념하는 의미에서 매년 5월 1일에 메이데이 행사를 열기로 결정했다. 바로 다음해 5월 1일, 제1회 메이데이 기념 행사가 각국에서 열렸다. 메이데이의 시작이었다.

노동과 근로의 나라

> "어디서 굴러먹다 온 말뼈다귀야. 여기는 생산현장이야. 생산현장에서 일어나는 일은 내 관할이라고. 어디다 대고 이래라저래라, 하는 거야."
> 유채옥도 생산과장과 똑같은 어투로 외친다. 우리가 기계인가? 왜 우리를 이렇게 함부로 대하는가? 닷새 동안 계속 이어지는 잔업에 코피가 터져 집으로 돌아간 미스 최에게 사직서를 쓰라니 그게 말이 되는가. 유채옥은 계속 외친다.
> "우리의 권익을 위해 노동법에 따라 결성한 노조다. 회사에서 아무리 방해를 해도 우리는 결성식을 갖겠다."
> 생산과장과 유채옥의 삿대질이 오가는 싸움에 미스 최가 운다. 생산과장 대신 총무과장이 달려와 유채옥에게 배은망덕한 년, 이라고 소리를 지른다. 유채옥은 총무과장을 쏘아본다.
>
> – 신경숙, 《외딴방》

조선시대 말기에도 사회적으로 노동자 계층이 존재했지만, 우리나라에서 노동자 계급이 형성된 것은 공업이 급격히 발전한 1920년대 들어서였다. 일본 자본이 조선에 자유롭게 진출한 1920년 4월,

60여 명이 모여 조선노동공제회를 결성했다. 조선 최초의 근대적 노동단체였다. 그즈음 2,000개 남짓이었던 공장이 몇 년 뒤 두 배 이상 증가하면서 노동단체도 몇 차례 명칭을 바꾸어가며 노동 조건 개선을 요구했다. 조선의 노동단체는 1920년부터 5월 1일에 메이데이 행사를 열었다. 간혹 시위와 파업도 감행했다. 1925년 4월 17일 서울의 중국 요리집 아서원에서 비밀리에 조선공산당이 조직된 이후로는 노동운동과 민족해방운동이 결합한 형태로 진행되었다. 일제는 1928년경부터 조선 노동자들의 메이데이 행사를 금지했다. 그럼에도 불구하고 매년 5월 1일이면 어떠한 형태로든 항의 표시를 했다. 1937년 중일전쟁 이후 일제의 탄압은 극도에 달했고, 전국에서 벌였던 메이데이 행사는 자취를 감추었다.

1945년 8월 해방과 함께 노동운동은 강력한 조직으로 다시 태어났다. 조선노동조합전국평의회(전평)가 중심이 되어 산하에 좌익 노조들이 형성되었다. 전평에 대응한 우익 노동자들은 대한독립촉성노동총연맹(대한노총)을 결성했다. 이때 노동운동은 1960~70년대보다 더 정치적이었고 맹렬했다.

하지만 남쪽에서는 미군정이 시작되면서 전평은 1947년 불법단체의 낙인이 찍히고 말았다. 이승만 정부는 일찍이 메이데이를 없앤 미국을 따를 움직임을 보였다. 이승만은 메이데이를 공산괴뢰도당의 선전도구로 규정했다. 지시를 받은 대한노총은 단체의 결성일인 3월 10일을 노동절로 결정해 정부의 인준을 받은 다음, 1959년 제1회 노동절 기념대회를 거행했다. 쿠데타로 정권을 잡은 박정희는 1963년 근로자의 날 제정에 관한 법률을 만들어 노동절을 근로자의 날로 바꾸었다. 이때부터 우리 사회에서 공식 용어가 노동에서 근로로 변경되기 시작했다. 노동은 투쟁적인 이미지와 겹쳐 있다는 왜곡된 인식에서, 주어진 조건에 따라 합법적이고 순종적으로 성실하고 근면하게 일하는 국민 모습을 노동자가 아닌 근로자라는 이름에서 찾겠다는 의도가 담겨 있다.

> 불길은 순식간에 전태일의 전신을 휩쌌다. 불타는 몸으로 그는 사람들이 아직 많이 서성거리고 있는 국민은행 앞길로 뛰어나갔다.
>
> "근로기준법을 준수하라!"
>
> "우리는 기계가 아니다! 일요일은 쉬게 하라!"
>
> "노동자들을 혹사하지 말라!"
>
> 그는 몇 마디의 구호를 짐승의 소리처럼 외치다가 그 자리에 쓰러졌다.
>
> – 조영래, 《전태일 평전》

1960년대부터 1970년대 초반까지 노동운동은 대체로 수동적이었고, 소규모에 비조직적이었다. 그러나 1970년대 중반부터 노동 환경에 변화가 생겼다. 공업화와 수출 지향의 산업화가 속도를 내면서 공장노동자 수가 급격히 증가했다. 노동계 바깥의 사회운동과 정치운동이 활발해져 노동운동과 쉽게 연대가 가능했다.

1970년 11월 13일 전태일의 분신은 유신헌법 시대가 전개되기 이전 치열한 싸움을 예고하는 상징적 사건이었다. 1979년에 YH노동조합 투쟁이나 1985년의 구로동맹 파업은 모두 전태일 정신을 내세워 노동권 쟁취를 향해 노동자들이 몸을 던진 사건이었다. 그 사이의 노동운동을 간략히 정리하기에는 불가능할 정도로 역동적이고 격정적이었다. 1990년 1월 출범한 전국노동자협의회는 3월 10일 근로자의 날을 부인하고 5월 1일을 메이데이로 정한다고 발표했다. 1994년 3월 정부는 법 개정을 통해 기념일을 3월 10일에서 5월 1일로 변경했는데, 그러면서 근로자의 날이라는 명칭은 그대로 유지했다.

> 아, 리나 체를로. 너는 정말 구제불능이구나. 대체 왜 그 목록을 적은 거지? 착취당하고 싶지 않아서? 너 자신과 그곳에서 일하는 사람들의 근무조건을 향상시키려고? 지금 투쟁을 시작하면 전 세계 프롤레타리아 승리의 행진에 합류라도 하게 될 것 같아? 이런 곳에서 일하고 있는 주제에? 저기 저 사람들을 데리고?
> 말도 안 되는 소리. 무엇이 되기 위한 행진인데? 앞으로도 계속 노동자의 신분을 유지하기 위해? 아침부터 저녁까지 죽어라 일만 하는 노동자의 손에 권력을 쥐어주기 위해?
> 말도 안 되는 소리. 쓰디쓴 노동의 노고를 감내하게 하려고 만들어낸 헛소리일 뿐이다. 끔찍한 실태를 너무나 잘 알고 있지 않나. 이 끔찍한 실태를 나아지게 한다는 것은 부질없는 짓이다. 완전히 해결하지 않으면 의미가 없다. 어린 시절부터 보아오지 않았나. 상황을 나아지게 한다는 것이 가능한 일인가? 우리는 더 나아질 수 있는 건가? 네 자신은 예전보다 나아졌어?
>
> – 엘레나 페란테, 《떠나간 자와 머무른 자》

국가의 간섭을 배제하고 시장의 자유 경쟁에 맡기면 된다는 애덤 스미스 시대는 자유주의가 지배했다. 대공황을 맞아 노동자들이 직장에서 쫓겨나자 케인스주의가 등장했다. 국가가 나서서 일자리를 만들고 사회복지제도를 확충해야 한다는 주장이 주류를 이루었다. 세월이 흐르면서 기업의 이윤율은 하락하고 복지국가의 재정이 적자에 허덕이자 신자유주의가 나타났다. 1980년대부터 경쟁과 승리, 효율, 실익을 최우선으로 삼는 조류가 퍼졌다. 종전의 인간화 분위기는 사라지고 노동자들은 모든 것이 수치로 평가되는 생존 경쟁에 내몰렸다.

노동시장의 유연성이라는 용어가 등장했다. 외부 환경의 변화에 인적 자원이 신속하고 효율적으로 배분되고 필요에 따라 재배분되어야 한다는 것이었다. 기업 사정에 따라 해고가 자유로워야 유연성을 높일 수 있을 터였다. 인적 자원이라는 말은 노동과 노동자에도 질적 차이가 존재하므로, 그에 따라 대가가 지급되어야 한다는 논리로 귀착되었다.

자본의 노동에 대한 역공이 시작된 정황이었다. 거기에 비정규직이 나타났다. 현대판 노예 논쟁에 불이 붙기 시작했다. 그 즈음 이미 영국에서 시도한 생산적 복지 개념도 논란의 대상이 되었다. 기존의 적극적인 복지 정책에 따른 사회 안전망이 오히려 노동 의욕을 감퇴시키므로, 복지 예산을 삭감하여 일할 의지가 확인되는 사람에게만 지원해야 한다는 비정한 모델이었다.

혼란의 대류 속에서 노동자는 흩날리는 종잇조각처럼 불안정하다. 고용계약서 한 장은 방향 잃은 바람에 어디로 날려갈지 모르는데, 그 불안한 지위마저 손에 쥐지 못한 실업자가 더 많다. 노동권에 괴물 같은 경영권이 등장하여 일할 권리와 해고할 자유가 맞붙었다. 기업의 소유자와 경영자가 도리어 이마에 동여맨 붉은 띠와 확성기보다 더 큰 소리를 가진 상대방을 괴물로 여기기 시작했다. 서로가 서로에 대한 괴물이 되어 한쪽은 너무 차이가 심한 키를 맞추기 위해 철탑이나 옥상에 오르고, 다른 쪽은 상대의 표정이 폭력처럼 느껴져 고개를 돌려버린다. 폭력은 야만적인 것이라며 나무란다. 그러나 야만적인 상황에서는 야만적으로 행동할 수도 있고, 그럴 수밖에 없는 사정도 있다.

야만이란 그렇게 터무니없는 것도 아니다. 깔끔하게 세상을 사는 사람들은 약속을 어기는 일조차 야만으로 여긴다. 고용계약은 법이고, 법은 약속이다. 약속은 강제가 아니라 자율이다. 노동 문제를 자유로운 계약의 결과물로 보면 세계가 너무나 질서정연해 보인다. 그러나 노동법은 계약법이 아니라 사회법이다. 노동자와 노동이라는 사회적 주체와 현상의 문제를 구조적으로 다루는 영역이다. 노동은 인간 속성의 일부이며, 노동이 바뀌고 세상이 변하면 사회법도 계약법이 되지 말라는 법은 없다. 그러나 사회적 안전판은 언제나 필요하다.

사회적 안전판을 자유계약에 맡기려면 헌법을 민법처럼 해석하는 느낌으로 불안감을 떨칠 수 없다. 귀족 노조라는 표현은 사회적 함정으로 느껴진다. 이미 얼마나 차별적인 전제가 견고하게 담겨 있는가. 노동자는 항상 어느 수준을 분수로 알고 그 아래서만 살아야 한다는 말과 다르지 않다.

노동자 계급은 자본주의를 무대로 데뷔했지만, 사회주의로부터 결속과 전진의 힘을 얻었다. 노동자는 노동을 팔 수밖에 없는 기구한 처지에 놓였지만, 노동을 중지함으로써 세계를 멈출 수 있다는 사실을 깨달았다. 그 힘이 없었더라면 노동권도 쟁취할 수 없었을 것이다. 노동권을 약속의 이행이 아니라 투쟁을 통해 얻을 수밖에 없었던 사정은, 시카고 헤이마켓 집회가 포성 속에서 흩어진 때로부터 100년이 더 지난 1980년대 후반에 가서야 8시간 노동이 한국의 현장에서 실현되었다는 사실로 짐작할 수밖에 없다. 그런데 노동권은 단결권과 단체교섭권과 단체행동권만으로 설명도 이해도 하지 못한다. 귀족으로부터 이백 걸음은 떨어진 채 빈손으로 쳐다보고 있는 사람들의 일할 권리부터 시작해야 한다.

영원한 앙숙처럼 보이는 노동자와 사용자 그리고 정부의 관계를 화합의 렌즈로 살펴볼 수 있도록 하는 묘책은 없는 것일까? 서로가 괴물이 아니라 사회의 구성원이자 이웃이라는 사실을 깨닫는 데서 다시 시작할 수밖에 없다.

> 전쟁 같은 밤일을 마치고 난
> 새벽 쓰린 가슴 위로
> 차거운 소주를 붓는다
> 아
> 이러다간 오래 못 가지
> 이러다간 끝내 못 가지
>
> – 박노해, 《노동의 새벽》

미래의 노동권

노동조합은 현재의 문제에 매달려 있다. 현실의 노동자는 눈앞의 과제를 해결하면서 언젠가 오늘이 될 내일을 맞을 태세다. 반면 일할 권리에 직결된 일자리 문제에 관해서 노동계 바깥에서는 오래전부터 진지한 연구와 논의를 시작했다.

산업 환경의 급격한 변화에 따라 사라질 일자리와 생겨날 일자리에 대한 관심이 높아졌다. 2016년 다보스 세계경제포럼에서는 향후 5년 동안 세계에서 700만 개의 일자리가 소용없어지고, 200만 개의 새 일자리가 창출될 것으로 전망했다. 물론 정반대의 견해도 있었다. 비슷한 시기 독일의 노동시장・직업연구소는 6만 개의 일자리가 없어지고, 92만 개의 일자리에 대한 자격 요건이 변경될 것으로 내다봤다.

일자리 자체보다 일자리의 환경 변화가 삶에 더 큰 영향을 끼칠 수 있다. 물론 일자리의 소멸과 생성이 노동 환경과 가장 밀접한 관계에 놓여 있기는 하다. 디지털화한 노동 환경에서는 종래의 기업이라는 개념이 완전히 달라진다. 아울러 작업자라고 표현하는 것이 나을 듯한 노동자는 대부분 컴퓨터 앞에 앉을 것이다. 빅데이터와 인공지능 등을 핵심 인프라로 하고 미래 생태계를 활용하는 플랫폼경제 상황에서는 모든 노동자가 비슷해지고 노동자와 사용자의 구분이 모호해질 수밖에 없다. 인터넷상의 노동플랫폼에서 다양한 일거리가 제공되고, 누군가 선택하여 수시로 작업을 한다. 일을 제공하는 자는 사용인이 아니고, 작업자는 피용자가 아니다. 서로 그러한 지위와 책임 또는 의무를 부인하고 회피하거나 아예 무관심한 태도로 일관할 것이다. 그때 노동자는 각자가 자영업자가 된다. 인터넷 기반 또는 사이버 브로커를 통해 노동력을 제공하는 크라우드 워킹이 주류를 형성한다는 말이다. 미래 노동 환경에서 일어날 큰 변화 중 하나는 노동의 장소와 시간의 유연성이 거의 무한대로 확대될 가능성의 현실화다. 전통의 작업장은 소멸하거나 한없이 축소된다. 자기 노동 시간은 자기가 결정한다. 그때 노동 환경이 건강에 미치는 영향에 대한 고려가 복지 제도의 대상이 될지 모르겠다. 컴퓨터 앞의 노동자들 사이에 긴밀한 네트워크가 형성되지 않으면 노동조합이 조합원들과 소통하기가 쉽지 않을 것이다. 완전히 개별화된 노동자의 대가는 임금이 아니라 가격이 될 수 있다.

내일의 노동자는 엄청난 데이터를 새로운 연료로 미래의 경제를 가동하는 융합의 역사에 참여한다. 국제노동기구는 이미 2013년에 "ILO 100주년 기념 이니셔티브 일의 미래"를 통해 노동의 미래에 대한 논쟁에 불을 붙였다. 독일은 연방 경제에너지부 주도로 10년 이상 "인더스트리 4.0" 프로젝트를 가동했는데, 그 안에는 "노동 4.0"의 백서와 녹서는 물론 "좋은 노동 4.0"까지 포함되어 있다. 그것마저도 이 문장을 쓸 때와 읽을 때의 상황과 의미가 달라질지 모른다. 새로운 노동과 노동자의 개념은 새로운 현상이 닥쳐야 만들 수 있는 불투명한 약속인가? 미리 예측하고 준비하는 것이 미래의 노동권 확보에 도움이 되는 일일까?

12

아이야, 네 거울로 나를 비춘다면

아동권

어린 시절부터 몇 년 간격으로 사진을 늘어놓고 보면 그때그때의 모습이 꽤 다르다. 10대가 다르고 20대가 다르듯이, 일곱 살이나 열 살, 열다섯 살 무렵도 뚜렷이 구별된다. 하지만 눈을 감고 생각하면, 지금의 자신이 60대든 40대든 구분이 분명하지 않다. 옛 사진이나 현재 자신의 모습을 눈으로 보지 않으면, 마음의 시간을 느낄 뿐이다. 마음속에서 흐르는 시간은 매듭이 없기 때문에 10대나 20대나 50대의 지금이나 한꺼번에 자기의 생애로 다가온다.

힘에 넘치는 활력이나 노쇠한 기력의 차이는 겉모습이나 근육이 지배하는 육체가 인식할 뿐이다. 마음이 감지하는 자기 자신은 세월에 구애받지 않고 하나다. 어느 정도 나이가 든 사람이 지난 시간을 되돌아볼 때 그러하다. 지나간 긴 시간이 하나의 통합된 인생으로 느껴진다. 이미 경험한 과거이므로 훑어 갔다 되돌아오는 데 걸리는 시간은 짧다. 하지만 아직 어리거나 젊은 사람이 미래를 상상할 경우에는 다르다. 미지의 시간과 세계는 넓고, 멀고, 길다. 자신이 서 있는 지점과 도달하지 않은 곳의 차이는 크게 느껴진다. 구분이 또렷

해진다. 그래서 어른은 아이들의 세계를 별것 아닌 것처럼 여기지만, 아이들이 느끼는 자신의 세상은 특별하다.

아이의 감정과 세계

> 망가진 인형 때문에 흘리는 눈물과 좀더 자라서 친구를 잃고 흘리는 눈물은 둘 다 차이가 없다. 무엇 때문에 슬퍼하든, 우리 인생에서는 결코 중요한 문제가 아니다. 중요한 것은 얼마나 슬퍼하는가이다. 하느님께 맹세컨대, 아이들이 흘리는 눈물은 결코 어른들이 흘리는 눈물보다 작지도 않거니와, 때로는 어른들이 흘리는 눈물보다 훨씬 무겁다.
>
> – 에리히 캐스트너, 《하늘을 나는 교실》

슬픔이나 기쁨은 어른의 세계에도 아이의 세계에도 공통으로 존재한다. 기뻐하는 모습이나 슬퍼하는 모습에 큰 차이가 없다. 그럼에도 불구하고 어른들은 다르게 보고 차별한다. 아이의 감정은 단순한 것으로 취급한다. 단순하게 본다는 것은 큰 의미를 두지 않는다는 말이다. 성인이 터뜨리는 웃음이나 울음은 인생의 경험을 바탕으로 한 것으로 일상의 맥락에서 필요한 요소로 무게를 두는 반면, 아이의 그것은 일차적 욕망에 즉각적으로 반응하는 현상 정도로 가볍게 여긴다. 자신이 처한 상황과 자기 자신의 선택 가능성을 여러 순서로 배열하고 고뇌의 사유와 억제의 과정을 거쳐 터뜨리는 감정이 아니라는 것이다.

그것은 어른의 일방적인 생각이다. 다르게 표현하면, 어른들의 직업병이다. 아이들에게 물어 보면 그렇게 대답할 것이다. 아이에게는 아이의 감정이 있다. 아이의 세계가 따로 존재하기 때문이다.

어른은 단 한 사람도 예외 없이 어린 시절을 통과했다. 그럼에도 불구하고 아이의 독립한 세계를 왜 모르는가? 아니면 왜 인정하려 들지 않는가? 자기가 겪어 온 과정임에도 불구하고 왜 그러한 태도를 보이는가?

어른과 아이가 사는 세상은 동일한 곳이다. 그러나 정신 세계와 밀착한 상태에서 교감하는 주된 환경은 서로 다르다. 아이의 세계와 어른의 세계는 다르다. 그 다른 두 세계는 보다 넓은 세계에 부분집합으로 편입된다. 넓게는 같은 세상에 살면서, 좁게는 다른 세계를 경험한다. 어른도 아이도 모두 인간이다. 아이의 권리나 어른의 권리나 모두 인권에 포함된다. 그런데도 아이의 자유와 권리를 별도로 다루어야 할 필요성과 유용성의 근거가 바로 독립하여 존재하는 아이의 세계다.

아이의 세계가 언제나 존재했던 것은 아니다. 아이의 세계가 없는 때가 있었다. 아이는 항상 존재했으나 아이의 세계가 없었다는 것은, 세상이 아이의 세계를 인식하지 못했기 때문이다. 아이의 세계는 아이가 존재함으로써 저절로 이루어지는 것이 아니라, 어른의 세계에서 인정을 받아야 현실의 일부가 될 수 있었다.

과거에는, 조금 구체적으로 지적한다면 근대 이전에는 아이의 세계를 독립한 세계로 인정하지 않았다. 인정하지 않았다기보다는 인식하지 못했다는 표현이 더 맞을 수 있다. 아이의 세계는 자연스럽게 어른의 세계로 편입되는 것으로 여겼을 뿐이다.

신생아가 탄생하면, 영아기에는 우선 살아남아서 제대로 성장할지 두고 보아야 했다. 근대 이전에는 생후 1년 이내에 사망하는 아이가 절반 정도 되었다. 영아 사망률이 높았기 때문에 계속 살아남을 것인가를 지켜볼 수밖에 없었다. 그다음에는 성장하도록 기다려야 했다. 어린아이는 어른이 되기 위한 과정에 불과했다. 어른은 완전한 인간이고, 아이는 어른이 되기 전의 단계에 위치한 미성숙의 존재였다. 따라서 육체와 정신이 자라기를 기다렸으며, 성인이 되면 저절로 구성원의 일원으로 편입되었다. 아이를 성인으로 만들어 주는 것은 시간이었다. 부모는 아이를 잘 지키고 있으면 되었다. 세월이 해결해 주기를 기다리며 잃어버리지 않으면 의무를 다한다는 소유의 관념이 지배하고 있었다.

> 그렇습니다. 하지만 난 프레코시도 존경합니다. 존경한다는 말로는 그 마음을 제대로 표현할 수 없을 정도입니다.
>
> 대장장이의 아들인, 선량하고 슬픈 눈을 가진 조그마한 프레코시는 언제나 놀란 듯 보이며, 모든 아이들에게 "미안하지만 ……" 하고 말할 정도로 수줍음을 많이 탑니다. 항상 몸이 아픈 것 같은데도 공부를 열심히 합니다.
>
> 프레코시 아버지는 독한 술에 취해서 집에 돌아와 아무 이유도 없이 아들을 때리고 책과 공책들을 아무렇게나 공중에 던져 버립니다. 프레코시는 얼굴에 멍이 들거나, 가끔은 너무 울어 퉁퉁 부은 얼굴에 빨개진 눈을 하고 학교에 오기도 합니다.

하지만 그 애 입으로 자기 아버지에게 맞았다고 말하는 것을 단 한 번도 들어본 적이 없습니다.

"네 아버지가 널 때렸구나!" 하고 친구들이 말하면 곧 소리칩니다.

"아니야! 아니야!"

- 에드몬도 데 아미치스, 《사랑의 학교》

아이는 아이들의 세계에 속한 것이 아니라 어른의 소유물로 어른 사이에 생존할 뿐이었다. 아이는 사람과 동물의 중간 정도에 해당하는 존재로 여겼다. 어릴수록 사람보다는 동물에 더 가깝고, 자랄수록 점점 사람에 가까워진다고 생각했다. 태어나는 순간 이성은 완전히 결여된 상태인데, 성장하면서 이성을 갖춘다고 보았다. 성장과 성숙은 이성의 형성을 의미했으며, 어린 사람은 성인에 비하여 이성이 부족한 존재로 인식되었다. 이성의 유무에 따라 인간과 동물을 구별했던 것과 마찬가지다.

근대 이전의 시대에는 가족 개념도 지금과 달랐다. 현재와 다르다는 것도 일률적으로 말하기는 쉽지 않다. 근대 이후 또는 현대 세계에서도 북유럽 국가에서는 우리와 같은 부부 중심의 가족 관념이 아예 없거나 현격히 다르기 때문이다. 어쨌든 지난 시절에는 대가족이든 소가족이든 지금과 같은 가족 제도는 없었다. 지배 계급은 가계 중심이어서 아이가 태어나면 부모가 사는 가정에 소속된다기보다 그 집안에 속한다는 의미가 더 강했다. 반면 농민들은 촌락공동체를 이루어 넓은 의미에서 재산공유제 형태로 생활했으므로, 아이들을 그 마을에 속하는 것처럼 여겼다.

보통 아이들은 혼자서 뛰어다닐 정도가 되면 서서히 어른의 세계에 편입되었다. 그 나이가 일곱 살 또는 여덟 살 등으로 명확히 한정하기는 어렵지만, 어른들이 필요한 일을 시키기에 적합한 나이라고 하면 될 것이다. 그나마 그 대상은 대부분 남자 아이들에 국한되었다.

어른이 되기 위해 훈련받는 시간

뉴얼의 눈물이 병아리 모이에 스며들었다. 병아리들이 모이와 함께 그 눈물을 모두 삼켜 주었다. 그러다가 갑자기 뉴얼이 벌떡 일어났다. 그리고 소매를 걷어올리고 바짓단을 치켜올리면서 조그맣게 말했다.

"이것 봐. 우리 아버지가 때렸어!"

쪼그리고 앉아 있던 나는 손을 뻗어 뉴얼의 다리 위에 죽죽 줄이 진 부어오른 상처를 어루만졌다.

"너희 아버지가 왜 너를 때려?"

"아버지는 나에게 창극을 가르쳤어. 내가 하루아침에 그 유명한 바윈사처럼 노래도 잘 하고, 돈도 그렇게 잘 벌지 못해서 안달이란다. 휴! 잉쯔야, 나 지금 티엔차오 거리로 창극 하러 가야 되겠다. 사람들이 둥그렇게 둘러서서 내 노래를 듣는단다. 노래를 다 부르고 나서 바구니를 들고 사람들에게 돈을 달라고 해. 그런데 내가 돈을 달라고 하기만 하면 사람들은 모두 뿔뿔이 흩어져 버려. 그러고 돌아오면 아버지는 나를 때려."

- 린하이윈, 《우리는 바다를 보러 간다》

아이는 작은 어른이고, 작은 어른은 제대로 된 어른이 되기 위해서 훈련을 받아야 했다. 지난날에는 지금과 같은 아동 교육이라는 관념은 없었고, 일을 배우며 세상에 적응하는 훈련을 해야 한다는 관행만 있었다. 훈련을 받은 아이는 훈련을 하는 어른의 소유물이었으므로, 마음대로 할 수 있다는 생각이 전제되었다. 그러한 구조에서 훈련은 주로 게으름에 대한 체벌의 정당화 명분이었다.

이탈리아 육군사관학교를 졸업한 아미치스는 《쿠오레》라는 동화를 썼다. 쿠오레는 이탈리아어로 마음이라는 뜻이다. 우리에게는 《사랑의 학교》라는 제목으로 많이 알려진 초등학교 학생 엔리코가 쓴 일기 형식의 이야기다. 이야기 속에는 한 달에 하나씩 담임선생이 들려주는 옛날이야기가 들어 있는데, 그중의 하나가 〈아펜니니 산맥에서 안데스 산맥까지〉다. 바로 우리에게 〈엄마 찾아 삼만 리〉로 알려진 동화다. 초등학교 4학년인 엔리코의 친구 프레코시는 학교에서는 아무 일도 없는 것처럼 조용히 지내지만, 집에 가면 술에 취한 아버지로부터 자주 맞았다. 훈련의 대상이 아니라 분풀이의 대상이었다.

린하이윈은 일본에서 태어나고 중국 베이징에서 자랐는데, 작가로서의 활동 무대는 대만이었다. 그래도 항상 어린 시절이 떠올라 《북경 이야기》를 썼다. 《북경 이야기》의 1편에 해당하는 《우리는 바다를 보러 간다》에서 잉쯔는 아버지로부터 매를 맞는 뉴얼의 이야기를 듣고 있다. 잉쯔는 자식을 부속물 쯤으로 여기는 뉴얼의 아버지를 이해할 수 없다.

할머니는 몽실에게 수다스러우리만큼 심부름을 시켰다.

"몽실아, 애기 기저귀 빨아 오너라."

몽실은 기저귀를 빨았다.

"설거지해라."

"마루를 훔쳐라."

"방을 쓸어라."

이제 여덟 살인 몽실은 시키는 것을 싫다고도 할 수 없었다. 밥 먹는 자리에서도 심부름은 몽실이가 모두 해야 했다.

"몽실이 물 떠오너라."

……

물을 한 대접 떠와서는 먹던 밥을 먹으려고 자리에 앉았다.

"무얼 그토록 꼼작거리냐? 얼른 먹고 밥상 치워야지."

몽실은 얼른 먹으려고 숟갈을 빨리 놀렸다. 그릇 긁는 소리가 조금 시끄러웠다.

"왜 그렇게 야단스럽냐. 계집애가 얌전하지 않고 ……."

– 권정생, 《몽실 언니》

지난 시절 아이의 모습은 대략 이러했다. 자라서 제대로 사람 구실을 하기 위해서는 철저히 훈련을 받아야 하는 존재가 아이라고 생각했다. 그렇지 않고 부유한 환경의 아이는 어른들의 보호 대상이었는데, 독립한 인격체로 대우 받는 보호의 대상이 아니라 마치 애완동물처럼 귀여운 소유물로 여겨지는 경우가 많았다. 동물을 반려가 아니라 애완물로 취급했듯이, 여유 있는 집안에서는 아이를 다치지 않고 외부의 나쁜 영향이나 받지 않게 잘 간수하는 자체가 부모의 의무이자 애정의 표시라고 믿었다.

동서양이나 지역 간의 차이는 있었겠지만 역사적으로 볼 때 아이에 대한 인식이나 아이의 현실적 위상이 그러했다는 것인데, 그 잔재는 여전히 남아 있다. 지금도 어렵지 않게 발견할 수 있는 전근대적 아동 인식은 가정 환경, 그중에서도 경제적 환경의 차이에서 비롯한다. 예나 지금이나 아이의 실존적 위상은 계급의 차이에 따라 태어날 때부터 차별의 대상임을 부인할 수 없다.

> 그런데 다음 날 아침 일어나 보니, 그의 머리카락은 정확히 피튜니아 이모가 자르기 직전의 상태로 돌아와 있었다. 머리가 어떻게 그렇게 빨리 자랐는지 설명할 수조차 없었는데도 해리는 그 일로 1주일 동안 벽장에 갇혀 있었다.
>
> – J. K. 롤링, 《해리 포터》

해리 포터의 환경도 좋지 않았다. 나쁜 마법사 때문에 부모를 잃고 이모와 이모부인 더즐리 부부 가족 속에 끼어들어 살았다. 남의 가정에 들어가 지낸 해리의 11년은 끔찍했다. 계단 아래쪽 작은 벽장을 방으로 삼고 생일 파티라는 걸 해본 적이 없었다. 머리가 길면 이모 페투니아가 부엌에서 쓰던 가위로 이마 흉터를 가리기 위한 앞머리만 조금 남기고 싹둑 잘라 버렸다.

머리카락이 하룻밤 사이에 다시 원래대로 자라는 마법이 일어나자, 이모는 해리를 일주일 동안 벽장에 가두었다. 이해할 수 없는 현상의 책임을 해리에게 돌려 벌을 내린 것이다. 페투니아의 가혹한 행위에 대한 평가는 제쳐 두고, 벌의 의미는 무엇일까? 어른이 아이에게 주는 벌은 교육이라는 의미를 담고 있다. 교육의 효과는 차지하고, 교육의 목적이 딸려 있지 않으면 벌은 정당화될 수 없다. 교육의 목적에서라도 체벌은 벌이 아니라 폭행이 될 뿐이다.

특정한 계급 이상의 문벌에 속한 자손으로 태어나거나 대가족 형태의 경제 공동체 내의 한 명으로 태어난 아이는 거의 익명으로 존재하는 것이나 다름없었다. 여러 명의 아이 중 한 명일 뿐이었지, 특정한 개성적 존재로 인정받지 못했다. 기껏해야 어느 집안 또는 어느 마을의 몇째 정도로 인식될 수는 있었지만, 고유한 정체성을 가진 인격체로 대우받을 수는 없었다.

소유의 대상에서 교육의 대상으로

시대와 공간에 따라 차이는 있겠지만, 대체로 경제 구조의 변천에 따라 공동체 중심의 삶이 부부 중심의 가족으로 바뀌면서 아이에 대한 인식도 달라졌다. 한 지붕 밑에서 부부와 아이들이 함께 지내는 시간이 길어지면서, 비로소 부모는 아이들에게서 자기와 상대방의 부분적인 초상을 발견하기에 이르렀다. 아이가 자라서 자신과 같은 어른이 된다는 사실을 새삼 깨닫는 일은 아이가 고난을 헤쳐나갈 수 있도록 하기 위해서는 준비가 필요하다는 현실을 직시하게 했다. 아이에게 가장 절실한 것은 보호도 훈련도 아닌 교육이라는 인식에 도달한 것이다. 그와 함께 아이 나름대로의 독자성도 조금씩 인정하게 되었다. 어른이 되는 동안 아예 방치되거나 아니면 훈련 또는 과보호의 대상이었던 아이가 서서히 교육의 대상으로 바뀌기 시작한 것이다.

> "니네들, 생강 있니?"
>
> 아명이 친구들을 모아놓고 속삭이듯 물었다.
>
> "아니, 없어."
>
> "나도야."
>
> "다 떨어졌어."
>
> 모두들 한마디씩 하며 고개를 젓거나 손을 내저었다.
>
> 생강을 미리 엉덩이에 발라 두면 나중에 맞을 때 좀 덜 아팠다. 생강의 후끈거리는 기운이 따끔한 매질을 덜 아프게 해 주었다. 체벌이 일상화된 학교에서 아이들이 생강이라는 특효약을 발견한 건 오히려 당연했다. 선생님더러 바보라고 했으니 선생님이 얼마나 때릴까 싶어 아명은 눈앞이 아찔할 정도였다.
>
> – 중자오정,《로빙화》

소유의 대상에서 교육의 대상으로 인식의 전환이 이루어졌다고 아이들의 지위가 하루 아침에 달라진 것은 아니다. 서서히 변화가 일어나는 가운데, 교육을 담당하는 학교라는 전문 기관이 생겼다. 대가족제도 속에서 일상과 함께 이루어지던 교육을 부부 중심의 소규모 가족 안에서 계속하기는 어려웠다. 아이의 교육을 전문 교육 기관에 완전히 떠맡김으로써 교육은 전문화되고 부모는 자유로워질 수 있다. 학교의 등장은 크게 두 가지 점에서 새로운 의미를 갖게 되었다. 첫 번째는 학교에 의해서 비로소 아이들에 대한 교육이 탄생하였다는 사실이다. 두 번째는 아이들에 대한 교육이란 개념이 성립함과 동시에 아이는 교육에 따라 달라질 수 있다는 생각을 하게 되었다는 것이다.

학교가 생기면서 아이들의 교육을 전담하게 되었는데, 사실 학교가 생기기 이전에는 아이들에 대한 교육 자체가 없었던 것이나 다름없다. 대가족제도 아래서 태어난 아이는 어른들 속에 섞여 그 가문이나 공동체의 일원으로 자라면서 일상을 익혔다. 또래의 다른 아이들이 있어도 친인척이나 계급제도 속에서 규정된 신분적 관계의 존재였다. 가정교사에 의한 개별교육이나 특수학교 또는 서당과 같은 사설 교육 시설이 있어도 그것은 누구나 이용이 가능한 일반화된 교육 제도가 아니었다. 아이는 태어남과 동시에 그가 속한 공동체 구성원의 일원으로 성장하는 존재였는데, 학교가 나타남으로써 아이들만의 교육이 비로소 체계화하였다. 그리고 학교의 울타리 안에 들어가면서 어른들과는 일시적으로 분리되고, 학교 내에서 또래의 다른 아이들과 생활함으로써 아이들만의 사회를 형성하였다.

아이들의 교육이라는 관념이 구체화되고 학교가 그 기능을 전담하면서 교육의 대상인 아이들에 대한 인식도 변화하기 시작했다. 아이를 만들어 갈 수 있는 존재로 파악하게 된 것이다. 태어난 아이가 저절로 자라 어른이 되는 것이 아니라, 어떻게 교육하느냐에 따라 원하는 모습의 인물이 되기도 하고 안 되기도 한다는 생각을 하게 되었다. 아이의 미래는 결국 어른이 하기에 달렸다는 교육관의 탄생이다. 예쁜 소녀, 용감한 소년, 착하고 슬기로운 어린이에서 모범 시민, 현모양처 등 정형화된 모델을 만들어냈다. 어른들에게 아이들은 영혼을 가진 찰흙이었다.

로빙화는 여름에만 예쁜 꽃을 피우는 식물인데, 생명이 짧아 금방 시들었다. 로빙화를 따서 차나무 밑에 묶어 두면 거름이 되어 차 잎이 무럭무럭 자란다고 해서 농부들이 좋아했다. 그러나 이미 멸종하여 세상에 존재하지 않는다. 대만의 소설가 중자오정은 로빙화처럼 요절한 소년 고아명을 주인공으로 《로빙화》를 썼다. 소설의 한 장면에서 보듯이, 학교는 아이들을 어른들이 원하는 모습으로 만들기 위한 훈련장 또는 공장처럼 비친다. 아이들을 제대로 만들기 위해서 교사는 체벌을 가장 유효한 수단으로 삼았다.

아이를 제대로 된 인간으로 만들겠다는 목적을 달성하기 위해서라면 체벌로 인한 서로의 고통 따위가 무슨 문제가 되겠는가. 이전에는 아이를 찰흙 주무르듯 주조하여 사회에 필요한 인간으로 만든다는 숭고한 과정을 미처 몰랐다는 듯이 교육을 빌미로 아이에 대한 어른의 자의적 행동이 일상적으로 자리잡게 되었다. 교육의 목적으로 폭력이 정당화되기에 이른 것이다.

성적 중심 학교, 모든 불화의 원인

이렇게 아이들의 인권에 관한 문제는 근본적으로 학교 교육에서 비롯한다. 오늘날 아이들의 문제는 더욱 그러하다. 가정은 학교에 보내기 위한 예비적 또는 보조적 교육만 담당하는 것으로 여긴다. 그나마 부모가 가정에서 맡는 교육이란 좋은 학교에 보내기 위한 준비에 그친다. 여기서 좋은 학교란 세평에 따라 부모들이 좋아하는 학교를 말하고, 세평은 대학 진학률에 의해 결정된다. 따라서 그러한 학교에 보내기 위한 준비란 주로 재원 확보다.

취학 연령 이전의 아이들도 학교 입학을 위한 준비가 대부분이다. 영아 단계를 벗어나기만 하면 유치원의 전단계인 유아원에, 그보다 조금 더 자라면 학교의 전단계인 유치원에 아이들을 맡긴다.

> 에이미는 라임을 책상 속에 숨겼다가 제니의 고자질로 데이비스 선생 앞으로 불려나갔다.
>
> "손을 내놔요."
>
> 이것이 그녀의 소리 없는 탄원에 대한 대답이었다. 울거나 애원하지 않았던 에이미는 이를 꽉 물고, 가만히 고개를 쳐들고 조그만 손바닥에 떨어지는 매의 아픔을 머리카락 하나 까딱 않고 꾹 참아냈다.
>
> 그 횟수는 대여섯 번에 불과했고 그리 심하게 때린 것도 아니었지만, 에이미에게 매의 횟수나 아픔의 강도는 관계없는 일이었고, 태어나서 처음 남에게 매를 맞았다는 사실만이 문제였다. 그리고 이런 굴욕감 때문에 그 자리에서 매를 맞고 쓰러질 만큼이나 깊은 타격을 받았다.
>
> "쉬는 시간까지 그대로 꼼짝 말고 교단에 서 있어요."
>
> 데이비스 선생은 이왕 내친걸음이라 생각했는지 끝장을 볼 심산인 듯했다. 그것은 정말 잔인한 벌이었다. 방금 받은 수치를 안고 모든 친구들이 보는 앞에 서 있어야 하다니. 순간 에이미는 그 자리에서 쓰러져 울고

싶을 만큼 자존심이 상했다.

그날 오후, 마지막 시간이 끝나기 직전이었다. 조가 나타나 험악한 기세로 어머니의 편지를 데이비스 선생에게 전했다.

저녁에 어머니는 말했다.

"그래, 학교는 당분간 쉬기로 하자. 하지만 베스와 같이 집에서 공부해야 해. 난 본래 체벌이란 것엔 찬성하지 않아. 특히 여자아이에게는. 그러나 규칙을 어겼으니 에이미 잘못도 크다. 선생님의 지도를 어긴 데 대해 벌을 받는 것은 당연하지. 하지만 엄마 같으면 학생의 잘못을 바로잡기 위해 그렇게는 하지 않았을 거야."

– 루이자 메이 올콧, 《작은 아씨들》

아이의 교육을 학교에 전적으로 맡기면서 일어나는 아이들의 첫 번째 인권 문제는 체벌 또는 폭력이다. 학교는 교육의 전문기관이고, 전문기관으로서 권위를 지녔기에 부모들의 간섭을 배제할 수 있다. 아이들은 교육이라는 이름의 숭고한 행위로 만들어가야 하는 대상이므로, 교사는 어떻게든 설정된 교육의 목표 달성을 위해서 여러 가지 수단을 동원한다. 그 과정에서 인내심을 잃고 목표에 집착할 때 가장 쉽게 들고 나오는 것이 체벌이다.

학교 내에서 벌어지는 학생들 사이의 폭행이나 따돌리기 등은 인권의 문제가 아니다. 개인들 사이의 싸움이나 권리 침해 행위가 인권의 문제가 아닌 것과 마찬가지다. 개인들 사이에 일어나는 사건의 결과가 인권 침해 현상과 동일한 경우는 많지만, 그 원인 행위를 인권 침해 행위라고 하지 않는다. 인권의 문제는 국가 권력이나 그와 유사한 지배 권력, 사회적 계급 또는 제도적 현상의 작용이 개인의 기본적 권리를 침해할 때 발생한다. 따라서 아이들끼리의 싸움은 질서의 문제이고, 교사나 교육 제도가 학생의 권리를 침해하는 것은 인권의 문제다.

교육 과정에서 생기는 폭력은 아이들의 인격을 침해한다. 이것과 관련해서 대개 교사의 폭행은 교육을 목적으로 하는 한 그 대상인 아이들을 마음대로 할 수 있다는 생각과 어떠한 형태로도 위력을 행사하는 체벌이나 폭언은 절대 허용할 수 없다는 생각을 양 극단으로, 그 사이에서 용인할 수 있는 사랑의 매질의 경계가 어디냐를 따진다. 하지만 교육의 목적이라는 명분으로 체벌이든 폭언이든 위압적 행위가 허용될 수 있다는 생각 자체를 근본적으로 바꿀 필요가 절실하다.

한편에서는 체벌을 금지하려는 분위기 때문에 교권의 실추 또는 침해가 거론된다. 교육에서는 교권의 확립도 중요하겠지만, 교권의 침해를 학생의 권리와 충돌하는 교사의 인권으로 보아서는 곤란하다. 교권의 침해는 학부모와 교사 사이에서 비롯하는 문제다. 아이에게 학생이라는 이름을 붙여 교사에게 전적으로 맡기며 책임까지 전가하고, 아이를 보호하기만 하면 된다는 이기적이고 편의적인 부모의 사고에서 교권의 문제가 생긴다. 일탈 행동을 일삼는 학생은 교사와 보호자가 협력하여 해결해야 하는 공동의 과제다.

머무는 시간으로 보나 삶을 채우는 내용으로 보나, 아이들에게는 가정보다 학교가 비중이 더 높은 공간이며 장소다. 인간 존재로 태어나 초기 인격을 형성해 가는 곳이다. 집 밖에서 행해지는 모든 교육의 장소를 학교라고 한다면 더욱 그러하다. 제도 교육이든 사교육이든 모든 형태의 교육이 행해지는 곳을 학교라고 하면, 가정은 그야말로 개별 기숙사에 불과한 것처럼 보인다고 해도 지나친 과장은 아니다. 그러므로 아이들의 인권 문제가 발생하거나 기인하는 장소도 대부분 학교다.

> 르픽이 홍당무에게 물었다.
>
> "지난번 시험에서는 몇 등을 했지? 설마 꼴찌는 아니겠지?"
>
> 홍당무가 대답했다.
>
> "꼴찌도 한 사람은 꼭 있어야 해요."
>
> – 쥘 르나르, 《홍당무》

문제가 학교에서 일어난다면, 그 문제가 중대한 것이라면, 문제의 가장 근본적인 원인은 성적에 있다. 각급 각종의 학교는 나름대로 교육 목적을 내세우지만, 결국에는 학생들을 성적 순으로 등급을 매기는 것으로 마감한다. 보호자들 역시 교육의 취지를 잘 알면서도, 최종 관심은 성적에 몰린다. 교육의 목적이나 제도적 취지가 어떠한들, 아이들의 학교 생활은 항상 성적 중심이다. 성적 중심의 학교 생활은 모든 불화와 불행의 주범이다. 가정 이상으로 편안하고 즐거워야 할 학교 생활이 모든 문제의 온상이 되는 이유가 거기에 있다.

성적 중심의 학교 생활은 교육 제도와 아울러 생각해 보면 모순투성이다. 불가피한 면이 없잖아 있는 것 같기도 한데, 그러한 점 때문에 더 모순적이다. 먼저 보호자들에게 물어 보자. 아이들이 학교에 가서 어떻게 하기를 원하는가? 무엇보다 공부를 잘 하기를 원한다. 공부를 잘 한다는 것은 각급 학교의 정해진 과정을 잘 이수하는 것을 말할까? 그렇지 않다. 그러한 면도 전혀 외면하지는 않겠지만, 좋은 성적을 얻기를 바란다.

학교에 물어 본다. 교육의 목표가 학생들을 전인격적 존재로 만드는 것인가, 일정한 수준의 지적 수준에 도달하도록 하는 것인가? 이상적 목적이야 양자 모두이겠으나 솔직한 현실적 목표는 후자일 것이다. 전자를 선택하고 싶어도 보호자들이 후자를 더 선호하기 때문일 수도 있다. 그러한 경우 모든 학생의 학력을 목표치에 올려놓는 것이 목표인가, 공급 가능한 교육을 통해 우수한 학생을 많이 배출하는 것이 목표인가? 이론상으로는 전자일 것이나, 현실적으로는 후자일 것이다.

학교의 목표가 학생들에게 한 인간이자 사회 구성원으로서 필요한 최대한의 인격 형성과 최소한의 지식 습득을 하게 하는 것이거나 학생들의 학력을 일정한 수준에 올려 놓는 것이라면, 낙제 제도는 필요할지언정 석차를 매길 이유는 없다. 목표치를 달성한 사람은 내보내고, 미달한 사람은 재교육이나 보충 교육을 하면 된다. 그런데도 불구하고 교사나 보호자가 성적과 순위에 집착하는 까닭은 유아원부터 고등학교까지 모든 교육기관의 최종 목표가 대학 입시에 맞추어져 있기 때문이다. 멋진 신교육 이념의 기치를 내걸고 문을 연 대안학교도 점점 인기가 높아지면 대학 진학률에 치우치게 되는 결과만 보아도 그렇다.

대학 입학 전형은 또 어떠한가. 아무리 초일류 대학이라도 일정 수준의 학력이나 지적 능력의 보유자를 선발하는 것이 아니다. 부동의 유일한 기준은 정원이다. 나름대로 정한 선발 기준에 따라 높은 점수 순서로 정원에 해당하는 수를 뽑는다. 한 해 대학 정원이 1,000명이고 응시자가 1만 명이라면, 합격한 사람은 1,000등 안에 들었기 때문이지 특별한 재능이 있어서가 아니라는 말이다. 더 솔직하게 지적하자면, 합격자 1,000명은 똑똑해서라기보다 1,001등부터 1만 등까지 경쟁에서 뒤진 사람들 덕분에 입학에 성공한 것뿐이다.

교사나 부모나 학교 다니는 아이들에게 빠뜨리지 않고 하는 말 중 대표적인 것이 "공부 열심히 하라"다. 물론 명분으로는 공부의 범위에 여러 가지를 포함시킬 수 있겠지만, 범위를 아주 좁혀 콕 집어 하나만 말하라면 대개 "공부 잘하라"는 쪽으로 집약될 것이다. 공부를 잘하라는 것은 가급적 좋은 성적을 내라는 의미다. 그렇다면 모든 부모와 교사들의 열망에 완벽하게 부응하여 학생 전원이 만점을 받아 공동 1위를 하면 어떻게 되겠는가? 교육의 기적이 일어나는 것이 아니라, 전대미문의 대혼란이 야기될 것이다. 상급학교 진학과 취업에 추첨 제도를 도입할 것이냐는 문제로 논란이 끊이지 않을 터이다. 이것이 모순이다. 결국 순위로 귀결하는 교육의 현실에서 운영되는 학교는 꿈의 전당이 아니라 그 자체로 하나의 감옥이다. 형기처럼 수학 연한이 6년, 3년, 3년 식으로 미리 정해져 있는 것만 해도 다행스럽게 여겨야 한다. 그 기간만 꾹 참으면 벗어날 수 있으니까.

"피노키오! 나와 같이 가지 않으면 넌 후회하게 될걸. 우리 같은 아이들에게 그곳보다 더 좋은 곳이 어디 있겠니? 거기엔 학교도 없고 선생도 없어. 책도 없지. 그 축복 받은 마을에서는 공부를 하지 않아도 된다고. 목요일엔 학교에 가지 않아도 되는데, 일주일에 목요일이 여섯 번이고 일요일이 한 번이야. 방학이 1월 1일에 시작해서 12월 31일 끝난다고 상상해 보렴. 정말 내 마음에 드는 마을이야."

– 카를로 콜로디, 《피노키오의 모험》

학생들이 학교를 감옥이나 감옥과 유사한 억압의 공간으로 여긴다면 그 이유는 학생을 교육이라는 수단으로 마음대로 할 수 있다고 여기는 교사와 보호자 때문이다. 마지막 목표나 결과는 성적이고, 학생들에게 요구하는 것은 말 잘 듣고 공부 잘하는 일이다. 말을 잘 듣는다는 것은 인격 형성에, 공부를 잘한다는 것은 학업 성취에 연결시킨다. 성적에 따라 항상 석차가 나오므로, 공부 잘하는 사람 수는 언제나 소수다. 교사나 보호자가 10등 이상을 기준으로 삼으면 10명, 5등 이상으로 삼으면 5명이고, 나머지는 공부를 잘하지 못한 학생이 되고 만다. 종국에는 공부를 못한다는 것이 말을 잘 안 듣는 것과 동일한 행태로 간주된다. 말도 잘 듣고 공부도 잘 하는 학생이 도대체 한 반에 몇 명이나 될까? 대부분은 말을 안 듣거나, 공부를 못하거나, 공부도 못하면서 말도 안 듣는 문제아로 낙인찍힌다. 거기서 교사의 학생에 대한 차별이 생긴다. 보이지 않는 차별은 점점 눈에 보이는 체벌이나 인격적 모욕으로 나타난다.

앞에서도 언급했지만, 다른 한편으로 교권의 실추를 심각하게 거론하기도 한다. 문제는 교권 실추의 원인을 학생 인권 주창에서 찾는다는 데 있다. 아주 흔하게 오르내리는 이야기에는 이런 것이 있다. 교사가 학생을 꾸짖으려 하자, 학생이 "CCTV 앞에 가서 하시죠" 라고 당당히 맞섰다. CCTV가 없었다면 핸드폰으로 촬영을 시도했을 것이다. 생각 같아서는 한 대 쥐어박고 싶었지만, 교사는 어쩔 수 없이 벌점만 부과했다. 그러자 다음날 학생 보호자가 변호사를 대동하고 와서 벌점 취소를 요구했다. 유행하는 만담 같지만, 실제로는 더 심한 경우도 있을 것이다. 그러나 그것이 아이들 책임인가? 아이를 마음대로 만들 수 있다고 생각했던 사람들은 누구인가? 마음 놓고 때릴 수 없어서 말 잘 듣는 학생으로 만들 수 없다는 것인가? 교육의 현장이 그렇게 된 데 책임이 있다면 그것은 당연히 교사와 보호자의 몫이다.

> 우리가 말했다.
>
> "왜 못 해? 그것도 하나의 훈련이야. 하지만 돈이 좀 필요해. 꼭."
>
> 그녀가 잠시 궁리하다 말했다.
>
> "신부님한테 가서 달라고 해 봐. 내가 나의 거기를 보여주면 신부님은 가끔씩 내게 돈을 주었어."
>
> "신부님이 너한테 그런 걸 요구했단 말이야?"
>
> "그래, 그리고 가끔씩은 거기에 손가락을 집어넣기도 했어. 그리고 나서 내게 돈을 주면서 아무에게도 말하지 말라고 했어. 그러니까 신부님에게 가서 토끼주둥이와 엄마한테 돈이 필요하다고 말해 봐."
>
> – 아고타 크리스토프, 《존재의 세 가지 거짓말》

간힌 공간인 학교에서는 체벌만 폭행이 아니다. 인격 모독적인 폭언, 멸시, 차별, 무시, 명예훼손, 모욕, 강요, 사생활 침해 등도 항상 일어날 가능성이 있다. 그렇게 생각하면 자칫 학교와 교사를 지나치게 부정적으로 보는 것으로 비칠 수 있지만, 빈번하지 않다 하더라도 실제로 발생하고 있다는 사실 또한 부인할 수 없다. 극소수에 불과하다 할지라도 불행한 사태에 대비하여 서로 조심하고 마음가짐을 갖추는 것이 인권 의식을 실행으로 옮기는 첫걸음이다. 그런데 그중에서도 가장 심각한 현상임에도 여전히 근절되지 않는 비행은 교사나 일반 성인들의 아이들에 대한 성적 학대다. 아이들에 대한 성범죄 행위는 좁은 의미의 학교에서부터 넓은 의미의 학교에 이르기까지 거의 모든 공간에서 이루어지고 있다.

> "이제 삐삐가 얼마나 아는지 좀 알아볼까? 넌 제법 컸으니까 아는 것도 많겠지? 수학 문제부터 물어볼게. 7 더하기 5는 몇이지?"
>
> 삐삐는 놀라고 당황하여 선생님을 쳐다보며 말했다.
>
> "글쎄요. 선생님도 모르는 걸 제가 어떻게 알아요?"
>
> 아이들은 모두 놀란 눈으로 삐삐를 지켜보았다. 선생님은 수업 시간에 그런 식으로 대답하면 못쓴다고 타일렀다.
>
> 삐삐는 이내 잘못을 뉘우쳤다.
>
> "죄송해요. 몰랐어요. 다시는 안 그럴게요."
>
> 선생님이 말했다.
>
> "그래, 다음부터는 그러지 마라. 7 더하기 5는 12란다."
>
> 선생님이 말했다.
>
> "그것 봐요! 잘 알고 계시면서 왜 물어 보셨어요?"

선생님은 삐삐의 행동을 아무렇지도 않게 받아들이기로 마음먹고 계속 질문을 했다.

"그럼 삐삐야, 8 더하기 4는 몇이니?"

삐삐는 아무렇게나 대답했다.

"한 67쯤 될걸요?"

– 아스트리트 린드그렌, 《말괄량이 삐삐》

순위에 집착하는 학교 중심의 제도 교육은 결국 붕어빵 같은 학생들을 만들어 내는 공장처럼 보일 수밖에 없다. 말 잘 듣고 공부 잘하는 붕어빵. 그러다 보니 창의적 교육이란 것은 구호로만 존재할 뿐이지 실제로는 거의 엄두를 내지 못한다.

어른이 할 일

창의적 교육이라고 해서 아주 특별할 것도 없다. 여러 프로그램이나 아이디어는 있겠지만, 그대로 충실히 이행한다고 바로 특별한 효과가 나타나는 것은 아니라는 뜻이다. 그렇다고 또 아무것도 아닌 것 역시 아니다. 각자의 창의성을 계발하는 데 도움이 되고자 시도하는 교육은 그 대상인 학생의 자기결정권을 존중해 독립한 인격체로 대우하기 쉽기 때문이다. "사회적 존경 따위는 바라볼 수 없는 곳으로 가라", "부모가 결사 반대하는 곳이라면 틀림이 없다. 의심하지 말고 가라" 같은 파격적인 구호를 교훈으로 내 건 학교를 졸업한다고 대단한 인물이 되는 것은 아니다. 남다른 구호를 내걸 수 있는 학교와 그런 학교에서 가르치는 교사 때문에 의미와 가치가 생길 뿐이다. 평범한 인간으로 살아가다 훗날 인생의 기로에 섰을 때 그 의미를 되새기며 스스로 해결책을 찾는 데 도움이 될 터이다. 그 정도의 기대를 할 수 있다면, 재학 중 교사와 학생 사이의 충분한 의견 교환이 이루어지고 서로가 서로에게 긍정적 영향을 주고 받았을 것이라고 짐작하지 않겠는가.

아이들의 창의성을 북돋우는 교육이든 교수 방식이 창의적인 교육이든 다양한 시도가 끊임없이 시도되고 있다. 하지만 어느 한순간에는 성적과 순위에 대부분의 취지나 성과가 매몰되고 만다. 그러면 교육의 근본 목적이나 효과는 차치하고, 과정에서 발생하는 여러 문제와 맞닥뜨린다. 그것이 학생의 인권 문제다.

학생의 지위에 있는 아이들의 인권 문제는 교육 과정에서 부수적으로 파생한다기보다, 교육 제도의 속성 자체에 부착되어 있는 것이다. 성적 위주의 교육 제도를 유지하는 한 현재의 학생 인권 문제는 불가피하다는 말이다.

그렇다고 성적이나 석차를 없애버리면 문제가 해결이 될까? 학교 내에서는 많은 문제가 해결될 것이다. 그러나 교육은 학교의 울타리 안에 국한되는 문제가 아니다. 학교 교육의 궁극의 목적은 학생을 학교에서 내보내는 데 있다. 교육을 마치고 사회인으로 등장하는 일과 맞물려 있다. 따라서 시험이나 평가 제도를 완전히 폐지해 버리면, 모든 학생이 공동으로 1등을 하는 경우와 비슷한 혼란을 야기한다. 학교에서의 평가와 성적 순위는 자본주의 사회에서의 자유 경쟁과 사유재산제도와 유사하다. 빈부 격차라는 치명적 병리 현상에도 불구하고 경쟁 제도와 사유재산 제도를 폐지하지 못하는 것처럼, 수많은 문제의 근원으로 충분한 혐의를 받고 있음에도 제도 교육에서 성적과 순위를 포기하지 못하는 것이다. 교육 제도 자체가 이미 일반의 사회 경제적 구조와 얽힌 복잡계를 형성하고 있다. 원인을 파악한다 해도 한두 가지 방안으로 해결할 수 있는 문제가 아니다.

> 삐삐는 아이들을 내려다보며 말했다.
>
> "너희들도 아르헨티나의 학교를 알아둬야 해. 다들 바로 그런 학교에 다녀야 한다고. 거기에서는 겨울방학이 끝난 지 사흘만 지나면 곧바로 부활절 휴가가 시작돼. 부활절 휴가가 끝나고 사흘만 있으면 여름방학이 시작되고, 여름방학은 11월 1일에 끝나. 그래서 겨울방학이 시작되는 11월 11일이 될 때까지는 좀 고달프게 지낸단다. 그래도 수업이 없으니까 참을 만할 거야. 아르헨티나에서는 수업을 하면 법을 어기는 거야. 간혹 어떤 아이들이 벽장에 들어가 공부를 하기도 하지만 엄마한테 들키면 혼쭐나지. 학교에서는 수학을 절대로 안 가르쳐. 7 더하기 5가 뭔지 아는 아이는 하루 종일 교실 구석에 서서 벌을 받아. 바보같이 자기가 아는 것을 선생님한테 가르쳐 주는 아이 말야. 거기 아이들은 금요일에 읽기 공부를 해. 그것도 책이 있을 때만. 하지만 책이 있는 경우는 한 번도 없었어."
>
> 한 꼬마가 물었다.
>
> "그럼 학교에선 뭘 해?"
>
> – 아스트리트 린드그렌, 《말괄량이 삐삐》

뾰족한 방법이 없다고 방치할 수는 없다. 그때그때 현장에서 일어나는 사고에 적극 대처하는 것이야 임시방편이나 다름없는 대증요법이다. 근본 대책이란 어디서나 마찬가지이듯 거의 존재하지 않는 것으로 보인다. 이럴 때 동화 속의 이야기처럼 발상을 확 바꾸어 보는 것도 도움이 될 것이다.

부모나 교사가 생각을 달리해야 한다. 무엇보다 공부에 대한 생각이다. 공부란 누구나 열심히 하면 잘할 수 있다는 것이 잘못된 생각이다. 사람들은 피겨스케이터 김연아나 프로 바둑기사 박정환 같은 재능은 타고나는 것이지만, 공부는 무조건 하면 목표를 달성하는 것으로 전제하고 아이들을 다그친다. 하지만 공부도 재능이 있어야 잘할 수 있다. 뛰어다니는 것보다 가만히 앉아 책 읽는 것을 좋아하는 성향은 분명히 따로 있다. 그것이 공부에 맞는 적성이다. 그러므로 사회인으로서 갖추어야 할 기본 소양과 전문가에 이르기 위한 기초 지식을 구분해 자유롭게 가르쳐야 한다. 성적이 필요한 사람은 소수에 불과하고, 필요한 만큼 공부 잘하는 학생은 가만히 두어도 해마다 나타난다. 책을 많이 보고 성실히 공부한다고 반드시 좋은 인간이 되고, 그런 인간들이 모여 바람직한 사회를 건설하는 것도 아니다. 그것은 역사가 증명한다. 신세대를 탓하는 기성세대가 만들어 놓은 세상이 어떤가 보기만 해도 알 수 있다. 미래의 세계에서는 독서를 통해 흡수하는 지식보다 스마트폰으로 얻는 정보가 유용하고 효율적인 수단일 것이다. 차라리 모든 부모가 자기 자식을 옆집 아이라고 여기면, 무언가 교육의 분위기나 아이들의 환경은 획기적으로 달라질 것이 틀림없다.

시인은 어린 시절을 회상하여 "눈물 없던 때"라고 표현했다. 삶의 고단함에 아직 완전히 노출되지 않아 세상의 들판에 지뢰처럼 흩어져 있는 고통과 슬픔이 어린 가슴을 관통할 겨를이 없기 때문이다. 불행이 불쑥 닥치더라도 해맑고 천진한 동심이 스쳐 지나보내듯 쉽사리 극복하기 때문이다.

같은 세상을 더러 어른과 중첩적으로 살지만, 아이들의 세계는 독립하여 존재한다. 슬픔과 고통은 비처럼 세상 어디에나 쏟아지지만, 아이들의 세계에서는 느끼지 못할 수 있다. 아이들이 어른과 똑같은 감정의 질곡에 갇힐 필요는 없다. 제대로 성장하기 위해서는 가급적 마음의 상처를 입기 쉬운 안타까운 감성의 함정에 빠지지 않는 편이 낫다. 그렇게 되어야 하는 것은 아이들의 특권이기도 하다. 그러나 아이들이라고 세상이 빚어내는 인간 세계 특유의 참상에 무지한 것은 아니다. 구조적이고 구체적으로 인식하지는 못할지라도, 직관적으로 이해한다. 아이의 눈물에도 비중이 있다는 말은, 아이도 어른처럼 슬픔과 고통을 느끼고 표현할 수 있다는 의미다. 그럼에도 불구하고 아이들이 어른과 같은 고통과 슬픔의 눈물을 흘리는 일은 비극이다. 일반의 시선에서 그것은 참혹한 광경이다. 가급적 그러한 상황이 벌어지지 않도록 배려한 결과가 아이들 세계의 특권이다. 그것을 지켜주는 일을 어른들의 의무로 규정하는 것이 아동권의 핵심이다.

미래의 아동권

아동의 권리와 관련된 여러 현실적 문제의 근원이 자본주의의 자유경쟁 체제에 닿아 있다고 진단하는 의견은, 결국 문제 해결에 가장 큰 걸림돌은 자식이라는 지위의 아동을 모두 경쟁의 승자로 만들기 위한 부모라는 지위를 차지한 어른들의 욕심 때문이라고 요약할 수 있다. 아이들을 총체적 경쟁이라는 생애의 경기에 나서는 선수로 간주하고, 부모들 스스로 단장이자 총감독을 자처하며 비장하게 임하는 형국을 떠올린다. 그렇다면 아동권 문제의 종합적 해결의 핵심은 자기 자식에 대한 집착과 욕심을 버리는 데서 찾을 수밖에 없다. 극단적으로 표현하면, 이미 앞에서 말한 대로 "내 자식을 옆집 아이라고 생각"하면 된다. 그러나 그것은 마치 빈부의 차이를 해소하기 위하여 상속제도를 폐지하는 방식만큼 현실적으로 불가능하다.

수명이 늘고 인구는 감소하는 고령화의 진전에 따라 자식들이 부모에 의존하는 기간이 길어지는 현상은 마치 인간의 아동기를 대폭 연장시키는 듯이 보인다. 자식과 부모, 아이들과 어른들 사이의 관계에서 발생하는 것이 아동권의 주된 문제라고 한다면, 상호간의 영향력이 강하게 작용하는 기간이 늘어나는 것은 당연하다. 그러나 그와 동시에 아동기의 끝나는 시기가 불분명해지면서 아동의 의미 자체가 과거처럼 희석될 가능성도 없지 않다. 그로 인하여 어쩌면 아동권의 문제는 세대의 문제로 전환될 수도 있다.

영유아기부터 아동기에 이르기까지 교육의 내용은 디지털화하여 시스템을 통한 통일성을 확보하기는 쉬울 전망이다. 반면 교육 방식에 대한 취향이나 선호도는 개별 가정마다 천차만별로 분화할 조짐도 보인다. 제도 교육보다 개별적인 사교육의 방식이 심화할 경우를 전제한 전망이다.

아동의 개념이나 아동기의 현상적 기간이 아무리 크게 변화하더라도, 아동권의 문제가 사라지지는 않을 것이다. 부모나 어른의 인식이 시대 변화에 뒤처지게 되면, 아동 스스로 자기의 권한을 기계를 통해 주장하고 실현할 가능성이 짙다. 유효적절한 다량의 정보 보유를 정당성의 근거로 삼는 전문화한 인공지능이 아동의 아동권 상담에 응하고 침해 여부를 판정할 것이다.

13

오렌지만 과일은 아니지

성소수자의 권리

기대하지 않았는데도 무언가 다가올 경우 흔히 우연이라고 한다. 때로는 우연에 기대를 걸기도 하지만, 기다리던 것이 마침내 이루어졌을 때 기쁨을 느낀다. 기다리지 않았음에도 불구하고 바라던 것이 나타났을 때는 더 큰 기쁨에 젖는다. 사랑이 그러하다. 사랑이 걸어 들어오는 길목의 이름은 우연이다.

> 그때 내 머릿속에서 무언가가 일어났다. 마치 바다에 폭풍이 일듯이. 하지만 그것은 순간적인 일이었고, 내 머릿속에서 일어난 일일 뿐이었다. 내 가슴속에서 분명히 무언가가 일어났다. 바위에 부딪힌 배의 선체처럼 나 스스로가 해체되는 듯했고, 활짝 열린 배 속으로 바닷물이 밀려들었다.
>
> – 알리 스미스, 《소녀, 소년을 만나다》

앤시아와 이피졸은 스코틀랜드 출신의 영국 작가 알리 스미스가 탄생시킨 주인공들이다. 스미스는 이피스의 신화에서 모티브를 얻어 《소녀, 소년을 만나다》를 완성했다. 크레타의 릭두스와 텔레투사 사이에 아이가 생겼는데, 릭두스는 아내 텔레투사에게 만약 딸을 낳게 되면 죽여버리라고 명령했다. 운명처럼 태어난 아이는 딸 이피스였다.

방법을 모색하던 텔레투사는 여신 이시스의 조언에 따라 이피스를 사내라고 속이고 키웠다. 이피스가 자라자 릭두스는 이피스를 텔레스테스의 딸 이안테와 결혼시키려 했다. 당황한 텔레투사는 이시스에게 달려가 "당신 뜻대로 한 결과가 이렇게 되었으니 끝까지 도와달라"고 호소했다. 이시스는 이피스를 완전한 남자로 만들어 주었다. 이피스는 까마득히 오래전에 성전환을 한 인간인 셈이다. 신화에서 구체적으로 부각되지는 않았지만, 이피스의 성전환은 본인이 원하는 바에 따른 것이라고 해석하는 데 별다른 무리가 없다.

앤시아가 이피졸을 만나는 순간이 그랬다. 바로 위에서 인용한 대목이다. 단단하고 안전한 성채 같이 아늑했던 자기 자신의 내부가 순식간에 들이닥친 충격으로 난파했다. 그 엄청난 결과는 고통일까, 쾌락의 전조일까. 물이 밀려들어 오는 느낌으로 모든 것을 표현했다. 그 시적 정황을 조금 세밀하고 구체적으로 그리면 이렇게 될 것이다.

필연의 사랑은 우연에 실려

두 사람의 시선이 동시에 맞닿았다. 테레즈는 상자를 열다가 고개를 들었고, 그 순간 여인도 고개를 돌렸던 것이다. 여인은 늘씬한 몸매에 금

> 발이었으며 여유있게 감싸는 코트를 걸친 모습이 우아했다. 한 손을 허리에 걸친 자세여서 코트 앞섶이 벌어졌다. 눈동자는 불꽃을 내뿜듯 강렬한 빛을 쏘았다. 눈동자에 붙들린 테레즈는 시선을 피할 수 없었다. …… 여인이 서서히 카운터로 다가오는 모습이 보였다. 테레즈의 심장은 멈췄던 시간을 만회하려는 듯 쿵쾅거렸다. 여인과의 거리가 점점 가까워지자 테레즈의 얼굴이 붉어졌다.
>
> – 퍼트리샤 하이스미스, 《캐롤》

사랑이 다가온 사실을 확인하는 순간부터 그 우연을 필연으로 바꾸려는 노력이 시작된다. 아무리 향기롭고 달콤하더라도 오렌지 밭에 달린 열매는 과일에 지나지 않는다. 그중 하나가 내게로 왔을 때 비로소 나만의 욕망에 협력하는 오렌지가 된다. 자기 것이 된 사랑을 완전히 누리고 싶은 욕심은 사랑의 마지막을 결코 우연에 맡기려 하지 않는다. 필연으로 논리화하려는 애틋한 정성은 자신이 원하지 않으면 떠나는 일이 일어날 수 없다는 환상으로 귀결된다. 그러한 놀라운 정신의 화학 작용은 무수한 사랑의 행위에서 추정할 수 있다.

> 그녀의 손이 나를 열었다. 그러고는 새의 날개가 되었다. 그러자 내 몸 전체가 날개, 즉 한쪽 날개가 되었고, 그녀의 다른 쪽 날개가 되어서 우리는 한 마리 새가 되었다. 우리는 모차르트의 음악을 노래할 수 있는 새였다. 그것은 심오하면서도 경쾌한 음악이었다. …… 나는 그녀가 연주하는 음악의 음표들에 지나지 않았다.
>
> – 알리 스미스, 《소녀, 소년을 만나다》

사랑이 무르익어 가는 과정에서 인간 자신도 따라서 성숙한다. 본능에서 출발하면서도 예측하지 못했던 전혀 다른 국면의 경험으로 이행하기 때문이다. 그러므로 사랑의 경험은 인간의 삶에는 불가결의 요소다.

사랑의 감정을 통해 행복을 느낀다. 행복을 원하는 사람은 사랑도 원한다. 사랑은 행복의 순간에 닿는 여러 길 중 한 갈래다. 행복을 추구하는 이유는 행복이 기쁨과 안정감을 가져다 주기 때문이다. 그러한 감정이 자양분으로 쌓이면, 그 위에서 인간은 삶의 여정 중 일부 구간을 무사히 지난다. 그리고 그 과정에서 조금 더 성숙해진다고 느낀다. 사랑이 주는 행복의 감정이 그러한 기능을 하는 것은 사랑이 절정 즈음에 이를 때 순간이나마 완전한 기분에 빠져들기 때문이다.

> "또 어떤 느낌이 들었는지 알아, 발렌틴? 아주 짧은 순간이었지만."
>
> "뭔데? 말해 봐. 그렇게 입만 다물고 있지 말고 ……."
>
> "아주 순간이었지만, 내가 여기 없다는 느낌이 들었어. …… 여기도 아니고 저기도 아닌 어떤 느낌 ……."
>
> "……"
>
> "나는 없고, …… 너 혼자만 있는 것 같았어."
>
> "……"
>
> "내가 아닌 것 같았어. 지금 난 …… 네가 된 것 같아."
>
> – 마누엘 푸익, 《거미여인의 키스》

행복의 모습에 정해진 틀이 없듯이, 행복을 추구하는 방식도 저마다 다르다. 당연히 사랑도 마찬가지다. 이상적인 사랑의 형태도 사랑을 원하고 행하는 사람마다 다르다.

대상을 향해 너그럽게 베푸는 마음을 사랑이라 표현할 수 있다. 사랑의 대상은 사람이나 생물에 한정되지 않는다. 세상의 모든 만물이 다 대상이 될 수 있다. 상대를 사람에 국한하더라도, 아끼고 위하며 끝없이 배려하는 마음이라는 형태의 사랑은 폭이 넓다. 사랑의 대상은 어린이일 수도 노인일 수도, 자주 만나는 사람일 수도 전혀 알지 못하는 인물일 수도, 한 사람일 수도 다수나 다중일 수도 있다. 인류 전체를 사랑할 수 있고, 이미 죽은 자를 포함한 선조들까지 대상으로 삼아도 좋다. 그러나 육체적 행위를 전제로 하는 사랑의 범주는 훨씬 좁아질 수밖에 없다. 어느 정도로 좁아지는가? 또는 그 경계의 기준이나 척도는 무엇이며, 구분이 가능하기는 한가?

> 그때 캐롤이 테레즈의 목 아래로 팔을 밀어 넣어 두 개의 몸이 길게 맞닿았다. 미리 맞추어 놓은 것처럼 밀착되었다. 푸른 덩굴이 뻗어나가듯 행복한 느낌이 테레즈를 휘감았다. 가느다란 덩굴손이 온몸을 뒤덮더니 꽃을 피웠다. 창백한 흰 꽃 한 송이가 보였다.
> 테레즈는 점점 크게 번지는 동심원 속으로 온몸이 빨려들어가는 기분이었다. 이성은 도저히 따라갈 수 없는 곳으로 사라지는 느낌이었다.
> 이게 옳은 것이냐고 물을 필요가 없었다. 아무도 대답할 이유도 없었다.
> 그것은 더 이상 옳을 수도, 완벽할 수도 없는 일이었다.
>
> – 퍼트리샤 하이스미스, 《캐롤》

마음대로 사랑할 수 있어야 하지 않을까. 그래야 비로소 인간답다고 할 수 있지 않을까. 사랑하고 싶을 때 사랑하고, 사랑하고 싶은 사람을 사랑할 수 있어야 사람다운 생활 아니겠는가. 인간의 존엄성이 무슨 특별한 것이겠는가. 사랑할 수 있는 능력과 사랑할 수 있는 자유가 확보되어야 존엄성도 유지하는 것 아닐까.

그렇지만 일방적인 사랑은 완전한 사랑이 아니다. 불안한 사랑이다. 사랑은 사랑의 자유와 자유가 만나야 이루어진다. 나의 사랑의 의사와 상대방의 사랑의 의사가 합치해야 이루어진다. 마치 계약과 같다. 서로 조건과 상황이 맞아야 성립한다. 하지만 사랑의 계약은 냉철한 이성이 아니라 성급하고 불길 같은 감정이 나서서 맺어 준다. 순식간에 체결되고 섬광과 같은 불꽃이 날인한다.

상대방의 의사를 무시한 사랑은 사랑으로 인정받지 못한다. 상대방의 의사가 불분명해도 마찬가지다. 인정받지 못하는 데 그치는 것이 아니라 비난을 받거나 아예 금지를 선고받기도 한다. 상대가 어린 미성년자일 경우를 떠올리면 된다.

어린 사람도 자신의 의사를 자발적으로 밝힐 수 있다. 하지만 육체적 행위를 포함하는 사랑의 주체로는 인정받지 못한다. 인정받지 못할 뿐만 아니라 금지된다. 누가 금지하는가? 우리가 금지한다. 무엇으로 금지하는가? 사회적 규범을 수단으로 삼는다. 도덕도 있고 법률도 있다. 왜 금지하는가? 이유는 많지만, 한마디로 분명히 말하기 쉽지 않다. 몇 살 이하는 금지되는가? 그 경계는 더 불분명하다. 세상의 모든 경계가 그러하듯이.

사랑의 붉은 선

좁은 의미의 사랑에는 다른 제한도 꽤 많다. 그러한 제한은 사랑의 화원에 쳐 놓은 붉은 금지선처럼 널려 있다. "그는 앉은 채 나무토막을 불 속에 던져 넣었다. 그들의 진실과 거짓말을 안고 불똥이 후드득 튀어올랐다. 뜨거운 불꽃이 얼굴과 손으로 날아들었고, 어느 때처럼 두 사람은 서로를 껴안고 흙바닥 위를 굴렀다." 미국 작가 애니 프루의 《브로크백 마운틴》의 주인공 잭과 에니스는 서로 사랑하는 사이이다.

그렇지만 행복하지가 않다. 그들 주변에 붉은 금지선이 보이기 때문이다. 잠시 시간이 흐른 뒤, 잭은 에니스에게 이렇게 말했다. "우리 진지하게 얘기 좀 해. 정말 이번에도 우리가 이렇게 될 줄은 몰랐어. …… 아니, 사실은 알았지. 알았으니까 여기까지 달려왔지. 젠장, 알고 있었다고. 사방에 붉은 선이 쳐져 있어서 어쩔 수 없이 늦었을 뿐이야." 잭과 에니스 주변에 그어진 붉은 선은 금지선이다. 잭은 남자고, 에니스 역시 남자이기 때문이다.

붉은 선은 그 두 사람 사이에만 쳐진 것이 아니다. 테레즈와 캐롤은 모두 여성이다. 앤시아와 이피졸도 동성이다. 퍼트리샤 하이스미스는 1952년 소설을 발표하면서 제목을 "캐롤"이 아닌 "소금의 가격"으로 붙였으며, 본명 대신 클레어 모건이라는 필명을 사용했다. 동성애 소설 작가라는 꼬리표가 붙을까 두려웠기 때문이다. 동성의 사랑 앞에 붉은 선이 쳐져 있다.

사랑은 인간의 삶을 확장하는 기능을 한다면서, 왜 특정한 형태의 사랑은 금지하는가. 과거에는 동성애를 처벌했다. 극형에 처하는 나라도 많았다. 지금은 문명화라는 조명의 도움으로 대부분의 국가가 범죄 목록에서는 삭제했지만, 사회적 금기의 그늘은 여전하다. 처벌하지는 않지만, 싫어하고 기피한다.

동성애에 대한 혐오증은 개인적이고 개별적인 수준에 그치지 않고 역사적이고 제도적이다. 그러한 혐오의 체계는 현수막이나 방송으로 "동성애는 바람직하지 않습니다!"라고 드러내는 경우도 있지만, 두드러지지 않더라도 은근하게 일상의 일부처럼 도처에 깔려 있다. 사례를 확인하고 싶으면, 국어사전만 펼쳐도 충분하다.

사랑의 의미를 어떻게 설명하고 있는가. 육체적 교섭이 전제된 좁은 의미의 사랑을 "남녀가 서로 애틋이 그리는 일"로 규정한다. 놀랍게도 거의 모든 국어사전이 동일하다. 차이가 있다면 기껏해야 "남녀"를 "이성"으로 바꾸는 정도다. 21세기 하고도 한참 지났으니 분명히 다른 감각의 해설이 있음직한데, 전혀 그렇지 않다. 완전개정판이니 최신결정판이니 요란하게 떠드는 표지의 사전을 들추어도 똑같다. 어쩌다 인터넷 사전 중에 "남녀"나 "이성" 대신 "남"이라고만 해둔 곳은 있다. 하지만 업데이트도 딱 거기까지만이다. 관용구나 사랑의 행위에 관한 설명에서는 여전히 "남녀"를 내세운다.

동성 사이의 사랑, 또는 남녀 사이가 아닌 사람들 사이의 사랑은 허용되지 않는가? 실제로 허용되지 않는다면 왜 그런가? 금지하는 법이 있다면 동성애는 범죄가 된다. 법이 부당하다면야 폐지하는 운동을 펼칠 수밖에 없다. 동성애를 처벌하는 법이 없다면, 무엇이 문제인가? 동성애를 정상적 형태로 보지 않는 사회적 압력이 존재한다. 형법에 처벌 조항이 없더라도, 국어사전의 태도만 보더라도 짐작할 수 있다.

> "하나님, 당신의 이 아이들이 사탄의 주문에 걸렸습니다."
>
> 목사가 시작했다.
>
> ……
>
> "전 멜라니를 사랑해요."
>
> "그럴 수 없다."
>
> "저는 그래요, 그렇다고요. 가게 해 주세요."
>
> 하지만 목사는 내 팔을 단단히 붙잡고 놓지 않았다.
>
> "우리 교회는 네가 고통에 빠져 드는 일을 가만히 보고만 있지 않을 것이다. 가서 기다려라, 우리가 너를 도와 줄 테니."
>
> – 지넷 윈터슨, 《오렌지만이 과일은 아니다》

모여 사는 인간들은 소수에 대하여 이중의 태도를 보인다. 아주 귀하게 여기거나 철저하게 외면하거나 사람이든 물건이든 희귀하다는 이유만으로 높은 가치를 부여하는가 하면, 규격에서 벗어난 비정상으로 분류하기도 한다.

정상은 비정상을 전제로, 비정상은 정상을 전제로 한다. 그 경계는 모호하다. 그럼에도 불구하고 모든 면에서 정상과 비정상을 구분하려는 시도는 편의적 질서를 유지하려는 사회적 요구에서 나온다. 정상성을 중심으로 사회를 통합하면 질서를 잡는 데 유리하다고 믿는다. 모두 정상권 안으로 진입하라고 권유하고 질책한다. 비정상성은 질서를 어지럽히는 요소로 간주되어 비난의 대상이 된다.

"그만해, 야엘! 난 호모가 아니란 말이야."

"다들 네가 호모라던데! 네가 자꾸 감추려고 짜증내고 도망다니고 하니 나도 의심할 수밖에."

"그럼 다들 나를 망고나무라고 부르면, 내가 망고나무라도 될 수 있단 말이야?"

"아무도 너보고 망고나무라고 하진 않잖아!"

……

'난 호모인가?'

갑자기 몸이 오그라들면서 턱이 조여왔다. '난 호모인가?'

눈을 감았다. 사방에서 짙은 어둠이 나를 죄어들었다.

– 카림 르수니 드미뉴, 《난 그것만 생각해》

정상성 속에 숨은 비정상성

정상과 비정상의 경계는 어디이며, 누가 긋는가. 둘을 구분하는 기준이 따로 있다기보다는, 정상을 기준으로 그밖의 것은 모두 비정상으로 취급하는 것이 우리의 현실일 터이다. 정상은 비정상을 비난하고 멸시한다. 저마다 눈치껏 정상의 부류에 가담하려고 애쓰며, 비정상으로 규정한 영역을 건전한 공동체에 해악을 끼치는 요소로 폄훼한다. 그러면서도 모든 사람이 정상이 되는 것을 원하지도 않는다. 비정상이 없으면 안 되기 때문이다. 정상은 비정상의 존재에 기대어 유지된다. 비정상으로 야유하고 모욕할 대상을 필요로 하는 것이 정상이다. 정상은 다수이므로 소수인 비정상을 향해 사회적 압력을 행사함으로써 안정성을 확보하고자 하며, 심지어 그러한 정상의 지위를 과시하려고까지 든다.

> 선생님이 이곳으로 이사 온 지 얼마 되지 않아 아빠는 선생님이 레즈비언이라는 사실을 알고는 엄청난 충격을 받았다.
>
> "레즈비언이라고!"
>
> "그게 어때서요? 여자를 좋아하는 건 이상한 게 아니에요."
>
> 이렇게 말하며 엄마는 눈썹을 찌푸렸다. 엄마가 인상을 쓰는 것은 아주 불길한 징조다.
>
> "이상한 게 아니라고? 전혀 이상하지 않다고? 당신은 어떻게 그런 말을 할 수 있지? 아무리 그래도 정상이라곤 할 수 없지 ……."
>
> "그래요? 그럼, 어떤 게 정상인데요? 당신은 정상인가 보죠?"
>
> "물론 나는 정상이지. 난 결혼도 했고, 직장도 다니고, 아이도 있고. 이만하면 정상이고말고!"
>
> – 카림 르수니 드미뉴, 《난 그것만 생각해》

정상도 얼마나 비정상인지 가끔 알 수 있다. 정상성 속에 비정상성이 엿보이기 때문이다. 주변을 잘 관찰하면 그러한 예는 많이 발견할 수 있다. 용케 법정을 모면한 사람이 감옥에 갇힌 죄수를 혐오하고, 의사의 선고를 피해 약을 한 움큼씩 털어 넣는 사람이 병실의 환자를 얕보듯이, 이성애자라는 이유로 동성애자를 배격한다.

정상이라는 표현 자체에 반감을 가지는 사람도 꽤 많다. 정상은 비정상을 짓밟고 드러나고자 하는 욕망 체계의 하나다. 네가 정상이라면 얼마나 정상이냐, 따지고 보면 완벽한 존재가 어디 있느냐, 잘 살피면 누구든 어느 한 구석은 비정상 아니냐는 조소 섞인 항변이 항상 정상을 향해 울려 퍼진다.

종전에는 장애인에 대응하는 말로 정상인이라는 어휘를 사용했다. 언젠가부터 정상인은 장애인을 비정상인으로 간주하는 부정적 표현이라는 이유로 사용을 삼가야 한다는 움직임이 일어났다. 장애인에 대응한 용어는 정상인이 아닌 비장애인이어야 옳다는 주장이 제기되었다. 국립국어원에서도 "정상인"이 표준어이고 "비장애인"은 사전에 등재되지 않은 단어이지만, 필요에 따른 신조어로 비장애인이라는 표현도 가능하다는 의견을 냈다. 이러한 현상이 말의 표현이나 사용에서 편견을 없애자는 운동인 정치적 올바름의 하나다.

엄밀히 따지면 비장애인이라는 표현도 어휘 그 자체에 편견이 완벽하게 제거되어 있지는 않다. 누구든지 보기에 따라서는 장애가 없는 사람은 없기 때문이다. 세상에 무장애의 완전한 인간이 어디 있느냐는 이의는 정상인의 경우와 마찬가지로 제기된다. 실제로 우리가 없애려는 편견은 어휘에 있는 것이 아니라 어휘를 사용하는 우리의 마음에 있다. 어휘의 의미나 용례에 본질적 차이가 없다 하더라도, 다수의 마음이 편견의 연기에 가려 있던 시절 사용했던 말을 버리고 새로운 말을 사용함으로써 편견과 오해를 일소하는 계기를 마련하자는 것이 정치적 올바름의 의의다. 그러한 취지에 공감한다면,

처음에는 어색하더라도 편견을 부수기 위한 공동의 노력에 동참한다는 뜻으로 기꺼이 정치적 배려를 거친 새 어휘의 사용을 받아들일 수 있을 터이다.

이렇게 우리가 사용하는 언어는 입으로 말하거나 글로 쓰는 순간, 직진하는 빛처럼 해당 어휘의 고유한 객관적 의미를 바로 전달하는 게 아니다. 사용과 동시에, 사용 주체는 물론 듣고 읽어 받아들이는 주체의 마음까지 상황에 섞여 복잡한 화학 작용을 일으킨다. 더군다나 무언가 서로 구분하기 위해서 만든 대응하는 두 어휘 사이의 경계는 면도날 자국이나 선명한 선이 아니라 에셔의 물고기 꼬리와 새의 날개처럼 뒤엉켜 있다. 구분을 가능하게 만드는 것은 어휘의 독립성이 아니라 사용하는 우리의 의식과 해석 작용이다.

동성애라고 말하는 순간, 이성애를 전제로 한다. 이성애는 다수이므로 정상이라는 지위를 차지하고, 그 힘으로 동성애를 비정상으로 밀어낸다. 동성애라는 용어의 사용 자체가 이미 편견을 담고 있는 행위다. 사실 더 깊이 따지자면 동성애는 성소수자를 대표하여 표현하는 용어이며, 가장 흔한 이성애자들 외의 성적 지향 또는 성 정체성을 지닌 사람들을 성소수자라 한다. 성소수자를 LGBT로 또는 LGBTI로, 더 덧붙이면 LGBTIQ로 부르기도 한다. L은 레즈비언Lesbian, 여성 동성애자다. 고대 그리스 여성 시인 사포가 여성 제자들과 함께 살았던 섬 레스보스에서 유래한 명칭이다. G는 게이Gay, 호모를 대신해 남성 동성애자를 지칭한다. B는 바이섹슈얼Bisexual, 양성애자다. T는 트랜스젠더Transgender로 생물학적 성과 다른 성을 지향하는 사람을 말한다. I는 인터섹슈얼Intersexual의 첫 글자인데, 여성과 남성의 성징을 동시에 지니고 있는 사람을 가리킨다. 마지막으로 퀘스처너리Questionary는 Q로 표시한다. 앞의 LGBTI 중 어디에도 속하지 않거나 본인 스스로 성 정체성에 관한 규정을 거부하는 사람이다.

> 동성애자는 이성애자와 전혀 다를 바 없는 사람들이다. 물론 동성애자라는 점만 빼고.
>
> – 알리 스미스, 《소녀, 소년을 만나다》

성소수자들을 여러 갈래로 지칭하는 것은 이해를 위해서일까? 구별하는 이유는 차별을 하지 않기 위해서인가, 차별하기 위해서인가? 차별하지 않기 위해서라면 굳이 구별할 필요가 있는가?

성소수자라는 이유로 다수에 의해 핍박받는 사람은 스스로 사회에서 소외된다는 느낌 때문에 고민에 빠진다. 그 사실이 알려질 경우 먼저 가까운 가족들과 심각한 갈등 관계를 형성한다. 그 바깥의 사회적 억압과 충돌하기 전 단계의 갈등이다.

> "발렌틴, 난 지쳤어. 고통받고 참는 게 이젠 지겨워 죽겠어. 내 몸 안쪽이 모두 아프다는 걸 넌 모를 거야."
>
> "어디가 아파?"
>
> "가슴, 그리고 목 안쪽 …… 슬픔은 왜 항상 그 부근에서 느껴질까?"
>
> "맞아."
>
> "그런데 지금 넌, …… 울고 싶은데 울지 못하게 했어. 난 계속 울 수도 없어. 게다가 목뼈 마디마디가 꽉 조여드는 것 같아. 너무 괴로워."

"……"

"……"

"몰리나, 네 말이 맞아. 슬픔이 느껴지는 곳은 바로 그 부분이야."

– 마누엘 푸익, 《거미여인의 키스》

내 딸은 하필이면 왜 여자를 좋아하는 걸까요. …… 왜 저를 낳아준 나를 이토록 슬프게 만드는 걸까요. 내 딸은 왜 이토록 가혹한 걸까요. 내 배로 낳은 자식을 나는 왜 부끄러워하는 걸까요.

– 김혜진, 《딸에 대하여》

소수자를 억압하는 제도와 관습

소수의 성 지향성은 신종 바이러스처럼 어느 날 갑자기 나타난 것이 아니다. 동서양을 막론하고 고대로부터 존재해 온 인류의 삶의 한 형태이다. 그런데 사회의 다수 또는 주류층으로부터 백안시 당한 주된 이유는, 서양에서는 기독교의 정치적 지배력 때문이라고 할 수 있다. 신이 세상을 열면서 남성과 여성을 창조해 결합하도록 했다는 성서 때문이다. 엄밀히 말하면 성서보다 성서의 해석을 그렇게 하기 때문이다. 동양에서 동성애를 금기시한 것은 전통적인 가족제도의 영향으로 볼 수밖에 없다. 출산 가능성을 전제하지 않은 성행위를 용납하지 않겠다는 태도가 깔려 있다. 동성혼을 인정하지 않던 시기의 미국 법원도 그 이유로 "남녀의 결합을 통해 가족 안에서 자녀를 낳고 양육하도록 한 결혼제도는 창세기만큼 오랜 역사를 가진" 것이어서 "동성결혼의 사회적 이익보다 더 깊은 뿌리가 있다"고 했다.

> 엄마, 우린 소꿉장난을 하는 게 아냐. 그런 게 아니라고.
> 그래, 그럼 소꿉장난이 아니라는 걸 어디 한 번 말해 봐라. 너희가 가족이 될 수 있어? 어떻게 될 수 있어? 너희가 혼인신고를 할 수 있어? 자식을 낳을 수 있어?
> 엄마 같은 사람이 못 하게 막고 있다고는 생각 안 해?
> 가족이 그렇게 쉽게 되는 줄 아니? 그게 그렇게 쉽게 만들어지는 줄 아니? 어쩔 수 없이 해야 하는 의무나 책임이나 그런 걸 너희가 알아?
> 엄마, 여기 봐. 이걸 보라고. 이 말들이 바로 나야. 성소수자, 동성애자, 레즈비언. 여기 이 말들이 바로 나라고. 이게 그냥 나야. 사람들이 이런 식으로 나를 부른다고. 그래서 가족이고 일이고 뭐고 아무것도 못 하게 만들어 버린다고.
>
> – 김혜진, 《딸에 대하여》

가족을 인간 삶의 최소 단위로 규정하면, 결혼은 출산을 위한 제도이고, 사랑의 행위는 이성 사이에서만 가능한 것으로 여길 수밖에 없다. 그러한 세계관이나 인간관에서 이성애는 자연스러운 것이며 인간의 본성에 맞는 양식이라고 확신한다. 그 이전에 종교는 그러한 생활 양식이 신의 예정된 뜻이라고 주장한다. 동성애, 또는 다른 형태의 성소수자들은 당연히 신의 뜻을 거역하는 부자연스럽고 인간의 본성에 반하는 행위자들로 간주된다.

소수는 비정상으로 낙인찍기 쉬운 대상이다. 다수는 소수를 비정상으로 선고함으로써 정상의 지위를 차지한다. 비정상으로 분류하는 행위는 단순히 평가에만 그치지 않는다. 비정상을 정상화해야 한다는 공적 목표를 설정하면서 다수는 자기들의 선택과 판단을 정당화하고 정상성을 견고히 한다. 범죄자는 형벌로 교화해서 친사회적 동료로 만들어야 하고, 질병이 확인된 환자는 치료로 건강을 회복시켜야 하듯이, 비정상 상태의 성소수자들도 정상화해야 한다는 의무를 결연히 자기 어깨 위에 올려놓는다.

무언가를 고치려면 원인을 알아야 한다. 인간 본성의 길로 인도하기 위한 숭고한 장정에 참여한 전문가들은 이리저리 파헤쳤다. 신앙심의 부족은 제쳐두고라도 유전적 이유, 호르몬의 이상 분비, 부모의 결손, 대인관계와 환경의 영향 등을 가설로 제시했으나 스스로의 논리로도 증명에 실패했다. 존재를 당위로 변경하는 일이었기에 애당초 불가능한 목표였는지 모른다.

교정과 치료의 대상으로 지목한 비정상이 정상화되기 어려우면 제거하고 싶어 하는 것이 다수의 습관적 사고방식이다. 단종과 학살까지 시도된 적도 있다. 처칠도 그런 정책의 지지자였으며, 히틀러는 실행에 옮겼고, 인공지능 시대의 서막을 개척한 수학자 앨런 튜링은 당했다.

동성애가 하나님의 의도에 반한다는 종교적 주장은 성서의 교조적이고 편면적인 해석의 결과로 천변만화하는 현실의 다른 면을 부정하는 고집이 아닌지 성찰해야 한다. 교회는 신의 창조 과정에서 성과 이성 결혼의 자연스러운 기준이 마련된 것은 해와 별이 질서를 바꾸지 않는 것과 같다고 외치지만, 과거 기독교가 성서를 근거로 이해했던 천체의 질서가 어떠한 것이었는지 되돌아보면 해석의 의미를 깨달을 수 있을 것이다. 무엇보다 천체 현상이 있는 그대로의 현실이자 질서라면, 성소수자의 존재는 엄연한 인간 현실의 한 부분이다.

특정 종교인들이 하나님의 창조 질서를 벗어난다고 판단한 것을 잘못이라 할 수 없지만, 창조 질서를 제대로 알고 있느냐가 전제되어야 한다. 1959년 초, 미국 버지니아주 법정에서 유색인종과 결혼한 백인에게 징역형을 선고하던 판사의 훈시는 해석의 한 단면을 보여 준다. "전능하신 하나님께서 사람을 백인, 흑인, 황인, 홍인 등으로 창조하신 다음 각각 구분된 대륙에서 살게 하셨다. …… 신께서 인종을 분리해 놓으셨다는 사실 그 자체로 신께서는 인종이 서로 섞이는 것을 원하지 않는다는 것을 알 수 있다."

성서의 의미는 활자로 새겨진 문장 자체에 있는 것이 아니라, 문장과 그 시대 현실의 삶 사이에 떠다닌다. 그럼에도 불구하고 현실을 굳이 외면하는 태도가 종교적 편견을 낳는다.

질병도 건강에 관한 의료 사회의 합의에 의해 결정되는 것으로, 거기에는 정치적 · 경제적 이해관계까지 고려된다. 동성애 자체를 질병으로 본다든지, 동성애가 다른 질병을 유발한다는 견해 역시 그러한 과정에서 나온 것이거나 분위기에 영합해 과장된 것이 분명하다. 미국 정신분석학협회 이사회가 사고의 균형을 잡아 동성애를 정신적 질환의 공식 목록에서 제외하는 결정이 이루어진 때가 1973년이었다.

사회적 질병을 찾아내 형벌로 주사해 치료하면서 그 위하효과로 예방까지 하겠다는 과제를 붙잡고 있는 것이 사법체계다. 하지만 범죄가 무엇이냐는 근본적 물음에서부터 현실 법정의 유무죄에까지 이르는 제도 내부의 혼란도 바깥의 무질서에 못지않다. 동성애를 범죄 목록에 올려 중형에 처하던 야만은 사라졌다 해도, 여전히 범죄시하는 사회의 도덕률은 남아 있다. 타락의 행위로 무질서를 유발한다는 이유가 도덕 판결의 이유다. 사회의 진정한 질서란 다수와 소수 사이에 서로 불편함이 없어야 성립한다. 성적 지향의 문제에서 다수의 불편함은 감정적인 것으로 부수적이다. 반면 성소수자의 불편은 억압의 피해를 당하는 지위에서 보면 본질적이다.

> 우리 골목에는 자기가 돼지와 결혼했다고 말하는 여자가 살았다. 내가 왜 돼지와 결혼했느냐고 물었더니, 그녀는 이렇게 대답했다.
>
> "너무 늦기 전에는 돼지인지 아닌지 절대 알 수 없으니까."
>
> ……
>
> 세상에는 여자들이 있다.
>
> 세상에는 남자들이 있다.
>
> 그리고 야수, 즉 짐승들이 있다.
>
> ……
>
> 여자들은 많고, 대부분 결혼을 한다. 여자들끼리 결혼할 수 없다면(아이를 가져야 하기 때문에 그럴 수 없다고 생각했다), 여자들 중 일부는 필연적으로 짐승과 결혼하게 되는 것이다.
>
> – 지넷 윈터슨, 《오렌지만이 과일은 아니다》

《오렌지만이 과일은 아니다》의 주인공이 여자이기에 그 상대로 남자와 짐승을 내세웠다. 여자는 제도와 전통적 관습에 의해서 억압 당하는 피해자다. 상황에 따라서는 남자와 짐승을 여자와 짐승으로 바꾸어도 상관없다. 여성이든 남성이든 또는 중성이나 무성이든 사람은 혼자 살 수 없는 사회적 존재이지만, 반드시 가족이라는 제도의 일원으로 새로운 가족을 형성하는 의무를 이행해 재생산함으로써 인류의 사슬을 이어 가야만 하는 것은 아니다. 사회의 구성원으로서 보다 가치가 높은 공동선을 위해 개인의 이익을 양보하거나 포기해야 될 때가 있지만, 그렇지 않은 보통의 경우에 제도나 전통의 미덕을 앞세워 개인의 인격을 침해해서는 안 된다. 개인의 가치를 심각하게 침범하면서 지켜야 한다고 제시되는 제도나 관습은 대개 소수를 억압하는 다수의 횡포다. 가해자의 표정은 점잖고 근엄하나, 피해자의 고통은 참혹하다.

람다의 파도

동성애의 권리를 의식하고 제도적으로 배려하기 시작한 것은 1990년대 들어서다. 선구자 역할을 맡은 덴마크가 동성 커플을 위한 파트너십 등록제를 처음 만든 해는 1989년이었지만, 다른 국가들이 뒤따른 것은 1990년대 중후반 이후였다. 동성 커플의 정식 결혼을 인정하기 전 단계로 수당, 보험, 상속 등의 혜택을 부여하는 생활동반자 등록제 또는 시민결합 같은 제도가 등장한 것이다. 그러다 21세기가 열리면서 네덜란드를 시작으로 동성의 혼인신고를 받아들였고, 2015년에는 미국도 그 대열에 끼어들었다.

> 나는 악마가 약점이 있는 곳이면 어디든 들어온다는 사실을 알았다. 나에게 악마가 들렀다면 나의 약점은 멜라니다. 그러나 멜라니는 착하고 아름다우며, 나를 사랑했다. 진정 사랑이 악마의 것이란 말인가?
>
> ……
>
> "너는 남자야, 여자야?"
>
> "그런 건 상관없어. 안 그래? 결국 그건 너의 문제야."
>
> "내가 계속 널 데리고 있으면 어떤 일이 벌어질까?"
>
> "넌 무척 힘들고, 전과는 다른 시간을 보내게 될 거야."
>
> "그만한 가치가 있을까?
>
> "그건 너의 결정에 달렸어."
>
> – 지넷 윈터슨, 《오렌지만이 과일은 아니다》

인간은 성적 존재이며, 모든 인간의 성적 성향은 개별적으로 다를 수 있다. 동성애는 이성애를 기준으로 할 때 도착된 사랑의 양식으로 보이지만, 실상은 성적 지향의 한 형태일 뿐이다. 동성애는 좁게는 동성 사이의 사랑을 의미하고, 넓게는 이성애를 제외한 형태의 성소수자들의 사랑을 의미하기도 한다. LGBTI의 무지개는 저마다 사랑의 고유한 색을 보유한다. 소수자의 사랑은 이질적인 것이 아니라 자연스러운 것이다. 다수자의 감정에 부자연스럽게 느껴질 뿐이다. 감정으로 본질의 영역을 침범하려 해서는 안 된다. 무엇보다도 우리가 깨달아야 할 것 중의 하나는, 인간의 본성도 바뀔 수 있다는 사실이다.

진화든 그 근원을 대신하는 창조주든 애당초 여성과 남성만 만든 것은 아니라는 사실을 인정해야 한다. 당장 확신할 수 없는 사람도 높은 개연성은 승인해야 한다. 그것은 미래를 내다보는 현대인의 의무라고 자각해야 한다.

탄생한 아이의 성이 남녀의 양성으로만 굳어진 종래의 눈으로 보면 모호한 경우가 있다. 서둘러 부모가 성의 결정권을 행사해 버리면, 훗날 성장한 그 사람 스스로 자각하는 성의 정체성과 다를 때 큰 혼란에 빠지는 일이 발생한다. 독일에서 출생신고 때 성별을 정하지 않을 수 있게 하는 제도는, 어릴 적 불분명하거나 미확정 상태의 성을 성인이 된 뒤 본인 스스로 결정할 수 있도록 배려한 것이다.

> "내가 보기에 키스를 통해 얻는 쾌감과 남녀가 침대에서 나누는 행위로 얻는 쾌감은 서로 색이 다를 뿐이야."
>
> ……
>
> "콘 아이스크림과 축구 경기 중 어떤 게 좋은지 논쟁해 봐야 무슨 소용 있겠어? 아니면, 베토벤 4중주와 모나리자 중 어느 게 더 좋을까?"
>
> – 퍼트리샤 하이스미스, 《캐롤》

람다(Λ, λ)는 그리스어의 열한 번째 문자다. 그리고 성소수자 권리의 상징으로 사용된다. 1974년 영국 애딘버러에서 열린 국제

동성애자권리총회에서 그렇게 선포한 이후의 일이다. 람다를 보면 삿갓이나 농기구 같은 신종 이모티콘이나 브이 또는 와이를 거꾸로 써 놓은 문자로 연상하지 않고 성소수자를 떠올릴 수만 있어도 이미 세상에 대한 이해의 폭을 한뼘 넓히게 된다.

> 옆에 조용히 앉아 있던 프로그래머 Q가 친절한 말투로 거들었다.
> 맞아요. 저도 같은 지점을 느꼈어요. 게다가 박감독님 작품의 모든 게이들이 섹스에 미쳐 사는 사람들처럼 보여요. 과잉 성애화가 돼 있달까? 이성애자들 바람피우는 영화 보고 과잉 성애화되어 있다고 하진 않잖아요?
> 박감독, 너무 기분 나쁘게 생각하지 말고 잘 들어봐. 박감독 영화는 사실 특별한 지점이 부족해. 퀴어 영화다운 그런 지점. 동성애자들에 대한 감독의 성찰이 부족하달까? 그냥 일반인들 연애 얘기랑 다른 점이 없잖아. 젊은이들이 나와서 술 먹고 춤추고 성관계하는 게 전부인데.
> 그들이 하도 지점, 지점거려서 난 뭐 프랜차이즈 업체를 말하는 건 줄 알았다. 그는 나에게 도대체 무엇을 기대하는 것일까? 끓어오르는 화를 꾹꾹 누르며 대답했다.
> 잘 보셨네요. 저 그냥 젊은 사람이 술 먹고 섹스하는 영화 만들고 싶었어요.
> 그럴 거면 동성애자 영화를 찍은 이유가 뭔가? 유행이라서?
> 전 동성애 영화 찍은 거 아니고 그냥 연애하는 영화 만든 건데요.
>
> – 박상영, 《알려지지 않은 예술가의 눈물과 자이툰 파스타》

성소수자는 우리 존재의 일부이며 세계 현상의 한 부분이다. 그것을 싫어할 수는 있어도 부정하거나 제거하려 해서는 안 된다. 소수의 성적 지향에 대해 격려나 관용 따위도 필요없다. 지나친 배려처럼 보이는 관심도 자칫 엄연한 현실을 왜곡할 수 있다. 성소수자를 이해한답시고 특별한 형태의 사랑인 양 과장하거나 강조하면 그것은 또 얼마나 우스꽝스러운가. 필요한 것은 있는 그대로 받아들이는 태도다. 다수와 다른 성적 지향은 몸의 양심과 마찬가지다. 교정이나 치료를 주장하는 것은 몸의 전향을 강요하는 사회적 억압이며 폭력이다.

동성애를 처벌하던 시대와 허용한 이후의 양상을 비교하면 어떠한 차이를 발견할 수 있을까? 형법은 동성애를 처벌하지 않을 뿐이고, 자신들의 취향을 도덕의 유일한 기준으로 삼는 사회의 다수는 여전히 적대적 반응을 보인다. 동성애나 성소수자의 존재와 행위는 그럼에도 물결의 하나를 이룬다. 애당초 존재하던 성소수자들이 전면에 조금 드러난 이후에도 그 때문에 세상이 더 혼탁해지거나 문란해졌다는 증거는 어디에도 없다. 이 세계가 어지러워 보인다면, 그것은 인간 세상이라는 바다 자체의 속성 때문이지 결코 성소수자라는 파도 때문은 아니다.

미래의 성소수자의 권리

연극은 한 시간 정도 진행됐다. 할머니 레즈비언들의 이야기였는데, 2002년에서 오십 년이 지난 2052년이 배경이었다. 어린 시절부터 오십 년을 만나온 레즈비언 커플이 결혼식을 준비하면서 과거를 회상하는 내용이었다. 역할은 할머니였지만, 주인공을 맡은 두 배우는 모두 이십대였고, 의상과 메이크업, 연기 모두 배우 나이에 맞췄다. 마치 할머니들 속에 그 이십대 여자들이 그대로 남아 있다는 듯이.

- 최은영, 〈그 여름〉

세월이 흐르면 제도와 법은 동성의 결혼을 당연한 일로 받아들일 것이다. 그 세월은 잠시 후일 수도 있고, 소설에서처럼 2050년대쯤일 수도 있다. 누구든 자연스럽게 동성의 결혼식에 참석하고, 동성의 한 쌍은 법률상 배우자로 인정받고, 두 사람은 제도가 마련한 가족의 혜택에서 배제되지 않게 된다. 그러한 전망은 예상되는 시대의 변화에 따른 당연한 것일까? 동성의 결혼이 이성의 결혼과 조금도 다름없이 인식될 때, 그것은 인권의 새로운 영역으로의 확장이 아니라 애당초 존재하던 본질의 일부에 대한 편견을 벗겨내는 역사의 작업일 뿐이다. 그러한 성적 취향은 이러한 성적 취향과 마찬가지로 인류의 탄생과 동시에 존재했던 것이다. 결코 어느 날 난데없이 나타난 변종이 아니라는 말이다. 오늘의 편견은 오직 도덕적 편견과 문화적 억압의 결과로 일정한 성적 취향 이외의 것을 금기시한 탓이다. 사회의 성적 수치심이나 혐오감의 기준은 미래에 현저히 달라질 수밖에 없다. 그 정도의 차이가 사라질 세대와 다가올 세대의 차이에 해당한다.

성적 취향의 차이로 차별 받는 일이 사라지거나 현저히 줄어들게 하기 위해서는, 인간의 생식이 의무가 아닌 선택에 불과한 것이라는 점이 확인되고 선언되어야 한다. 출산은 물론 더 나아가 스스로 단종을 선택하는 결단이 인간의 존엄성을 더 높이는 결과가 될 수 있다는 사실을 염두에 두어야 한다. 안락사와 존엄사의 수준을 넘어 생명에 대한 자기결정권을 일반화해야 옳다는 인간 생명권에 대한 인식의 변화와도 함께 진행될 흐름이다.

동성의 결혼 문제에만 그치지 않는다. 미래의 생활 공동체에서는 성별이 특별한 의미를 지닐 수 없다. 어떠한 국가나 사회에서도 출생 신고 때 성별을 밝힐 것을 요구하지 않을 것이다. 중성은 물론 무성을 주장하는 사례가 등장할 텐데, 그 역시 법이나 제도가 거부하기는 쉽지 않을 것이다. 생물학의 진전은 인간의 태생적 성별을 완벽하게 바꾸어 주게 된다. 성전환이나 성 정체성 거부의 권리를 누가 막을 수 있겠는가. 만약 여전히 특정 사례에 대한 편견이 사라지지 않는다면, 원하는 인간의 뇌에서 성적 편견을 삭제해 줄 기술도 지금 어디쯤엔가는 잠복한 채 도사리고 있다.

14

호모 사피엔스가 아닌 친구들

동물권

인간들의 대화나 이야기에 동물이 곧잘 등장하는 것은 동물이 사람과 친숙하다는 의미다. 생활을 함께하는 반려동물이나 농장에서 기르는 가축만이 아니다. 멀리 떨어진 곳을 날아다니거나 깊은 밀림 속에서 고독을 과시하는 야생동물들도 친숙하게 느끼며 지낸다. 사람들에게 교훈을 주려는 목적으로 만든 이솝이나 라 퐁텐의 우화 주인공이 대부분 동물인 것도 인간의 심성에 깔린 그런 배경 때문일 테다. 동물은 지구 가족의 구성원이자 우리 인간과 함께 환경의 한 부분이다.

우리가 동물을 생각할 때, 우리와 동물의 관계에 대해서 생각하는가 아니면 인간과 독립한 존재로서 동물을 생각하는가? 그야 사람이 생각의 주체이니 사람과 일정한 관계를 맺고 있는 동물을 생각의 대상으로 삼기도 하지만, 인간을 전제하지 않은 동물 그 자체를 생각의 대상으로 삼을 때도 있다. 우리는 어떠한 방식으로도 생각할 수 있으니까. 하지만 그것이 무슨 의미가 있겠는가. 독립한 생명체로 동물 그 자체만 사유의 대상으로 삼는다 해도, 그 사유가 그치는 순간 다시 우리 인간과의 관계로 돌아오기 때문이다. 아무리 멀리 있는, 사유의 주체가 단 한 번도 본 적 없는 동물이 사유의 대상이라 할지라도.

만물이 서로 주고 받는 사랑의 일부

그보다는 인간과 동물의 구체적인 모습부터 살펴보는 것이 동물을 생각하기 시작하는 방법으로 더 나을 것 같다. 안데르센의 《미운 오리 새끼》에 등장하는 주인공은 오리가 아니라 백조다. 오리알 틈에 섞인 백조의 알을 깨고 나왔기 때문에 모양이 다르다는 이유로 미운 오리 새끼 대우를 받았다. 다른 새끼 오리들의 심한 따돌림을 견딜 수 없었던 미운 오리 새끼는 집을 떠나 홀로 넓은 세상을 헤치고 나갔다. 그런데 그만 얼음 속에 갇히고 말았다.

> 겨울은 매우 추웠다. 미운 오리 새끼는 몸이 어는 것을 막기 위하여 물속에서 이리저리 헤엄을 쳤다. 그러나 밤마다 헤엄치는 구멍은 점점 작아졌다. 미운 오리 새끼의 몸도 얼기 시작했다. 얼음 구멍이 완전히 닫히지 않도록 끊임없이 다리를 움직여야 했다. 그러다 미운 오리 새끼는 지쳐서 얼음 속에서 얼어붙고 말았다. 아침 일찍 한 농부가 왔다. 미운 오리 새끼를 본 농부는 자신의 나막신으로 얼음을 깨고 미운 오리 새끼를 아내에게 데리고 갔다. 이렇게 해서 미운 오리 새끼는 다시 살아났다.
>
> – 한스 안데르센, 《미운 오리 새끼》

농부는 동물의 생명을 소중하게 여겼다. 동물을 아끼는 농부의 마음씨 덕분이 아니었더라면, 미운 오리 새끼는 그만 얼어 죽었을 뿐만 아니라 끝내 자기가 백조였다는 사실조차 몰랐을 것이다. 대부분의 인간은 이야기 속의 농부처럼 동물을 대한다고 말해도 좋을까? 동화가 아닌 소설에도 그런 장면이야 많다.

> 미국인의 아내는 창밖을 내다보며 서 있었다. 창문 밖에는 비가 뚝뚝 떨어졌고, 바로 아래 녹색 탁자 밑에 고양이 한 마리가 웅크린 채 꼼짝도 하지 않았다. 고양이는 떨어지는 비를 맞지 않으려고 몸을 웅송그리고 있었다.
>
> "내려가서 저 고양이를 데려와야겠어요."
>
> 미국인의 아내가 말했다.
>
> "내가 가지."
>
> 남편이 침대에서 말했다.
>
> "아뇨, 내가 가겠어요. 탁자 밑에서 젖지 않으려고 애쓰는 불쌍한 고양이를 꺼내와야겠어요."
>
> – 어니스트 헤밍웨이, 《빗속의 고양이》

인간의 동물에 대한 사랑이 전해져 온다. 그 사랑의 감정은 책을 읽는 우리보다는 우리 관심의 대상인 동물이 느껴야 할 텐데, 아마도 미운 오리 새끼나 비를 피해 숨어 있는 고양이는 사람의 사랑을 느낄 것이다. 대부분 그렇게 믿을 것이다. 우리는 대체로 사람들이 동물을 아끼는 마음을 지니고 있다고 안다.

동물을 사랑하는 마음을 가진 사람이 어디 농부나 미국인 아내뿐이겠는가. 《이상한 나라의 앨리스》의 주인공 앨리스도 그렇다. 빨간 눈의 토끼를 따라 달려가다 굴 속에 빠져서 지구를 뚫고 반대편으로 뛰쳐나갈 듯한 속도로 떨어지던 앨리스가 그 위급한 상황에서 걱정한 것은 집에 두고 온 고양이 다이나의 저녁 식사였다. 동화나 소설 속의 인물만 그런 것도 아니다. 시인 황인숙은 매일 정해진 시간에 남산 밑 골목길에 집 없는 고양이들을 위해서 먹이를 가져다 놓는다. 친구들과 카페에 앉아 놀다가도 빈 그릇을 보고 실망할 길고양이들이 걱정되어 뛰어나가고, 여행을 떠나야 할 땐 다른 사람에게 부탁한다. 사람이 동물을 배려하는 것은 따뜻한 심장 때문인가? 양철 나무꾼은 양철로 만든 인간이어서 뛰는 가슴이 없었다. 양철 나무꾼이 마법사 오즈에게 부탁한 것은 심장이었다. 심장을 가져 누군가를 사랑하고 싶었기 때문이었다.

> 그날 하루는 더 이상 아무런 일도 일어나지 않은 채, 평화로운 여행이 계속되었다. 사실은 한 가지 사건이 있었다. 양철 나무꾼이 길 위를 기어가고 있는 딱정벌레를 우연히 발로 밟아 버린 것이었다.
> 가엾은 작은 벌레는 납작하게 짓눌려서 죽어 버렸다. 나무꾼은 이 일 때문에 몹시 슬펐다. 그는 아무리 하찮은 생명이라도 절대 죽이지 않으려고 언제나 주의를 해왔기 때문이다. 나무꾼은 길을 걸으면서도 슬픔과 후회의 눈물을 뚝뚝 흘렸다. 천천히 그의 얼굴을 타고 흘러 내린 눈물은 턱의 연결 나사 부분으로 흘러 들어갔다. 그러자 곧 녹이 슬기 시작했다.
>
> – 라이먼 프랭크 바움, 《오즈의 마법사》

심장이 없는 양철 인간도 다른 생명을 존중하는 마음을 가졌다. 그것도 대부분 하찮게 여기는 벌레를 밟아 죽이고 눈물을 흘렸다. 양철 나무꾼은 마땅히 사람의 심장을 가질 만한 자격이 있다는 의미일 테다. 뿐만 아니라 사람이 동물을 배려하는 마음을 가진 유일한 존재는 아니라는 해석도 가능하다.

빛나는 햇살은 물론, 끈기 있게 흐르는 골짜기의 냇물이나 무성한 나무와 그 뿌리를 안고 있는 흙인들 동물을 사랑하지 않겠는가. 그 무생물들의 동물에 대한 사랑은 인간이 보이는 사랑보다 훨씬 폭넓고 비중 있는 것일 수 있다. 인간의 동물에 대한 사랑은 인간 특유의 덕성이라기보다는 세상의 존재에 대한 만물이 서로 주고 받는 사랑의 일부라고 보아야 옳다.

인간의 이중성

사람과 동물 사이의 관계는 꽤 우호적으로 보인다. 평화로워서 특별한 문제가 없는 것처럼 느껴진다. 적어도 앞에 든 몇 가지 예만 보면 그렇다. 그런데 반드시 그런가?

철썩, 철썩!

"이 세으른 녀석이! 빨리 가란 말이야. 빨리!"

무섭게 생긴 철물장수가 또 채찍질을 해댔습니다. 채찍을 맞은 개는 낑낑거릴 힘조차 없었습니다. 무거운 짐수레를 끌고 가파른 언덕길을 올라가느라 기운이 다 빠져 버렸기 때문입니다. 게다가 때는 뙤약볕이 내리쬐는 무더운 여름날 오후였습니다.

수레에는 무거운 쇠붙이와 사기 그릇들이 하나 가득 쌓여 있어 여간 무거운 게 아니었습니다. 한 걸음 한 걸음 옮길 때마다 다리가 파르르 떨렸습니다.

허억, 허억!

개는 혀를 길게 내밀고 가쁜 숨을 쉬었습니다.

하루 종일 물 한 모금도 못 먹었기 때문에 입 안이 말라붙었습니다.

철썩, 철썩!

다시 채찍이 날아왔습니다.

개는 온 몸이 상처투성이였고, 옆구리에는 앙상한 뼈가 그대로 드러나 있었습니다. 자꾸 이렇게 얻어맞은 데다가 며칠 동안 아무것도 먹지 못했기 때문입니다.

"아, 물 한 모금만 마셔 봤으면 ……."

- 위다, 《플랜더스의 개》

이렇게 잔인한 사람도 있다. 그것도 파트라슈 같은 멋지고 믿음직한 개에게. 파트라슈도 네로를 만나기 전에는 이렇게 학대를 당했다. 파트라슈를 사정 없이 때리고 물 한 모금 주지 않은 철물장수도 심장을 가진 사람이었다. 어디 그뿐이겠는가. 청소부 갬필드가 당나귀를 몰고 런던의 구빈원 앞을 지나다가, 올리버라는 아이를 데리고 가서 일을 가르쳐 주는 사람에게 5파운드를 지급하겠다는 벽보를 발견하고 읽는 장면은 이렇다.

"워, 워!"

갬필드는 당나귀에게 소리쳤다.

당나귀는 깊은 생각에 빠져 있던 중이었다. 그 작은 수레에 싣고 가는 검댕을 모두 치워 놓고 나면 배추 줄기라도 한두 개 푸짐하게 얻어먹지 않을까 생각하고 있었는지, 주인의 명령을 알아채지 못하고 계속 터벅 터벅 가고 있었다.

갬필드는 당나귀에, 특히 그 눈에 사나운 저주를 퍼부으며 으르렁대고 쫓아가서는 머리통을 한 대 내리쳤는데, 그것은 당나귀의 두개골만 빼 놓고는 그 어떤 두개골도 갈라 놓을 법했다. 그리고 당나귀에게 제멋대로 할 수 있는 처지가 아님을 부드럽게 일깨워 주는 방편으로 고삐를 잡아채어 턱을 날카롭게 확 틀어쥐었다. 이렇게 해서 당나귀를 돌려 놓은 후에 자기가 다시 돌아올 때까지 정신차리고 있도록 다시 머리통에다 한 방을 먹였다. 이처럼 모든 조치를 취해 놓고 그는 대문으로 다가가서 벽보를 읽었다.

– 찰스 디킨스, 《올리버 트위스트》

잠깐 생각을 바꿔 다른 장면들을 떠올리면 상황은 돌변한다. 동물과 사람 사이의 평화롭고 아름다운 관계는 온데간데없이 사라지고, 무참하고 살벌한 광경이 펼쳐진다. 사람이 동물을 학대하는 모습은 소설이나 영화 속에서보다 현실이 더 심하다. 언어와 영상을 이용한 묘사가 아무리 리얼리즘을 살렸다 해도 실제로 벌어지는 잔인함의 극히 일부분만 고발할 뿐이다. 굶겨서 죽이기는 예사고, 잘 데려다 키우다 여행 가면서 내다 버리는 일은 사례를 헤아리기 힘들 정도다. 몽둥이로 때려 움직이지 못하게 하거나, 장난으로 개 목에 폭죽을 매단 뒤 불을 붙여 뛰게 만들고 폭발을 기다리며 박수를 치는 인간들도 있다. 투우에 투견, 투계는 물론 귀뚜라미 싸움까지 즐긴다. 인간의 모습은 왜 그렇게 다를까? 사람마다 너무 자유롭기 때문일까, 아니면 DNA 때문일까?

> 마을의 외딴 집 문간에서 늑대가 먹을거리를 기다리고 있었다. 송아지, 어린 양, 칠면조 등을 생각하며 군침을 삼켰다.
> 그때 집 안에서 아이 우는 소리가 들렸다. 그러자 그 어미가 아이를 나무라며, 만일 울음을 멈추지 않으면 늑대에게 줘 버리겠다고 겁을 주었다. 늑대는 그런 행운을 주신 신께 감사하며 만반의 준비를 갖추고 있었다. 그런데 잠시 후 어미가 귀여운 자기 자식을 달래며 또 이렇게 말하는 게 아닌가.
> "울지 마라. 늑대가 오면 죽여 버릴 테니까."
> 늑대는 기가 막혔다.
> "이건 또 뭐람? 이랬다가 저랬다가, 사람들이 나 같은 동물을 이렇게 다루다니. 나를 무슨 바보로 아나?"
>
> – 장 드 라 퐁텐, 《늑대와 어미와 아이》

인간은 이해하기 힘든 존재다. 동물이 생각할 때 인간은 더 이해하기 힘들 것이다. 이랬다 저랬다 하는 인간의 본질적인 성격 탓에 동물들이 고생깨나 한다고나 할까?

독일의 소설가 율리 체는 2005년 《사람과 사는 개를 위한 백과 사전Konversationslexikon Für Haushunde》이라는 책을 냈다. 우리나라에는 《개가 인간과 통하는 데 꼭 필요한 대화 사전》이라는 제목으로 번역되었는데, 지은이는 오셀로다. 오셀로는 개의 이름이다. 체와 함께 생활하는 개다. 오셀로가 자기와 같은 처지에 있는 세상의 다른 집개들의 편의를 위해서 개의 언어로 구술한 것을, 오셀로의 주인 행세를 하면서 그 말을 이해한다고 자처한 체가 받아 적어서 완성한 책이라고 소개한다. 믿거나 말거나 그중 한 항목을 펼쳐 보자.

> 만약 개가 깔깔대며 웃을 수 있었다면, 호모 사피엔스의 동반자가 되지 못했을 것이다. 개에게는 웃는 능력이 없다는 것 역시 실용적인 진화의 결과로 봐야 한다. 하지만 개가 주둥이 양쪽 끝을 올리고 혓바닥을 길게 빼어 문 모습은 웃고 있는 게 아니다. 땀을 흘리고 있는 것이다.
>
> 인간은 그런 모습을 보고 웃는다고 착각하면서 "저것 좀 봐, 얼마나 행복해하니!"라고 즐거워한다. 묘한 일이긴 하지만, 어디를 보든 무엇을 보든 제 멋대로 생각하는 게 호모 사피엔스의 특성이다. 아마 그들은 자신을 "세계로 가는 창"이라고 생각하는 모양이다.
>
> – 오셀로 · 율리 체, 《개가 인간과 통하는 데 꼭 필요한 대화 사전》

오셀로의 입장에서 볼 때, 자신의 주인 체를 비롯한 인간을 일반적 의미에서 우호적인 동물로 간주하지만, 조금 신랄하게 비판하자면 종잡을 수 없는 존재라는 것이 요점이다. 그런 점에서 라 퐁텐의 우화에 등장하는 늑대의 생각과 거의 일치한다. 인간이란 명확하고 일정한 기준 없이 이랬다 저랬다 하기 때문에 조심해서 다루어야 한다는 것이 동물들의 기본 태도다.

동물을 길바닥의 돌멩이로 취급하는가 하면, 어떤 때는 몇 대 독자보다 애지중지하는 어처구니없는 태도만이 동물들을 당혹하게 만드는 것은 아니다. 어떤 사람은 개를 옆집 아이들보다 귀하게 여기는데, 어떤 사람은 거꾸로 매달아 두들겨 패 죽인 개의 고기를 최고 음식으로 여긴다. 그러면서 고양이는 먹지 못하는 동물로 취급하는가 하면, 개의 고기를 확보하지 못한 식당 주인이 몰래 고양이 고기를 보신탕에 섞어 넣으면 맛있게 먹는다. 보신탕을 비난하는 프랑스에서는 달팽이를 포크로 찍고, 거위 간을 한껏 키워 별미로 삼는다. 독일에서는 한 해 동안 6,000만 마리 가까운 돼지를 잡는데, 중국은 과연 얼마나 되겠는가?

그런가 하면 유대인이나 무슬림에게 돼지고기는 금기다. 다람쥐는 귀엽다고 하면서, 쥐는 왜 경멸하는가? 쇠똥구리는 천연기념물로 삼으면서, 비슷하게 생긴 바퀴벌레는 박멸하려 든다. 까치를 길조로 까마귀를 흉측한 새로 삼는가 하면, 반대로 평가하는 이웃 나라도 있다. 평화의 상징으로 광장을 수놓던 비둘기가 어느새 해로운 조류로 낙인 찍혔다. 사람에게 이롭다고 옹호하고 해롭다고 배척하는 일은 기본인데, 그것이 뒤바뀌기도 한다. 토종이라고 보호 받고 외래종이라고 사냥의 표적이 되는 경우도 있다.

동물에 대해서 인간이 나타내는 애증의 표시는 그래도 공개적이어서 확인은 쉽다. 겉으로 드러나지 않는 동물 학대는 실험실에서 이루어진다. 마취도 하지 않은 동물을 칼로 가르고 가위로 자른다. 방사선을 함부로 쏘고, 몽둥이질로 충격에 대한 반응을 관찰하고, 가스에 질식시키도록 만든다. 한국에서 연간 실험용으로 희생되는 동물은 무려 500만 마리, 전 세계에서는 최소 5억 마리가 넘는다는 통계가 있다.

미국 하와이대학교 해양생물학연구소는 다양한 바다 생명체를 연구하는 곳이다. 어느 날 연구소에 근무하던 연구원 한 사람이 실험을 위해서 잡아 가두어 놓은 돌고래 두 마리를 몰래 바다로 돌려보내 주었다. 연구원은 절도죄로 체포되어 법정으로 끌려갔다. 그는 판사 앞에서 미국 헌법은 노예제도를 인정하지 않으니 인간에 의해서 자유를 잃은 돌고래를 노예처럼 묶어 둘 수는 없다고 항변했다. 인간은 동물을 지구촌의 식구로 생각할까, 인간의 노예로 여길까, 물건처럼 취급할까.

인간의 이성과 동물의 이성

막대기로 종을 쳤을 때 울리는 "땡!"하는 소리와 강아지를 때렸을 때 들리는 "깨갱!"하는 소리는 같은가 다른가? 무슨 뚱딴지 같은 소린가 하는 사람도 있겠지만, 한때는 그 두 소리에 아무런 차이가 없다는 생각을 하는 사람들이 많았다.

세상의 존재 중에 인간만 신의 형상을 따라 만들어졌다. 인간에게는 이성이 있는데, 바로 신으로부터 부여 받은 능력이다. 인간의 지식은 신의 계시에 의해서 인식할 수 있는 것과 이성의 힘으로 인식할 수 있는 것으로 나뉘어진다. 그 두 가지 인식 능력으로 인간은 세상을 이해한다는 것이다. 바로 토마스 아퀴나스의 사상이다. 부연하면 이렇다. 우주는 신의 이성을 토대로 창조되었다. 인간은 이성을 가졌기 때문에 우주의 규칙을 발견한다. 우주의 이치는 이성과 우주가 동일한 존재라는 것을 보여준다.

동물에게는 이성이 없다. 그렇기 때문에 동물은 우주의 규칙을 이해하지 못한 채 맹목적으로 따르기만 할 뿐이다. 인간은 신과 비슷하고, 동물은 물건과 유사하다. 그러므로 인간이 동물을 잔혹하게 다루든 정겹게 대하든 그것은 전혀 중요하지 않다.

그러한 사상을 가장 충실히 따른 대표적 철학자가 데카르트였다. 데카르트는 철학자답게 만물의 본질이나 기원에 대해 필사적으로 생각했다. 결론은 "나는 생각한다, 고로 존재한다"였다. 생각하는 수단은 언어였으며, 언어는 이성을 토대로 한다. 이성을 가진 존재는 자기와 같은 인간뿐이었다.

동물과 소통할 수 있는 공통의 언어가 없으므로 동물이 생각할 수 있다는 사실을 증명할 방법이 없었다. 데카르트는 동물은 생각할 수 없다는 결론에 도달했다. 동물은 생각도 감정도 영혼도 없는 기계, 살아 있는 기계라는 것이 데카르트의 주장이었다. 과장된 소문이기를 바라지만, 데카르트는 강의 때 개를 벽에 매달아 놓아 자신의 주장을 강조하곤 했다는 이야기가 전해져 내려온다. 청중이 듣는 개의 비명 소리는 고통에서 나오는 실제의 소리가 아니라 기계가 돌아가면서 내는 소음과 같다고 설명했다. 인간 오성론을 전개한 존 로크도 마찬가지였다. 오르간 건반을 손으로 누르면 나는 소리나 다를 게 뭐 있겠느냐며 개의 배를 차고 다녔다는 전설 같은 일화도 있다.

하지만 그들 사상의 한 측면을 인상적으로 강조하기 위한 목적으로 과장해 만든 옛 이야기에 사로잡혀 철학자들을 매도할 것까지는 없다. 영혼의 윤회를 믿은 피타고라스는 동물들을 모아 놓고 강의를 했다는 에피소드를 남겼고, 그 영향을 받은 현대의 자원봉사자들은 주말이면 동물보호소에 들러 진지하게 책을 읽어 주고 있으니까.

동물에 대한 인간의 생각을 크게 두 가지로 요약하면, 동물을 물건에 가깝게 여기는 태도와 사람에 가깝게 여기는 태도다. 당연히 후자의 사고 방식이 동물에 훨씬 우호적이긴 하지만, 어느 생각이나 동물보다 인간의 지위가 우월하다는 토대는 공통이다.

> 체벌보다 더 소름끼치는 게 있다. 인간들이 애정을 거둬들이는 것이다. 이런 상황은 정말 기분 나쁜 것이므로 가능한 피해가야 한다. 주의할 것은 인간이 우리 개에게 음식을 주지 않거나 함부로 귀를 잡아당긴다고 해도 절대 물어서는 안 된다는 점이다. 인간이 그런 행동을 한다고 해서 우리를 사랑하지 않는 건 아니니까.
>
> 호모 사피엔스의 애정을 의심하지 마라. 다만 그들이 우리보다 우월한 위치에 있다는 사실만 기억하라.
>
> – 오셀로 · 율리 체, 《개가 인간과 통하는 데 꼭 필요한 대화 사전》

우월한 지위에 있다고 스스로 인식하는 인간이 동물을 물건으로 여기면 어떤 일이 벌어질지 뻔한 일이다. 앞에서 예로 든 몇 가지 사례를 비롯해 현실에서 벌어지고 있는 수많은 참혹한 광경이 전혀 이상할 것이 없다. 모든 인간이 길가의 먼지 쓴 잡풀에까지 애정을 품는 범신론자가 될 수는 없을 테니까.

열등한 곳에 위치한 동물을 배려하는 마음이 우월한 지위에 선 인간의 도리 중 일부라고 생각하는 사람들의 뜻이 모여 제도화한 것이 있다. 우리나라의 동물보호법이 대표적이다. 동물의 학대를 막고 동물을 보호하며 동물의 복지를 증진한다는 목적을 내걸고 제정한 법이다.

1991년 처음 만들었을 때는 소, 말, 돼지, 개, 양, 고양이, 토끼, 닭, 오리, 산양, 면양, 사슴, 여우, 밍크 등 보호 대상 동물을 열거했다. 그 명단에서 빠진 동물은 동물도 아니었다. 그래도 법은 여러 차례 개정되어 지금은 고통을 느끼는 신경체계가 발달한 척추동물인 포유류, 조류, 파충류, 양서류, 어류 중 일부를 보호 대상의 동물로 대우하고 있다. 그밖에도 야생생물 보호 및 관리에 관한 법률과 실험동물에 관한 법률도 보완책으로 마련해 두었다.

법은 어떤 의미가 있을까? 동물을 아주 물건짝으로 취급하지는 않는다. 동물보호법이 없을 때와 잠깐 비교해 보자. 다른 사람이 기르는 개나 고양이를 다치게 하거나 죽게 하면 형법의 재물손괴죄에 해당한다. 그것도 의도적으로 그러한 행위를 했을 경우에만 그렇다. 고의가 아니라 실수로 그런 결과에 이르면, 살상 당한 고양이나 개가 주인에게 아무리 소중해도 행위자는 처벌하지 않는다. 과실손괴죄는 처벌 대상이 아니기 때문이다. 그런데 고의로 손괴 행위를 저질렀다 해도 기껏해야 벌금형이다. 주인에게 시세에 따른 손해배상만 하면 모든 책임에서 벗어난다. 애지중지하는 타인의 동물을 죽이는 행위는 자동차 범퍼를 찌그러뜨려 놓는 것과 다르지 않다.

동물보호법이 생기고 난 뒤는 어떻게 달라졌는가? 동물보호법 어디에도 동물은 물건이 아니라는 규정은 없다. 형법의 손괴죄도 그대로다. 그렇다고 동물은 물건에 불과하다고 단정하는 조항도 없다. 다만 동물보호법에 동물을 학대하거나 함부로 다루는 경우에 처벌하는 규정을 두고 있다. 금지하는 행위도 다양하고, 법정형도 손괴죄보다는 높다. 근본적으로는 그것이 전부다. 대체로 동물보호법이 없을 때보다 벌금 액수가 조금 많아졌고, 아주 심한 경우에는 징역형으로 처벌할 가능성만 생긴 셈이다. 타인의 동물을 상하게 하거나 죽이면 최악의 경우 약간의 벌금을 내고 피해자에게 물건값에 해당하는 배상만 하면 된다. 동물보호법에서는 동물을 보호하는 사람을 소유자라고 표현하는 것으로 봐서 여전히 물건에 가깝게 본다고 볼 수밖에 없다.

주택가 어느 집의 옥상에 개집이 보였다. 개 몇 마리가 묶여 있었다. 그런데 언젠가부터 사람이 전혀 보이지 않았다. 개들은 줄에 묶여 하염없이 누군가를 기다리는 눈치였다. 그런 정황을 알게 된 이웃집 아주머니가 틈틈이 살폈는데도 누구 하나 얼씬거리는 것을 볼 수 없었다. 개들은 먹이는커녕 물도 한 모금 못 마신 채 몇날 며칠을 보냈다. 쓰러진 개도 보였다. 아주머니는 음식을 신문지에 싸서 던져 주었다. 사나흘 더 지났는데도 주인은 나타나지 않았다. 아주머니는 동물보호단체에 알렸고, 사실을 확인한 동물보호단체 활동가는 경찰에 연락했다. 옆집 아주머니, 활동가, 경찰관은 나란히 서서 발만 동동 굴렀다.

왜 그들은 그 집 문을 강제로 열고 들어가 굶어 죽기 직전의 개들을 구하지 않는가? 아주머니는 문을 열 방법이 없다고 하고, 활동가는 공권력의 도움을 받지 않으면 곤란하다 하고, 경찰관은 법률이 허용하지 않는다고 한다. 실제로 종종 벌어지는 일이다. 왜 그런가? 그렇다면 동물보호법은 무슨 소용이 있는가?

남의 집 문을 강제로 열고 들어가면서 문의 잠금장치를 파손한 것은 재물손괴죄에, 집 주인 허락 없이 들어간 행위는 주거침입죄에 해당한다. 불쌍한 개를 구하려다 두어 개의 죄명으로 법정에 설까봐 두려워서 일반인도 공무원도 바라만 보는 것이다. 정말 그러한 상황에서 냉혈한의 주인이 나타나기 전까지 누구도 개를 구조할 방법은 없는가? 개를 물건으로 보지 않는다면, 또는 동물이 아니라 사람으로 본다면 사정이 달라지는가?

만약 위에서 예로 든 옆집 옥상에 묶여 있는 것이 개가 아니라 추위와 굶주림에 떨고 있는 어린아이라면, 사람이라면 어떤가? 누구든 거리낌 없이 뛰어들 것이고, 출동한 경찰 역시 망설이지 않을 것이다. 사람을 유기하거나 학대하여 위기에 빠뜨린 자체가 큰 범죄이기 때문이다.

이때 큰 범죄란, 적어도 자물쇠를 부수는 재물손괴나 거실을 가로질러 옥상으로 뛰어가는 주거침입의 범죄보다 더 중하다는 의미다. 반대로 동물의 건강이나 생명은 재물손괴나 주거침입보다 더 큰 가치라고 판단하기에는 께름칙한 구석이 있다는 것이다. 더군다나 개보다 더 사나운 집 주인이 뒤늦게 나타나 거세게 항의할 사태를 떠올리기라도 하면 누구나 동물을 위한 직접행동을 꺼리게 된다.

주인의 행방이나 생각이 묘연한 빈집의 옥상에서 위기에 처한 동물을 구하는 데는 동물의 생명이나 고통과 재물손괴 및 주거침입으로 침해되는 가치의 단순 비교가 중요한 기능을 한다. 그 문제를 법적으로 평가할 때는 형법의 긴급피난이나 사전의 추정적 승낙에 의한 피해자의 승낙 또는 민법의 사무관리의 법리가 등장한다. 그 중 어느 하나에 딱 맞아떨어지기만 하면 엉뚱한 처벌이나 배상은 면할 수 있다.

그러나 바로 그 가치의 비교 때문에 모든 게 법정에 가기 전까지는 불확실한 것이다. 그나마 동물보호법이라도 만들어 놓든가 독일처럼 아예 민법에 "동물은 물건이 아니다"라고 선언해 놓으면, 인간과 물건 사이에서 동물의 가치를 근본적으로 달리 고려하고 평가할 가능성은 열리는 것이다.

그럼에도 불구하고 현실의 사례에서는 안타까운 점이 많다. 나중에 무도한 집주인이 뭐라고 행패를 부리던, 문을 따고 들어가 위기에 처한 동물을 구조하는 행위는 형법의 정당행위에 해당하여 처벌받지 않는다. 사회 상규에 어긋나지 않기 때문이다. 설사 논란이 있다 하더라도 그러한 결론이 가장 올바르고 정당하다.

실제로 출동한 경찰관이 주저하는 것은 이해가 된다. 공권력은 명확하지 않는 한 함부로 행사해서는 안 되기 때문이다. 하지만 동물보호단체 활동가는 지체없이 문을 부수고 들어가야 한다. 혹시 송사의 불운을 당한다 하더라도 법정에서 싸워 이겨야 한다. 그것이 활동가의 의무일 뿐만 아니라, 동물 보호가 무엇인지 보여 줄 거꾸로 찾아온 행운의 기회를 받아들이는 자세일 테니까.

생명의 평등과 불평등

나오미는 눈썹을 치켜 올리고, 그릇에 뮤즐리를 가득 채우며 말을 이었다.

"아빠는 〈모든 동물은 평등하다〉라고 제목을 붙인 논문으로 시작하는 책을 쓰지 않았던가요?"

"네가 그 책을 읽었을 줄은 몰랐는데."

"읽을 필요도 없죠. 아빠가 늘 하시는 말씀이 책 내용 아닌가요. 지금 또 똑같은 일장연설을 들을 것 같은데요. 그래도 그 책 첫 장의 첫 페이지는 읽었어요."

"네 생각대로다. 어쨌든, 내가 모든 동물, 지각을 지닌 모든 생명체가 평등하다고 주장하는 것은, 생명체가 지닌 이익은 동등한 고려의 대상이어야 한다는 뜻이지. 그 이익이 뭐가 되었건 말이야. 고통을 느끼는 종이 무엇이든지 간에 상관없이 고통은 고통이야. 하지만 내가 모든 동물이 동등한 이익을 지니고 있다고 말한 적은 없단다."

"그것 참 다행이네요. 어렸을 때 불이 나면 저와 맥스 중 아빠가 누구를 구하실 건지 늘 걱정했었거든요."

맥스는 깔개 위에서 자고 있는 듯 했으나, 자기 이름을 듣고는 머리를 쳐들고 기대에 찬 눈빛으로 둘러본다.

피터는 무릎을 굽히고 맥스의 목을 쓰다듬는다.

"맥스, 미안하지만 넌 스스로 목숨을 지켜야겠다. 이것 보라고. 나오미는 어렸을 때에도 내가 널 구할지 자기를 구할지 걱정하잖니. 하지만 넌 한 번도 그런 일을 걱정해 본 적이 없었지? 그리고 나오미는 언제나 커서 무엇이 될 지에 대해 이야기하는데, 너는 내년 여름, 아니 다음주에 무엇을 할지도 생각하지 않잖아. 그렇지?"

"그래서, 그것 때문에 뭐가 달라지는데요?"

대답을 한 것은 맥스가 아니라 나오미였다.

"제가 커서 무엇을 할지에 대해 생각하지도 못할 만큼 어렸을 때는요? 그러면 아버지는 동전이라도 던지셨을 건가요? '앞면이 나오면 나오미를 구하고, 뒷면이 나오면 맥스를 구한다'라고 마음먹고서요?"

"아니지, 이 바보야. 나는 네 아빠야. 물론 나는 ……."

– 존 쿳시, 《동물로 산다는 것》

아르네 네스는 "모든 생명체는 생명을 누릴 권리가 있다"고 하면서, 한 걸음 더 나아가 과격하게 들릴 정도로 덧붙였다. "어느 생명체도 생명의 권리를 더 누릴 권리는 없다." 세상의 존재를 7등급으로 분류한 사람은 아리스토텔레스였다. 가치가 높은 순서로 부등호를 붙이면 "신〉천사〉악마〉인간〉동물〉식물〉광물"이다. 실제로 세상 존재의 종류와 가치가 그렇게 명확하다면, 또는 모든 사람들이 그렇게 믿는다면 얼마나 편리하겠는가. 앞에서 고개를 갸우뚱해 보았던 침해된 법익의 경중을 따지는 데도 한결 수월할 것이다.

그러나 문제는 그렇게 단순하지도 간단하지도 않다. 사람마다 생각이 다를 뿐 아니라, 동물이나 식물의 견해도 다를 터이다. 식물만 하너라도, 신이나 천사보다 하위에 자리하고 있다는 것 정도는 양해하겠지만 인간이나 동물보다 못하다는 사실은 받아들이지 못할 게 틀림없다. 아마도 우리가 식물의 생각을 이해만 할 수 있다면.

아무리 그래도 사람의 생명이나 신체의 완전성은 동물의 그것에 단연 앞서는 것인가? 윤리적 질문으로 대체하면, 자신이 누구보다 소중히 여기는 반려견과 옆집 아이가 위기에 처했을 때 누구를 먼저 구출해야 옳은가? 그것도 둘 다 구조하는 것은 불가능한 상태라면? 옆집 아이가 아니라 자기 아이라면? 또는 아이가 아니라 노인이라면? 치매의 노인은?

미국 다트머스대학교 뇌공학연구소장으로 재직하던 시절 리처드 그레인저가 제시한 견해의 하나는, 신경학적 관점에서 볼 때 인간과 동물 사이에 큰 차이는 없다는 것이다. 가끔 드러나는 차이는 뇌의 크기에서 비롯하는 결과로 추정했다. 비록 대단한 연구는 아닐지라도 그러한 관점에 조금이라도 신뢰를 부여한다면, 척추동물의 뇌를 컴퓨터에 비교할 수 있다.

나의 뇌는 지금 내 곁에서 고민을 이해한다는 듯 쳐다보는 페키니즈의 뇌보다 약간 더 큰 상자에 들어 있는 정도에 불과하다. 겨우 뇌의 크기만으로 인간의 동물에 대한 가치의 우월성을 주장한다면, 현실에서 빈자보다 부자의 존재 가치를 더 높게 평가하는 것이나 다를 바 없다. 이러한 단정이 복잡성을 지나치게 단순화한 비유라고 무시할 일은 아니다. 대략 45억 년 정도 된 지구를 배경으로 길어야 몇백만 년 전에 생긴 호모 사피엔스가 최신 문명의 시대라 일컫는 지난 일이백 년 사이에 저지른 행위를 보자. 인간들 스스로 인간들을 얼마나 많이 차별했는가. 인간의 계급화와 등급화는 동물들이 비웃을 정도로 여전하다.

사람은 개나 고양이 또는 다른 동물에 비해 더 높은 가치를 지닌 존재인가? 단도직입적으로, 사람의 목숨은 다른 동물의 생명보다 우선권을 갖는가? 대부분의 사람은 그렇게 생각할 것이다. 그것이 인권의 바탕이라고 여길 터이다. 그렇게 생각하는 사람의 유력한 근거는 그가 사람이기 때문이다. 데카르트적 사유의 결과라 할 수 있다. 하지만 반데카르트적 사고를 하는 사람도 꽤 많다. 사람의 생명은 사람 아닌 다른 모든 동물의 생명과 동등할 뿐이라고 평가한다. 그러한 생각의 근거 역시 그가 생각하는 존재라는 사실이다. 그러한 사실 때문에 종종 그렇게 생각하지 않는 친구와 우정에 금이 가기도 하지만 말이다.

우정은 생명과 무관하지 않다. 개와 함께 생활하는 사람은 개와 사람이 위기에 처했을 때 사람보다 개를 먼저 구하는 결정을 당연하다고 여길 수 있다. 개와 함께 살지 않는 사람도 개와 함께 사는 사람의 그러한 선택이 결코 윤리적으로 비난 받을 행동이 아니라고 얼마든지 판단할 수 있다. 그런 생각이 많아질수록 세상에 도움이 되고, 결국 인간 사회에도 유익하게 작용할 것이다. 왜 그러냐고? 감상적인 결론만 성급히 제시하지 말고 더 근거를 대라고?

> 짐승이 없는 인간은 어떻게 될까? 짐승이 모두 사라지면 인간은 크나큰 영적 외로움으로 인해서 죽어갈 것이다. 짐승에게 일어나는 일은 곧 인간에게도 일어나기 때문이다. 모든 것은 연결되어 있다.
>
> – 스티븐 코틀러, 《치와와 오두막에서》

동물이 운영하는 인간원?

인간은 생각하면서 삶을 영위한다. 이 글을 쓰는 것도, 독자가 읽는 것도 모두 사고의 작용이다. 사고는 개념이 있어야 가능하고, 개념은 유추에 의해서 형성된다. 우리가 무엇을 보고 인식한다든지, 무엇을 새로 만들어 낸다든지 하는 일도 사고의 결과인데, 결국 그 이전에 알고 있던 것을 토대로 유추에 의해 이루어내는 것이다. 어떤 의미에서 우리의 두뇌 작용은 끊임없이 유추 작업을 수행하는 것이다. 그래서 한 사람의 뇌 속에는 수많은 타인의 뇌가 들어 있다고도 한다.

유추는 사고의 중추로 우리의 생각을 전적으로 지배하는 메커니즘이라고까지 주장하는 학자들도 있다. 유추는 기본적으로 비교에 의해서 행해진다. 비교해 이것저것 묶음으로 분류함으로써 세상을 이해한다. 유추는 인간 사고의 연료이자 불꽃이다.

동물은 인간에게 은유다. 모든 동물은 인간에게 유추의 대상이다. 인간은 함께 사는 동물과 교감하면서, 야생의 동물을 바라보면서, 그것을 통해 자기의 정체성을 발견하고 수정하고 정립한다. 사람이 타인을 통해서 자기를 발견하는 것과 마찬가지 이치다.

> 장자가 다리 위에서 물속을 내려다보며 곁에 서 있는 혜자에게 말했다.
> “피라미들이 조용히 놀고 있군. 저것이야말로 물고기들의 즐거움이야.”
> “자네가 물고기도 아닌데 물고기의 즐거움을 어떻게 아나?”
> “그렇다면 자네는 내가 아닌데, 어떻게 내가 물고기의 즐거움을 모른다는 것을 아나?”

"당연히 나는 자네가 아니니 자네를 몰라. 마찬가지로 자네도 물고기가 아니지. 그러니 자네가 물고기의 즐거움을 모르는 것은 확실해."

"좋아, 그럼 처음으로 다시 돌아가서 생각해보기로 하지. 자네가 내게 물고기의 즐거움을 어떻게 아느냐고 물었다는 사실은, 이미 내가 물고기의 즐거움을 알고 있다고 여겨 물은 것이야. 내가 어떻게 알았는지 말해주지. 난 이 다리 위에서 느낌으로 알았어."

– 장자, 〈추수편〉 《장자》

동물은 그들 자신의 세계를 구축하고 있는 지상의 존재이며 지구의 식구지만, 인간과의 관계에서는 인간의 살아 있는 교과서 역할을 한다. 인간은 동물을 읽듯이 보고 겪는다. 하지만 동물의 동작과 감정을 보기만 할 뿐 제대로 읽지는 못한다. 인식만 하고 의미를 이해하지는 못한다는 말이다. 그래도 동물을 어느 정도 깊이 이해하는 사람들도 있다. 조금 아는 사람과 전혀 모르는 사람이 있듯이. 인간의 전유물이라 확신하는 종이로 된 책도 그 점에서는 마찬가지다. 책을 보는 사람은 한정되어 있고, 본 사람 중에 읽고 이해하는 사람은 제각각 정도가 다르고, 같은 수준으로 이해했다 하더라도 방향이 정반대일 수 있다. 그래도 책의 존재 의의는 변함없듯이, 동물은 인간과 다른 종으로 존재한다. 그래서 인간은 동물과 소통하기 위해서 노력한다.

하지만 문학적 가치를 인정받은 작품 가운데엔 개를 화자(폴 오스터의 《동행》)로 삼거나 개의 일생을 다룬 소설(버지니아 울프의 《플러시》)

도 있다. 특히 스페인 단편소설의 원조로 추앙받는 세르반테스는 모범 소설집 말미에 나오는 개들이 본 세상에 인간의 언어로 대화를 나누는 개 두 마리를 등장시키기도 했다.

작가와 함께 사는 개로서 단언하건대, 이들은 분명 정신 나간 사람들이다. 왜냐하면 우리 개와 인간의 공감대는 고작 1퍼센트에 불과하기 때문이다. 인간은 결코 남의 말을 경청할 수 없는 존재다. 또 자기 종족을 파멸로 이끄는 일에는 조직적으로 능력을 발휘하지만 좌회전 두 번에 우회전을 세 번이나 한 경우에는 호텔로 돌아가는 길조차 쉽게 찾아내지 못하는 존재다. 반면 우리 개들은 진실하고, 이성적이며, 상대적으로 영리하고, 또 공공의 복지와 안녕에 관심이 많다.

– 오셀로 · 율리 체, 《개가 인간과 통하는 데 꼭 필요한 대화 사전》

실제로 개가 이렇게 생각한다면 어떤가? 인간은 개와 가깝다고 자부하면서 소통을 시도할지 모르지만, 실상은 거의 이해하지 못하는 수준에 머무는 것이다. 만약 개가 웃을 줄 안다고 해 보자. 실제로 개가 웃는다고 주장하는 사람도 꽤 있지만, 사람들은 개가 숨쉬는 인형처럼 귀엽고 즐겁게 웃기만 바랄 것이다. 만약 개가 당신을 우습게 여긴다면 어떻게 하겠는가? 개가 웃을 수 있는 능력을 인간을 비웃는 데 발휘하는 사태를 누구도 용납하려 들지 않을 것이 틀림없다. 동물을 사랑하는 사람들 중 상당수 또는 대부분은 그러한 종류의 자기 가면을 쓰고 있을지 모른다. 동물에 대해서는 비판으로부터 안전한 독재자의 본성을 발휘할 수 있기 때문에 반려동물을 애호하는 것이 아닌가 말이다. 아니라고 해도 어쩔 수 없다. 그 점에서는 정말 안전하기 때문이다. 개들이 갑자기 폭소를 터뜨리며 인간의 위선을 폭로하거나 반격할 가능성은 전무하다고 확신하기 때문에, 너도 나도 미소를 지으며 점잖게 침묵할 수 있다.

밤의 동물원은 길마다 겅중거리며 뛰어다니는 동물들로 가득했다. 새들도 함께 날아다녔다. 늑대 두 마리가 제인과 마이클을 휙 지나치더니, 꺽다리 황새에게 달려가 신이 나서 떠들어댔다. 황새는 늑대 두 마리를 양옆에 끼고 사뿐사뿐 우아하게 걸어갔다.

코끼리 조각상 바로 앞에서 몸집이 아주 큰 뚱보 할아버지가 손발을 땅에 짚고 이리저리 기어다니고 있었다. 할아버지 등에는 의자 두 개가 나란히 놓여 있었는데, 원숭이 여덟 마리가 거기에 앉아 있었다.

제인이 소리쳤다.

"세상에, 세상이 완전히 뒤집어졌어!"

그러자 원숭이 여덟 마리가 자지러지게 웃어댔다.

한 우리에서는, 최고급 모자를 쓰고 줄무늬 바지를 입은 뚱보 아저씨 두 명이 뭔가를 기다리는 사람처럼 한 곳에 가만 있지를 못하고 걱정스런 얼굴로 우리 밖을 내다보고 있었다.

다른 우리에는, 배내옷을 입은 아기에서부터 생김새와 덩치가 다른 각양각색의 어린이들이 한데 뒤섞여 있었다. 동물들은 우리 밖에서 호기심 어린 눈빛으로 구경을 했다. 몇몇 동물들은 앞발이나 꼬리를 우리 속으로 집어넣어 아기들을 까르르 웃기기도 했다.

또 다른 우리에는, 비옷을 입고 장화를 신은 할머니 세 명이 갇혀 있었다. 한 할머니는 잠자코 뜨개질만 하고 있었지만, 다른 두 할머니는 앞으로 나와 우산을 치켜들고 바락바락 소리를 지르고 있었다.

동물들이 그 할머니를 보고 깔깔 웃으며 말했다.

"하하하! 정말 웃긴다!"

그때 누군가가 큰 소리로 이렇게 고함치는 것이 들렸다.

"물러서요! 물러서! 이제 먹이를 줄 시간이야!"

갈색 곰 네 마리가 모두 고깔 모자를 쓰고서 우리 밖에 있는 좁은 길을 따라 음식이 담긴 작은 손수레를 밀고 왔다. 그리고 각 우리의 작은 문을 열고, 뾰족한 쇠스랑으로 음식을 쿡 찍어 우리 안에 넣어 주었다.

제인과 마이클은 표범과 딩고 사이로 고개를 내밀고 무슨 일이 벌어지는지 자세히 살폈다. 곰들이 아기들에게 우윳병을 휙휙 던져 주자, 아기들은 두 손으로 우윳병을 꽉 잡아 쥐고서 허겁지겁 우유를 마셨다. 큰 아이들은 쇠스랑에서 카스텔라와 도넛을 떼어내 우걱우걱 먹어댔다. 장화를 신은 할머니들한테는 버터 바른 얇은 빵과 스콘을 접시에 담아 나누어 주고, 최고급 모자를 쓴 아저씨들한테는 양고기 튀김과 계란빵을 유리 접시에 담아 나누어 주었다. 아저씨들은 음식을 받자 구석으로 들고 가서, 줄무늬 바지에 손수건을 깔고 먹기 시작했다.

– 패멀라 린던 트래버스, 《메리 포핀스》

개를 비롯한 모든 동물은 실제로 웃을 줄 안다. 웃지 못한다고 해도 상관없다. 그들의 필요에 따라 웃는 능력을 우리 인간에게 감추는 것일 수도 있다. 인간들의 언어가 다르듯이 동물의 언어가 다르고, 웃는 방식도 다르다. 포악하고 자기만 아는 어리석은 인간과 싸워봐야 득이 될 것이 없다는 현명한 판단에 따라 지금의 길을 가기로 했는지 어떻게 알겠는가. 속으로는 메리 포핀스가 제인과 마이클에게만 구경시켜 준 동물이 운영하는 인간원을 기획하고 있을지 모른다.

> 당나귀는 앞발을 창에 올려놓고 서야 했다. 개가 당나귀의 등으로 뛰어오르고, 고양이가 개 위로 올라가고, 마침내 수탉이 날아올라 고양이의 머리 위에 앉았다. 이렇게 해 놓고 신호에 맞추어 일제히 음악을 연주하기 시작했다.
> 당나귀는 이히힝 고래고래 소리를 지르고, 개는 멍멍 짖고, 고양이는 야옹거리고, 수탉은 꼬끼요 목청을 뽑았다. 그 다음 와장창 유리창을 부수고 창문을 통해 방 안으로 뛰어내렸다.
> 도둑들은 이 끔찍한 소리에 펄쩍 뛰어올랐다. 유령이 들어왔다고 생각하고는 몹시 겁에 질려 숲속으로 도망쳤다. 이제 네 동료들은 식탁에 앉아 남아 있는 음식으로도 만족하여 마치 4주일이나 굶은 것처럼 아귀아귀 먹었다.
>
> – 그림 형제, 《브레멘의 동물 음악대》

그림 형제의 동화 속 주인공은 당나귀, 사냥개, 고양이, 수탉이다. 당나귀는 나이가 들어 힘이 빠지니까 일을 잘 못했다. 주인이 먹이가 아깝다고 슬슬 굶기기 시작하자, 당나귀는 집을 나섰다. 사냥개도 늙었다는 이유로 주인이 때려죽이려고 했다. 사냥개는 당나귀를 따라 나섰다. 고양이는 발톱이 무뎌져서 쥐를 제대로 잡지 못했다. 화가 난 주인 여자가 물에 빠뜨려 없애려 하자, 고양이도 개의 뒤를 따랐다. 수탉은 하루만 지나면 식탁 위에 오를 처지였다. 그러니 수탉은 목청을 다해 외치며 고양이 뒤에 줄을 설밖에.

네 마리의 동물은 음악대를 결성해서 브레멘이라는 도시에 가서 연주를 하며 살아가기로 했다. 숲속에 도착했을 때 그만 날이 저물고 말았다. 그때 불빛을 발견했는데, 그 집은 도둑들의 소굴이었다.

네 주인공은 도둑들을 멋지게 물리쳤다. 동물들이 삶의 전략을 바꾸어 우리 인간에게 숨기고 있는 능력을 분출시켜 화를 내는 날에는 세상이 뒤집히지 않겠냐는 것이 우화의 경고다. 동물의 경고를 짐작해 전달하는 이도 사람이지만, 경고를 어떻게 받아들일 것이냐는 전적으로 사람의 몫이다. 자기 몫을 감당하는 방식이 바로 삶의 태도다.

> 도둑 대장은 부하 하나를 시켜 집에 가서 살펴보라고 했다. 파견된 부하가 가보니 모든 것이 고요했다. 그래서 불을 켜려고 부엌으로 갔다. 그는 고양이의 이글거리는 눈을 타고 있는 석탄이라 생각하고 불을 붙이려고 성냥개비를 갖다 대었다.
>
> 그러나 고양이가 농담을 이해하겠어? 고양이는 그의 얼굴로 뛰어 올라 침을 뱉으며 할퀴어 버렸다. 그는 너무 놀라 냅다 뛰면서 뒷문으로 빠져나오려 했다. 거기 누워 있던 개가 벌떡 일어서며 다리를 물었다. 그가 마당을 가로질러 거름더미 옆을 지날 때 당나귀가 뒷발로 호되게 걷어찼다. 시끄러운 소리에 잠에서 깬 수탉이 기운을 차리고 도리 위에서 아래를 내려다보며 "꼬끼오!"라고 소리쳤다.

도둑은 할 수 있는 한 힘껏 달려서 대장이 기다리는 곳으로 도망가고 말았다.

– 그림 형제, 《브레멘의 동물 음악대》

브레멘의 동물 음악대는 브레멘에 가 보지도 못한 채 숲 속에서 여행을 끝냈다. 브레멘에 가서 고생하는 것보다 인간 도둑들에게 빼앗은 집에서 편히 살다가 죽는 편이 더 낫다고 생각한 모양이다. 그러고 보면 브레멘의 음악대 네 주인공은 악사들이 아니라 동물 해방군이었다.

동물을 사람과 동일하게 대우해야 하는가, 사람과 비슷하게 여겨야 하는가? 사람과의 관계에서 동물을 이해하고 배려해야 하는가, 사람과는 무관한 동물만의 영역과 존재와 가치를 인정해야 하는가? 동물을 사랑하고 보호하는 마음은 꼭 채식주의로 이어져야 하는가? 고기를 먹는 행위가 살인은 아니지만 지구를 살해하는 것이라는 호소도 있으나, 그럼 칼질하는 순간 도마 위의 당근이 내지르는 비명소리를 들었다는 강력한 주장은 어떻게 할 것인가? 사람뿐만 아니라 왜 생명이 있는 존재는 다른 생명을 먹어야 생명을 유지할 수 있게 만들어졌는가? 왜 흙이나 돌멩이, 아니면 물과 공기만 먹고 살면서 배설과 동시에 자연은 원상회복되도록 세상이 창조되지 않았을까?

인간의 삶 자체가 윤리적 상황 속에 출제된 문제다. 그 문제를 놓고 답안을 작성하듯 해결해 나아가는 과정이 인생이다. 인권의 문제도 제대로 해결하지 못하면서 동물의 권리까지 해결하려 드는, 얼핏 무모해 보이는 시도의 이유도 거기에 있다. 강아지에게 비싼 액세

서리를 장식해 주면서 생계를 위하여 후미진 곳에서 개를 도살하는 손을 함부로 비난해서는 안 된다. 적대시하는 대신 먼저 서로의 입장을 이해하고 상대방을 설득할 방법을 고민해야 옳다. 그러한 태도가 사람의 삶이나 동물의 행복에 더 도움이 될 것이다.

이렇게 생각하는 것도 우리의 세상에 대한 이해와 다음 세대 앞에 펼쳐질 미래에 도움이 되지 않을까? 우리는 외계인을 상상하고, 한편으로는 그리워한다. 단지 지루함 때문만은 아니다. 외계인은 어딘가 존재하리라 믿는다. 그 외계인과의 조우는 바로 예측하기 어려운 우리의 미래 상황이다. 그렇다면 외계인과의 소통은 우리의 생존과도 직결된다.

그런데 사실은 인간 주변의 동물이 외계인일지 모른다. 능력을 의도적으로 드러내지 않고 인내심을 발휘하여 마냥 기다리는 외계인. 외계인과의 교류가 우리에게 의미가 있다면 무엇 때문인가? 인간의 정신과 물리적 영역을 확장시켜 주기 때문이다. 만약 인간이 동물과 제대로 소통할 수 있다면 그것과 뭐가 다를 바 있겠는가. 그것이야말로 인간 세계의 증강이다. 동물들도 우리와의 소통을 만족스럽게 여긴다면, 동물 세계의 증강이다. 아울러 지구의 증강이요, 우주의 증강이다. 우리가 기대하는 외계인은 매혹적인 몇 백 광년 너머에 존재하는 것이 아니라, 이미 오래전에 먼저 와서 우리의 각성을 기다리고 있다고 생각하면 어떤가.

미래의 동물권

미래의 동물권을 예측하기는 비교적 쉽다. 무엇보다 반려동물과 관련하여 우선적으로 이루어지기를 바라는 것들이 많기 때문에 그 부분만 살펴보아도 충분하다. 간절히 바라는 것은 이루어질 가능성이 높다.

첫 번째로 꼽을 수 있는 것은 동물, 특히 반려동물의 수명 연장이다. 인간의 생명권과 관련해서는 가능한 연장이냐 존엄성을 고려한 생명의 결정권 행사냐가 논란의 중심에 서겠지만, 반려동물의 생명권과 관련해서는 이론 없이 무조건 연장이 우선이다. 노화한 반려동물이라도 현재의 평균 수명보다는 더 연장되기를 바란다. 그만큼 반려로 지내던 인간의 고통이 더 줄어들 것이라 믿는다. 의학에 동반한 수의학의 진전으로 반려동물의 생명 연장은 어느 정도 선에서 이루어질 것이 틀림없다. 그러나 생명 연장의 미래는 한시적일 가능성 또한 높다. 인간의 경우도 마찬가지지만, 수명 연장에 건강이 뒤따르지 않으면 누구나 쉽게 지치고 만다. 지치는 정도가 아니라 환멸을 느끼게 된다. 동물의 존엄사가 즉시 대두될 것이 틀림없다.

다음으로 동물의 여행권이다. 반려동물들이 진정 바라는 항목인지는 모르나, 반려 인간의 절실한 염원이 담긴 목록의 하나다. 지금도 불가능한 것은 아니지만, 누구나 불편하게 여긴다. 검역을 비롯한 절차의 간소화, 화물칸이 아닌 좌석의 자유로운 구매

권, 안전한 출입국의 보장에 대한 제도적 해결을 원한다. 그런데 이것은 기술을 필요로 하는 영역이 아니라 오직 정책적 결단의 문제다. 따라서 동물의 여행 자유화는 머지 않은 장래에 실현될 가능성이 있다.

조금 논란의 대상이 될 만한 것은, 동물권 대상의 범위 문제다. 이미 시작된 문제이기도 한데, 개나 고양이 등과 같은 반려동물이나 보존 가치가 높은 희귀종 동물 외에 개인적 취향에 따라 보호대상으로 주장될 동물의 범위는 점점 늘어날 것이다. 사람들이 혐오하거나 기피하는 곤충을 동물권의 주체로 요구하는 소수의 태도에 대하여 다수는 어떻게 대처할 것인가. 동물이 아니라 식물에까지 그 범위를 확장시키려는 시도에 대해서는 묵살하고 말 것인가. 그 범위는 어차피 현실의 인간이 결정할 문제다. 현실적 필요성이나 인간 다수의 감정이나 환경적 현황이 기준 결정에 영향을 미칠 것이 뻔하다. 그런 점에서 동물권은 인권과 마찬가지로 본질적 문제의 속성을 띤 정치적 문제다.

지금까지의 동물권은 진짜 동물권이 아니라 유사 동물권에 불과하다. 동물 자신의 권리가 아니라 인간의 동물에 대한 희망권 같은 것이라는 말이다. 그것을 편의상 유사 동물권이라 부른다면, 진정한 동물권이 바로 미래의 동물권 아니고 무엇이겠는가. 인간이 동물에 대하여 바라는 권리가 아니라 동물 스스로 원하는 바의 권리화가 진짜 동물권이다. 인간이 마치 동물을 대변하는 듯한 태도는 유사 동물권의 현재적 정당화의 근거일 뿐이다. 그래도 유사 동물권은 진정 동물권의 입구를 가리킨다는 점에서 큰 의의가 있다.

인공지능의 힘을 빌리면 진정한 동물권의 실현이 가능할 것이다. 총체적 자료를 분석하면 일부 동물의 의사를 어느 정도 파악하게 되고, 그에 따라 인간 세계와의 타협에 의해서 동물권의 범위가 결정된다. 물론 그때그때 당면한 문제를 해결할 정도의 동물 언어 통역기도 개발될 것이 틀림없다. 일찍이 프랑스의 역사학자 기욤 이아생트 부장은 동물들의 언어는 결코 사전으로 만들 수 없다고 단언했지만, 앞날의 기술은 그 결론을 비웃고 말 것이다. 그러한 미래가 현재화하면, 바로 앞에서 걱정한 동물권 주체의 범위도 조금은 더 명확하고 쉽게 획정된다.

인용 도서

권정생, 《몽실 언니》, 창비, 1984

권태선, 《마틴 루터 킹》, 창비, 1994

김혜진, 《딸에 대하여》, 민음사, 2017

라오서, 《낙타샹즈》, 심규호 옮김, 황소자리, 2008

로버트 메이너드 피어시그, 《선과 모터사이클 관리술》, 장경렬 옮김, 문학과지성사, 2010

르네 고시니, 《꼬마 니콜라》, 문학동네, 1999

리처드 파인만, 《파인만의 물리학 강의》, 박병철 옮김, 승산, 2004

마누엘 푸익, 《거미여인의 키스》, 송병선 옮김, 민음사, 2000

박노해, 《노동의 새벽》, 느린걸음, 1984

박상영, 《알려지지 않은 예술가의 눈물과 자이툰 파스타》, 문학동네, 2018

베르톨트 브레히트, 《갈릴레이의 생애》, 차경아 옮김, 두레, 2001

새뮤얼 존슨, 《라셀라스》, 이인규 옮김, 민음사, 2005

신경숙, 《외딴방》, 문학동네, 1999

아고타 크리스토프, 《존재의 세 가지 거짓말》, 용경식 옮김, 까치, 2014

아쿠타가와 류노스케, 《난쟁이 어릿광대의 말》, 양희진 옮김, 문파랑, 2012

알리 스미스, 《소녀, 소년을 만나다》, 박상은 옮김, 문학동네, 2008

앙리 퀴에코, 《화가와 정원사》, 양녕자 옮김, 강, 2002

어니스트 헤밍웨이, 〈빗속의 고양이〉, 《헤밍웨이 단편선》, 김욱동 옮김, 민음사, 2013

에리히 캐스트너, 《하늘을 나는 교실》, 문성원 옮김, 시공주니어, 2000

엘레나 페란테, 《떠나간 자와 머무른 자》, 김지우 옮김, 한길사, 2017

엘레나 페란테, 《새로운 이름의 이야기》, 김지우 옮김, 한길사, 2016

엘레나 페란테, 《잃어버린 아이 이야기》, 김지우 옮김, 한길사, 2016

오셀로 · 율리 체, 《개가 인간과 통하는데 꼭 필요한 대화사전》, 선우미정 옮김, 들녘, 2008

움베르트 에코, 《장미의 이름》, 이윤기 옮김, 열린책들, 1986

이병주, 《허균》, 나남출판, 2014

이원수, 《별 아기의 여행》, 현북스, 2013

제바스티안 브란트, 《바보배》, 읻다, 2016

J. K. 롤링, 《해리 포터》, 강동혁 옮김, 문학수첩, 1999

조영래, 《전태일 평전》, 아름다운전태일, 1983

조지 오웰, 《위건 부두로 가는 길》, 이한중 옮김, 한겨레출판, 2010

존 스타인벡, 《달콤한 목요일》, 박영원 옮김, 문학동네, 2008

존 스타인벡, 《생쥐와 인간》, 정영목 옮김, 비룡소, 2009

존 쿳시, 《동물로 산다는 것》, 전세재 옮김, 평사리, 2006

중자오정, 《로빙화》, 김은신 옮김, 양철북, 2003

최은영, 〈그 여름〉, 《내게 무해한 사람》, 문학동네, 2018

캐서린 패터슨, 《빵과 장미》, 우달임 옮김, 문학동네, 2010

퍼트리샤 하이스미스, 《캐롤》, 김미정 옮김, 그책, 2016

프리모 레비, 《이것이 인간인가》, 이현경 옮김, 돌베개, 2007년

하야시 후미코, 《방랑기》, 이애숙 옮김, 창비, 2015

하인리히 폰 클라이스트, 《미하엘 콜하스》, 황종민 옮김, 창비, 2013

히가시노 게이고, 《나미야 잡화점의 기적》, 양윤옥 옮김, 현대문학, 2012

최선을 다해 연락을 시도했지만 저작권자를 찾지 못하거나 미처 허락받지 못한
인용문에 대해서는 정보가 확인되는 대로 이후 판본에 반영하고 필요한 절차를 밟겠습니다.

존엄성 수업

초판 1쇄 발행 2020년 5월 29일
초판 2쇄 발행 2023년 4월 20일

지은이 차병직
책임편집 장동석
디자인 주수현 하숙경

펴낸곳 (주)바다출판사
주소 서울시 종로구 자하문로 287
전화 02-322-3675(편집), 02-322-3575(마케팅)
팩스 02-322-3858
E-mail badabooks@daum.net
홈페이지 www.badabooks.co.kr

ISBN 979-11-89932-60-2 03300